suhrkamp taschenbuch 4448

W0054500

Brasilien boomt. Lange als Land der Zukunft beschworen, muss man mit Blick auf heutige Verhältnisse sagen: Die Zukunft ist jetzt! Kersten Knipp geht der aufregenden Geschichte der brasilianischen Kultur nach, deren Ausdrucks- und Strahlkraft gewaltiger ist denn je. Wer also sind die Brasilianer, und was ist Brasilien? Wie wurde es zu dem, was es heute ist? Welche Verheißungen und Ideale halten ein so vielgestaltiges, überbordendes Land zusammen? Anekdotenreich, in großen und kleinen Geschichten erzählt Kersten Knipp von einem Land, das begonnen hat, sein »ewiges Versprechen« einzulösen.

Kersten Knipp, geboren 1966, ist Kenner und ungehemmter Liebhaber Brasiliens. Er arbeitet als Journalist und Publizist und lebt in Köln.

Kersten Knipp
Das ewige Versprechen

Eine Kulturgeschichte Brasiliens

Suhrkamp

Umschlagfoto: Marcos Bonisson

Für H., die Zukunft als Versprechen

Erste Auflage 2013
suhrkamp taschenbuch 4448
© Suhrkamp Verlag Berlin 2013
Suhrkamp Taschenbuch Verlag
Umschlaggestaltung: hißmann heilmann, hamburg
Satz: Hümmer GmbH, Waldbüttelbrunn
Druck: CPI – Ebner & Spiegel, Ulm
Printed in Germany
ISBN 978-3-518-46448-9

Inhaltsverzeichnis

Einleitung:
Versprechen auf Brasilianisch

Da war Farbe und Bewegung,
das erregte Auge wurde nicht müde zu schauen,
und wohin es blickte, war es beglückt.
Stefan Zweig, Brasilien: ein Land der Zukunft

Ein Akt gegen die Schwerkraft, eine Bewegung, die eigentlich scheitern müsste. Kaum denkbar, dass der Schwung groß genug ist, den Springenden nicht tatsächlich durch die Luft trägt und nicht mittendrin fallen lässt wie einen schweren Sack. Aber die Energie ist da, und sie kommt aus dem Stand. Sie muss aus dem Stand kommen, etwas anderes lässt die Physik nicht zu. Mit einem Ruck hebt der Springende vom Boden ab, schleudert die Füße Richtung Himmel, denen dann Beine, Oberkörper und schließlich der Kopf folgen. Den ganzen Körper reißt es nach oben, wie gezogen von ungeheurer Energie. In wildem Schwung dreht er sich einmal um sich selbst, lässt die Erde hinter sich, zeigt, was sich mit Kraft alles erreichen lässt. Ein paar Augenblicke feiert der Wille Triumphe, um sich dann doch wieder der Schwerkraft zu beugen. Nicht demütig allerdings, sondern im stolzen Bewusstsein, das Mögliche erreicht zu haben.

Das Titelbild dieses Buches zeigt eine Szene am Strand. Ein Mensch voller Lebensfreude, der er auf grandiose Art Ausdruck verleiht. Ein Sprung am Wasser, vor den glitzernden Wellen des Atlantiks. Der junge Mann springt allein, für sich selbst, ohne Unterstützung durch eine Gruppe, wie es eigentlich die Regel ist. Denn normalerweise sind solche Sprünge Bestandteil der Capoeira, des brasilianischen Tanzkampfes, dessen Wurzeln in die Zeit der Sklaverei zurückreichen. Damals dienten die schnellen, kräftigen Bewegungen den Schwarzen dazu, sich Respekt zu verschaffen – untereinander, aber auch gegenüber der weißen Oberschicht, die massiv in der Sklavenwirtschaft engagiert war.

Und so hat die Capoeira neben aller Eleganz und Artistik auch etwas Bedrohliches. Die blitzschnellen Drehungen, Sprünge, die wirbelnden Arme und Beine, die ungeheure Kraft, die die Capoeira voraussetzt, mögen heute vor allem Kunst oder Spektakel sein – ihr Ursprung verweist auf andere Zwecke. Und wenn sich der Tanz heute so großer Beliebtheit erfreut, verweist dies neben der Freude an Schönheit und Körperbeherrschung auch auf die spezifischen Umstände, unter denen er entstanden ist. *Das ewige Versprechen*: Für die Portugiesen, die Brasilien im Jahr 1500 zum ersten Mal betraten, war das vor allem eines auf Reichtum. Pero Vaz de Caminha, der Chronist in Diensten auf den Schiffen von Pedro Alvarez Cabral, der die portugiesische Flotte jenes Jahres leitete, mochte sich noch so freundlich über die brasilianischen Indianer äußern – dass es letztlich um Gold und andere Schätze ging, daran ließ er keinen Zweifel. Die Kolonisierung Brasiliens war ein imperiales Projekt, von Anfang an auf Ausbeutung angelegt. Brasilien, das war eine Wette auf die Zukunft, darauf, dass sich in dem riesigen Land unter dem Tropenhimmel gewaltige Reichtümer ansammeln lassen würden. Schon der Name »Brasilien« deutet das an: Er geht auf das Brasilholz zurück, das man in Europa zum Färben brauchte und darum en masse aus der Neuen in die Alte Welt brachte.

Landschaft und Geschichte stehen darum in einem skurrilen Missverhältnis. Es gibt wohl nur wenige Länder, deren Natur ähnlich reich und schön ist. Die spektakuläre Kulisse von Rio de Janeiro, die schäumenden Wasserfälle von Iguaçu, die weißen Strände von Ceará oder die Weiten des Amazonas: Sie alle machen Brasilien zu einem wunderbaren, betörend anmutigen, furchteinflößend erhabenen Land.

Und doch hat dieses Land unendlich gelitten – wie alle Länder, die unter die Herrschaft der Portugiesen und Spanier fielen. Die allermeisten derer, die auf den Spuren von Christoph Kolumbus und Pedro Vaz de Caminha den frisch entdeckten Kontinent betraten, lockte die Aussicht auf Reichtum. Gold, Silber, Edelhölzer, Zucker, Kakao und Kautschuk: Mit vielem ließ sich in Brasilien Geld machen, und wer immer die Mittel und den Mut hatte, der versuchte sein Glück – vorausgesetzt, er kam aus Europa, also aus den Ländern derer, die es als ihr selbstverständliches Recht ansehen, sich an dem Kontinent zu bereichern. Allen anderen, zuerst den Indianern und dann den verschleppten Afrikanern, war eine ganz andere Rolle zugedacht, nämlich durch ihrer Hände Arbeit den Reichtum zu fördern und ihren Herren dann zu überlassen. Und sputeten sie sich nicht, bekamen sie deren Unmut in drakonischen Strafen zu spüren.

Umso erstaunlicher scheint es, dass Brasilien eine solch reiche und wunderbare Kultur hervorgebracht hat. Seine Musik, allem voran der Samba, ist einzigartig. Ausgelassene Rhythmen, die zum Tanzen auffordern, sanft dahingleitende Melodien, in deren Schwung man sich wiegen möchte. Und doch ist gerade der Samba in einem schwierigen, ja feindlichen Umfeld entstanden. Er ist die Musik der Favelas, der schwarzen Vorstädte, genauer gesagt: der Elendsquartiere rund um die großen Metropolen. Der Samba berichtet von einem Leben unter Druck, von Menschen, die um ihre Existenz ringen müssen, mal in großen, meistens aber kleinen Kämpfen, der täglichen Sorge ums Brot, für das sie erst mal das nötige Kleingeld auftreiben müssen. Mag sein, dass im Samba auch etwas von der *saudade* der Portugiesen mitschwingt, dem diffusen Eindruck, im Leben nicht am rechten Platz zu sein, es vielleicht sogar zu verpassen. Im Fado, der portugiesischen Nationalmusik, hat die saudade zu ihrer schönsten Form gefunden. Ein Hauch von Fado schwingt auch im Samba mit – aber der knöpft sich andere Themen vor. In eleganter und zugleich direkter Sprache greift er die Missstände seiner Zeit auf, spricht von Gewalt, Rassismus, Bestechung. Und natürlich von den kargen Umständen, in denen so viele Brasilianer leben. Für sie ist das ewige Versprechen ein ganz anderes: eines darauf, das schwierige Leben gegen ein zumindest etwas Leichteres einzutauschen.

Dieses Versprechen hat sich in den letzten Jahren für zahllose Brasilianer erfüllt. Dank umfangreicher Sozialprogramme haben Millionen die Armut hinter sich lassen können. Wirtschaftlich hat Brasilien einen atemberaubenden Aufschwung genommen. Die Mittelklasse wächst, und mit ihr die Kaufkraft. Ebenso wächst mit ihr die Bildung. Brasilianische Techniker und Ökonomen zählen inzwischen zur Weltspitze, außenpolitisch fährt Brasilien einen sehr selbstbewussten Kurs, organisiert vor allem im Süden der Welt ein Lager, das den alten, etablierten Mächten Paroli bieten soll – mindestens. Eigentlich aber ist geplant, die globale Polit-Architektur grundlegend zu verändern, den aufsteigenden Mächten, zu deren Spitze Brasilien sich zählt, ein entsprechendes Gewicht zukommen zu lassen.

Eine wunderbare Erfolgsstory also. Und doch hat sie die Übel des Landes nicht beseitigen können, ja manche sogar verschärft. Stefan Zweig, der auf der Flucht vor den Nazis nach Brasilien kam und dort knapp zwei Jahre lebte, bevor er in Petrópolis im Bundesstaat Rio de Janeiro aus Verzweiflung über die Selbstzerfleischung Europas freiwillig aus dem Leben schied, hat ein beeindruckendes Buch über Brasilien geschrieben. In ihm kommt er immer wieder auch auf den freundlichen und friedlichen Charakter der Brasilianer zu sprechen. Recht hat er, zumindest auf der einen Seite. Die Brasilianer, die meisten jedenfalls, sind sehr umgängliche Menschen – offen, humorvoll, von mehr als nur formaler Höflichkeit. Unterhaltungen können sich über Stunden hinziehen, vom Hölzchen aufs Stöckchen kommen, die leichten Themen genauso aufgreifen wie die schweren, die kleinen wie die großen. Und wer die brasilianische Variante des Portugiesischen mag, die lang gedehnten Vokale, das auf einen satten Zischlaut auslautende »t« oder »d«, dazu die charmante, latent archaische Syntax der Alltagssprache – für den ist Brasilien ein Paradies aus Worten, wechselseitiger Wertschätzung und warmen Willkommen. So hat auch Stefan Zweig die Brasilianer erlebt. Es gebe dort den wuchtigen, massigen, »starkknochigen« Typus des Nordens nicht, notierte er. »Ebenso fehlt im Seelischen – und man empfindet es als Wohltat, dies vertausendfacht zu sehen innerhalb einer Nation – jede Brutalität, Heftigkeit, Vehemenz und Lautheit, alles Grobe, Auftrumpfende und Anmaßende.«

Zweigs Buch erschien im Jahr 1941. Es ist das Buch eines Menschen, der vor der Barbarei in der Heimat floh, darum vielleicht einen besonders freundlichen Blick auf das Land wirft, das ihm Schutz gewährt. Brasilien hatte damals – und hat bis heute – einen einzigen Krieg geführt, nämlich von 1865 bis 1870 gegen Paraguay. Zweig war beeindruckt und angetan von dieser politischen Friedenskultur – so sehr offenbar, dass er darüber die weniger friedlichen Seiten des Landes übersah. Wenn nämlich die brasilianische Literatur so faszinierend ist, dann darum, weil sie fast durchgehend von Menschen in schwierigen Situationen handelt. Die frühen Chronisten, allen voran die portugiesischen Ordensleute, berichten vom Leid der Indianer, einige – allerdings weniger – dann auch von dem der Schwarzen. Im 19. Jahrhundert häufen sich die Berichte, und wenn sie sich ins Kämpferische wenden, vehement die Abschaffung der Sklaverei fordern, scheint aus ihren Seiten mit das Großartigste, was in der brasilianischen Literatur je verfasst worden ist. Aber die Schriften ließen keinen Zweifel: Brasilien war ein Land, in dem Brutalität an der Tagesordnung war. Und auch

das, was die Autoren des 20. Jahrhunderts vor Zweigs Brasi-
lienaufenthalt schrieben, ist eindeutig. Der Staat ließ schlimme Willkür und Ungerechtigkeit zu, unterschied gelegentlich
sogar selbst zwischen Bürgern erster und zweiter Klasse –
so etwa bei der gewaltsamen Vertreibung der zahllosen Tagelöhner und ihrer Familien, die Anfang des 20. Jahrhunderts
aus dem Zentrum Rio de Janeiros weichen mussten, weil
dieses umfassend modernisiert werden sollte. Fast alle landeten sie in den Notquartieren am Rande der Stadt – den
Keimzellen der Favelas, in denen sich bis heute sämtliche
Übel einer modernen Massengesellschaft verdichten. Wie es
zugeht in den Favelas und wie sie zu dem wurden, was sie
sind: auch das kann man in der brasilianischen Literatur lesen.

Und doch konnte Zweig nicht wissen, was wir heute wissen. Denn erst Jahrzehnte später drang die Gewalt in den
Alltag ein, machte den Brasilianern auf drastische Weise zu
schaffen. Kriminalität und Brutalität – auch die Lust an Brutalität – bilden das letzte und jüngste Kapitel der brasilianischen Gewaltgeschichte. An ihm lässt sich ablesen, welche
Verwerfungen ein Land durchlebt, wenn es sich in Windeseile, im Zeitraum von zwei, bestenfalls drei Generationen,
aus der Vor- in die Spätmoderne katapultiert, in ein, zwei
Jahrzehnten von einer ländlichen in eine städtische Gesellschaft verwandelt, in seiner Mitte Metropolen heranwach-
sen, deren es kaum mehr Herr wird. Eine überstürzte Modernisierung, ein in Windeseile aufgezogener Kapitalismus,
der Menschen, die über Jahrhunderte in gemächlichen
Rhythmen gelebt hatten, fast über Nacht allerhöchstes Tempo und allergrößte Anstrengung abverlangt, ihnen die im
Gegenzug zu erwartenden Sicherheiten aber verweigert –
eine solche Gesellschaft sieht sich fast zwangsläufig größten
Problemen gegenüber.

Umso größer ist die Leistung der Kultur. Die brasilianische Gegenwartskultur ist, ob sie will oder nicht, engagierte Kultur. Literaten, Musiker, Künstler: Alle setzen sich auf ihre Weise mit der Unwirtlichkeit der Städte – einer Unwirtlichkeit, die zunehmend auch die ländlichen Gegenden erfasst und prägt – auseinander. Sie beschreiben sie, wissen aber auch, dass sie es beim Beschreiben allein nicht belassen können. Nun kommt es darauf an, sie zu verändern. Und weil das so ist und weil die Künstler, Autoren und Musiker ihre Sache ernst nehmen, ist die brasilianische Gegenwartskultur von berstender Kreativität und Energie. Die Architekten Luis Costa und Oscar Niemeyer versuchten vor über 50 Jahren durch den Bau einer neuen Hauptstadt, Brasília, das ganze Land zu verändern, ihm eine neue politische und gesellschaftliche Kultur zu vermitteln. Kurze Zeit später versuchten die Intellektuellen und Künstler das Militär aus den Angeln zu heben, das sich 1964 an die Macht geputscht hatte. Sie scheiterten zwar an der selbstgestellten Aufgabe, verwandelten aber dafür sich selbst und das Land in ungeahntem Maß. Und die heutige Generation von Künstlern versucht die Kultur der Gewalt zu verändern, die Brasilien seit den 70er, 80er Jahren überzogen hat.

Und nach wie vor arbeiten sie daran, das größte Projekt voranzutreiben, das Brasilien sich überhaupt gesetzt hat: den neuen *Homo brasiliensis*, den »brasilianischen Menschen« zu schaffen. Mag sein, dass dieser Mensch niemals zur Welt kommen wird, jedenfalls nicht als exakt definierter, direkt zu definierender Typ. Vermutlich handelt es sich um einen eher theoretischen, besser vielleicht noch fiktiven Typus – der aber auf das Selbstverständnis des Landes ganz erheblichen Einfluss nahm, nimmt und nehmen wird. Indianer, Portugiesen und Afrikaner sind die Grundväter (und – mütter) des modernen Brasiliens. Ihnen traten später, im 19. Jahrhundert, Japaner, Libanesen, Syrer, Palästinenser, Deutsche, Italiener, Iren, Briten und viele andere zur Seite. Sie alle bildeten jenen großen Schmelztiegel, der Tag für Tag die unterschiedlichsten Mischungen hervorbringt. *Brancos, pretos, pardos, mulatos, cafuzos, caboclos, mamelucos, cabras* und viele mehr: Das brasilianische Portugiesisch hat eine ganze Klaviatur für die verschiedenen Ethnien und die aus ihnen hervorgegangenen Mischungen entwickelt. Alle sind sie Bürger eines Landes, alle Mitglieder einer einzigen Nation. Sie teilen sich Stadt und Land, leben Seite an Seite – wenn auch nicht immer harmonisch, und nicht durchweg ohne Grenzzäune, sichtbare und mehr noch unsichtbare. Dass diese vielen Gruppen einander näherkommen, mehr und mehr zusammenfinden, vielleicht, in ferner Zukunft, doch ein *Homo brasiliensis* aus ihnen entsteht. Auch das ist eines der großen Versprechen, das Brasilien für seine Bürger bereithält. Eingelöst hat das Land es freilich noch nicht. Aber es liefert Anstöße, wie das Miteinander gelingen könnte. Und darum, da hat Stefan Zweig recht, ist Brasilien ein Land der Zukunft. Ein Land, das weiterhin lockt, eine Zukunft in Aussicht stellt, die aber eben noch nicht restlos eingelöst ist. Es bleibt, vorerst, das Versprechen. Wie sehr die Brasilianer auf dieses Versprechen setzen, hat sich im Sommer 2013 gezeigt, als sie zu Hunderttausenden auf die Straße gingen und für ihre Zukunft protestierten: Für ein Ende der Korruption, ein Ende der Gewalt, bessere Lebensbedingungen, die Würde des Einzelnen. Es waren machtvolle Demonstrationen, die zeigten, wie entschlossen die Brasilianer das vor einem halben Jahrtausend gegebene Versprechen einfordern. Für sie ist und bleibt Brasilien ein Land der Zukunft, eines, das entscheidende Entwicklungen noch vor sich hat. Diese Entwicklungen werden in einer zusammenwachsenden Welt globale Auswirkungen haben, wirtschaftliche, politische und kulturelle Effekte weit über die Landesgrenzen hinaus. Was in Brasilien passiert, kann in Europa niemanden kalt lassen. Auch darum sollten wir uns für das Land und

seine Kultur interessieren, ganz unabhängig von der Schönheit, die dieser Kultur wie selbstverständlich entspringt.

1 Begegnung am Strand
Die Alte trifft die Neue Welt

> So ich wahrhaftig nur vom Raube lebte,
> Freibeuternd, oder weil man mich verbannt,
> Aus welchem Grunde, meinst du, etwa strebte,
> Ich nach Revieren, abseits, unbekannt?
> *Luis de Camões, Os Lusiades*

Noch sahen sie das Land nicht, aber erste Anzeichen deuteten seine Nähe bereits an: Seit einiger Zeit trug die Strömung ihnen Gräser entgegen, und am Morgen des folgenden Tages zogen Vögel über das Schiff. Schließlich, am Abend des 22. April 1500, ist es soweit: In der Ferne zeichnen sich die Umrisse der Küste ab. Zunächst ein Berg: »sehr hoch und von runder Form«. In seiner Nachbarschaft weitere, nicht ganz so mächtige Erhebungen; schließlich flaches Land mit hochgewachsenen Bäumen. »Den großen Berg nannte der Kapitän ›Osterberg‹, und die Umgebung ›Land des wahren Kreuzes‹«.[1] Doch bevor die Seeleute das unbekannte Land in Augenschein nehmen, müssen sie sich gedulden: Die Nacht ist hereingebrochen. Sechs Meilen vor der Küste gehen die Schiffe in der Bucht von Cabrália, nahe der Stadt Porto Seguro (»Sicherer Hafen«) im heutigen Bundesstaat Bahia, vor Anker.

Pero Vaz de Caminha, Schiffsschreiber an Bord der Expeditionsflotte unter Leitung von Pedro Álvares Cabral, erfüllte seine Chronistenpflichten penibel und mit Sorgfalt. Der nüchterne Stil seiner Aufzeichnungen lässt vermuten, dass er sich in jenen Momenten nicht darüber im Klaren war, dass er ein Dokument von welthistorischer Bedeutung verfasste. Die wenigen Zeilen, in denen er die Ereignisse der letzten Seemeilen festhielt, markieren ein Datum, das auf die

Geschicke gleich dreier Kontinente – Lateinamerikas, Afrikas und Europas – allergrößten Einfluss nehmen sollte. In seiner Chronik schildert Caminha nicht weniger als die Geburtsstunde einer neuen Nation. Die Ankunft der Portugiesen an den Osterfeiertagen jenes Jahres 1500 eröffnete weit mehr als ein neues Jahrhundert. Sie setzte den Startschuss zu einer neuen Epoche, markierte den Eintritt eines Landes in die Weltgeschichte – zumindest jenen Teil der Weltgeschichte, den die Europäer schrieben.

Dass die Portugiesen so weit im südwestlichen Atlantik auf Land stoßen würden, war damals keineswegs ausgemacht. Sicher, Kolumbus war ein paar Jahre zuvor, 1492, einige hundert Seemeilen weiter nördlich von Álvares Cabral, auf verschiedene Inseln, die heutigen Bahamas, gestoßen. Aber dass sich hinter ihnen ein ganzer Kontinent verbarg, ahnten zu jener Zeit weder er noch andere europäische Seefahrer. Auch Álvares Cabral hatte, als er am 9. März 1500 in See stach, von möglichen Landmassen jenseits der neu entdeckten Insel keine genaue Vorstellung. Ohnehin folgte er eigentlich einem ganz anderen Auftrag: Drei Jahre zuvor, im Juli 1497, hatte ein ebenfalls portugiesischer Seefahrer, Vasco de Gama, als erster Europäer den Seeweg nach Indien erkundet. Zurück in der Heimat, erläuterte er König Manuel I. die hohen Gewinnmöglichkeiten, die der Gewürzimport aus Asien versprach. Der König war so angetan von den Aussichten, dass er umgehend eine Flotte mit 13 Schiffen Richtung Indien schickte. Deren Leiter, Álvarez Cabral, erteilte er noch einen weiteren Auftrag: nämlich zu überprüfen, ob Portugal weiter westlich im Atlantik womöglich territoriale Ansprüche reklamieren konnte. Denn seit Kolumbus von seiner Entdeckungsfahrt zurückgekehrt war, war zwischen Spanien und Portugal eine heftige Rivalität um die Vorherrschaft im Atlantik und die dort möglicherweise noch zu entdeckenden Gebiete entbrannt. Im Jahr 1494 wurden sich die beiden Seemächte im Vertrag von Tordesillas dann einig: Alle Gebiete jenseits einer 370 Seemeilen westlich der Kapverdischen Inseln gezogenen Demarkationslinie sollten an Spanien fallen; alle Länder östlich dieser Linie sollte Portugal erhalten. So ging das Gebiet des heutigen Brasiliens an Portugal, noch bevor das Königreich von dessen Existenz überhaupt sichere Kenntnis hatte.

Es war also eine auch für den damaligen Wissensstand brisante Entdeckung, über die Pero Vaz de Caminha König Manuel in seinem Brief informierte. In ihm erfuhr der portugiesische Herrscher auch, dass er von nun an neue Untertanen haben würde. Denn kaum machten sich die Seefahrer an Bord mehrerer Beiboote am Morgen des 23. April 1500 in Richtung Küste auf, erblicken sie dort, am Ufer eines Flusses, eine kleine Menschengruppe. Cabral ordnet an, Anker zu werfen. Eine kleine Vorhut lässt er weiterrudern, derweil die Menge am Strand wächst: »Erst zwei, dann drei, so dass sich, als das Boot die Flussmündung erreicht, dort 18 bis 20 Mann befanden.« Einer von Álvares Cabrals Offizieren nimmt Kontakt mit den Fremden auf. Diese reagieren freundlich, zumindest nicht feindlich. Vorerst allerdings bleibt der Kontakt verhalten: Man mustert einander, dann ziehen die Portugiesen sich wieder zurück. Am nächsten Morgen gibt der Kapitän das Signal zur Weiterfahrt. Ziel der Flotte sind die nördlicher gelegenen Gebiete. In einer Bucht lässt er die Schiffe vor Anker gehen. Auch hier zeigen sich Menschen am Ufer. Dieses Mal verständigen sich Portugiesen und Indianer ausführlicher. Der Kapitän lädt zwei junge Männer auf sein Schiff ein, wo sie mit allen Ehren empfangen werden – freilich nicht ohne bei den Gastgebern einige Verwunderung auszulösen: »Ihr Hautfarbe ist braun, etwas rötlich«, notiert de Caminha. »Sie gehen nackt, ohne irgendeine Bekleidung. Es ist ihnen gleichgültig, ihre Scham zu verhüllen oder zu zeigen; sie tun dies mit der gleichen Unschuld, mit der sie ihr Gesicht verhüllen.«² Auch sonst wirken die Gäste recht befremdlich: Beide haben durchbohrte Unterlippen, in denen »echte weiße Knochen« stecken; der Kopf ist bis auf ein Haarbüschel auf der Scheitelhöhe geschoren; einer der Indios trägt eine »Art Perücke« aus gelben Vogelfedern. Als sie zu Álvares Cabral und den anderen Kommandanten geführt werden, machen sie »keine Ehrerbietungen«; auch sprechen sie nicht. »Einer warf jedoch den Blick auf die Kette des Kapitäns, und begann mit der Hand zum Land zu weisen und dann zur Kette, als wollte er sagen, dass es dort Gold gäbe. Er blickte auch zu einem silbernen Leuchter und zeigte gleichermaßen zum Land und zum Leuchter, als ob es auch dort Silber gäbe.« Ebenso interessieren sich die beiden Männer für die Perlen eines Rosenkranzes. Einer der beiden legt sie sich um den Hals. »Dann nahm er sie ab, wickelte sie um den Arm und zeigte zum Land und wieder auf die Perlen und zur Kette des Kapitäns, als wollte er sagen, sie würden Gold dafür geben.« Dann aber scheint es, er wolle sie doch nur zum Geschenk haben, was die Portugiesen aber ablehnen. »Dann legten sie sich mit dem Rücken auf den Teppich, um zu schlafen, ohne ihre Scham zu bedecken, die nicht beschnitten war. Die Schamhaare waren sorgfältig ausrasiert. Der Kapitän befahl, ihnen die Sitzkissen unter die Köpfe zu legen; und der mit der Perücke bemühte sich, diese nicht zu zerbrechen. Und dann legte man eine Decke über sie; und sie willigten ein, blieben dort und schliefen.«³

Tropische Anmut

Freundliche Menschen von paradiesischer Unschuld: Dieser Eindruck bestätigt sich auch in den folgenden Tagen und Wochen. Wo immer sie den Portugiesen begegnen, zeigen die Eingeborenen sich entgegenkommend und umgänglich, ohne jegliche Vorbehalte. Auch dem Gottesdienst, den der Kapitän auf dem neu entdeckten Land halten lässt, können sie offenbar etwas abgewinnen. Die Portugiesen stimmen Gesänge und Gebete an, »und ungefähr 50 bis 60 der Fremden waren dabei, mit den Knien auf dem Boden hockend wie wir. Und als das Evangelium gelesen wurde, erhoben wir uns und richteten die Hände in die Höhe. Sie erhoben sich mit uns und richteten ebenfalls die Hände bis zum Schluss in die Höhe. Wie wir setzten auch sie sich danach wieder hin. Und als wir Gott lobten und uns wieder hinknieten, knieten auch sie sich. Wie wir taten auch sie das mit erhobenen Händen, wenngleich auf eine derart sorglose Weise, dass es, versichere ich Ihrer Hoheit, nicht sonderlich ehrerbietig aussah.«[4]

Doch darüber lässt sich hinwegsehen – auch darum, weil der Anblick des fremden Landes so milde stimmte: Hübsch ist es anzuschauen, dieses von leichten Lüften durchwehte Land voller hochgewachsener Bäume und Palmen: »sehr flach und sehr schön.« Freilich, viel mehr kann man noch nicht sagen: »Bislang konnten wir nicht in Erfahrung bringen, ob es hier Gold, Silber, noch sonst etwas aus Metall oder Eisen gibt.« Doch das eigentliche Anliegen sei ohnehin ein anderes, schreibt der Chronist seinem König: »Die wichtigste Frucht, die man aus dieser Erde ziehen kann, scheint mir die Rettung dieser Menschen zu sein. Und dies muss der bedeutendste Samen sein, den Eure Majestät in diese Erde setzt.«

Es ist ein anmutiger Brief, den Vaz de Caminha an seinen König schickt. Wohlwollend sind die Worte, in denen er die Eingeborenen beschreibt, groß ist seine Bewunderung für die Schönheiten des Landes. Natürlich, dies ist ein typisches Kennzeichen des sogenannten *ufanismo*, des durchaus tendenziösen Eifers, mit denen Chronisten ihre Berichte ausschmücken, stets darauf bedacht, den Empfänger für ihre

Sache einzunehmen. Und gerade in dieser Sache, weiß der Verfasser, geht es um etwas Großes. Eben darum hat Álvares Cabral auch beschlossen, zwei zur Besatzung gehörende Sträflinge in dem neu entdeckten Land zurückzulassen – ein Entschluss, dem sie sich paradoxerweise durch Flucht entziehen, in eben jenes Land, in dem der Kapitän sie ohnehin hatte absetzen wollen. Die beiden Ausgesetzten, so sah der Kapitän es vor, hätten schon einmal die Sprache der Eingeborenen lernen und sich mit ihren Sitten vertraut machen sollen, was die künftigen Kontakte zu den Indianern erleichtert hätte. Daraus wurde nichts: Die Spur der beiden Unglücklichen verlor sich in den Weiten des brasilianischen Küstengebiets auf immer.

Lockruf des Goldes

Ihr Schicksal deutet allerdings an, was sich auch in de Caminhas Brief erkennen lässt: Die Portugiesen haben noch einiges vor in dem neu entdeckten Land. Deutlich geben die Aufzeichnungen dem König zu verstehen, dass er sich um seine neuen Untertanen nicht allzu viele Gedanken machen muss: So freundlich und friedfertig wie sie sind, werden sie sich seiner Herrschaft offenbar ohne Umstände unterwerfen. Nein, solche Burschen braucht man nicht zu fürchten. Das ist umso erfreulicher, als eines scheinbar klar ist: Sie sind im Besitz von Gold.

In Caminhas Brief finden sich bereits alle Grundmotive, die die europäischen Vorstöße in die Neue Welt in den kommenden Jahrhunderten begleiten werden. Vor allem stellt sich die Frage nach dem Charakter, der moralischen Veranlagung und vor allem dem theologischen Status der Indianer: Sind es gute Wilde oder schlechte Wilde? Handelt es sich bei ihnen um Christen, zumindest potentielle Christen? Welche

Religion haben sie, und steht diese mit den monotheistischen Religionen irgendwie in Zusammenhang? Es gibt Autoren, die das durchaus annehmen. Womöglich handelt es sich bei den Eingeborenen um »Präadamiten«, glauben die einen – Menschen also, die bereits vor der Erschaffung Adams den Erdball bevölkert hatten. Vielleicht zählen sie auch zu den »verlorenen Stämmen« Israels, sind also Nachkommen der Juden, mutmaßen andere. Dritte sind sicher, dass die Eingeborenen bereits Bekanntschaft mit dem Apostel Ostindiens gemacht hatten, von dem eine altchristliche Überlieferung berichtet.[5] Wie also steht es in theologischer Sicht um die Eingeborenen? Je nachdem, zu welchen Antworten man kommt, entscheidet sich, welches die angemessene Haltung ihnen gegenüber ist. Diese Frage ist umso bedeutsamer, weil man ja nicht nur gekommen ist, um die frohe Botschaft in die Neue Welt zu tragen, sondern durchaus auch, um das Land und dessen Reichtümer in Besitz zu nehmen.

Kaum ist darum die erste christliche Messe auf brasilianischem Boden gefeiert, machen sich die Entdecker das Land auf ihre Weise untertan. 1502 erteilt der portugiesische König einer Gruppe Kaufleute die Monopolrechte zur Bewirtschaftung der neuen Kolonie. Dies ist der Beginn eines gewaltigen Unternehmens, in dessen Verlauf zunächst Abenteurer, Geistliche, Schiffbrüchige, verarmte Adelige und Seeleute in die Neue Welt kommen. Mit ihnen reisen aber auch zahlreiche *degregados*, verurteilte Straftäter, über die Gerichte das nach der Todesstrafe härteste Urteil verhängt haben: die Verbannung. Schritt für Schritt folgen andere Bevölkerungsgruppen, vor allem Bauern und Fischer aus den wirtschaftlichen darbenden Regionen des nördlichen Portugals. Für die brasilianischen Eingeborenen – auf dem Gebiet des heutigen Brasiliens lebten wissenschaftlichen Schätzungen zufolge um 1500 rund 4,7 Millionen Indianer[6] – bedeutete dies den Anfang vom Ende ihrer bisherigen Lebensformen. Zugleich tragen die Europäer Krankheiten ins Land, gegen die die Indianer kein Immunsystem entwickelt haben. 1554 wütet eine ersten Masern- und Pockenepidemie durch die Kolonie, weitere Krankheitswellen folgen und kosten zahllose Eingeborene das Leben. Von den 40 000 Indianern etwa, die Mitte des 16. Jahrhunderts die von den Jesuiten organisierten Missions- und Schutzgebieten bevölkerten, sollen am Ende des Jahrhunderts gerade 3500 überlebt haben.[7]

Tod im Kochtopf

Von dieser Wirklichkeit ist Pero Vaz de Caminha in seiner Chronik noch weit entfernt. Er schildert das neue Land als anmutigen *locus amoenus*, als Ort unschuldig-unbeschwerten Lebens. Damit greift er biblische, antike und mittelalterliche Motive idealer physischer und moralischer Landschaften auf, die sich umstandslos auch auf die Neue Welt übertragen lassen. Der Seefahrer Amerigo Vespucci etwa fühlt sich während seiner Reise im Jahr 1502 angesichts der ihn umgebenden Natur unmittelbar an den Garten Eden erinnert: »Manchmal war ich von den feinen Düften der Kräuter und Pflanzen sowie dem Geschmack der Früchte und Wurzeln so verzaubert, dass ich glaubte, ich befände mich im Irdischen Paradies.« Und die Menschen, die dort leben, beschreibt er als dieser Gnade durchaus würdig: »Sie kennen keine Stoffe, weder aus Wolle oder Flachs noch aus Baumwolle, weil sie einfach nichts brauchen. Sie haben auch kein privates Eigentum, denn alles gehört der Gemeinschaft. Sie leben miteinander ohne König oder Herrscher. Jeder Mann ist sein eigener Herr und besitzt so viele Weiber, wie er will. Sie haben keine Tempel und keine Gesetze, sie verehren nicht einmal Götzen. ... Sie leben ganz nach den Gesetzen der Natur. ... Sie treiben keinen Handel untereinander, und sie führen Krieg ohne Ordnung und ohne Kunst.«[8] Vespuccis Schilderungen inspirierten einige Jahre später Thomas Morus zu seiner berühmten Utopia, in der er das Bild einer idealen Gesellschaft entwirft — irgendwo auf einer fernen Insel, weit weg von der Gesellschaft, in der er, Morus, selber lebte. Seine Begeisterung für dieses ferne soziale Gebilde ließ er sich auch nicht dadurch nehmen, dass Vespucci in seinem Bericht auch von der — gelegentlichen — Brutalität der Eingeborenen berichtet und von einer schaudererregenden weiteren Angewohnheit: nämlich ihresgleichen zu verspeisen. Dergleichen stört zunächst noch niemanden, das neue Land war das, als was man es sehen wollte: ein neuer Garten Eden. »Wenn es auf Erden ein Paradies gäbe, würde ich sagen, dass es sich heute in Brasilien befindet«, notiert im Jahr 1560 der Jesuit Rui Pereira.[9]

Von ganz anderen Eindrücken berichtete hingegen der deutsche Söldner Hans Staden (1525-1576). Auf einer 1550 im Dienste der spanischen Krone angetretenen Reise in die Neue Welt erlitt seine Flotte kurz vor der brasilianischen Südküste Schiffbruch. Staden kann sich retten und knüpft Kontakt zu den Portugiesen, denen er bereits während einer ersten Fahrt einige Jahre zuvor gedient hat. Er übernimmt das Kommando über eine kleine Festung auf der Insel Santo Amaro, rund 150 Kilomter im Norden von Rio de Janeiro. Dort führen die Portugiesen einen Kleinkrieg gegen die Tupínambá-Indianer, von denen Staden eines Tages verschleppt wird. Neun Monate halten sie ihn gefangen. In dieser Zeit drohen die Indianer wiederholt, ihn zu verspeisen. Doch Staden gelingt es, sich einen Ruf als Heiler und Wundertäter aufzubauen. Dieser bewahrt ihn davor, ein frühes Ende in den Kochtöpfen der Tupínambá zu finden. Wie ernst diese es jedoch meinen, begreift er, als im Laufe der kommenden Monate mehrere gefangene Portugiesen erschlagen und verspeist werden. Staden nutzt seine Gefangenschaft dazu, das Leben der Tupínambá in allen seinen Einzelheiten zu studieren. Seine Eindrücke veröffentlicht er 1557 in einem Buch, dessen bloßer Titel bereits eine große Leserschaft garantiert: *Warhaftige Historia und beschreibung eyner Landtschafft der Wilden, Nacketen, Grimmigen Menschfresser-Leuthen in der Newenwelt America gelegen.* Darin beschreibt er sehr detailliert auch die Praxis der Menschenfresserei. »Das tun sie nicht, um ihren Hunger zu stillen, sondern aus Feindseligkeit und großem Hass, und wenn sie im Kriege gegeneinander scharmützeln, rufen sie einander hasserfüllt zu: Über dich komme alles Unglück, du bist mein Essen, ich will dir noch heute deinen Kopf zerschlagen. Den Tod meiner Freunde an dir zu rächen, bin ich hier. Dein Fleisch soll noch heute, ehe die Sonne untergeht, mein Braten sein. Das alles tun sie aus großer Feindschaft.«[10] Wie man sich die Schlachterei konkret vorstellen kann, auch das erfahren Stadens Leser in düsterer Anschaulichkeit. Und wo ihre Phantasie versagt, da helfen ihr die dem Band beigegebenen Holzschnitte auf die Sprünge. Diese Bilder waren von solch außerordentlicher Wirkung, dass sie auch lose gedruckt wurden, als Ikonen des Schreckens losgelöst vom Buch die Runde machten.

Nicht weniger drastisch als Hans Staden berichtete auch der Franzose Jean de Léry (1536-1613) von seinem Aufenthalt in Brasilien. Er begleitete eine Gruppe von Hugenotten und verbrachte zur selben Zeit wie Staden drei Jahre in der Bucht von Rio de Janeiro, wo die Franzosen eine Kolonie, »France Antarctique«, gegründet hatten. Dort hatte er ebenfalls engere Kontakte zu den Tupínambá. Lérys Beschreibung der menschenfresserischen Gewohnheiten des Stammes stimmen mit denen Hans Stadens überein. Allerdings versuchte der Franzose seinen Lesern den Abscheu über die blutigen Sitten zu nehmen, indem er sie mit kaum weniger blutigen Gewohnheiten in der Heimat verglich. »In erster Linie möge man an das, was unsere Wucherer tun, denken. Sie saugen Blut und Mark, verspeisen demnach zahllose Witwen, Waisen und sonstige arme Menschen bei lebendigem Leibe. Menschlicher würden sie handeln, wenn sie ihren Opfern sofort, anstatt sie dahinsiechen zu lassen, die Kehle durchschnitten. Sie sind demnach grausamer als die Wilden, von denen ich gesprochen habe.« Doch nicht nur auf metaphorischer Ebene erweisen sich die Europäer bei Léry als mindestens ebenso grausam wie die Tupínambá. Auch in der Alten Welt, erklärte er seinen Lesern, gebe es Beispiele für enthemmten Kannibalismus. Ein Opfer solcher Grausamkeiten sei in Auxerre etwa »ein gewisser Cœur de Foy«, ein Hugenotte, geworden. Nachdem seine Feinde ihn getötet hätten, rissen sie ihm das Herz aus, brieten es »und stillten ihre Wut, indem sie diese Teile verschlangen wie die Schlächterhunde. Heute noch leben Tausende von Menschen, die diese Taten bestätigen können.«[11]

Gute Wilde, schlechte Wilde

Der kleine Stich gegen die Feinde seiner französischen Glaubensbrüder ändert nichts daran: Lérys Buch ist ein frühes Dokument europäischer Selbstrelativierung, ein erster Versuch, die Eingeborenen im Rahmen ihrer eigenen Logik und nicht nach den Maßstäben der Alten Welt zu verstehen. Die Europäer, gibt er zu verstehen, sind gut beraten, sich moralisch nicht aufs hohe Ross zu setzen. Dass sie ohnehin Gefahr laufen, von ihren eigenen Vorstellungen zum Narren gehalten zu werden, deutete ihnen in feiner Ironie auch Lérys Landsmann, der Franziskaner André Thevet (1516-1590), an. In seinem Reisebericht *Les Singularités de la France antarctique* (1557) setzte er sich auch mit den Schilderungen jener Autoren auseinander, die die Neue Welt bereits vor ihm beschrieben hatten. Ihnen warf er vor, es mit der Wirklichkeit nicht allzu genau genommen zu haben: »Viele glauben unwissentlich, dass die Körper dieser Menschen, die wir ›Wilde‹ nennen, wie die der Bären, Hirsche und Löwen mit Haar bedeckt sind, da sie fast wie Tiere in Wäldern und auf Feldern leben. Und auf genau diese Art stellen die Fremden sie auch auf ihren Leinwänden dar. In anderen Worten, wer immer einen Wilden beschreiben will, muss ihn mit dichtem Haar von den Zehenspitzen bis zum Kopf ausstatten – eine ebenso unverzichtbare Eigenschaft wie die schwarze Farbe des Raben.«[12]

Staden, Léry und Thevet, aber auch viele andere befeuerten mit ihren Berichten die Diskussion, die in Europa über den Umgang mit den amerikanischen Ureinwohnern entbrannt war. In ihr prallten die unterschiedlichsten Thesen und Schlussfolgerungen aufeinander: Angenommen, die Indianer wären »Wilde« – handelte es sich dann um »gute« oder »schlechte« Wilde? Vielleicht war das aber auch unerheblich, wie der Franziskaner Juan Quevedo vermutete: Einem Gedanken Aristoteles' folgend, waren die Indianer für ihn »Sklaven von Geburt«. Wenn die Indianer aber »homunculi«, minderwertige Menschen, waren, wandten andere ein: Sollten sie dann nicht umso mehr den besonderen Schutz der Europäer genießen? Aber auch eine moralische Erziehung könnten sie gut gebrauchen, erläuterte der portugiesische Chronist Pêro de Magalhães Gândavo. Das erkenne man schon an der Sprache: Die Tupí-Indianer, berichtete er, kennten »kein F, kein L und kein R – – eine schreckliche Sache, denn so kennen die Indianer weder Fé (»Glauben«), Lei (»Gesetz«) noch Rei (»König«), und auf diese Weise leben sie planlos vor sich hin; außerdem können sie weder zählen, noch Gewichte oder Maße berechnen.«[13] Der linguistisch geleitete Versuch einer moralischen Diagnose mochte nicht ganz ernst gemeint sein; doch selbst im Scherz offenbart sich das Überlegenheitsgefühl der Europäer. Zumindest einige der Indianer Südamerikas müsse man zur untersten Kategorie der Barbaren zählen und als »wilde Menschen« betrachten, ergänzte der spanische Jesuit José de Acosta. »Wilden Tieren gleich, haben sie kaum menschliche Gefühle.« Gerade darum aber, fuhr er fort, müsse man sie lehren, »richtige Menschen zu werden und sie erziehen wie Kinder«. Dieser Einschätzung widersprach der spanische Dramatiker Garcilaso de la Vega, der, als Sohn eines Eroberers und einer Inkaprinzessin, besonders sensibel für das Thema war: Er sprach von dem »guten, weisen Wilden«, ein Motiv, das auch der französische Essayist Michel de Montaigne aufgriff und in ganz Europa bekanntmachte. Neutraler formulierte es Bartolomé de las Casas: »Sind sie nicht auch Menschen? Haben sie keine Vernunft, keine Seele? Ist es nicht eure Pflicht, sie zu lieben wie euch selbst?«[14] Am entschiedensten vertrat aber der Dominikaner Bartolomé de las Casas die Rechte der Eingeborenen. In seiner 1527 begonnenen *Historia de las Indias* beschrieb er in schockierender Anschaulichkeit, wie enthemmt seine Landsleute in den Kolonien mit den Indianern umgingen. Bis heute zählt sein Buch zu den eindrücklichsten Dokumenten kolonialer Grausamkeiten.

Von Holz und Handel

Auf die portugiesischen Kolonisten machten derlei Diskussionen wenig Eindruck. Sie interessierte vor allem eines: zu Wohlstand und Reichtum zu kommen. Das erste Produkt, mit dem sich entsprechende Ambitionen verwirklichen ließen, war das Färbholz – jenes »Pau-brasil«, dem die Kolonie ihren Namen verdankte. Dieses Holz ernteten die Kolonisten mit Hilfe der Eingeborenen, die zunächst noch auf freiwilliger Basis arbeiteten: »Die Indianer stellten ihre Arbeitskraft beim Auffinden, Fällen, Transportieren und Verladen des Färbholzes zur Verfügung, die Europäer belohnten sie dafür mit Messern, Äxten, Kleidung, billigem Schmuck und allerlei Tand.«[15] Als die Portugiesen dann auch Zucker anbauten, begannen sie die Arbeit straffer und in größerem Umfang zu organisieren. Die Indianer, die an eine solche Art des Einsatzes nicht gewohnt waren, verweigerten sich ihr zunächst. So gingen die Portugiesen dazu über, sie zur Arbeit zu zwingen. Gleichzeitig – ab der zweiten Hälfte des 16. Jahrhunderts – engagierten sie auch immer mehr Menschenfänger, die in Afrika Jagd auf Männer und Frauen machten und nach Brasilien verschleppten. Mehr und mehr ersetzten die Afrikaner fortan die Indianer als Sklaven und Zwangsarbeiter. Starke Fürsprecher fanden die Indianer auch in den Jesuiten, die 1533 ihre erste Missionsstätte errichtet hatten und seitdem kompromisslos für den Schutz ihrer Zöglinge eintraten – was die portugiesische Krone 200 Jahre später, 1759, veranlasste, den Orden des Landes zu verweisen.

Trotzdem: Ihre Unschuld hatte die Kolonie, wenn sie eine solche denn jemals besessen haben sollte, längst verloren. Kaum dass sie entdeckt worden war, hatte sich die Neue Welt, nach den Worten ihrer Entdecker eigentlich ja ein tropischer Garten Eden, in eine riesige Wirtschaftszone verwandelt. Schon 1552 führte der portugiesische Historiker João de Barros Klage über den Verlust der frühen Weihen einer Kolonie, die doch unter ganz anderen Vorzeichen begonnen hatte: ›Santa Cruz‹ (›Heiliges Kreuz‹) lautete der Name, den man dem Land in den ersten Jahren gegeben hatte. Das aus Bäumen gefertigte Kreuz stand für einige Jahre an diesem Ort. Doch wie der Teufel hat auch das Zeichen des Kreuzes seine Macht über uns verloren. So große Mengen des roten Holzes, bekannt als Brasilholz, kamen aus diesem Land, dass die Menschen diesen Namen aufgriffen und ›Santa Cruz‹ darüber verloren ging. Es scheint, als ob der Name eines Holzes zum Färben von Kleidern bedeutender wäre als der Name jenes Holzes, das all jenen Sakramenten seine Färbung gab, durch die wir gerettet werden und die aus Christi Blut auf sie tröpfelte.« Man sollte der Kolonie ihren alten Namen zurückgeben, fordert João de Barros. »Denn unter Strafe eben jenes Kreuzes, das uns an unserem letzten Tag gezeigt werden wird, könnten wir angeklagt werden, mehr dem Brasilholz als dem Kreuz dienstbar zu sein.«[16]

Doch de Barros' Aufschrei nützte nichts: »Brasilien« blieb »Brasilien«, und das hieß: eine Wirtschaftskolonie, deren neue Herren gelegentlich zwar auch an zu rettende Seelen, viel mehr und viel öfter aber an die Mehrung ihres eigenen Reichtums dachten. Die historische Zäsur, die jene Ostertage des Jahres 1500 setzten, überlebten nur wenige Indianer. Den kulturellen, wirtschaftlichen und gesellschaftlichen Veränderungen hatten sie genauso wenig entgegenzusetzen wie dem Druck der Versklavung und den Viren, die die Kolonisten aus Europa einschleppten. Noch drastischer als die Männer bekamen die Frauen die neuen Herrschaftsverhältnisse zu spüren. Da die meisten Portugiesen ohne weibliche Begleitung in die Neue Welt reisten, zogen sie zur Zeugung ihrer Nachkommen die Frauen der Eingeborenen heran – »Indianerprinzessinnen«, wie die Portugiesen sie gerne nannten. Diese Frauen wurden zu Stammmüttern der ersten Brasilianer, der Töchter und Söhne einer Nation, die aus einer jahrhundertelangen Mischung unterschiedlichster Ethnien hervorging. Was ihre indianischen Stammväter und mehr noch Stammmütter dazu sagten, ist nicht bekannt. Brasilien war die ersten zweihundert Jahre nach der Zeitenwende von 1500 ein rein europäisches Projekt. Die Europäer definierten die Identität dieser Neuen Welt, physisch wie kulturell. Brasilien und seine indianischen Bewohner waren das, was die Portugiesen aus ihnen machten.

2 Jenseits von Portugal
Die Kolonie entdeckt sich selbst

Die Söhne Lissabon werden am Hof geboren,
in Indien erzogen und in Brasilien verdorben.
Nuno Marques Pereira,
Compêndio narrativo do peregrino da América

Nein, dieses Land kann keine Insel sein. Dafür ist es zu groß. Seine gewaltigen Ausmaße lassen etwas anderes vermuten: Es muss sich um einen neuen, bislang unbekannten Kontinent handeln. »Terra firme«, so werden die Seefahrer von der iberischen Halbinsel die Region bezeichnen, auf die sie im äußersten Westen des Atlantiks gestoßen sind. »Terra firma« – heute sagt man dazu: »Kontinent«.

Die Vermutung bestätigte sich rasch: Schon Américo Vespucci fand heraus, dass das unbekannte Land sich vom fünften bis mindestens zum sechsundzwanzigsten Breitengrad erstreckte, also vom Cabo São Roque, oberhalb der Stadt Natal an der brasilianischen Westspitze, bis hinunter zur Bucht von Rio de Janeiro. Allein diese Distanz erstreckte sich über 2000 Kilometer – ein mehr als hinreichender Anlass, die Hypothese einer Insel fallen zu lassen. Dass es sich um etwas Anderes, viel, viel Größeres handeln könnte, legten die Vorstöße spanischer Seeleute nahe, die ab 1499 immer weiter Richtung Westen des unbekannten Landes vorstießen. Dass man auf einen neuen Kontinent gestoßen sein könnte, diese Vermutung sprach Amerigo Vespucci 1507 in einem Brief an Pier Francesco de' Medici aus: »Wir erreichen ein neues Land, von dem wir aus vielen, im folgenden genannten Gründen annehmen können, das es sich um einen Kontinent handelt.«[17] »Amerika« wird dieser Kontinent fortan heißen, jenem Namen folgend, auf den ihn 1507 der deutsche Kartograph Martin Waldseemüller in seiner Weltkarte zu Ehren Vespuccis getauft hatte. Und es dauert nur fünf Jahre, bis auch das den Portugiesen zugesprochene Land erstmals mit dem Namen erwähnt wird, den es später tragen wird. 1512 veröffentlicht der italienische Kartograph Jeronimo Marini eine Karte, in der er den östlichen Teil des Kontinents als »Brasil« bezeichnet.

Ein neuer Kontinent – mit Landmassen, die die Portugiesen auch innerhalb der ihnen im Vertrag von Tordesillas zugesprochenen Grenzen nur unter größten Mühen besiedeln und kontrollieren konnten. Den entscheidenden Anstoß zur Landnahme setzte König Johann III., als er 1530 den Seefahrer Martim Afonso de Sousa beauftragte, einerseits die neue Kolonie in Richtung Norden, bis zum Mündungsgebiet des Amazonas, zu erkunden und andererseits die Besiedlung des Landes voranzutreiben. Aus der Besiedlung der Atlantikinseln stand dazu bereits eine erprobtes Instrument bereit: Das System der *donatorias*, lehnsrechtliche Schenkungen an Mitglieder meist des niederen Adels, die für die ihnen übertragenen Ländereien fortan die Verantwortung trugen. Diese Schenkungen – *capitanias*, wie sie aufgrund ihres anfangs meist militärischen Personals genannt werden – bildeten die Keimzelle der allmählichen Besiedlung des Landes, vorangetrieben durch neue Einwanderer, die von den Lehnsherren einzelne Parzellen, sogenannte *sesmarias*, zur landwirtschaftlichen Nutzung übernahmen. Doch nachlässige Pflege und Verwaltung, Streitereien zwischen Landeignern und Pächtern einer- und Weißen und Indianern andererseits untergruben den Erfolg des Schenkungssystem – und damit den des gesamten kolonialen Unternehmens. »Wenn Eure Hoheit nicht binnen kurzem diesen Kapitanien und der Küste von Brasilien Hilfe zukommen lässt, werden nicht nur wir unser Vermögen und unser Leben, sondern werden Eure Hoheit das gesamte Land verlieren«, warnt einer der Donatorios den König.[18] Der entschließt sich darum, ein *governo geral*, eine Zentralregierung, einzurichten, die die Belange der Kolonie fortan zentral verwaltet. Der Generalgouverneur, Tomé de Sousa, wählt 1549 als Verwaltungssitz einen kleinen Ort im nördlichen Westen und lässt dort die Festung São Salvador errichten, an deren Bau er im Übrigen tatkräftig mitwirkt. »Leute aus seiner Zeit – einige lernte ich noch kennen – berichteten, dass er selbst als erster zum Mörser griff, um das Fachwerk zu bearbeiten und dabei half, die Dachsparren und Hölzer zu den Häusern zu tragen«, berichtet der Franziskaner Frei Vicente do Salvador in seiner 1627 erschienenen *História do Brasil*. »Dabei«, fährt der Geistliche fort, »zeigte er sich allen gegenüber als freundschaftlich und liebenswürdig im Umgang (eine höchst wichtige Eigenschaft für die, die neue Sielungen regieren).«[19] Um diesen Kern herum bildet sich eine rasch wachsende Stadt: São Salvador da Bahia de Todos os Santos (»Heiliger Erlöser von der Allerheiligen Bucht«), die erste Hauptstadt der Kolonie. Ihr natürlicher Hafen lässt sie zugleich zur Drehscheibe des portugiesisch-brasilianischen Schiffsverkehrs werden.

Auf der Flucht

Doch die Kolonisierung geht bestenfalls zögerlich voran. Das Herrschaftsgebiet der Portugiesen beschränkt sich auf einzelne Niederlassungen, kleine Forts und Festungen zur Sicherung des eroberten Terrains. Hier errichten sie erste Gehöfte, an denen die Siedler das begehrteste Produkt jener Zeit förderten: das Brasilholz. Die Bäume, deren Stämme den europäischen Textilproduzenten als Färbemittel dienen, ist in den Frühzeiten der Kolonie nahezu das einzige Produkt, mit dem sich Geld verdienen lässt. Doch bald schon ist es abgeholzt, und so dringen die Portugiesen Schritt für Schritt in das Hinterland, zu den weiteren Beständen des kostbaren Produkts, vor. Brachial und ohne Rücksicht gehen sie vor, schlagen immer tiefere Kerben in die Wälder. Zurück lassen sie ökologisches *wasteland*. »Es handelte sich nicht um Abbau, sondern eher Zerstörung«, kommentiert ein Zeitzeuge das Vorgehen der Holzfäller.[20] Und je weiter sie in das Hinterland vordringen, je mühsamer und aufwendiger der Abbau wird, desto weniger zögern die Eindringlinge, die Indianer, die anfangs freiwillig an dem Unternehmen teilnehmen, zur Arbeit zu zwingen. Die Anfänge der Sklavenwirtschaft in Brasilien reichen zurück bis in die ganz frühen Jahre der Kolonie. Das System Leibeigenschaft bildete den Grundstock späterer Vermögen. »Indianer zu besitzen, war ein Zeichen von Wohlstand und Macht. Gemessen wurde der Reichtum an der Menge der jeweils besessenen ›Stücke‹. Die Zwangsarbeit war die einzige Arbeitsform, die sich die Siedler vorstellen konnten.«[21]

Doch irgendwann nehmen die Indianer ihr Schicksal nicht mehr hin. Zwar können sie sich gegen die Portugiesen nicht wehren und bleiben im Kampf gegen sie ohne Chance. Aber sie können fliehen. Der Sertão, das weite Hinterland, bietet unendliche Rückzugsmöglichkeiten. Allein dort, fernab aller Weißen, können sie auf Freiheit hoffen, allein dort auch können sie sicher sein, nicht alles aufgeben zu müssen, was ihr Leben bis dahin ausgemacht hat. Während die Portugiesen die Neue Welt als eine Art tropischen Garten Eden empfinden, sie jedenfalls in den Büchern so beschreiben, sind dessen ursprüngliche und eigentliche Bewohner gezwungen, ihn zu verlassen. Für sie ist die Zeit des Auszugs angetreten, der Flucht vor den europäischen Pharaonen, die sie unterworfen haben und nun knechten. Auf ein Gelobtes Land allerdings können sie, anders als in der biblischen Vorgabe, nicht hoffen. Ihnen bleibt allein das unwirtliche Hinterland.

Restlos sicher sind sie aber auch dort nicht. Bald schon sind ihnen die *Bandeirantes* auf der Spur, Stoßtrupps von der Küste, die Jagd auf alles machen, was Geld bringt. Und dieses Geld finden sie vor allem im Hinterland. »Dort lag der Reichtum: Indianer und ganz sicher auch Metalle und Edelsteine. Der Sertão war das Geheimnis, das Abenteuer. Er war die ständige Provokation, regte Phantasie und Abenteuerlust der Weißen an – und noch mehr die der Mischlinge, dieses Erzeugnis eines Volkes von Kriegern, Seeleuten und Nomadenstämmen, an die Wildnis gewöhnt wie die Tiere an den Urwald, getrieben von der Sehnsucht nach Freiheit und der Rückkehr in die Wälder.«[22]

Es ist eine raue, eine derbe Gesellschaft, die da entsteht. Hart und roh sind die Sitten nicht nur im Umfeld der Bandeirantes, benannt nach der portugiesischen Flagge, die sich auf ihren Vorstößen mit sich führen. Das Recht des Stärkeren und das Denken in strikten Hierarchien bestimmen auch das Leben an der Küste. Die Höfe, an denen die Portugiesen das Brasilholz fördern, sind alles andere als heimelige Orte. Den Rhythmus des Tages bestimmt die Arbeit, die sich ihrerseits nach den Jahreszeiten richtet: Bleiben im Herbst und Winter die Schiffe aus, lohnt sich der Abbau des Holzes nicht, und die Farmer verlassen ihren Hof. Für einige Monate, bis zum Frühling, bleibt die Farm verwaist, bis ihre Bewohner zurückkehren und die Arbeit wieder aufnehmen. In ihrer Frühzeit ist die Kolonie über weite Strecken ein Archipel von Teilzeitbetrieben. Erst allmählich, mit der Entwicklung der Zuckerplantagen, schälen sich erste dauerhafte Strukturen heraus, bilden sich erste Gehöfte, die das ganze Jahr über besiedelt sind. Ganz allmählich verbinden sie sich zu ersten, bescheidenen Siedlungen. Doch auch sie bleiben abgeschieden und einsam, sind Reisen durch die Kolonie doch ein äußerst mühsames und zudem riskantes Unterfangen. Von den acht Schiffstouren, die von Maranhão nach

Pernambuco gestartet wären, sei nur eine in der vorgesehenen Zeit angekommen, berichtet Antonio Vieira, einer der
Jesuiten der frühen Stunde. Aber den Landweg kann er auch
nicht empfehlen: »Von Maranhão nach Bahia sind es 500
Meilen, und dreihundert davon führen durch vollkommen
verlassenes Gebiet, in dem man die Ausrüstung die Küste
entlang tragen muss, die zudem von vielen Flüssen unterbrochen wird. Wir brauchen 60 Personen, um unser Gepäck
zu tragen. Und genauso viele braucht es, um die Missionen
im Landesinneren zu erreichen, die von Maranhão nur 130
Meilen entfernt ist.«[23] Eine lächerlich kurze Strecke im
Grunde. Und doch, im Vergleich zu anderen ist sie unendlich mühsam, klagt der Missionar. »Man kommt leichter von
Indien nach Portugal als von hier (Maranhão) nach Brasilien
(Bahia).«[24]

Begnadete Langeweile

Entsprechend spärlich sind die Verbindungen, entsprechend spärlich bleiben zunächst auch die kulturellen Impulse. Doch für die interessiert sich zunächst ohnehin niemand.
Die Kolonisten richten ihre Aufmerksamkeit weniger auf die
feinsinnigen als auf die handfesten Fragen des Lebens. Theater, Literatur, Musik – für all dies blieb keine Zeit. »Es
konnte gar keinen Raum für intellektuelle Schöpfungen geben, und noch weniger für künstlerische Arbeiten. Dergleichen wäre sinnlos, absurd gewesen.«[25] Die Kultur aus der
Alten in die Neue Welt zu tragen ist den Jesuiten und Mitgliedern der Ordensgemeinschaften vorbehalten. Aber auch
die haben zunächst ganz andere Sorgen. Denn es gibt unendlich viel zu tun in den ersten Missionen. In den ersten
Jahrzehnten führen die Missionare eine karge Existenz, verzichten auf alles, was das Leben angenehm macht. »Hier gibt

es weder Weizen noch Wein, keinen Essig, kein Fleisch«, schreibt Manuel da Nóbrega, der Leiter der ersten Jesuitenmission, 1561 an die Ordensleitung in Portugal. »Was es hingegen gibt, sind Fisch und einige Grundnahrungsmittel. Und so reichlich sie auch sind, so leben wir weiterhin doch sehr bescheiden. Und selbst das Wenige, was wir haben, hätten wir nicht, wenn wir nicht arbeiteten. Denn nichts wird uns hier als Almosen gereicht.«[26]

Der Überlebenskampf drängt alle anderen Bedürfnisse an den Rand. So zeigt sich das Leben in der Kolonie während der ersten anderthalb Jahrhunderte fast überall als monoton und langweilig. Auf Abwechslung wagt niemand zu hoffen. Keine neuen Impulse dringen in die entlegenen Weiler vor, nichts, das die Verhältnisse aufmischen würde. Die Tage verlaufen in immer gleichen Rhythmen, über die Jahre hat sich eine rigide Ordnung etabliert. Die dringt bis tief in die Familien und lässt niemanden im Zweifel, wo er seinen Platz hat. »In den Herrenhäusern zog eine strenge Disziplin unter dem Kommando des *pater-familias* ein, dessen Interessen sie diente. Sinn für Autorität und das Prinzip der Autorität bestimmten die Altersunterschiede, vergrößerten die soziale Distanz zwischen dem Kind und dem Mann, zwischen Söhnen und Vätern.« Noch fester sind in dieses Gefüge die Frauen eingebunden; ihr Gestaltungsraum beschränkt sich strikt auf das Innere des Hauses. Mütter und Töchter lebten »eingesperrt hinter Türen und Fenstergittern, in der melancholischen Einsamkeit ihrer Gemächer, in die kein Fremder eindringen konnte und aus denen sie meist nur aus Anlass der Kirchenfeste auf die Straßen gingen.«[27]

Erst ganz allmählich wird die Monotonie unterbrochen. Für erste Abwechslung und Auflockerung sorgen die Orden, deren Missionare das koloniale Unternehmen von Anfang an begleiten. Franziskaner, Benediktiner, Kapuziner, und allen voran, die Jesuiten – sie sind es, die erste Samen eines kulturellen Lebens in die Neue Welt tragen. »Neun Meilen vom Sankt-Vincens-Fluss befindet sich im Hinterland der Ort São Paulo«, schreibt Frei Vicente do Salvador über die Ursprünge der späteren Megacity. Hervor ging sie aus dem Kolleg, das Antonio Nóbrega, der erste Leiter der nach Brasilien entsandten Jesuitendelegation, dort 1554 errichten ließ. Wenig später entsteht etwas weiter nördlich und direkt an der Küste eine weitere Siedlung, São Sebastião do Rio do Janeiro, die 200 Jahre später, 1763, zur neuen Hauptstadt der Kolonie wird. Ihre Gründung geht hingegen auf einen portugiesischen Kommandanten, Estácio de Sá, zurück, der durch sie den Einfluss der Franzosen zurückdrängen will, die in unmittelbarer Nachbarschaft eine Festung, »La France Antarctique«, gegründet haben. Die hält sich bis 1567, doch dann weichen die Franzosen der Kriegskunst de Sás, der die Festung mit immer neuen Angriffen überzieht. Doch es bleibt den Jesuiten vorbehalten, die entscheidenden Impulse zu setzen. »Esta terra é a nossa emprega«, »Dieses Land ist unser Unternehmen«: Dieser Wahlspruch wird die Ordensleute über 200 Jahre lang antreiben. Unter diesem Motto bescheren sie der Kolonie auch jene kulturellen Impulse, deren sie so dringend bedarf. »Die Geschichte der brasilianischen Intelligenz beginnt im Jahr 1550«, schreibt der brasilianische Historiker Wilson Martins und gründet sein Urteil auf den ersten Lateinunterricht auf brasilianischem Boden, ins Leben gerufen von Pater Leonardo Nunes im Colégio dos Meninos de Jesus in São Vicente.[28]

Bücher und Bibliotheken

Später, nachdem sie Missionen, Schulen und Kollegs gegründet haben, tragen die Jesuiten auch die Bestände der ersten Bibliotheken auf brasilianischem Boden bei. »Wir haben eine sehr gute Bibliothek«, schreibt der Jesuitenpater Antônio Vieira im Jahr 1658 über die neue Jesuitenstation in Maranhão. »Und mit den wenigen Büchern, die jetzt noch aus Portugal kommen, werden wir alle haben, die wir brauchen.«[29] Und so entstehen Schritt für Schritt erste Ansätze eines Bildungssystems. Die Anfänge sind bescheiden, aber sie entwickeln sich. »Dieses Jahr stieg die Zahl der Studenten«, schreibt José de Anchieta 1581 aus Bahia. »Es sind rund hundert. Genauso viele kommen noch einmal für die Grundschule hinzu. In dieser Gegend, in der niemand sich für die Literatur interessiert, und sich alle dem Handel widmen, ist das die höchst mögliche Zahl. Und wenn die Schülermenge auch mengenmäßig nicht gewachsen ist, so haben sie doch im Hinblick auf Literatur und Tugend mehr Fortschritte gemacht als jemals zuvor.«[30]

Zentrales Anliegen der Jesuiten ist allerdings ein anderes, nämlich die Indianer zu bekehren. Um den Indianern die Frohe Botschaft anzutragen, ist ihnen kein Aufwand zu groß. Einfach ist das nicht, denn mit manchen Portugiesen haben die Indianer ausgesprochen schlechte Erfahrungen gemacht. 1556 erheben sie sich gegen die europäischen Eroberer, begehren in einer unter dem Begriff *Confederação dos Tamoios* bekannt gewordenen Revolte gegen die wachsenden Übergriffe der Portugiesen auf. Vor allem wehren sie sich gegen die Versklavung, die die Portugiesen – auch mit Hilfe anderer, mit den Tamoios verfeindeter Stämme – in großem Stil einleiten. Von der gewachsenen Feindseligkeit auf beiden Seiten lassen sich die Jesuiten allerdings kaum abhalten. Um ihre Schützlinge zu erreichen, müssen die Jesuiten aber die entsprechenden sprachlichen Voraussetzungen schaffen. Zwar hatte bereits Amerigo Vespucci drei Indianer aus ebendiesem Grund mit nach Portugal gebracht. Aber der sprachliche Austausch kommt nur langsam in Gang. Einer der ersten Portugiesen, die die Tupí-Sprache lernen, ist Diogo Álvares Correia, alias Caramuru. Er nimmt um 1510 an einer Expedition teil, die in Höhe von Salvador da Bahia Schiffbruch erleidet. Álvares Correia kann sich an Land retten, wo er Zuflucht beim Stamm der Tupinambá findet. Vierzig Jahre lebt er mit den Eingeborenen zusammen – Zeit genug, nicht nur Paraguaçu, die Tochter des Häuptlings, zur Frau zu nehmen, sondern auch, um sich mit der fremden Sprache vertraut zu machen. »Der verständige Diogo verstand nicht wenig von diesem dunklen Idiom«, wird der Augustinermönch José de Santa Rita Durão in seinem 1781 veröffentlichten Epos *Caramuru* über ihn schreiben.[31] Doch Pioniere wie er sind selten in der Frühzeit der Kolonie, und so machen sich die Jesuiten auf, die Sprachen der Indianer selbst zu lernen. Allerdings braucht es Zeit, bis die ersten Dolmetscher zumindest für die bedeutendste Sprache der Kolonie, das Tupí, ausgebildet sind. »In Bahia können wir uns mit den Eingeborenen nicht verständigen, da uns Dolmetscher fehlen«, notiert ein jesuitischer Missionar kurz nach der Ankunft der Ordensmänner. »Pater Luiz da Gram schreibt mir, dass er derzeit nicht mehr als einen Dolmetscher mitnehmen kann«, notiert ein anderer.[32]

In fremden Zungen

Auch Padre Manuel Nóbrega, der 1549 als Leiter der ersten Jesuitenmission nach Brasilien kommt, sieht sich gezwungen, vor die eigentliche Missionsarbeit den Spracherwerb zu stellen. Entschlossen arbeitet er sich in das fremde Idiom ein. Doch als er die Indianer in den christlichen Glauben einweisen will, stößt er auf Schwierigkeiten ganz eigener Art: »Ich arbeitete daran, Gebete und einige weitere Texte in ihre Sprache zu übersetzen, doch ich fand kaum Möglichkeiten mich auszudrücken, denn diese Menschen sind so einfach, dass sie nicht einmal ein hinreichendes Vokabular haben.«[33] Dennoch ist Tupí die einzige Sprache, in der sich die Indianer erreichen lassen, und so sucht Nóbrega hände-ringend Mitstreiter, die dessen mächtig sind. Das fremde Idiom zu lernen wird zur dringlichsten Aufgabe der Jesui-ten, die sich um keinen Preis aufschieben lässt. »Denn das hieße, den Indianern die Gnade der Sakramente zu verwei-gern, verstehen sie doch unsere Sprache nicht; und da sie von sich aus keine hinreichende Verstörung empfinden, ver-stehen sie auch nichts vom Ruhm Christi. Auch fehlen ihnen manche andere Eigenschaften, weshalb man auf diese Dinge sorgfältig achten muss.«[34]

Darum gehen die Jesuiten den Spracherwerb bald in gro-ßem Stil an. Als einer der ersten macht sich José de Anchie-ta, auch er ein Jesuit der ersten Stunde, mit der meistver-breiteten Indianersprache, dem Tupí, vertraut. Schon 1556 unterricht er sie am Jesuitenkolleg von Bahia, und 1595 wird im portugiesischen Coimbra seine *Arte de gramática da lín-gua mais usada na costa do Brasil* gedruckt, das erste Werk, das die Ordensmitglieder mit der Sprache ihrer Schützlinge vertraut macht. Diesem Werk lässt Luis Figueira 1621 seine *Arte da língua brasílica* folgen, die sich dem gleichen Anlie-gen verschreibt. Einige Zeit sind bereits Vokabellisten und Wortschatzsammlungen im Umlauf, die die Jesuiten von Hand zu Hand gehen und so kontinuierlich wachsen lassen. Systematisch zusammenfassen wird sie Leonardo do Vale in seinem *Príncipe das linguas brasílicas* von 1585.

Neben den Wörterbüchern und Grammatiken setzen die Jesuiten auch auf die sogenannten *caboclos*, Kinder portu-giesischer Väter und indianischer Mütter. Sie wachsen mit beiden Sprachen auf, ein Umstand, der sie zu den interes-santesten Kandidaten für die Missionsarbeit werden lässt. Freilich ist den Jesuiten klar, dass sprachliche Fertigkeiten allein zwar notwendig, aber alles andere als hinreichend sind. Darum gilt es, die jungen Menschen auch theologisch auszubilden – ein Unterfangen, für das der Orden keinen Aufwand scheut: »Aus den Mestizen, die ich in der Kapitanie São Vicente empfangen habe, habe ich dieses Jahr ein oder zwei ausgewählt, die ich Ihnen an das Kolleg von Coimbra schicke«, schreibt Nóbrega im März 1555 an die Ordensleitung in Portugal. »Ich setze einige Hoffnung darein, dass sie zu unserem Herrn finden und, wenn sie ihre Tugenden stärken, unserer Gesellschaft von Nutzen sind.«[35]

Doch anfangs ist die Zahl der Mischlinge überschaubar. Sie wächst zwar rasch, aber den größten Teil der Bevölkerung stellen nach wie vor die Indianer. Sie können sich mit den Portugiesen nur über Dolmetscher verständigen: ein Beruf, für den Angehörige beider Gruppen, der Eingeborenen und der Eroberer, ausgebildet werden. Ganz allmählich wachsen die Kenntnisse in die Sprache des jeweils anderen.[36]

Latein der Tropen

Dabei stießen die Kolonisten auf manche ihnen merkwürdig erscheinende sprachliche Eigenschaften. So etwa jene Besonderheit, die Gabriel Soares de Sousa 1587 beschrieb: »Zu *Francisco* sagen sie *Pancico*, zu *Lourenço Rorenço* und zu *Rodrigo* »Rodigo«. Auf diese Art sprechen sie alle Wörter aus, in denen diese drei Buchstaben vorkommen.«[37] Unmerklich bilden sich eigene Artikulationsgewohnheiten heraus, denen das brasilianische Portugiesisch später seinen eigenen Klang verdankt: Aus *açucar* (»Zucker«) wird *açukiri*, aus sábado (»Samstag«) *sabaru*, aus *hoje* (»heute«) *oiji* – um nur ein paar zu nennen. Zwar wurden diese Formen später wieder zurückgenommen, doch der ganz eigene, vom europäischen Portugiesisch deutlich verschiedene Klang des Brasilianischen hat sich bis heute erhalten. Zahlreiche Worte, insbesondere aus dem Bereich von Flora und Fauna, sind zudem aus dem Tupí ins brasilianische Portugiesisch gewandert – und von dort über die Globalisierung der Küche seit einiger Zeit auch ins Deutsche: *cajú, mandioca, maracujá, sapé* – zumindest die Freunde exotischer Früchte und Mahlzeiten werden mit diesen Begriffen etwas anzufangen wissen. In Brasilien selbst erinnern zudem zahlreiche Ortsnamen an die Sprache der ursprünglichen Bewohner. *Aracaju, Guanabara, Itapeva, Niterói:* Sie alle tragen bis heute jene Namen, die ihnen die Indianer vor vielen Jahrhunderten gegeben haben. Und bis weit ins 18. Jahrhundert hinein waren diese Namen auch den Portugiesen selbstverständlich: Bis zu dieser Zeit war Tupí in Brasilien die *lingua geral*, die von nahezu allen Einwohnern der Kolonie benutzte Verkehrssprache. Sie war so verbreitet, dass selbst die Unterrichtssprache an den Jesuitenkollegs wechselte: Wurde er, dem europäischen Beispiel folgend, zunächst in Griechisch abgehalten, ging man bald dazu über, ihn in Tupí zu erteilen. Wenn die Studenten von »Griechisch« sprachen, meinten sie Tupí. Nóbrega selbst bezeichnete das Tupí als »Latein der Region«.[38] Solchermaßen geadelt, hält die Sprache auch Einzug in die Literatur der jungen Kolonie. 1583 wird ein José de Anchieta zugeschriebenes Stück, *Auto de São Lourenço*, in dem gleichnamigen Ort in der Nähe der heutigen Stadt Niterói, auf die Bühne gebracht. Das Werk – eine lose, aber geschmackvoll kombinierte Ansammlung von Bildern, Szenen, Sinnsprüchen – ist eines der ersten Werke, die man mit einigem Recht als originär brasilianisch bezeichnen kann – deutlich anders also als jene Dramen, die zeitgleich in Portugal geschrieben werden. Das Stück umfasst rund 1500 Verse – von denen 867 in Tupí, 595 in Spanisch, 40 in Portugiesisch und einer in Guarani geschrieben sind. Inhaltlich richtet es sich ganz nach den Bedürfnissen der Kolonisten: Anchieta lässt getaufte und ungetaufte Indianer auftreten, handelt von ihren

Beziehungen zu den Portugiesen – und von den Vorteilen, die es hat, ein Christenmensch zu sein.

Eroberung der Herzen

Mehr als darauf kam es späteren Generationen aber auf etwas anders an: Nämlich darauf, auf ein Werk verweisen zu können, das bereits im 16. Jahrhundert eindeutig brasilianische Züge trägt. »Denn obwohl es in Tupí geschrieben ist, gehört es nicht zur Tupí-Literatur, die es ja nicht gibt, sondern zur brasilianischen Literatur«, schreibt noch Mitte des 20. Jahrhunderts ein patriotisch gestimmter Literaturwissenschaftler.[39] Und wirklich beginnen die Autoren – nahezu ausnahmslos handelt es sich um Geistliche – Werke zu schreiben, die man als spezifisch brasilianisch bezeichnen kann. *Auto de pregação universal* (»Drama der universellen Verkündigung«), *Écloga pastorial* (»Hirtenekloge«), *Santa Úrsula* oder *Auto das onze mil virgens* (»Drama der 11 000 Jungfrauen«) heißen die Werke der frühen Jahre, die nicht nur zu großen Teilen auf Tupí geschrieben sind, sondern sich auch auf die landestypische Flora und Fauna beziehen, wodurch sie ihr spezifisches Lokalkolorit erhalten.

So sorgen die Prediger nicht nur für das geistliche Heil der ihnen anvertrauten Seelen; sie tragen auch dazu bei, dass ihre Zuhörer intellektuell nicht völlig austrocknen. In ihren Predigten geben sie ihnen Stoff zum Nachdenken mit auf den Weg, regen sie mit ihren Deutungen, Ratschlägen und Ermahnungen an, sich selbst Gedanken über ihr Leben zu machen, die Dinge nicht nur hinzunehmen, sondern in die Hand zu nehmen und zu gestalten. »Auf die ein oder andere Art animierten sie den Verstand, warfen Probleme auf und lösten sie dann, bewerteten und korrigierten Meinungen, weckten Emotionen und lieferten, wie die akademische und parlamentarischen Debatten von heute, Stoff für Unterhaltungen.«[40] Ein in den Kolonien einzigartiger Schwung geht von den Kanzeln aus, frische intellektuelle Brisen umwehen die Zuhörer, sorgen dafür, dass der Verstand auf Touren und die Seele in Schwung kommt, die Menschen ihre Energien auch auf andere Felder richten als die zum Überleben unmittelbar nötigen.

Antonio Vieira

Einen entscheidenden Beitrag hierzu leistet jener Autor, der als der erste genuin brasilianische Literat gilt: Padre António Vieira, auch er ein Jesuit. Geboren 1608 in Lissabon, nehmen ihn die Eltern im Alter von sechs Jahren mit nach Bahia, wo der Vater eine Stelle in der Kolonialverwaltung angenommen hat. 1623 tritt António als Novize in den Jesuitenorden ein. 1635 empfängt er die Priesterweihen, um anschließend fünf weitere Jahre in verschiedenen indianischen Gemeinschaften zu leben und deren Sprachen und Dialekte zu lernen. Anschließend reist er im Auftrag seines Ordens nach Portugal, von wo aus er als dessen Vertreter Reisen nach Frankreich, die Niederlande und Italien unternimmt. Anschließend reist er mehrere Male zwischen Portugal und Brasilien hin und her. 1682 lässt er sich endgültig in Brasilien nieder, wo er 1697, im Alter von 91 Jahren, stirbt.

Immer wieder gibt sich Vieira in seinen Texten als Brasilianer zu erkennen. Brasilien ist ihm Heimat, das Land, dem er sich verbunden fühlt, das er als erster Autor auf eine Weise beschreibt, die als spezifisch literarisch gelten kann. So etwa, wenn er von seiner Missionstätigkeit im nördlich Brasilien, an den Wassern des Rio Tocatins, berichtet. »In dem gesamten Gebiet, dessen Flüsse unendlich, zudem die größten und wasserreichsten der Welt sind, sind fast alle Flächen mit Süßwasser bedeckt, so dass man manchmal tagelang nichts anderes als Wälder, Palmen und sehr hohe Bäume sieht, deren Stämme und Wurzeln alle im Wasser gründen. Im Umkreis von hundert, zweihundert und noch mehr Meilen gibt es nur höchst wenige Orte, an denen man Land betreten könnte. Stattdessen bewegt man sich immer durch einen Korridor zwischen Bäumen von sehr dichtem Laubwerk, durch Straßen, Durchgänge und Lichtungen von Wasser, die die Natur von Bäumen freihielt.«[41]

So empfänglich Vieira für die Schönheiten der Kolonie ist, so entschieden kritisiert er doch deren politische Missstände. Immer wieder geißelt er in seinen Predigten das harte Vorgehen der Kolonisten gegen die Indianer, weist auf die laxe Regierungsgewalt hin, die viele Verstöße gegen ein angemessenes Miteinander erst möglich macht – und engagiert sich vor allem gegen die Sklaverei, wenn er auch einen Unterschied zwischen indianischen und schwarzen Zwangsarbeitern macht. Zwar ist er auch gegen die Leibeigenschaft der Schwarzen, nimmt sie im Einklang mit der Politik seines Ordens aber hin. Dagegen tritt er gegen den Frondienst der Indianer ganz offen ein, auch dies den Vorstellungen der Jesuiten entsprechend. Und man muss es nicht als Zynismus nehmen, wenn er da, wo er die Verhältnisse nicht ändern kann, die Unfreien wenigstens spirituell zu unterstützen versucht, ihnen helfen will, ihre Lage zumindest intellektuell zu überwinden. »Wisset, die Ihr Sklaven genannt werdet, dass eure Existenz sich nicht in der eines Sklaven erschöpft«, ruft er all jenen zu, die, ohne je gefragt worden zu sein, in Diensten der Portugiesen und zu deren Nutzen Tag für Tag härteste Arbeit leisten. »Brasilien hatte viele Gelegenheiten, sich zu reformieren, und oft hatten wir das entsprechende Heilmittel fast in der Hand«, schreibt er seinen Landsleuten ins Stammbuch. »Aber nie bekamen wir es wirklich in die Hände, denn immer kamen wir einen Tag zu spät. Brasilien krankt daran, dass man ihm seine Sprache genommen hat. Oft verlangte es nach dem Heilmittel für seine Krankheiten, aber immer blieben ihm die Worte im Halse stecken, sei es aus Angst, sei es, weil die Gewalt stärker ist. Und wenn einmal ein Seufzer die Ohren des Arztes erreicht, erhob sich zugleich die Stimme der Macht und besiegt die Äußerungen der Vernunft. Darum werde ich heute unserer Krankheit die Stimme leihen, da mir diese Aufgabe nun einmal zufiel.«[42]

»Niederträchtig und verkommen«

In diesen Zeilen deutet sich bereits der Konflikt der Jesuiten mit den Kolonisten an, die im Umgang mit den Indianern alles andere als zimperlich sind. »Ich sage Ihrer Hochwürden noch einmal: Wenn die brasilianische Küste sich nicht mit besseren Menschen als jenen bevölkert, die bislang hier her gekommen sind; wenn keine Menschen kommen, die die Indianer in Würde und Gerechtigkeit leben lassen, können wir nichts anderes tun als einige Brüder unseres Ordens in den Kollegs zu halten und dort einige Indio-Kinder dorthin zu bringen – von denen einige im Erwachsenenalter nicht sicher sein können, zu den Sitten ihrer Eltern zurückzukehren.«[43] Scharfsinnig umreißt Padre Nóbrega das Dilemma der Jesuiten: Zwar bieten sie in ihren Reservaten den Indianern Schutz vor den Übergriffen der »niederträchtigsten und verkommensten Personen des Königreichs«.[44] Doch der Preis für diesen Schutz ist hoch: Er kostet die Indianer nicht weniger als die kulturelle Entwurzelung, er zwingt sie zum inneren und dann auch äußeren Bruch mit den Traditionen ihrer Vorfahren. So leidet deren bis dahin intakte Kultur auch in den Schutzgebieten einen Tod auf Raten. In den Reservaten geht alles Überlieferte unter. Dafür können die Indianer aber auf eine Zukunft in Freiheit und Würde hoffen – jedenfalls im Rahmen jener Grenzen, die die Schutzgebiete ihnen physisch und kulturell setzen. Dass diese Möglichkeit der Gefahr von Versklavung und Zwangsarbeit vorzuziehen ist, diese Ansicht teilen die Jesuiten mit den portugiesischen Königen. Nachdrücklich weist die Ordensleitung die Herrscher auf die Missstände in den Kolonien hin, und die reagieren umgehend. Als 1557 König João III. stirbt, sieht sich dessen Witwe veranlasst, die Kolonisten in Übersee an einen angemessenen Umgang mit den Indianern zu erinnern – zumindest an eine bestimmte Gruppe unter den Indianern: »Behandelt diejenigen, die sich haben taufen lassen, anständig. Quält sie nicht und raubt ihnen nicht ihr Land.«[45] Freilich hält die Korne diesen Kurs nicht immer durch: Sie muss auch den Siedlern Zugeständnisse machen, die Interessen deren berücksichtigen, die das Land in ihrem Namen in Besitz nehmen. Die Folge ist eine oft widersprüchliche, ambivalente Politik, deren Kurs oft alles andere als eindeutig ist. Im Jahr 1609, Portugal wird in jener Zeit Personalunion mit Spanien regiert, erlässt König Philipp III. eine Anordnung, die Klarheit schaffen soll: Sämtliche Indianer der Kolonie werden zu freien Menschen und jede Form von Sklaverei für illegal erklärt. Darauf reagieren die Siedler und Funktionäre so empört, dass das Gesetz nur zwei Jahre später wieder zurückgenommen wird. Den Jesuiten allerdings, die an diesem Erlass erheblichen Anteil hatten, trägt dies die erbitterte und dauerhafte Feindschaft vieler Siedler ein. Ihre eigenständige Politik macht sie schließlich auch im Mutterland unbeliebt: 1759 werden sie aus Portugal und den Kolonialgebieten vertrieben.

Fromme Strophen

Doch bis dahin kümmern sich die Jesuiten weiter um die Indianer. Die Missionsarbeit setzt vor allem auf den kulturellen Feinsinn der Indianer. »Sie sind wahre Meister im improvisierten Gesang«, schreibt Gabriel de Soares de Sousa über Tamoio-Indianer. »Deshalb sind sie bei den Leuten sehr beliebt, wohin sie auch gehen.« Als nicht weniger begabte Sänger beschreibt er die Tupínambás. Auch sie beherrschen kunstvolle musikalische Formen mit festem und geregeltem Ablauf: »Alle singen einen Ton, über den die Musiker improvisieren, um sich am Schluss wieder mit dem Chor zu vereinen. Und während ein Sänger den Text singt, antworten die anderen darauf mit einer Stimme. Gelegentlich singen die Mädchen auch alleine. Unter ihnen findet man große Musikerinnen, die entsprechend geschätzt werden.«[46]

Der Gesang ist nicht nur schön. Er öffnet vor allem auch den Weg zu den Herzen der Menschen. Bald sind darum die ersten christlichen Lieder in die Tupí-Sprache übersetzt. Ihre eingängigen Melodien sollen die Indianer auf gefällige Weise mit der christlichen Botschaft vertraut machen. »Die Kinder dieses Hauses singen regelmäßig«, schreibt Nóbrega über den musikalischen Alltag in den Jesuiten-Reservaten. »Sie tun das auf die gleiche Art wie die Indianer, und auch mit ihren Instrumenten. Sie singen Lieder in ihrer Sprache, zum Lob des Herrn, wodurch sie die Herzen der Indianer erobern. Ebenso tragen viele der Kinder das Haar genauso geschnitten wie die Indianer, die sich von unseren Sitten nur noch in wenigem unterscheiden. Und die Kinder tun alles, um ihre Herzen zu erobern.«[47] Dies geschieht nicht nur durch den Gesang allein, sondern auch mit Hilfe kleinerer Umzüge in die nähere Umgebung. Die Kinder, die Mitte des 16. Jahrhunderts im Kolleg von Bahia lebten, beschrieben die

Festzüge in einem Brief an Pedro Domenech, den Gründer des Lissabonner Waisenhauses. Im Umfeld des Kollegs hätten sie eine Pilger- und Wallfahrt unternommen, berichten sie, »mit hoch getragenem Kreuz, und die Kinder vorneweg, mit lauter Stimme Jesus Christus anbetend. Denn er ist der wahre Gott, der Himmel und Erde und alle anderen Dinge schuf«.[48] In den rund um das Kolleg gelegenen Dörfern fänden des Öfteren Feiern statt, berichten sie. Deren Bewohner, erklärt der sie begleitende Pater, »sangen und feierten abends recht häufig, sie sangen und spielten auf taquara-Flöten, wozu sie sich auf Rumbakugeln begleiteten. Und als die Kinder am späten Abend dort singend einzogen, erhoben sich die Indianer aus ihren Hängematten und gingen erstaunt hinter uns her. Da sie Musik mögen, scheint mir, dass wir sie durch unser Spiel und unseren Gesang gewinnen konnten.« Alles könnte viel schöner sein, schreibt der Pater weiter, »wenn ihnen noch einige Instrumente mehr zur Verfügung stünden.« Und so bitten sie um Flöten, Mundharmonikas, Triangeln und Tamburine. Gekonnt gespielt, üben diese Instrumente auf die Indianer eine offenbar unwiderstehliche Anziehungskraft aus: »Wenn die Kinder singen und spielend durch die Dörfer ziehen, kommen zunächst die Männer (obwohl sie zunächst oft Angst vor uns haben und ihre Kinder vor uns verbergen), um ohne Unterlass zu tanzen. Und schließlich kommen sogar die Frauen. In den stillen Dörfern sind diese Prozessionen ein unterhaltsames Spektakel – und tragen ganz nebenbei zu ihrer Einweisung in den rechten Glauben bei: Von Dorf zu Dorf zieht diese Kinderprozession, »und überall sangen und spielten wir nach Art der Indianer, ihren Melodien und Gesängen entsprechend, wobei nur die Worte zum Zweck des Gotteslobs ausgetauscht worden waren.«[49]

Die Indianer finden Geschmack an solchen Darbietungen. Die Jesuiten animiert das, sie immer aufwendiger zu gestalten. Das Dekor, eine ansprechende Szenerie, der gewitzte Einfall – all dies wird immer wichtiger. Die Prozessionen und frommen Bühnenspiele werden zu Spektakeln der eigenen Art, ziehen die Menschen zwar auch ihres geistlichen Gehalts wegen an, ganz sicher aber vor allem wegen des Spektakels, das sie versprechen. »Die Umsetzung der Stücke gründete auf biblischen Episoden, Mysterien- und Maskenspielen und kurzweiligen mittelalterlichen Schauspielen. Sie ist dieselbe, die auch in modernen Märchendramen, Revuen und andere beim Publikum so beliebten Formen angewandt wird. Alles setzen sie auf die Wirkung des Materials. Ästhetisch gesehen, sind die moderne *music-hall*, die Mysterien- und die römischen Volksspiele, die griechische Komödie und die Wagner'schen Opern durchaus identisch.«[50]

Der Pomp von dieser Welt

So tragen die Jesuiten, ohne es eigentlich im Sinn zu haben, auch zur Unterhaltung in den Kolonien bei. Wo nichts das Publikum zerstreut, da wird sogar der Gottesdienst zur kulturellen Attraktion, sorgt die Predigt zwar auch für das geistliche Heil der Gemeinde, trägt nebenher aber auch dazu bei, die Mitglieder aus dem Kleinklein des Immergleichen herauszuholen, ihnen Ansätze jenes gesellschaftlichen Lebens zu bieten, das in den Kolonien so rar ist. Die Siedler treffen sich vor und nach den Gottesdiensten, tauschen sich aus, genießen die Geselligkeit.

Langsam, mit zunehmendem Reichtum der Kolonien, entwickeln sich diese Inszenierungen, werden größer, aufwendiger, prächtiger – um nicht zu sagen protziger. Manche Teilnehmer der Umzüge wollen nicht unbedingt im Zug marschieren. Sie sitzen lieber auf Pferden oder lassen sich auf einem Wagen ziehen. Die Festzüge nehmen immer größere Ausmaße an, bezeugen – vielleicht – die Innigkeit des Glaubens, auf jeden Fall aber den Wohlstand mancher Teilnehmer. Als der französische Ingenieur François Foger Ende des 17. Jahrhunderts nach Salvador kommt, fallen ihm dort vor allem die vielen Prozessionen auf. »Diese Stadt, mit ihrer verschwenderischen Fülle von Kreuzen, Reliquienbehältern, reichen Verzierungen, den bewaffneten Truppen, den Handwerksgilden, den Bruderschaften und Orden wirkt durch die vielen Verkleideten, Musiker und Tänzer, die mit ihren anzüglichen Posen den Verlauf der heiligen Zeremonie stören, gleichermaßen beeindruckend und lächerlich.«[51]

Das religiöse Anliegen weicht mehr und mehr dem weltlichen, das ist auch der Eindruck, den Bruder Manuel da Madre de Deus, alias Sotério da Silva Ribeiro, von den Umzügen gewinnt. 1745 beobachtet er einen Umzug in Recife, damals eine der reichsten Städte der Kolonie. Das dort versammelte Geld findet seinen Ausdruck auch in den pompösen Prozessionen, die längst nicht mehr allein christliche, sondern auch antike und heidnische Motive aufnehmen, mit üppig inszenierten Allegorien, etwa der Freude, des Beifalls und der Nachdenklichkeit, sowie mit Sinnbildern der Predigt, des Martyriums oder des Verdienstes. In opulenter Wucht kommt dieser Zug daher, und so kann da Silva Ribeiro Erstaunliches berichten. Der Aufmarsch wird von keiner christlichen Figur mehr überragt, sondern einer Allegorie Asiens – desjenigen Kontinents, den die Portugiesen ansteuerten, noch bevor sie an Brasilien überhaupt dachten. Personifiziert wird der Kontinent von einem städtischen Edelmann, dem als Frau verkleideten Hauptmann Mariano de Almeida. »Um den Kopf rankte sich eine französische Perücke, in die vier diamantene Spangen gesteckt waren, aus denen wiederum 24 Diamantenblüten hervorragten. Auf ihnen ruhte eine Krone aus künstlichen Blumen. Von den Ohren baumelte diamantener Schmuck von erheblichem Wert. Um die Brust hing ein aus den gleichen Steinen gefertigtes silbernes Halsband. Gekleidet war er in ein Mieder aus blauer Seide mit vergoldetem Bund. Darunter ein weiteres Mieder aus weißem Stickwerk. Die Arme waren bedeckt von goldenen Ketten, die Finger geschmückt von verschiedenen wertvollen Edelsteinen.«[52]

Zucker und Zaster

Möglich werden solche Umzüge, ein solcher Reichtum durch die exponierte Lage der Stadt. Weit im Nordwesten gelegen und zudem mit einem natürlichen Hafen versehen, ist Salvador da Bahia zentrale Anlaufstation für die Menschen und Waren aus der Alten Welt. Hier legen die Schiffe an, die das in Besitz genommene Land mit dem Nötigen versorgen, hier betreten die meisten Abgesandten und Vertreter des Mutterlands erstmals brasilianischen Boden, der erste Generalgouverneur der Kolonie ebenso wie die Leiter der ersten Jesuitenstation. Von hier aus wurden große Teile des Brasilholzes nach Portugal verschifft. Außerdem ist die Stadt wichtige Zwischenstation auf dem Seeweg nach Indien: Den portugiesischen Stützpunkten an der Westküste Afrikas hat sie bald den Rang abgelaufen. All dies hat sie zum Verwaltungszentrum der gesamte Kolonie werden lassen – jedenfalls 1763, als Rio de Janeiro, soeben in den Rang der Hauptstadt erhoben, der Metropole im Südosten den Rang abläuft.

Seinen eigentlichen Aufschwung verdankt Salvador aber dem Zucker, der hier seit dem 16. Jahrhundert angebaut wird. Sechs Dinge machten den Reichtum Brasiliens aus, schreibt Ambrósio Fernandes Brandão in seinen 1618 veröffentlichten *Diálogos das Grandezas do Brasil*: der Zucker; der Handel; das Brasilholz; Wolle; weitere Holzarten; der Ackerbau; und zu guter Letzt die Viehzucht. »Von all diesen Dingen bildet aber der Zucker die wesentliche Grundlage des Reichtums der Region.«[53] Der süße Stoff, erklärt er weiter, verschaffe dem portugiesischen König höhere Einkünfte als die Einnahmen »des gesamten Orients«.[54] Entsprechend wohlhabend sind die Zuckerpflanzer, zumindest jene, die eine eigene Plantage besitzen. Die Einkünfte aus eigener Produktion wie auch aus den Pachteinnahmen ließen sie unendlich reich, »riquíssimos«, werden, berichtet Fernando Brandão. Hemmungen, diesen Reichtum zur Schau zu stellen, haben sie wenig.

Doch zur Mitte des 17. Jahrhunderts ändern sich die Verhältnisse. Die Niederländer gründen auf den Antillen eigene Zuckerplantagen. Und da diese moderner und darum produktiver sind als die brasilianischen, bekommen die Farmer in Bahia und den anderen Anbaugebieten die Konkurrenz bald nachhaltig zu spüren. Der Markt ist bald gesättigt, die Preise stürzen in den Keller, die Zeit des großen Reichtums ist vorbei.

Wo aber das reale Kapital nachlässt, zählt das symbolische umso mehr. Doch auch diesem fehlt es an Substanz. Die wirtschaftliche Elite der Stadt investiert in ostentativen Luxus, gefällt sich in enthemmtem Dünkel. Und da die Gegenwart nicht mehr allzu viel bieten kann, wird die Vergangenheit bemüht. Die Kolonisten prahlen mit ihrer Familiengeschichte, protzen mit teils realen, teils erfundenen Stammbäumen. In Salvador, schreibt der Gräzist Luís de Santos Vilhena 1798, träfe man auf Namen der berühmtesten Familien, aus denen freilich eine Menge Mestizen hervorgegangen seien. Andere hingegen, die, die auf eine solche Linie nicht verweisen könnten, rühmten sich anderer Ursprünge: indianischer, solcher, die zu den ersten Gouverneuren der Kolonie zählten, oder schlicht solcher, die schon seit besonders langer Zeit in Brasilien lebten. Noch andere, die auf gar keine nennenswerten Vorfahren verweisen könnten, gäben sich imaginärer Großsucht hin »und lassen ihre Kinder glauben, der Kaiser von China sei unwürdig, ihr Dienstbote zu sein«. Wieder andere legten sich, sobald sie auch nur zu einem Hauch von Reichtum gekommen wäre, die Namen großer Familien zu und blähten sich in ihrer Phantasie derart auf, dass ein Herzog ihnen als ein Nichts erscheine. Und von denen, die wirklich nichts hätten, gingen manche derart aufgeplustert aus dem Haus, dass es ihnen sogar schwerfalle, Gott Ehrerbietung zu erweisen.[55] Zudem kämen aus Portugal unendlich viele Müßiggänger und Tagediebe in die Stadt, von denen man nicht wüsste, wovon sie eigentlich lebten, die aber ihre gesamte Kraft darauf verwendeten, ihren liederlichen Charakter öffentlich zur Schau zu stellen.

Das Höllenmaul

In diesem Umfeld kommt ein Dichter zur Welt, der sich dauerhaften Ruhm als eines der größten, wenn nicht des größten Lästermauls der brasilianischen Literaturgeschichte erwerben wird: Gregório de Matos e Guerra (1636-1695), alias »Boca do Inferno«, »das Höllenmaul«. »Alle wollen mir Böses«, notiert er in einem seiner Verse; »und ich will allen Böses«. Mit Gregório de Matos betritt ein rabenschwarzer Zyniker die Bühne, bereit, sich mit allen und jedem anzulegen.

Gregório de Matos ist der Dichter Bahias, eines kulturellen und ethnischen Schmelztiegels, der überhitzt vor sich hin blubberte, aus dem reichlich dunkle Blasen an die Oberfläche stiegen. Dass ein begnadeter Spötter wie er die literarische Bühne Brasiliens betreten konnte, schreibt 1894 der brasilianische Literaturwissenschaftler Araripe Júnior, war kein Zufall. Im Gegenteil, der Dichter war ein genuines Pro-

dukt der kolonialen Verhältnisse. Und diese, schreibt Araripe Júnior weiter, fußten auf einer ganzen Reihe besonderer
Umstände – als da seien: »dass ein Portugiese den Atlantik
überquerte, und dort Kinder in die Welt setzte, wie so viele
andere Abenteurer oder degenerierte Gestalten des Mutterlands; dass Afrika jene Elemente nach Brasilien schickte, aus
denen sich der hybride Charakter einiger seiner Staaten entwickelte; dass Bahia sich aus jenen bunten Komponenten
entwickelte, die es noch heute kennzeichnen; dass schließlich ein Weißer, intelligent, genial, und studierter Jurist, in
jener fernen Epoche einen unauslöschlichen Hass auf jene
Rasse entwickelte, die ihn hervorbrachte, und ebenso auf
die Mulatten, die ihn durch ihren Verrat kränkten, gegen die
verfetteten Geistlichen, gegen alles, was seinem Geschmack
widersprach, und gegen die Region, die ihn von sich wies,
weil sie einen solchen Humor, eine solche intellektuelle
Schärfe nicht ertragen konnte.«[56]

Tatsächlich trifft Gregório de Matos in Bahia auf eine
ebenso bunte wie angespannte Gesellschaft, eine Stadt voller Genussmenschen mit aufwendigem, ausschweifendem
Lebensstil ebenso wie voller Menschen, die nichts haben
und Tag für Tag einen harten Überlebenskampf führen. Die
Politik, die Wirtschaft, die Sitten und Gebräuche, Empfindungen und Gefühle, die Beziehungen der Mensch zueinander, die öffentlichen, die privaten und die ganz privaten:
Alles ist diesem reimenden Zyniker Stoff für ätzende Zeilen,
für Worte, die weh tun – und weh tun sollen. Seine Gedichte
schreibt er nicht auf, sie kursieren als poetische *shareware*,
gehen von Mund zu Mund, werden lange, bevor jemand sie
niederschreibt, aufbewahrt in den Köpfen – und mehr noch
den Herzen – seiner Zeitgenossen. Denn diese Verse bedien-
ten die Spottlust, artikulierten die Empfindungen all jener,
die ein, zwei, drei oder noch mehr Stufen unter den Notab-
len der Stadt standen. Und sie unterhielten auch die Mitglie-

der der Elite selbst – jedenfalls solange, wie sie sich nicht gegen sie richteten. Seine Gegner machte de Matos mit seinen Versen unmöglich, gab sie der Lächerlichkeit preis, goss Hohn über sie. Und niemals, versprach er seinem Publikum, würde der Höllenschlund, dem seine Worte entsprudelten, versiegen: »Der ich bin, werde ich immer sein. Ich spreche, was immer auch geschieht.«

Und so greift er nach dem Wort, geißelt, was immer er sieht. Er braucht nicht groß nach Missständen zu suchen – sie springen ins Auge. Denn bereits bevor in Minas Gerais Ende des 17. Jahrhunderts Gold entdeckt wird und einen Massenexodus in Richtung der Fundgegenden auslösen wird, ist die Kolonie ein El Dorado der eigenen Art. Denn die portugiesischen Beamten, die nach Brasilien reisen, kommen – so sehen es jedenfalls deren Kritiker – weniger um dem König und der Kolonie als vielmehr sich selber zu dienen. Für sie ist der Kolonialdienst vor allem eines: ein Karrieresprungbrett. Wer hier Dienst tut, kann nach der Rückkehr auf rasche Beförderung in der Heimat rechnen. Darum seien viele Staatsdiener nicht sonderlich engagiert, schreibt ein Beobachter gegen Ende des 18. Jahrhunderts. Anstatt zu arbeiten schlügen die Gesandten ihre Zeit tot, bemerkt er. »Und in der Zeit, die sie in der Kolonie verbringen, sehen sie zu, wie sie ihren Reichtum vermehren können, so dass sie, wenn sie zurückkehren, ihren Familien von ihren Gewinnen profitieren lassen können.«[57]

Korruption, Vetternwirtschaft, Klientelpolitik: Das sind die Prinzipien, von denen sich die Wirtschafts- und Verwaltungsebene leiten lässt. In scharfen Worten greift auch der Jesuit António de Vieira diesen Missstand auf: »Der Rat stimmt für den Verwandten, weil er ein Verwandter ist; er stimmt für den Freund, weil er ein Freund ist; er stimmt für den Günstling, weil er ein Günstling ist; und die Anständigsten und Fähigsten bleiben draußen, weil sie weder

Freunde, noch Verwandte, noch sonst irgend etwas von Wert haben.« Allerdings, fährt er fort: direkte Bestechung sei in Brasilien nicht an der Tagesordnung. Die gegenseitigen Gefälligkeiten beruhten auf diskreten Freundschaftsdiensten, Empfehlungen, Abhängigkeiten und Ehrerbietungen. »Und weil es nicht um Gold und Silber geht, sind dies die Gründe der ganzen Ungerechtigkeiten dieser Welt.«[58] Diese Missstände greift auch das »Höllenmaul« in seinen Versen auf: »An jeder Ecke steht hier ein großer Rat, / der Hütte und Weinstock will regieren / Die eigene Küche können sie nicht führen / Regieren aber alle Welt im Staat.«[59]

Eros und Traurigkeit

Die Willkür bleibt auch auf die Bevölkerung nicht ohne Folgen. Vielen ist das Hemd näher als der Rock. Und wenn sie einen Grundsatz haben, dann den, den eigenen Vorteil nicht aus dem Auge zu lassen, ihn auch dann zu verfolgen, wenn es anderen zum Schaden gereicht. Unterm Strich zähl' ich, das ist die Maxime, von der viele sich leiten lassen. Ein robustes Eigeninteresse prägt das Klima der Stadt, die Ehrlichen gelten nicht selten als die Dummen, Bauernschläue ist keineswegs nur eine Eigenschaft vom Lande. Und kaum weniger locker als in den Geschäftsfragen ist die Moral auch in erotischen Dingen. Eine ganze Reihe von Bürgern, vor allem die Frauen, hätten nicht sonderlich viel zu tun, berichtet der französische Seefahrer Pyrard de Naval von seinem Aufenthalt in der Stadt 1610. Langeweile plage sie, und so nähmen sie es auch mit den guten Sitten nicht allzu genau. Er selbst, berichtet er, sei eines Tages von einer schwarzen Dienerin zu deren Herrin geführt worden, die, wie damals so viele ihrer Geschlechtsgenossinnen, die meiste Zeit in ihrem Haus verbrächte. Die Dame habe ihn überaus freundlich behandelt und zur Wiederkehr aufgefordert. »Das verpasste ich nicht. Und so lange ich in der Stadt war, suchte ich sie häufig auf, und sie erwies mir eine Unmenge Höflichkeiten und Gunstbezeugungen.« Auch eine andere Portugiesin, Maria mit Namen und Besitzerin einer Kneipe, habe sich ihm gegenüber sehr großzügig erwiesen, berichtet er. »Insgesamt«, schließt er seinen Bericht, »sind die Frauen dort zu den Fremden viel offener und freundlicher als zu ihren eigenen Männern.«[60] Sicher, ein wenig Matrosengarn mag sich in diese Schilderungen verwoben haben. Auch mag ein fremder Seemann zugänglichen Damen leichter und schneller begegnen als ein treusorgender Familienvater. Zudem ist das Nachtschwärmer-Milieu eine besonders geeignete für pikante Erzählungen. Aber trotzdem existiert dieses Milieu, und es strahlt aus, verbreitet eine Atmosphäre, die auch in anderen Schichten der Stadt wahrgenommen wird – und der auch den Dichtern, manchen Dichtern jedenfalls, ein dankbarer Stoff ist: »Aus s und f besteht / die Stadt in meinen Blicken: / Das eine stehlen und das andere ficken«, umreißt Gregorio de Matos die Atmosphäre Salvadors oder besser, das, was er als solche ausgibt.[61]

Aus diesen Umständen hat rund 200 Jahre später der Essayist Paulo Prado (1869-1943) in einem berühmt gewordenen Essay mit dem Titel *Retrato do Brasil. Ensaio sobre a Tristeza Brasileira* (»Porträt Brasiliens. Versuch über die brasilianische Traurigkeit«) auf eine seiner Beobachtung nach besonders auffällige Eigenschaft seiner Landsleute geschlossen: ihren Hang zur Melancholie. Die Schwermut, die Prado allenthalben anzutreffen behauptete, habe ihren Ursprung in der Ödnis des kolonialen Lebens, verdanke sich der kolossalen Langeweile jener frühen Jahre. Denn was tut man, wenn man sich langweilt und kaum weiß, wie man sich die Zeit vertreiben soll? Für Prado war die Antwort klar: Man gibt sich erotischen Spielen hin. Die koloniale Welt war zunächst eine Männergesellschaft. Aus Portugal kamen überwiegend männliche Einwanderer. Die Frauen blieben zu Hause. Darum suchten sich die Einwanderer Frauen unter den Eingeborenen, später auch unter den eingeschleppten Sklavinnen. Mit nicht viel anderem als Gewinnsucht und Langeweile beschäftigt, pflegten die frühen Kolonisten vor allem eines, schreibt Prado: »o vicio sexual«, das sexuelle Laster. Denn wie sich in Brasilien – vorerst zumindest – die Suche nach Gold als vergeblich herausstellte, seien auch die erfüllten Augenblicke nur von kurzer Dauer. Diese doppelte Vergeblichkeit habe seinen Landsleuten jene Melancholie beschert, an der sie noch heute litten. »Im Kampf gegen diese Begehren – ohne ein religiöses noch ästhetisches Ideal, ohne jedes politische, intellektuelle oder künstlerische Interesse – entwickelte sich im Laufe der Jahrhunderte eine traurige Rasse.«[62]

Als ausgesprochen lebenslustig nimmt hingegen Gregório de Matos die Brasilianer wahr. Sex und Erotik sind in seiner Dichtung allgegenwärtig. Eines seiner Gedichte handelt von einem Hauptmann Rebello, der sich mit einer Schwarzen vergnügt, einer offenbar ausgesprochen korpulenten Dame – in de Matos' Worten: »eine Galeone war's / mit großem Bug und hoher Brück' / und einem Heck, so mächtig, / dass sie den Arsch zum Kusse bot / der größten Hurke Hollands«. Doch es ist nicht nur die weltliche Macht, deren Vertreter er bei der Sünde beobachtet. Auch die Geistlichkeit der Stadt belässt es nicht bei der reinen Lehre. Sie kann durchaus auch den irdischen Reizen etwas abgewinnen. Viele ihrer Vertreter, berichtet der französische Ingenieur François Froger Ende des 17. Jahrhunderts, lebten mit Sklavinnen zusammen, deren Kinder den Geistlichen merkwürdig ähnelten. Durchaus möglich, dass auch Froger bei seinen Erzählungen, die Phantasien seiner Leser im Blick, in seinen Darstellungen ein wenig Gas gegeben hat. Und doch finden sich entsprechende Zeilen auch bei Gregório de Matos, der ein wunderbares Vergnügen daran findet, die Dinge so spitz wie möglich zu umreißen. Einem Priester etwa, der sich anschickt, aus der Ferne eine Prostituierte zu beobachten, die gerade dabei ist, ihrem Beruf nachzugehen, gibt er einen guten Rat. Er solle auf den Glockenturm steigen, empfiehlt der Dichter dem Geistlichen: »Von eben dort wirst du erspäh'n / die Hure, die geläutet wird / von Glockenschlegeln und zwar mehr / als unser Dom hat von Bahia.«

Scharf, sehr, sehr scharf sind de Matos' Verse. Doch irgendwann geraten sie ihm zu scharf. Als er den damaligen Gouverneur von Bahia einen »schwulen Betbruder« nennt und dessen Familie ihm unverhohlen mit dem Tod droht, wird de Matos – angeblich zu seinem eigenen Schutz – nach Angola verbannt. Gut zwei Jahre verbringt er im afrikanischen Exil. Zurück in Bahia, bleiben ihm noch einige Monate, bis sein Leben zu Ende geht. Hinterlassen hat er der Kolonie aber das vielleicht Wertvollste, was eine zivilisierte Gesellschaft kennt: die Fähigkeit zu Einspruch und Kritik. Für sie fand das Höllenmaul Worte wie kein anderer. Sie lehrten seine Zeitgenossen, dass, wer modern sein will, den Widerspruch ertragen muss. Zumindest, wie es sich für eine feudale Kolonie gehört, in Maßen.

3 Die geraubte Heimat
Brasilien und seine Sklaven

Durch die Barbarei ihrer Länder sind sie dafür vorgesehen, in Sonne und Regen zum Wohl von wem auch immer zu arbeiten, und in fremde Ländern verkauft zu werden, selbst in solche jenseits des Meeres.

José Joaquim de Azeredo Coutinho,
Justiça do commercio do resgate dos escravos
da costa de Africa, 1808.

Es ist ein Wunder! Die Wege des Herrn sind unergründlich. Man kann nur staunen ob der Gnade, die der Allerhöchste seinen Geschöpfen zukommen lässt, ob der vielen Wege, auf denen er sie vor dem Verderben rettet. Die Seelen zahlloser Afrikaner jedenfalls wären verloren, hätte Gott nicht auch die Sklaverei in die Welt gesetzt. Denn Leibeigenschaft und Zwangsarbeit bedeuten für jene, die sich als ihre Opfer wähnen, letztlich nichts als Segen und Erlösung. Denn die Sklaven sind zwar ihrer irdischen Freiheit beraubt. Doch dafür werden sie getauft und somit vor jenseitiger Verdammnis bewahrt. Zwar werden sie ihrer Heimat entrissen, in den Bauch enger Schiffe getrieben und in ein weit entferntes Land gebracht, wo sie härtester Arbeit unterworfen werden. Aber sie dürfen fortan mit der Gewissheit leben, das ewige Heil erlangt zu haben. Denn den Boden der Kolonie betreten sie als frisch getaufte Christenmenschen. Die portugiesischen Sklavenhändler können sich darum beglückwünschen: Was sind sie anderes als Agenten eines göttlichen Heilplans, eines gewaltigen Unternehmens zur Rettung fast schon verlorener Seelen? Die groß angelegten Menschenjagden an den Küsten Afrikas, der elend lange Aufenthalt in den Katakomben der Sklavenschiffe, das zugegebenermaßen harte Regime in der neuen Heimat: All dies dient letztlich doch nichts anderem, als der Rettung Hunderttausender, ja Millionen fast schon verlorener Seelen. Umso mehr kommt es darauf an, den Schwarzen das Wunder ihrer Rettung so gut als möglich zu erläutern. »Da die Mutter Gottes euren Glauben, eure Frömmigkeit und eure Hingabe voraussah«, wendet sich der Jesuitenpater Antônio Vieira 1633 in einer Predigt an die Sklaven in Bahia, »wählte sie euch unter vielen verschiedenen Nationen aus und trug euch in den Schoß der Kirche, auf dass ihr nicht wie eure Väter verloren geht, sondern in Brasilien errettet werdet. Das ist das größte und umfassendste Wunder unter all jenen, die Maria für ihre Anhänger Tag für Tag bewirkt.«[63]

Begonnen hatte der christlich verbrämte Sklavenhandel Mitte des 15. Jahrhunderts. Ethische Bedenken, zahllose Menschen zu verschleppen, hatten die Portugiesen nicht. Recht und Moral, so sahen sie es, waren ganz auf ihrer Seite. Hatte ihre Religion nicht deutlich zu verstehen gegeben, was es mit den Afrikanern auf sich hatte? Schon die christlichen Legenden gaben über die wahre Identität der Schwarzen hinreichend Aufschluss. Es war doch bekannt, dass sich der Teufel wiederholt als dunkle Figur gezeigt hatte, als »schwarzer Ritter« oder »großer Schwarzer«. Schon Johannes Cassianus, der christliche Eremit des 5. Jahrhunderts, hatte den Teufel als »schwarze, stinkende Frau« beschrieben. Und auch die 50 000 Soldaten, von denen das *Rolandslied* berichtet, waren durchaus zweifelhaften Ursprungs – nämlich Angehörige »einer verfluchten Rasse, die schwarzer als Tinte ist und nichts Weißes als die Zähne hat«.[64]

Doch nicht nur der christlichen Mythologie, auch der Bibel glaubten die Portugiesen ernsthafte Hinweise auf die geistige Beschaffenheit der Afrikaner zu entnehmen. Denn angenommen, die dunkle Haut war Anzeichen eines göttlichen Fluchs – lag es dann nicht nahe, als dessen Ursprung Kains Mord an Abel anzunehmen sowie die Verdammung, die Noah gegen ihn und seine Nachfahren aussprach? Und wenn dem so war, dann lag die Vermutung auf der Hand, dass die Schwarzen nichts anderes als die Nachkommen Kains waren. Christen, so die Logik der frommen Menschenjäger, hatten darum allen Anlass, Afrikaner als Sklaven zu nehmen. Die Schwarzen, erklärte der portugiesische Historiker Gomes Eanes de Zurara den Lesern seiner 1453 erschienenen *Chronica do Descobrimento e Conquista da Guiné*, sind »nach alter Sitte« Sklaven anderer Schwarzer – und zwar »aufgrund des Fluchs, den Noah nach der Sintflut über seinen Sohn Kain aussprach, durch den er ihn verdammte, auf dass sein Volk allen anderen Völkern der Welt unterworfen sei. Und von diesem Volk stammen auch die Sklaven ab«.

Ob nun Heiden oder Verfluchte: Auf jeden Fall ließen die Portugiesen den Afrikanern die Gnade der Versklavung mit höchstem theologischen Segen angedeihen. Nachdem Papst Nikolaus V. in seinen Bullen *Dum Diversas* und *Romanus Pontifex* Mitte des 15. Jahrhunderts die Sklaverei ausdrücklich gutgeheißen hatte, bliesen sie an der Westküste Afrikas zur Menschenjagd im großen Stil. 1482 gründeten sie im heutigen Ghana das Fort São Jorge da Mina, von dem aus sie die Gefangenen zuerst nach Portugal und dann nach Brasilien verschleppten. Zu Beginn des 16. Jahrhunderts ordnete die portugiesische Krone dann die Taufe der Sklaven an, vorerst allerdings nur derjenigen, die in Portugal blieben. 1514 dann verpflichtete sie sämtliche Sklavenhalter, ihre Leibeigenen zu taufen. So machten sie sich umgehend ans Werk, und zwar meist schon in den Sammelstellen an der afrikanischen Küste, spätestens aber auf den Schiffen. Beide Orte boten sich an, denn hier wie dort konnte man mehrere hundert Menschen auf einen Schlag taufen. Gleichzeitig aber lockte auch der Gewinn, und so fiel die Zeit für die frommen Riten eher knapp aus. Die Portugiesen, beobachtete der Jesuitenpater Fernão Guerreiro 1603, tauften ihre schwarzen Gefangenen »ohne jede vorhergehende Einführung in den Glauben und ohne irgend jemanden, der diese Aufgabe angemessen übernähme«.[65]

Herz der Finsternis

Tatsächlich hatten die Portugiesen Besseres zu tun: Um ihr nach dem Ende der Reconquista, der Wiedereroberung der arabisch besetzten Gebiete, insbesondere im Süden dünn besiedeltes Reich mit neuen Arbeitskräften zu versorgen, verschleppten sie zunächst Kriegsgefangene aus Marokko. Später, als sie entlang der westafrikanischen Küste immer weiter in Richtung Süden vorstießen, kauften sie afrikanischen Menschenhändlern schwarze Sklaven in großem Stil ab. Der Handel blühte, denn in der Heimat brachte der Verkauf eines Sklaven leicht die siebenfache Summe des Preises ein, den der Käufer ursprünglich für ihn bezahlt hatte. Solche Gewinne vor Augen, wies die Geschäftsführung der im Afrikahandel aktiven »Casa da Mina e Tratos de Guiné« ihre Händler 1523 an, weniger Elfenbein und stattdessen mehr Sklaven zu beschaffen. Derart viele Menschen wurden verschleppt, dass in einer Stadt wie Évora im 16. Jahrhundert jeder zehnte Einwohner ein Schwarzer war.[66]

Über zehntausend Menschen wurden ab 1600 Jahr für Jahr ans andere Ufer des Atlantiks verschleppt. Zum Zentrum des Menschenhandels wurde Luanda, die heutige Hauptstadt Angolas. Von dort wie auch von den anderen westafrikanischen Häfen brachten die Portugiesen während der kommenden drei Jahrhunderte auf rund 12 000 Schiffsfahrten gut vier Millionen Sklaven nach Brasilien.[67] Der Heilsweg, den die Portugiesen ihnen ankündigten, erlebten sie als kaum endenden Leidensweg. Denn bis zum Ende des 17. Jahrhunderts lebten die meisten der entführten Schwarzen im Landesinneren, in der Regel zwei Monatsreisen von der Küste entfernt. In den folgenden Jahren und Jahrzehnten zogen die Menschenjäger immer größere Kreise, die schließlich einen Radius von bis zu sechs Monaten Fußmarsch zur Küste bildeten. Zunächst hatten die Gefangenen also eine gewaltige Wanderung auf sich zu nehmen. Am Ziel angekommen, mussten sie auf die geeignete Jahreszeit zur Überfahrt warten, was im schlechtesten Fall bis zu fünf Monaten dauern konnte. Während dieser Zeit, notierte ein in Luanda praktizierender Arzt, wurden »Angst und Melancholie« zu den wichtigsten Todesursachen der Gefangenen.[68]

Die Furcht der Afrikaner war berechtigt: Die Überfahrt dauerte rund zwei Monate, die für die Gefangenen zu einer Tortur ohnegleichen wurde. Welche Qualen sie auf der Überfahrt erlitten, ließen die Transporteure vorzugsweise unerwähnt. Trotzdem haben sich einige wenige Beschreibungen erhalten. So etwa die des italienischen Kapuzinermönches Sorrento, der 1649 einen der transatlantischen Transporte begleitete. »Durch den unerträglichen Gestank, den beengten Raum, die ständigen Schreie und das unendliche Leid soviel Unglücklicher kam das Schiff einer Hölle gleich.« Ähnliches erwähnt auch der Kapuzinermönch Dionigi da Piacenza in seiner 1671 erschienenen *Viaggio nel regno del Congo*. Darin berichtet er von einer 55 Tage dauernden Schiffsfahrt von Luando nach Bahia, in deren Verlauf 33 der 630 Gefangenen sterben. »Diese Überfahrt ist die schmerzlichste der ganzen Welt«, fasst er seine Eindrücke zusammen.[69]

»Tierisch, dumpf und heimtückisch«

Gefangennahme, die gewaltsame Trennung von Familie, Verwandtschaft und Freunden, der lang Marsch in eine unbekannte Welt, voller fremder Menschen, die eine unbekannte Sprache sprachen: All dies verunsicherte die Verschleppten massiv, stellte alles in Frage, was sie bislang für selbstverständlich gehalten hatten. Die Sklaven waren am Nullpunkt ihrer Biographie angekommen. Alles bislang Gelernte und für selbstverständlich Gehaltene hatte am anderen Ufer des Atlantiks keinen Wert mehr. Sie mussten sich schleunigst umstellen, trotz aller Panik einen kühlen Verstand wahren, die neuen Verhältnisse einzuschätzen lernen und überlegen, wie sie in ihnen am besten überleben konnten. Um eine Zukunft zu haben, mussten sie eine der schwierigsten Aufgaben der menschlichen Existenz überhaupt lösen: sich selbst neu zu erfinden. Und doch brauchten sie nicht allzu lange, um zu erkennen, worauf es ab sofort ankam: Bescheidenheit, Gehorsam, Treue – dass waren die drei Eigenschaften, an die sie sich gewöhnen mussten, wollten sie in der neuen Welt überleben.

Denn die Sklavenhalter pflegten mit den Neuankömmlingen keinen allzu sanften Umgangston. Sie betrachteten die Afrikaner zwar auch als Heiden, die es zu bekehren galt. Vor allem aber sahen sie sie als Menschen zweiter Klasse, als Angehörige einer Kultur, die mit derjenigen der Europäer nicht einmal im Ansatz vergleichbar war. Auch für diese Auffassung konnten sie sich auf uralte Traditionen berufen. Denn Afrika hatte die europäische Phantasie seit der Antike beschäftigt. Schon im fünften vorchristlichen Jahrhundert hatte sich Herodot Afrika als einen Kontinent vorgestellt, der von Menschen mit Hundeschnauzen oder Wesen ohne Kopf bevölkert wäre. Gut tausend Jahre später beschrieb Isidor von Sevilla die Afrikaner als »Monstervölker«. Und noch einmal tausend Jahre später behauptete der italienische Kaufmann Antonio Malfante, die Afrikaner pflegten die absonderlichsten Sexualpraktiken und schreckten auch vor inzestuösen Beziehungen nicht zurück. Den Gipfel der

Schrecken bildete nach Auskunft vieler Autoren aber ihre Gewohnheit, andere Menschen zu essen. Der deutsche, nach Portugal ausgewanderte Buchdrucker Valentim Fernandes schrieb im 16. Jahrhundert über die Einwohner der heute zu Mauretanien gehörenden Insel Arguim, sie seien »sehr schwarz und durch das schlechte Essen sehr hässlich und schrecklich anzusehen, und sie stinken wie Ziegenböcke«. Und über die Bewohner Malis konnte er berichten, dass diese bei Tageslicht weiß seien – »denn in ihren Höhlen verändert sich ihre Hautfarbe«.[70] Die Afrikaner, fasste der Geograph und Seefahrer Duarte Pacheco Pereira 1506 die Diskussion in seiner Schrift *Esmeraldo De Situ Orbis* zusammen, sind »beinahe wie Tiere in menschenähnlicher Gestalt«. Der portugiesische Nationaldichter Luís de Camões hingegen beurteilte die Südafrikaner in seinen *Lusiaden* als »tierisch, dumpf und heimtückisch«, als »grobes Volk« und »Menschen ohne Gesetz«.[71]

Peitsche und Publikum

Solche Geschichten im Kopf, gingen die Sklavenhalter mit den Gefangenen nicht zimperlich um. Zwar behandelten sie die Sklaven je nach Temperament und Veranlagung durchaus unterschiedlich. Aber zuletzt ließen sie keinen Zweifel daran, wie es um die Machtverhältnisse stand. Wer Herr ist und wer Knecht, das stellten sie von Anfang an klar. Kaum hatten die Sklaven nach der langen Überfahr brasilianischen Boden betreten, lernten sie die in der Kolonie herrschenden Gesetze kennen. »Die erste Begrüßung, die die Herren ihnen angedeihen lassen, besteht darin, sie hart auspeitschen zu lassen, ohne irgendein anderes Motiv als den Wunsch, dies zu tun«, beschreibt der Pfarrer und Jurist Ribeiro Rocha die Verhältnisse in Bahia Mitte des 18. Jahrhunderts. »Mit dieser Tat, auf die sie auch noch stolz sind, bläuen sie ihnen ein, dass sie die Sklaven beherrschen und erwarten, von ihnen gefürchtet und respektiert zu werden.«[72]

Vom Tag ihrer Ankunft an waren die Schwarzen ihren Herren schutzlos ausgeliefert. Gesetzlich garantierte Rechte hatten sie nicht. Sklaven galten in der kolonialen Rechtsprechung nicht als Bürger. Auch konnten sie sich rechtlich nicht gegen Misshandlungen durch ihren Besitzer wehren. Zwar durften sie sich über ihn beschweren oder auf an ihnen verübtes Unrecht hinweisen. Aber offiziell Klage zu führen war ihnen verwehrt.[73] Ihre Zukunft hing einzig von den Launen und Interessen ihrer Besitzer ab. Und von diesen zögerten viele nicht, ihre Macht rücksichtslos auszuspielen. Besonders harte Dienste hatten die Sklaven auf den Zuckerplantagen zu leisten. Denn die Bauern säten und ernteten den Zucker nicht nur, sondern verarbeiteten ihn auch. Erst dadurch konnten sie Gewinne erwirtschaften. Eben das setzte sie zugleich aber erheblich unter Druck. Denn Zucker zu gewinnen setzte viele, zum Teil sehr gefährliche Arbeitsprozesse voraus. Damit der Betrieb Gewinn abwirft, muss zumindest die Presse Tag und Nacht laufen, was auch den Sklaven entsprechende Rhythmen abverlangt. Die Sklaven arbeiteten bis zu 17 Stunden pro Tag. Ihr Leben war in den Augen ihrer Besitzer nicht viel wert. Genauer: Es ist sieben Jahre lang etwas wert. So hoch war, heutigen Schätzungen zufolge, die durchschnittliche Lebenserwartung für die, die auf einer Zuckerplantage arbeiteten. So lange galt es, sie möglichst schonend zu behandeln – danach hatte sich für den Farmer die Investition in Kauf und Unterhalt des Sklaven gelohnt.[74] Doch nicht nur die Zuckerfarmer betrachteten die Sklaven als frei verfügbares Eigentum, als Ware, über die sie nach Belieben verfügen konnten. »Die Schwarzen«, schrieb Mitte des 19. Jahrhunderts der amerikanische Soziologe George Fitzhugh, »werden eher wie Maultiere als wie menschliche Wesen behandelt. Diese Unglücklichen leben unter traurigen Bedingungen. Niemand, der auch nur einen Funken Menschlichkeit besitzt, könnte sie anschauen ohne nicht sofort Erbarmen mit ihrem Leid zu haben und sich der Verkommenheit der menschlichen Natur zu schämen, wie sie sich in ihren mehr als grausamen Herren zeigt«.[75]

Zwar bildeten sich regelmäßig auch Gefühle von Sympathie und Zuneigung zwischen Herren und Knechten, zwar gingen einzelne Sklavenhalter durchaus milde mit ihren Zwangsarbeitern um und schätzten und ehrten sie sogar – aber ihre Grundüberzeugung, dass Sklaven ihr persönlicher Besitz waren, änderte das nicht. Ein beredtes Zeugnis davon liefern die Anzeigen der damaligen Tageszeitungen, in denen die Sklavenhalter ihre Angebote und Gesuche veröffentlichten. »Schwarze ohne Krankheiten und Fehler gesucht, die waschen und kochen kann«, heißt es im März 1855 in einer Annonce in der Zeitung *O dezenove de Dezembro*. »Schwarzes Mädchen oder Junge zwischen acht und zehn Jahren gesucht«, steht in der gleichen Zeitung im März jenes Jahres zu lesen. »Wer über eine solche Person verfügt, wende sich an die Zeitung, die das Gebot an den Inserenten weiterleitet.« Ebenfalls in dieser Ausgabe wird ein Sklave gesucht, der das Schusterhandwerk beherrscht.[76]

Wie rigoros viele Sklavenhalter mit ihren Untergebenen umgingen, zeigte sich auf besonders drastische Weise in einem Phänomen, das ganz selbstverständlich zum Alltag der Zwangsarbeit gehörte: der Prügelstrafe. Um einen möglichst effektiven Ablauf der Arbeitsprozesse zu gewährleisten, hatten die Farmer Aufseher angestellt, die nicht zögerten, die Schwarzen mit größter Brutalität zu behandeln. Drakonische Strafen waren an der Tagesordnung. Wer sich nicht sputete oder gehorchte, wer die Befehle nicht widerspruchslos ausführte oder sich gar offen auflehnte, musste mit härtesten Strafen rechnen. Das bevorzugte Instrument der Aufseher, sich Gehör zu verschaffen, war die Peitsche. Das Auspeitschen war nicht nur eine besonders schmerzhafte Strafe, sondern auch eine besonders demütigende. Die Wächter zwangen die Sklaven in die Hocke, schoben ihnen einen Stock hinter die Kniekehlen, führten unter ihm die Arme durch und banden sie dann an den Handgelenken zusammen. Auf diese Weise jeder Bewegungsfähigkeit beraubt, brauchten ihnen die Aufseher nur noch einen Tritt zu geben, so dass sie wehrlos am Boden lagen. Dann begannen sie mit der eigentlichen Prozedur. »Die beiden Riemen am Ende der Peitsche reißen mit dem ersten Schlag die Haut auf und lassen die weitere Bestrafung dadurch umso schmerzhafter werden. Meist werden zwölf bis dreißig Hiebe verabreicht. Danach wird die Wunde gründlich mit Essig und Pfeffer ausgewaschen, so dass sich das Fleisch zusammenzieht. Dadurch verhindert man, dass es verwest, was in diesem heißen Klima schnell geschehen kann.«[77] Die Machtlosigkeit der Schwarzen reizt nicht wenige Halter, sie hemmungslosen Torturen zu unterziehen. Sie strafen ihre Sklaven nicht – sie foltern sie. Das musste etwa jener Schwarze erfahren, der Mitte des 19. Jahrhundert von einer Farm in Cuiabá zu fliehen versuchte: »Er wurde mit einem Strick an Händen und Füßen gefesselt. In diesem Zustand wurde er sieben Tage lang jeden Morgen und Abend ausgepeitscht. Außerdem begoss man ihn jeden Tag mit Urin, streute Salz über ihn und stellte ihn in eine Rauchwolke.«[78]

Um die Strafen möglichst abschreckend erscheinen zu lassen, wurden sie oftmals auch öffentlich vollzogen. Die brasilianischen Sklavenhalter hatte zu diesem Zweck extra ein eigenes Ritual erfunden: die Marter am Pelourinho, einem auf einem öffentlichen Platz aufgestellten Pfahl, an den die Sklaven gebunden und dann ausgepeitscht wurden. »Jeden Tag, zwischen neun und zehn Uhr morgens, sieht man eine Reihe von jeweils zu zweit aneinandergeketteter

Schwarzer, die, begleitet von ihren Bewachern und der Polizei, zum Ort ihrer Bestrafung gehen. Es handelt sich um Strafpfosten an belebten Orten der Stadt. Dort werden die Bestrafungen ausgeführt, anschließend werden die Gefangenen zurück ins Gefängnis geführt.«[79] So beobachtet es der französische Maler Jean-Baptiste Debret, der von 1816 bis 1831 in Rio de Janeiro lebte und dort Material für seine berühmten Kupferstiche sammelte, die ab 1834 unter dem Titel *Voyage pictoresque et historique au Brésil, ou Séjour d'un Artiste Français au Brésil* erschienen. Aufmerksam beobachtete er auch die Gepflogenheiten der Sklaverei – und wurde dadurch unausweichlich auch Zeuge der den Sklaven zugefügten Gewalt.

Imitatio Christi

Freilich setzten nicht alle Sklavenhalter auf Gewalt. Viele zogen es vor, ihre Herrschaft auf möglichst friedliche Art zu sichern. Sie kannten andere, subtilere Methoden, sich Achtung und Gehorsam zu verschaffen. Einigt man sich im Guten, so ihr Kalkül, war es für beide Seiten am besten. Jede Fazenda hatte ihre eigenen Rituale, mit deren Hilfe sich die Machtverhältnisse diskret in Erinnerung rufen ließen. Auf vielen Farmen begannen die Sklaven den Morgen damit, sich vor dem Sklavenhalter oder dessen Stellvertreter zu verbeugen. Oft reichten diesen dann wenigen Gesten, die Ordnung aufrecht zu erhalten. Lob und Tadel, hier ein freundliches Wort und da ein milder Verweis: All dies trug dazu bei, der Macht ein freundliches Antlitz zu geben, sie so zu gestalten, dass sie für alle erträglich war.

Zur Hilfe kamen ihnen dabei, ohne es eigentlich zu beabsichtigen, die Jesuiten. So vehement sie sich gegen die Versklavung der Indianer einsetzten, so sehr hielten sie sich zurück, wenn es um die Zwangsarbeit der Afrikaner ging. Zeitweilig besaßen sie sogar selbst Sklaven. Der Jesuitenpater José de Anchieta berichtet etwa, am Kolleg, das der Orden in Bahia führte, hätten zu seiner Zeit rund 150 Sklaven gelebt – »in einem eigenen Dorf mit Kirche, wo ihnen die Patres die christliche Lehre beibrachten und ihnen die Messe lasen.«[80] Hatten die Jesuiten die Versklavung der Indianer von Anfang an abgelehnt, so zogen sie es aus politischen Gründen vor, gegenüber derjenigen der Schwarzen zu schweigen. Denn bereits mit ihrem Engagement für die brasilianischen Eingeborenen waren sie bis an die Grenze dessen gegangen, was die auf Arbeitskräfte dringenden Kolonisten hinzunehmen bereit waren. Hätten sie nun auch noch gegen die Sklavenimporte aus Afrika ihr Wort erhoben, hätte ihnen das die offene Feindschaft aller an der Sklaverei Beteiligten eingetragen. Privat aber sprachen sich viele Ordensleute gegen die Sklaverei und erklärten die Zustände in der Kolonie für unhaltbar. In aller Schärfe äußert sich etwa Padre Antônio Vieira. Grundsätzlich unterstützte zwar auch er die Sklaverei. Aber zugleich prangerte er die Missstände an, die absurden Zustände einer Institution, in der der Wert eines Menschen über seine Hautfarbe festgestellt wird. »Wenige Herren, viele Sklaven. Die Herren ergehen sich in Prunk, die Sklaven haben nicht einmal Kleidung. Die Herren stehen an Banketten, die Sklaven leiden Hunger. Die Herren schwimmen in Gold und Silber, die Sklaven tragen eiserne Ketten. Die Herren betrachten die Sklaven als Esel, die Sklaven bewundern und fürchten sie wie Götter. Die Herren stehen aufrecht und weisen auf die Peitsche, wie Sinnbilder des Hochmuts und der Tyrannei, die Sklaven liegen auf dem Boden, die Hände hinter dem Rücken zusammengebunden, als beschämende Symbole der Knechtschaft und Bilder schlimmsten Elends.«[81]

Revolution und Reaktion

Doch so drakonisch die Strafen auch waren, die die Sklavenhalter wenig willfährigen Schwarzen angedeihen ließen, so
wenig konnten sie Widerstand und Revolution endgültig verhindern. Die Machtverhältnisse konnten jederzeit kippen:
Gehorsam konnte in Aufruhr, scheinbarer Friede in offene
Gewalt umschlagen. Das wussten beide Seiten, und darum
lag über den scheinbar geordneten friedlichen Verhältnissen
immer ein Hauch von Misstrauen, Furcht und Vorsicht.
Flucht, Selbstmord, Ungehorsam und Aufstand – in jedem
Moment kann die Ordnung zusammenbrechen, können Aufruhr und Revolte die Illusion eines stabilen Arrangements
zunichte machen. Denn was die Sklaven wirklich denken,
können ihre Halter nicht mit letzter Sicherheit wissen. So
leben sie in ständiger Unruhe, müssen sich vorsehen, sind
niemals vollkommen entspannt.

Natürlich: Auf viele Sklaven können sich die Farmer verlassen, brauchen von ihnen nichts zu befürchten. Gerade
die, die ihre Leibeigenen anständig behandeln, die auf sanfte Herrschaft setzen, die nicht zur Peitsche, sondern zum
Wort greifen, können sich der Loyalität ihrer Sklaven sicher
sein. Oft haben sich über die Jahre stabile Beziehungen, ja
menschliche Bande entwickelt. Gerade die erotischen Verbindungen zwischen Sklavenhaltern und Afrikanerinnen
lassen neue, von Zuneigung, ja sogar Liebe geprägte Verhältnisse entstehen – auch und vielleicht gerade dann, wenn sie
öffentlich und de iure nicht anerkannt sind; und auch dann,
wenn sie auf einem ungleichen Machtverhältnis beruhen,
der Sklavenhalter vom Zwang bis zum Versprechen zahlreiche Möglichkeiten hat, amouröse, zumindest aber körperliche Bande zu seinen Sklavinnen zu knüpfen. Die gemeinsamen Kinder, die diesen Verhältnissen entspringen, sind die

ersten »wirklichen« Brasilianer, denn deren Kennzeichen ist es ja, dass sie aus der Verbindung unterschiedlicher Ethnien hervorgegangen sind, vor allem der Europäer, der Afrikaner und der brasilianischen Indianer. Doch kurzfristig sind die farbigen Nachfahren für die Sklavenhalter zunächst einmal die eigenen Kinder. »Unter den Brasilianern gibt es niemanden, der nicht viele schwarze Frauen hätte, von denen sie jede Menge Kinder haben«, beschreibt der Jesuit Manuel da Nóbrega die Verhältnisse in der Kolonie.[82]

Dennoch: Viele Sklaven betrachten ihre Herren als das, was sie eben sind: ihre Herren. So sind sie sehr wohl bereit, sich gegen ihre Herren zu erheben oder ihnen zu entfliehen. Aus Sicht der Sklavenhalter lauert darum überall Verrat. Nicht einmal durch Vorzugsbehandlung und Privilegien lassen sich vollkommene Loyalität und Ergebenheit erkaufen. Manche Sklaven mögen weniger harte Arbeit leisten als die anderen – aber dass sie darum darauf verzichten würden, sich gegen ihre Herren zu erheben, ist keineswegs ausgemacht. »Diejenigen Sklaven, die als Aufseher arbeiten, sind die führenden Köpfe«, beschreibt ein Farmer aus Campinas 1848 seine Erkenntnisse aus einem vorzeitig entdeckten Aufstand.[83] Was aus ihrer Perspektive als Verschlagenheit und Hinterlist erscheint, ist für die Sklaven Ausdruck ihres Freiheitswillens. Zwar revoltieren sie nicht zwangsläufig. Aber sie könnten es, jederzeit. Das macht sie gefährlich – und setzt die Sklavenhalter unter erheblichen Druck.

Um die Solidarität der Sklaven untereinander so gering wie möglich zu halten, achten die Halter darum darauf, ethnische Gruppen und Gemeinschaften möglichst aufzulösen. Die Gefangenen sollen möglichst geringe kulturelle und sprachliche Bindungen miteinander haben. Das Kalkül ist so einfach wie effektiv: Menschen, die unterschiedliche Sprachen sprechen, verschiedenen Kulturen entstammen, keinerlei gemeinsame Bezugspunkte haben, stehen in viel lo-

ckererer Beziehung zueinander als solche, die einander kennen, zumindest eine gemeinsame Sprache und Kultur haben.
»Um die gefürchteten Aufstände zu vermeiden«, riet im frühen 18. Jahrhundert der Kolonialverwalter Luís Vaía Monteiro, müsse man »die Unterschiede zwischen den Nationen
ausnutzen. Immer schon war die Trennung das beste Gegenmittel gegen derartige Unruhen.«[84] Denn sind sie einmal von
ihren alten Gefährten getrennt, richten die Sklaven ihre
Energien nicht selten gegen Angehörige anderer ethnischer
Gruppen. Eine willkürliche Vorzugsbehandlung für diese
Gruppe, eine nicht minder willfährige Benachteiligung für
die andere, und schon liegen die Sklaven im Streit miteinander, machen sich die Posten streitig, versuchen die Gunst
ihrer Herren zu gewinnen – und verschwenden erheblich
weniger Gedanken an die Solidarität untereinander. »Die
schwarze Bevölkerung«, schreibt der Priester Robert Walsh
in seinen 1828 erschienenen *Notices of Brasil*, »setzt sich aus
acht oder neun verschiedenen Kasten zusammen, die keine
gemeinsame Sprache haben und durch kein Band miteinander verbunden sind. Darum liegen sie sehr oft im Streit miteinander, der zu einer Schlägerei ausarten kann, an der auf
jeder Seite zweihundert Männer teilnehmen. Die Weißen
heizen diese Feindschaft an und versuchen sie zu erhalten,
denn sie wissen, dass sie ihrer eigenen Sicherheit dient.«[85]
Genauso können sie davon ausgehen, dass viele Sklaven
zwar ihr eigenes Los verbessern wollen, aber keinerlei Gedanken daran verschwenden, die Sklaverei als solche abzuschaffen. Im Gegenteil: Eine ganze Reihe von Sklaven, die im
Laufe der Zeit freigelassen wurden, wurden selbst zu Sklavenhaltern – und setzten sich darum auch für deren Erhalt
ein. In der Gegend um Serro Frio in Minas Gerais befanden
sich unter den 1744 Sklavenhaltern, die im Jahr 1738 dort
gezählt wurden, 387 ehemalige Sklaven. Und 1771 waren
unter den 235 Sklavenhaltern in Congonhas do Sabará, eben

falls in Minas Gerais, 51 freigelassene Sklaven. Und als die Kolonie zur Jagd auf die Flüchtigen blies, befanden sich unter den Häschern viele freigelassene Zwangsarbeiter. Sie wurden für diese Aufgabe sogar besonders gerne herangezogen, kannten sie die Mentalität und Verhaltensweisen ihrer ehemaligen Leidensgenossen so gut wie niemand sonst.

Quilombos und Kapitäne

Doch viele Sklaven nahmen ihr Schicksal nicht klaglos hin, sondern wehrten sich, versuchten sich, ihren Herren zu entziehen. Das taten sie teils auf hilflose Weise, indem sie etwa zu fliehen versuchten oder auch Selbstmord begangen. Einige entschlossen sich sogar dazu, ihre Besitzer zu ermorden, auch wenn sie dafür zur Verantwortung gezogen würden. Noch mehr Sklaven lehnten sich aber nicht allein, sondern zusammen mit anderen auf. Schon wenige Jahrzehnte nachdem die ersten Sklaven brasilianischen Boden betraten, machten Sklavenhalter Bekanntschaft mit einem Phänomen, das sie bis zum Ende der Kolonialzeit beschäftigen sollte – den *Quilombos*: schwer zugängliche und gut gesicherte Rückzugsgebiete, in denen sich entlaufene Sklaven miteinander verbündeten und gegen ihre Verfolger zur Wehr setzten.

Die Quilombos sind fast so alt wie die Sklaverei in den lateinamerikanischen Kolonien selbst. In Panama schließen sich entlaufene Sklaven erstmals 1513 zusammen. 30 Jahre später berichtet man in Peru von ersten Sklaven, die sich ihrem Schicksal nicht fügen können. Der erste brasilianische Quilombo wurde 1575 in Bahia errichtet. Langsam entstanden immer weitere Quilombos, so dass sich die Kolonialbehörden Mitte des 17. Jahrhunderts entschlossen, eine Institution ins Leben zu rufen, die die Flüchtlinge verfolgen und zurück in die Gefangenschaft führen sollte: die *capiães do mato*, die »Kapitäne des Waldes«. Weil die Häscher Prämien für jeden eingefangenen Sklaven erhielten, verfolgten sie die Flüchtlinge mit größter Hartnäckigkeit, setzten ihnen nach, wo immer sie konnten.

Die Sorge der Kolonisten war begründet: Die Quilombos verbreiteten sich rasend schnell und fanden sich bald überall im Land. »Die Freiheitsliebe ist eine der natürlichsten Regungen des Menschen«, erklärte der Chronist Francisco Brito Freire 1675 in seiner *História da Guerra Brasílica*,[86] und darum ergriffen zahllose Schwarze bei erster sich bietender Gelegenheit die Flucht und zögerten nicht, für ihre Freiheit die größten Risiken auf sich zu nehmen. Ab dem 17. Jahrhundert wurde die Flucht zu einem regelrechten Massenphänomen. In allen Regionen der Kolonie gründeten die Sklaven kleine, meist entlegene Ortschaften, an denen sie, so gut es eben ging, in Freiheit zu leben versuchten. In der Gegend von Rio de Janeiro wurden die ersten Quilombos 1625 gegründet, in São Paulo ab 1722, in Minas Gerais ab 1717.

Für die Kolonialverwaltung stellten die entlaufenen Sklaven eine der größten Herausforderungen überhaupt dar, bereiteten ihr sogar noch mehr Sorge als die beiden anderen Probleme, denen sie sich gegenübersah: die Angriffe der Indianer im Inneren der Kolonie und Piratenattacken an den Küsten. Schon diese forderten die Kolonie heraus, doch die von den Quilombos ausgehende Gefahr war von ganz anderer Qualität. Sie drohte die staatliche Autorität zu untergraben, ja bedrohte sogar Ruhe und Ordnung der Kolonie.

Man müsse die Todesstrafe einführen, forderte 1730 Lourenço de Almeida, der Gouverneur von Minas Gerais. Denn im Umfeld der Quilombos käme es regelmäßig zu »einer Menge von Straftaten«, mit der Folge, dass die Gegend nicht mehr sicher sei. »Die Schwarzen, die über den öffentlichen

Boden ziehen und in die Häuser der Bürger eindringen, gehen in ihrer Tyrannei so weit, Gebäude und Leichen anzuzünden, nachdem sie die Menschen beraubt und ermordet haben.«[87] Ende des 17. Jahrhunderts schildert ein hoher Kolonialbeamter dem portugiesischen König die Herausforderungen, vor der sich die Behörden durch den berühmtesten Quilombo der brasilianischen Kolonialgeschichte, die Republik *Palmares* im heutigen Bundesstaat Pernambuco, gestellt sahen. Häufig komme es zu Raub und Totschlag, schildert er die Lage, und aus ihrem Schutz heraus »suchen die Bewohner das gesamte Gebiet von Parnambuco heim und fordern die Bewohner derart heraus, dass sie weder ihres Lebens, noch ihrer Ehre, noch ihres Besitzes sicher sein können. Immer wieder führen sie Raubzüge in den unterschiedlichsten verschiedensten Gebieten der Region durch, zerstören Häuser, entführen Frauen und Töchter der Siedler, während sie diese selbst töten.«[88]

Palmares und die Freiheit

Palmares: Der Graf von Assumar nannte einen Namen, der geeignet war, den Kolonisten tiefe Sorgenfalten auf die Stirn zu treiben. Denn Palmares, das war der größte und langlebigste Quilombo in der brasilianischen Kolonialgeschichte überhaupt. Seine Anfänge reichten zurück in die ersten Jahrzehnte des 17. Jahrhunderts. Immer mehr Sklaven flohen in jenen Jahren in die hügelige Serra da Barriga im Gebiet des heutigen Alagoas, eine palmenreiche Gegend, die der Ortschaft ihren Namen gab. Doch die Reize der Natur zogen nur die wenigsten Menschen nach Palmares. Sie lockte ein Leben in Freiheit – und zwar so sehr, dass nach einigen Jahren schon mehrere Tausend Menschen das weitläufige Areal bevölkerten. Zu Hochzeiten stieg die Zahl der Einwohner auf gut 30 000. Die fruchtbare Landschaft erlaubte den Anbau von Kartoffeln, Mais, Bananen, dazu verschiedener Gemüsesorten. Unter den Händen der ehemaligen Sklaven entfaltete sich in Palmares eine blühende Landwirtschaft, die alles zu bieten hatte, was ihre Bewohner brauchten. Auch sonst war alles Nötige im Überfluss vorhanden: »Die Flüsse versorgten sie mit Fischen, die Felder mit Jagdwild, die Stämme mit Honig und die Palmen mit Zweigen, mit denen sie ihre Hütten bedeckten. Auch stellten sie aus den Pflanzen Tücher her, mit denen sie sich bedeckten. Außerdem schenkte die Natur ihnen Salz, Öl und Wein – Dinge, die der menschliche Fleiß diesen freigiebigen und fruchtbaren Pflanzen zu entlocken vermochte«, beschrieb ein Beobachter die Szenerie.[89] Das weitverzweigte Terrain bestand nicht bloß aus einer, sondern aus zahlreichen kleineren, lose miteinander verbundenen Ortschaften. Griffen die Verfolger eine von ihnen an, zogen sich die Einwohner in eine andere zurück. Palmares, schrieb ein Expeditionsteilnehmer, bestehe »aus einem Wald, dessen Ausmaße die des Königreichs Portugal übertreffen«. Der Autor übertrieb zwar deutlich. Doch subjektiv mochte sein Eindruck zutreffen, denn Palmares hatte in der Tat gewaltige Ausmaße: Die Ortschaften, aus denen es sich zusammensetzte, erstreckten sich über ein Gebiet von 250 Kilometern Länge und über 100 Kilometern Breite. Man kann sich vorstellen, wie lange die kolonialen Truppen brauchten, das riesige Areal zu unterwerfen. Die erste Expedition schickten 1644 die Holländer los, die damals in Pernambuco siedelten. Das Korps kämpfte durchaus erfolgreich. Es zerstörte zwar die zentrale Ortschaft, Palmares Grande, doch gelang es ihm nicht, das gesamte Gebiet zu unterwerfen. Wenige Jahre später schickten die Portugiesen eine Expedition los, die erste von vielen weiteren, die alle ohne nennenswerten Erfolg verliefen: Palmares war uneinnehmbar. 1678 schlossen die Kolonisten mit Ganga Zumba,

(»Großer Lord«), dem Führer von Palmares, einen Friedens-
vertrag. Doch nicht alle Palmaristas wollten sich den Bedingungen fügen, und so fand sich um Ganga Zumbas Vetter
Zumbi eine Reihe Aufständischer zusammen, die den Frieden verweigerten. Die beiden Gruppen rivalisierten in den
kommenden Jahren um die Macht, bis Ganga Zumba 1680
einem Giftattentat zum Opfer fiel und Zumbi zum neuen
Oberhaupt von Palmares wurde. 1694 schickte die Kolonie
Jorge Domingos Velho, ihren erfahrensten und zugleich
rücksichtslosesten Kämpfer, Richtung Palmares. Doch auch
ihm gelang es lange Zeit nicht, die Palmaristas zu besiegen.
Verlassen konnte er sich zuletzt nur auf Verrat: Als ihm einer
der Vertrauten Zumbis in die Hände fiel, versprach er ihm,
ihn am Leben zu lassen, wenn er Zumbi im Gegenzug verrate. Der Vertraute willigte ein, und im November 1695 wurde
Zumbi gestellt und getötet. Seinen Kopf ließ Domingos Velho
in Recife auf einem öffentlichen Platz weithin sichtbar auf
einen Pfahl aufspießen – als warnendes Beispiel für alle, die
weiterhin glaubten, sich der Kolonialmacht entgegensetzen
zu können.

Und doch: Palmares ist nicht vergessen. Schritt für
Schritt wandelt sich der Ruf des kleinen Freiheitsreiches.
»Zumbi und seine tapferen Krieger«, schrieb der Historiker
Sabastião da Rocha Pita in seiner 1730 erschienenen *História
da América Portuguesa*, wollte sich der Gefangenschaft entgegenstellen. Er verachtete es, in unseren Ketten zu sterben,
und durch ihren Tod zeigten sie, dass sie das Leben in Gefangenschaft hassten.«[90]

Als sich zu Beginn des 19. Jahrhunderts der Widerstand
gegen die Sklaverei zu formieren beginnt, wird Palmares
zum Symbol der Freiheit. Palmares, schreibt der Dichter Castro Alves (1847-1871) in seinem Gedichtband »Os Escravos«,
ist der Ort, »an dem in seinem kühnen Traum der Condor
schläft, der Bandit, die Freiheit und der Jaguar.« Jederzeit,

deutet das Gedicht an, kann der Jaguar zu seinem Sprung ansetzen, kann der Condor sich in die Höhe schwingen, kann das Bandenmitglied losschlagen und zur Waffe greifen. Das Gedicht erschien 1882 – sieben Jahre bevor 1888 die Sklaverei abgeschafft wurde.

4 Von Farbe und Freiheit
Die Abschaffung der Sklaverei

Böcke gibt's aus jeder Kaste,
denn die Gattung, die ist bunt
Schwarze Böcke, weiße Böcke,
die einen Plebs, die anderen edel,
reiche Böcke, arme Böcke
Alle sind sie mir verwandt.

*Luiz Gonzaga Pinto da Gama,
Quem sou eu?, 1859*

Sie sind schön. Ihre anmutigen Bewegungen locken ebenso wie ihr sanfter Gang, die Sprache ihrer Hände, der verhaltene Blick. Wie sie durch das Haus streichen oder über die Felder laufen, ist erregend anzuschauen. Die schlanken Beine und Arme, die glänzende Haut, die durch das Hemd sich abzeichnende Brust: All dies weckt Verlangen. Sie sind verführerisch, die Afrikanerinnen, und unendlich sinnlich. Und die Chancen, sie zu erobern, stehen gut. Eigentlich ist der Erfolg garantiert. Denn wenn spontane Zuneigung sich seitens der Begehrten nicht einstellen mag, lässt sich das Begehren dank der Machtverhältnisse auch mit sanfter Gewalt verwirklichen. Denn der Sklavenhalter ist Besitzer seines Eigentums. Und darum kann er nach freiem Willen und ungehindert über es verfügen, und zwar auch in erotischer Hinsicht. Die schwarzen Sklavinnen sind Dienerinnen. Und wenn ihr Herr es so will, eben auch Liebesdienerinnen.

Die Eroberung und Besiedelung Brasilien war ein strapaziöses, anstrengendes Unternehmen. Wer das frisch entdeckte Land am anderen Ufer des Atlantiks bezwingen wollte, musste erhebliche Entbehrungen auf sich nehmen. Zu ihnen gehörte an vorderster Stelle der akute Mangel europäischer Frauen. Die frühen Kolonisten kamen größtenteils allein nach Brasilien. Wenn sie verheiratet waren, ließen sie ihre Ehefrauen zu Hause in Portugal. Das Unternehmen war schlicht zu gefährlich, als dass in größerem Stil auch Frauen an ihm teilnehmen konnten. Gleichzeitig wollten und konnten die Eroberer auf weibliche Gesellschaft aber nicht verzichten – der Kolonisierung wegen, die nach rascher Bevölkerung der eroberten Gebiete verlangte, aber auch, um der eigenen erotischen Begierden willen, die zumindest gelegentlich danach verlangten, angemessene Erfüllung zu finden.

Doch Frauen fehlten in der Kolonie, oder besser: Es fehlten Portugiesinnen, Europäerinnen. Statt ihrer trafen die Eroberer auf Indianerinnen. Diese entdeckten sie alsbald als angemessene Gefährtinnen, für die Liebe und gelegentlich auch das Leben. Die Kultur der Eingeborenen mochte von der eigenen unendlich verschieden sein, doch was zählte, war die Sprache des Herzens, und zudem der sanfte Druck des Eros.

Also umwarben die Portugiesen die fremden Frauen, hielten bei deren Vätern um ihre Hand an. Das berühmteste portugiesisch-indianische Paar der Kolonialgeschichte fand gleich in deren ersten Jahren zueinander. 1510 stieg Diogo Álvares Correia, ein Siedler aus dem nördlichen Portugal, in Lissabon auf eines der Schiffe, das ihn in die Neue Welt bringen sollte. Doch kurz vor der Küste kenterte es. Correia konnte sich retten und fand Aufnahme beim Stamm der Tupínambás. Deren Häuptling gab ihm eine seiner Töchter, Paraguaçu, zur Frau. Das Paar hatte mehrere Kinder – Töchter und Söhne mit portugiesischen und indianischen Wurzeln, die als solche zu den ersten Exemplaren der neuen Gattung, des *Homo brasiliensis* zählen – in die sich bald freilich ein weiterer, der afrikanische Zweig schlug.

Erotik in Zeiten des Menschenhandels

Denn die Sklavenschiffe aus Luanda und den übrigen Zentren des portugiesischen Menschenhandels brachten zwar überwiegend männliche Gefangene nach Brasilien. Aber auf jedem Transport fanden sich auch einige Frauen. Auf sie wartete das gleiche Schicksal wie die Männer: Sie wurden verkauft und lernten dann, sich dem Willen ihrer neuen Herren zu fügen. Und es dauerte nicht lange, bis diese Herren ihre Gefangenen als Objekte ihrer erotischen Begierde entdeckten. »Miteinander gehen«, »unschickliche Unterhaltungen führen«, »einander im Haus besuchen« – das Portugiesische der Kolonialzeit kennt einige Begriffe, die als unstatthaft erachtete erotische Beziehungen zwischen den Geschlechtern umschreiben.

Natürlich: Viele Kolonisten lebten in geordneten Verhältnissen, insbesondere, als im Lauf der Zeit auch immer mehr Portugiesinnen nach Brasilien kommen, die sie heirateten. Aber nicht wenige nutzten auch die Freiheiten einer Gesellschaft, deren lockeres Gefüge Verhältnisse ermöglichte, die es in Europa zwar gab, die dort aber geächtet waren. Der italienische Jesuit Jorge Benci sprach um 1700 von der in der Kolonie allerorten verbreiteten »Zügellosigkeit«,[91] und 1730 beschrieb Luiz Vahia Monteiro, Gouverneur von Rio de Janeiro, die Verhältnisse der Kolonie in Zeiten des frisch ausgebrochenen Goldrauschs. »Kein Minenarbeiter kann ohne eine Schwarze leben«, notiert er. »Sie behaupten, sie könnten ihr Glück nur mit ihnen finden.«[92]

Und wirklich, die Portugiesen fühlen sich zu den Afrikanerinnen hingezogen. Manche Sklavenhalter sind bereit, viel für diese erotischen Beziehungen zu geben – im äußersten Fall schenken sie den Frauen sogar die Freiheit. Andere, weniger wohlhabende Herren schicken ihre Sklavinnen in

die Prostitution. Und selbst die Geistlichen sind vor sinn-
lichen Anfechtungen nicht sicher. »Der Klerus kam nicht, um
Sünden zu vermeiden«, notiert der Jesuitenpater Antonio
Nóbrego. Und darum, prophezeite er, »werden sich diese
niemals vermeiden lassen«.[93] Doch wer trägt die Verantwortung für die lockere Moral? Der Jesuit Giovanni Antonio
Andreoni alias Antonil hat die Schuldigen bald ausgemacht:
Es sind die »unruhigen Mulatinnen«. Sie freizulassen, warnt
er 1711, »führt offenkundig ins Verderben. Denn das Geld,
mit dem sie ihre Freilassung bezahlen, entstammt selten anderen Quellen als denen ihrer Körper, ihrer wiederholten
Sünden.« Die Schlussfolgerung lag für ihn nahe: Die Mulatinnen gelte es unter Verschluss zu halten. Denn: »Nachdem
sie freigelassen wurden, brachten sie vielen Männern den
Untergang.«[94]

Anmut, Verführung, die Waffen der Frauen: Die Kolonie,
so katholisch und größtenteils sittenstreng sie sich gab, hatte auch dunkle, verborgene Seiten. Unter den Dächern portugiesischer Herren tat sich manches, was nicht für die Öffentlichkeit bestimmt war. Der brasilianische Soziologe Gilberto Freyre hat sich den intimen portugiesisch-afrikanischen
Beziehungen in einem Buch gewidmet, das, als es 1933 erschien, fast über Nacht zu einem Klassiker der brasilianischen Soziologie wurde. *Casa grande & Senzala* (»Herrenhaus und Sklavenhütte«), so der Titel des in seiner Wirkung
kaum zu überschätzenden Buches, feiert die portugiesisch-
afrikanische Intimität als Grundlage für die Weltsicht des
späteren *Homo brasiliensis*, jenes neuen Menschen, der aus
den indianisch-afrikanisch-europäischen Beziehungen hervorgegangen ist. Das neue, spezifisch Brasilianische, schreibt
Freyre, »macht sich in unserer Zärtlichkeit, unserer über-
triebenen Ausdrucksfähigkeit, unserem in Gefühlen schwel-
genden Katholizismus, unserem Gang, unserer Sprache, unseren Wiegenliedern, unserer Musik und in allen unseren

wesentlichen Lebensäußerungen bemerkbar. Es ist der Einfluss unserer schwarzen Kindermädchen oder Ammen, die uns in den Schlaf wiegten, die uns die Brust gaben, die uns mit dem eigenhändig bereiteten Brei fütterten. Es ist der Einfluss der alten Frau, die uns Kindern von Geistern und Tieren erzählten, des Mulattenmädchens, das uns von unserem ersten *bicho de pé* (Zeckenart) erlöste, das uns beim Knarren des Feldbettes die Liebe lehrte, und uns zum ersten Mal unsere Männlichkeit erleben ließ; des Negerjungen, der unser Spielkamerad war.«[95]

Jüngere Soziologen haben Freyre vorgeworfen, die Beziehungen zwischen weißen Herren und ihren schwarzen Sklavinnen in einem allzu idyllischen Licht beschrieben zu haben. Freyre habe zu sehr die Zuneigung und zu wenig den Zwang im Auge gehabt, den Eros zuwenig im Zusammenhang der Unterdrückung gesehen. In der Tat deutet schon seine Sprache an, dass Freyre sich schwer damit tat, die Gewaltverhältnisse in all ihrer Brutalität anzuerkennen. Und wenn er sie dann doch erwähnt, dann auf Grundlage eines angeblichen Einverständnisses der Frauen. »Eine Art Sadismus des Weißen und Masochismus der Indianerin oder Schwarzen wird in den sexuellen und sozialen Beziehungen des Europäers mit den Frauen der seiner Vorherrschaft unterworfenen Rassen (›raças‹) vorgeherrscht haben. Die frauensüchtige Energie des Portugiesen wird sich auf Opfer erstreckt haben, deren Geschmack nicht immer mit dem seinen übereinstimmte.« Freyres vornehm ausgedrückte, sich selbst in Zweifel ziehende Vermutung ist in der Folgezeit nachdrücklich bestätigt worden. Die Beziehungen zu den Afrikanerinnen dienten den portugiesischen Männern überwiegend zur sexuellen Befriedigung. Die Begriffe »Mulattin« und »Schwarze« wurden teilsweise als Synonym für »Hure« gebraucht, während »negras da terra« (»Schwarze aus Brasilien«) sich auf indianische Prostituierte bezog –

oder auch auf solche, die als Prostituierte schlicht missbraucht wurden. Frauenhass und Rassismus hatten im erotischen Gefüge der Kolonie ihren festen Platz. Ein Gefüge im Übrigen, das streng hierarchisiert war. »Weiße zum Heiraten, Mischlinge zum Vögeln, Schwarze zum Arbeiten« – so umreißen die Kolonisten kurz, knapp und brutal ihre Vorstellungen von den Rollen und Aufgaben der Frauen.[96]

Tropische Farbenlehre

Wenn die Schwarzen und mehr noch die Mulatten in den Augen der Portugiesen ganz allmählich aber doch an Ansehen gewannen, dann nicht so sehr, weil die Sklavenhalter ihre schwarzen Gespielinnen schätzen gelernt hätten. Sondern, weil sie mit ihnen Nachkommen zeugten, die auch ihr eigenes Verhältnis zur Hierarchie der Hautfarben in Frage stellten. Mit einem Mal waren die weißen Portugiesen Väter zwar nicht schwarzer, aber doch »farbiger«, also dunkelhäutiger Töchter und Söhne. Sie, die bislang so viel von »limpeza de sangue« (»Blutreinheit«) und »raças infectas« (»verdorbenen Rassen«) gesprochen hatten, sie hatten auf einmal Kinder, deren Blut nicht mehr »rein« war, sondern unübersehbar Spuren jener fragwürdigen, verächtlichen »Rassen« in sich trug. Mit einem Mal hatten sie, die »reinen« Portugiesen, Nachkommen, die in krassem Widerspruch zu ihrem Weltbild standen. Und diese Kinder, die »pardos« (»Dunklen«), wie sie genannt wurden, wurden immer mehr. In der Kolonie wuchs ein neuer Menschenschlag heran: die *mulatos*. Das Wort leitet sich von »mulo«, »Maulesel« ab, jenes aus der Kreuzung von Pferden und Eseln hervorgehende Geschöpf, das selbst keinen Nachwuchs zu zeugen vermag. Schon die Herkunftsgeschichte des Begriffes zeigt, wie verächtlich die Portugiesen ursprünglich von ihren dunklen

Kindern sprachen – was sie freilich nicht hinderte, ein Verhältnis zu ihnen zu entwickeln, sich mit ihnen zu beschäftigen und sie, obwohl un- und außerehelich gezeugt und darum auch nicht anerkannt, am Ende vielleicht sogar zu mögen.

Hinzu kam die demographische Realität. Lebten gegen Ende des 16. Jahrhunderts rund 25000 Weiße und 14000 Schwarze in Brasilien, so änderte sich dieses Verhältnis in den folgenden Jahrzehnten dramatisch. Schon um 1700 waren die Weißen eine Minderheit in der Kolonie: Den rund 100000 Europäern standen nun zwischen 400000 bis 600000 Afrikaner gegenüber.[97] Hundert Jahre später waren von den rund 4,5 Millionen Brasilianern bereits zwei Drittel afrikanischer Abstammung.[98]

Das blieb nicht ohne Wirkung. Die weißen Kolonisten waren gezwungen, ihre Lage zu überdenken. Was bedeutete es, in der Minderheit zu sein und doch an der Spitze von Staat und Gesellschaft zu stehen? Durchweg lässt sich die Distanz zu den Sklaven nicht durchhalten. Schritt für Schritt entwickeln die Kolonisten ein neues Verhältnis zu ihnen – wenn auch keineswegs alle Kolonisten. Und noch weniger sehen sie sämtliche Schwarze mit anderen Augen. Das neue Verhältnis entwickelt sich allmählich, läuft über einzelne, exklusive Beziehungen, die sich auf wenige Personen beschränken und alle anderen ausschließen. Allerdings: Viel leichter kann ein solches Verhältnis entstehen, wenn es auf Eigenschaften, Erfahrungen, Banden beruht, die beiden Gruppen gemeinsam sind. Das wichtigste dieser Bande ist die Kultur. Und so ist es kein Zufall, dass die Portugiesen insbesondere zu jenen Schwarzen ein Verhältnis entwickeln, die das Leben in der Kolonie bereits kennen, an ihre Sitten und Spielregeln gewohnt sind – und vor allem das Portugiesische beherrschen. »Die Schwarzen, die in Brasilien geboren wurden oder seit jüngsten Jahren im Haus eines Weißen aufwuchsen und sich auf diese Weise an ihre Herren gewöhnen, machen einen guten Eindruck«, schreibt der Chronist João Antônio Andreoni in seinem 1711 erschienenen Werk *Cultura e Opulência do Brasil*. »Und wenn sie sich als gute Sklaven erweisen, ist jeder von ihnen viermal so viel wert wie ein gerade aus Afrika eingeführter Sklave.«[99] Kein *boçal*, ein Dummkopf, einfältiger Mensch mehr zu sein, sondern ein *ladino*, ein kultivierter Mensch zu werden: Mit diesen Worten umrissen die Kolonisten, was sie von einem Schwarzen erwarteten, wenn er sich zumindest eines Minimums an Respekt erfreuen wollte.

Und doch: Ein noch viel tieferes Verhältnis hatten die Portugiesen zu jenen, die als ganz neuer Menschenschlag aus der spezifischen Situation der Kolonie hervorgegangen waren: den mulatos oder *pardos*, den »Dunklen«, wie man sie später in neutraler Sprache nennt. Die, wie gesagt, meist aus der Verbindung portugiesischer Männer und afrikanischer Frauen hervorgegangenen Mestizen unterschieden sich in der Wahrnehmung der Kolonisten noch einmal gründlich von den Schwarzen. Ihnen fühlten sie sich ungleich näher – vielleicht sogar verwandt. Auf der Werteskala der Kolonisten rangierten die *pardos* gleich unter ihnen, und zugleich über den Afrikanern. Da die Mischlinge an Zahl kontinuierlich zunahmen und aufgrund der biologischen Bande zu ihren Vätern auch ein anderes emotionales Verhältnis zu ihnen hatten, nahmen sie in der sozialen Hierarchie einen immer höheren Rang ein. Dass man den Mischlingen gegenüber ein neues Verhalten gegenüber an den Tag legen sollte, darauf wies als Erster der Chronist und Franziskaner Antônio de Santa Maria Jaboatão hin. Zu seinen anerkennenden Worten hatte ihn das Schicksal seines Ordensbruders Gonçalo Garcia bewogen, der, Sohn eines portugiesischen Vaters und einer indianischen Mutter, 1597 als Franziskanermönch auf einer Missionsreise in Japan den

Märtyrertod erlitten hatte. Gonçalo Garcia, schrieb Jaboatão 1745, sei »Vertrauen, Ansehen, Ehre und Ruhm all jener, die aufgrund ihre Hautfarbe *pardos* genannt werden«. Dieser Begriff, schreibt er weiter, wurde bislang in beleidigender Absicht gebraucht. Aber nach dem Tod des farbigen Mönches hätten die Mestizen allen Grund, stolz auf ihre Hautfarbe zu sein. »Bislang ohne großes Ansehen, hat euch Gott in dem Seligen Gonçalo Garcia, einem Heiligen von eurer Hautfarbe geschickt, der euch vor der Verunglimpfung eures Namens schützt.«[100]

Arbeit am Aufstieg

Die Rangfolge bleibt nicht ohne Wirkung auf das Selbstwertgefühl der drei Gruppen. In gewohnt scharfen Worten umriss der Dichter Gregório de Matos die psychologischen Effekte der sozialen Hierarchie. Ganz oben, so beschreibt er es, standen die Weißen, denen mit einigem Abstand die Mestizen folgten. »Ich weiß nicht, warum in diesem verdorbenen Brasilien ein weißer Mensch als ehrenhaft gilt, weil in ihm keine andere Rasse steckt.«[101] Gregório de Matos traf den Kern des Problems: Die Portugiesen waren von schwer erträglicher Selbstgefälligkeit. Als Herren der Kolonie hatten sie wenig Grund zum Selbstzweifel, kaum Anlass, allzu streng mit sich selbst ins Gericht zu gehen. Ihnen folgten, mit gebührendem Abstand, die Mestizen. Und irgendwann, mit großem Abstand, folgen die Schwarzen.

Tag für Tag mussten die Schwarzen bemerken, wie gering ihr Ansehen in der Kolonie war. Die Farbe ihrer Haut war ein Stigma, ein Makel, der sich nur auf eine einzige Weise beheben ließ: den Weißen möglichst ähnlich zu werden. Das wiederum war bestenfalls den Angehörigen der jeweils folgenden Generation vergönnt, jedenfalls dann, wenn sie einen Weißen zum Vater hatten. Eine hellere Hautfarbe zu haben hieß, auch in der sozialen Hierarchie viel leichter aufzusteigen, auf höhere Achtung und Wertschätzung rechnen zu können. »Ich reinige meine Rasse« – so lautete eine gebräuchliche Wendung unter schwarzen Frauen, die ein Kind zur Welt gebracht hatten, dessen Vater ein Portugiese war. »Die Rasse verbessern« – auch so beschrieben sie die Geburt ihrer Söhne und Töchter, wenn diese einen weißen Vater hatten. Von ihren schwarzen Vorfahren suchten sich auch die Mulatten abzugrenzen. Sie sahen sich in der »weißen« Linie, derjenigen ihrer Väter. Gegenüber der ihrer Mütter hingegen grenzten sie sich ab. Nicht unbedingt ihrer persönlichen Mutter, aber doch gegenüber all dem, wofür sie ihrer Wahrnehmung nach stand. Schwarz zu sein: Das hieß, keinen oder nur geringen Wert zu haben. Darum wollten sie mit Schwarzen oft möglichst wenig zu tun haben. Entsprechend neigten sie ihnen gegenüber zur Überheblichkeit – und die Schwarzen versäumten es nicht, sich zu revanchieren. Aus ihrer Sicht waren die Mestizen »Monster«, eine »verfluchte Rasse« – so erklärte es im frühen 19. Jahrhundert ein schwarzer Sklave dem französischen Maler Jean-Baptiste Debret, der sich von 1816 bis 1831 in Brasilien aufhielt. »Er glaubte, dass Gott zunächst nur den Schwarzen und den Weißen erschaffen hatte«, erläuterte Debret die Überzeugungen des Sklaven.

Gleichheit, Freiheit, vielleicht sogar Brüderlichkeit

Ernsthafte Vorbehalte gegen die Sklaverei formulieren nicht die Schwarzen selbst, sondern vor allem die weißen Kritiker dieses Systems. Sie sind es, die aus unterschiedlichsten Gründen Einspruch gegen die Ausbeutung der Leibeigenen erheben. Als einer der ersten erhebt 1758 der Priester Manuel Ribeiro Rocha seine Stimme. Er greift das von den Verteidigern der Sklaverei immer wieder herangezogene Argument auf, dass Kriegsgefangene als Sklaven gehalten und verkauft werden dürfen. Aber handelt es sich bei den deportierten Afrikanern wirklich um feindliche Krieger? Nein, findet Ribeiro Rocha: Die Afrikaner sind Angehörige von Gesellschaften, die in Frieden lebten und angegriffen wurden. Darum ist nicht nur ihre Gefangenschaft, sondern die gesamte Sklaverei illegitim. Außerdem erinnert Rocha an einen Umstand, den die meisten Kolonisten, so christlich sie sich auch gaben, offenbar längst vergessen hatten: dass nämlich die Sklaven ebenfalls Menschen sind. »Auch sie haben eine Seele, wie die Weißen.«[102] Zur gleichen Zeit weist ein anderer Geistlicher, der Benediktiner Domingos do Loreto Couto, auf einen anderen Umstand hin: dass man nämlich den Wert eines Menschen an dem messen sollte, was er leistet. Niemand sollte aufgrund seiner niederen Herkunft missachtet werden, argumentiert er. »Denn jedermann ist in der Lage, zu einem Edelmann zu werden.«[103]

In Brasilien, das 1822 seine Unabhängigkeit erlangt hatte, fanden entsprechende Ideen große Aufmerksamkeit. Die Verfassung war in freiheitlichem Geist verfasst und kannte – theoretisch jedenfalls – nur freie und gleiche Bürger. *Homem de Cor* (Farbiger), *Brasileiro Pardo* (»dunkler Brasilianer), *Mulato* und *Cabrito* (Böcklein) – mit solchen Begriffen versuchte die Gesellschaft die harten Unterschiede in Hautfarbe und der damit verbundenen sozialen Stellung verbal zumindest ein wenig abzumildern. Doch all die Euphemismen galten am Ende wenig: Die Freiheit galt zwar als hohes Gut. Doch als noch höheres galt das Recht auf Eigentum. Mehr als auf die Freiheit der Menschen, unkten Spötter, käme es den Portugiesen auf die Freiheit des Handels an.[104]

Gejagte Menschenjäger

Doch gegen die Sklaverei sprachen auch ökonomische Gründe. Denn Sklaven müssen ernährt werden – was den Besitzer eine Menge Geld kostet. Volkswirtschaftlich gesehen verdienen sie nichts und fallen darum als Konsumenten aus. Sie haben nichts, wovon sie sich etwas kaufen könnten. Für eine aufsteigende Industriemacht wie Großbritannien, das mit immer günstiger hergestellten Fertigwaren nicht nur den eigenen, sondern auch den Weltmarkt überschwemmte, war das ein echtes Ärgernis. Darum schaffte Großbritannien 1807 die Sklaverei und den Sklavenhandel in seinen Kolonien ab. Zugleich übte es Druck gegen Brasilien aus, das keine Anstalten machte, das System der Zwangsarbeit zu verabschieden.

Unter dem Eindruck wachsenden Drucks gegen die Sklaverei unterschrieb König João 1810 einen Vertrag, durch den er sich zur Zusammenarbeit mit den Briten bei der Bekämpfung des Sklavenhandels verpflichtete. Ab sofort durften nördlich des Äquators keine Sklaven mehr gekauft werden. 1826 sah ein weiterer Vertrag das vollständige Verbot des Sklavenhandels vor den Küsten Afrikas vor. Fünf Jahre später verabschiedete Brasilien ein Gesetz, das jeden Schwarzen, der fortan das Land beträte, zum freien Mann erklärte.

Papier, bisweilen auch Gesetzespapier, ist geduldig. Auf Sklaven konnten die *fazendeiros*, die brasilianischen Farmer, in jenen Jahren umso weniger verzichten, als die Kaffeewirtschaft kräftig zu wachsen begann. Zwar wurden in den ersten Jahren nach 1830 nur rund 3000 Sklaven nach Brasilien verschleppt. Doch dann schnellten die Zahlen wieder nach oben: Zwischen 1831 und 1855 wurden noch einmal eine knappe halbe Million Afrikaner nach Brasilien gebracht.[105] Und weil die brasilianische Regierung zugleich keine Anstalten machte, den Sklavenhandel ernsthaft zu unterbinden, griff Großbritannien, die damals führende Seemacht, zu härteren Maßnahmen: Auf Produkte, die in Brasilien auf Grundlage der Sklavenwirtschaft hergestellt wurden, erhob sie einen erhöhten Zoll. Und von den 1830er Jahren an kontrollierten britische Schiffe die Handelsrouten zwischen Afrika und Brasilien. Trafen sie auf Schiffe, die Sklaven transportierten, beschlagnahmten sie sie und stellten ihre Kapitäne in England vor Gericht. 1845 gossen sie ihre Politik in ein berühmt gewordenes Gesetz, die so genannte *Bill Aberdeen*. Dieses berechtigte englische Gerichte, mit juristischen Mitteln gegen alle brasilianischen Schiffe vorzugehen, die Sklaven an Bord hatten. Aus Sicht der Sklavenhändler waren die Folgen des Gesetzes verheerend: Bis 1851 beschlagnahmten die Briten 724 Schiffe. Nicht wenige davon versenkten sie. Seit 1850 durften die britischen Kapitäne verdächtige Schiffe sogar bis in brasilianische Hoheitsgewässer verfolgen und dort stellen. Der harte Kurs zeigte Wirkung: Im Herbst des gleichen Jahres beschloss die brasilianische Regierung, den Sklavenhandel offiziell abzuschaffen. Zwar wurden in den folgenden Jahren noch mehrere tausend Schwarze auf versteckten Routen nach Brasilien verschleppt. Aber im Vergleich zu den Zahlen der vorherigen Jahre waren es verschwindend wenige. Die Zeit des Sklavenhandels war vorüber.

Von Freiheit und Faulheit

Kaum war der Sklavenhandel unterbunden, ging es mit der brasilianischen Zuckerwirtschaft bergab. Ohne Zwangsarbeit konnte sie sich gegen die internationale Konkurrenz nicht behaupten. So konzentrierten sich die brasilianischen Farmer auf ein anderes Produkt, das ihnen in den kommenden Jahren große Gewinne bescheren sollte: den Kaffee. Um ihn anzubauen, setzten sie auf die im Lande verbliebenen Sklaven. Der transatlantische Sklavenhandel wurde durch den innerhalb des Landes selbst ersetzt. Zu Tausenden wurden die Sklaven nun in den brasilianischen Süden gebracht, in die riesenhaften Plantagen um Rio de Janeiro und São Paulo. Die dortigen Farmer ließen sich auch durch die Gegner der Sklaverei nicht irritieren, die die Zwangsarbeit nicht nur mit moralischen Argumenten, sondern auch aus wirtschaftlichen und gesellschaftlichen Gründen kritisierten. Die Abolitionisten meinten, die in Freiheit lebenden Brasilianer zeigten eine immer größeren Hang zur Trägheit, um nicht zu sagen, zur Faulheit. Auch wiesen sie darauf hin, dass die dringend nötige Zuwanderung aus Europa hinter den erwünschten Zahlen zurückbleibe. Das sei nur natürlich, erklärten sie: Kein in Freiheit geborener Mensch wolle sich mit Sklaven messen oder gar mit ihnen konkurrieren. Auf lange Sicht drohe dem Land sogar eine technische Unterentwicklung, denn die billige Arbeitskraft der Sklaven verleite dazu, auf den Kauf teurer Maschinen zu verzichten. Ohne diese komme man aber langfristig nicht aus.

Außerdem, warnten die Kritiker der Sklaverei, bringe diese unkalkulierbare Risiken mit sich. In einem Moment, in dem der internationale Druck immer weiter zunehme, sei es nur eine Frage der Zeit, bis die Sklaverei endgültig abgeschafft würde. Darum käme es umso mehr auf eine kluge, weitsichtige Politik an. »Auf die Zivilgesetze«, schrieb der Politiker und »Vater der Unabhängigkeit« José Bonifacio, »gehen nicht nur all die Missstände und Leiden zurück, unter denen unsere versklavten Mitbürger zu leiden haben, und durch sie in den Selbstmord und zu anderen Formen der Gewalt getrieben werden. Ebenso sind sie auch für die Schrecken verantwortlich, die Heerscharen verzweifelter Menschen absehbar auslösen werden. Denn bereits jetzt empfinden sie die mit der Sklaverei verbundene Ungerechtigkeit und Erniedrigung als unerträglich.«[106] Andere argumentierten radikaler. Jeder Sklave, der seinen Herrn unter welchen Umständen auch immer tötet, tut dies aus legitimer Selbstverteidigung«, schrieb weniger später warnend der Anwalt und Schriftsteller Luíz Gonzaga de Pinto Gama (1830-1882). Er musste es wissen, hatte er doch selbst die ersten achtzehn Jahre seines Lebens als Sklave verbracht.

Tatsächlich fügten sich die Sklaven auch im 19. Jahrhundert nicht ihrem Schicksal. Weiterhin entflohen sie ihren Besitzern, suchten Schutz in den Quilombos. Zugleich kritisierten sie das bestehende System. »Ich frage mich«, erklärte einer der späteren Führer der Balaida, eines 1838 in Maranhão ausgebrochenen Sklavenaufstands, »wie sich in einem freien Land mit eigener Verfassung ein Portugiese erdreisten kann, freie Bürger zu schlagen und auszupeitschen.«[107] Eine solche Behandlung mochten die Sklaven Maranhãos nicht länger hinnehmen. Der *Quilombo*, den sie gründeten, bot über 2000 Menschen Schutz. Dessen Führer, Cosme Bento de Changas, alias »O Negro Cosme«, bekundete schon durch seinen Beinamen, dass es ihm um mehr als nur einen regionalen Aufstand ging. »Herrscher, Schützer und Verteidiger ganz Brasiliens« nannte er sich. Doch den selbstgesetzten Anspruch erfüllte er nicht: 1841 wurden seine Truppen besiegt, er selbst kurz darauf zum Tod durch den Strang verurteilt.

Dialektik der Farbe

So litten die Schwarzen zunächst weiter unter einem Menschen- und Gesellschaftsbild, das nach wie vor am Ideal des weißen Menschen ausgerichtet war, sich die Kultur ebenso wie das Bürgertum Europas zum Vorbild nahm. »Was nutzt es der brasilianischen Bevölkerung, wenn sie behauptet, sie sei von reiner Rasse«, fragte darum der Dichter João Salomé

Queiroga. »Der Brasilianer, der sein Land liebt, darf darauf nicht achten, darf auch seinen Stolz nicht auf eine reine Ethnie gründen. Im Gegenteil: Er sollte stolz auf seine gemischte Bevölkerung sein. Denn sie ist die beste der ganzen Welt.«[108]

Doch noch konnten sich die Brasilianer dazu nicht entschließen. Die Sklaverei bleibt bis weit ins 19. Jahrhundert erhalten – ein Umstand, der immer mehr Kritiker auf den Plan rief. Unter ihnen fanden sich viele Dichter. So etwa Antonio Gonçalves Teixeira e Sousa, der in seiner 1847 begonnenen Hymne *A Independência do Brasil* (»Die Unabhängigkeit Brasiliens«) zwei imaginäre Freiheitskämpfer beschwor: den portugiesischstämmigen Gonzaga und den Mulatten Nunes. Beide, so will es der Dichter, sind einander in tiefer Zuneigung verbunden. Und das ist gut so, erklärt der Dichter, denn die beiden unterscheiden sich in nichts – in nichts als der Hautfarbe: »Der junge Gonzaga stammte aus Europa / Er war schön anzuschauen / Nunes hatte eine Großmutter aus dem heißen Afrika / und eine Großvater aus Europa: hübsch war er und voller Anmut / Darum schimmerte seine Haut zwischen Weiß und unklarem Schwarz / Gonzaga hingegen war schwarz / und dies war zwischen ihnen / der einzige Unterschied.«[109]

Verbotene Liebe

Nein, die Hautfarbe sagt nichts über den Wert eines Menschen. Und noch weniger ist sie ein Grund, dass Menschen einander verachten sollten. Brasilien, das ist das Land, in dem die Menschen sich mischen, ein neuer Typ entsteht, der *Homo brasiliensis*, der das Beste der im Land versammelten Ethnien in sich vereint. So sah es auch der Dichter und Journalist Antônio Gonçalves Dias (1823-1864), der nicht müde wurde, für die Einheit und Vereinigung der verschiedenen

Menschengruppen zu werben. Er selbst gab für jenen neuen Menschen das beste Beispiel ab: Als Sohn eines portugiesischen Kaufmanns und einer Mestizin mit indianischen Wurzeln war er stolz darauf, die drei großen historischen Gruppen Brasiliens in der eigenen Person zu vereinen. In seinem Gedicht *Os Timbiras* singt er ein Hohelied auf die fast schon vergessenen brasilianischen Ureinwohner, die im Leben der Städte kaum präsent waren: »Do povo Americano, agora extinto / Hei de cantar a lira«, schreibt er dort: »Über das amerikanische Volk, jetzt ausgelöscht / stimme ich meine Lyra an«. Die Strophen haben einen durchaus elegischen Charakter – und unterscheiden sich so von jenen optimistischen Versen, die der Dichter auf die kommenden brasilianischen Generationen schrieb, die etwas ganz Neues darstellen würden. »Ich bin schwarz, du bist weiß«, schrieb Gonçalves Días in einem Liebesgedicht. »Aber was heißt das schon? Zusammen mit dem Tag / erschafft die Nacht den Sonnenuntergang / und erschafft auch das Morgengrauen / Was gibt es strahlende Schönheiten / und süßere, als diese beiden zeigen.«[110]

Lob der Hütte

Einen ganz anderen Ton schlug ein anderer, jüngerer Dichter an: der erwähnte Antônio Frederico de Castro Alves. Sohn wohlhabender – und Sklaven haltender – Fazendeiros, wandte er sich bereits in jungem Alter gegen die Zwangsarbeit, schrieb schon mit 14 Jahren Verse von stolzer Entschlossenheit: »Ah! não pode ser escravo / Quem nasceu no solo bravo / da brasileira região.« (»Ah! Es kann kein Sklave sein / der auf dem trefflichen Boden / des brasilianischen Landes geboren wurde.«)[111] Die Zwangsarbeit wurde zu einem der zentralen Themen seiner Dichtung. Als sein *Os Escravos* 1883 erschien, hatte sich die Einstellung der meisten Brasilianer zur Sklaverei bereits erheblich gewandelt: Immer mehr waren nun der Ansicht, dass sie dringend abgeschafft gehörte. Die Nachfahren der Portugiesen hatten begonnen, das Schicksal ihrer schwarzen Landsleute mit anderen Augen zu sehen. So trafen Castro Alves' Verse den Nerv der Zeit, erlaubten ihren Lesern, sich mit dem fremden Leid zu identifizieren. »Dort, in der feuchten Hütte«, schrieb er in seinem Gedicht *O canção do Africano* (»Der Gesang des Afrikaners«), »hingekauert in den engen Raum / neben dem Ofen, auf dem Boden / stimmt der Sklave seinen Gesang an / und beim Singen kommen ihm Tränen der Sehnsucht / vor Sehnsucht nach der Heimat.«

Doch die stimmungsvollen Zeilen behagten nicht jedem. Waren sie tatsächlich Zeichen unbedingter Solidarität mit den Sklaven? Nicht jeder wollte es glauben. Arthur Ramos (1903-1949), der Begründer der modernen Ethnologie in Brasilien, nahm in Castro Alves' Versen etwas anderes wahr. Der Dichter, schrieb er, pflege einen naiven und sentimentalen Stil, weshalb es sich bei seinen Gedichten nicht um »schwarze, sondern pseudoschwarze« Literatur handle. Die Verse seien »weinerlich und ohne menschlichen Wert«. Die entscheidenden Probleme der Sklaverei versteckten sie unter einem »kränklichen, sadomasochistischen Sentimentalismus, in dem das exaltierte Mitleid in Wirklichkeit nur die andere Seite eines bislang beispiellosen tödlichen Sadismus ist.«[112]

Schule der Niedertracht

Einer der scharfsinnigsten und zugleich bedeutendsten Kritiker der Sklaverei war ein 1849 in Recife geborener Anwalt und Politiker mit dem klangvollen Namen Joaquim Aurélio Barreto Nabuco de Araújo. Nabuco entstammte einer alten

Großgrundbesitzerfamilie. Deren Mitglieder hielten zwar selber Sklaven – ließen sich aber dennoch nicht davon abhalten, politisch gegen das System der Leibeigenschaft zu Felde zu ziehen. Nabuco lernte nach einem Jurastudium von 1876 bis 1878 das Gedankengut des Liberalismus zunächst an der brasilianischen Botschaft in Washington, dann an derjenigen in London kennen. Im Namen moderner Freiheitsrechte argumentierte er fortan auch gegen die Sklaverei. 1878 als Abgeordneter der Liberalen Partei ins Parlament gewählt, gründete er im gleichen Jahr die *Sociedade Antiescravidão Brasileira,* die »Brasilianische Gesellschaft gegen Sklaverei«. Zugleich schrieb er ein berühmt gewordenes Buch, in dem er darauf hinwies, wie sehr die politische und gesellschaftliche Kultur Brasiliens mit der Sklaverei verwoben war, wie sehr sich die Sklaverei auch auf die gesamte Identität des Landes und seiner Bürger ausgewirkt hatte. *O Abolicionismo* hieß das 1883 erschienene Werk, in dem er seinem Land eine denkbar düstere Diagnose stellte. Seit Beginn ihrer Existenz, schrieb er, sei die Sklaverei »eine Schule der Demoralisierung und Gleichgültigkeit, der Unterwürfigkeit und Verantwortungslosigkeit«, die für die Brasilianer nicht ohne Folgen geblieben sei. »Unser Charakter, unser Temperament, unsere gesamte physische, intellektuelle und moralische Veranlagung ist auf furchtbare Weise durch jene Einflüsse geprägt, die dreihundert Jahre Sklaverei mit sich brachten.« Darum befassten sich die Abolitionisten nicht nur mit der Beziehung zwischen Herr und Sklave; nein, es gehe um viel mehr: »die gesamte Macht, den Einfluss, das Kapital, die Verbundenheit der Sklavenhalter untereinander; es geht um den Feudalismus im Landesinneren; es geht um die Abhängigkeit des Handels, der Religion, der Armut, der Industrie, des Parlaments, der Krone – letztlich um die Abhängigkeit des gesamten Staates von der akkumulierten Macht der kleinen Minderheit der Aristokraten«.[113]

Nabuco sprach es aus: Die Sklaverei betraf nicht nur die Sklaven. Sie wirkte sich auf alle aus, die mit und neben ihr lebten, die sie hinnahmen und nichts taten, um sie zu überwinden. Die Brasilianer erwiesen sich als gleichgültig und abgestumpft, als zu schwach und willenlos, die Leibeigenschaft endgültig preiszugeben. Und indem sie diese Eigenschaften an den Tag legten, ließen sie zugleich erkennen, welche moralischen Verheerungen das System angerichtet hatte. Nein, die Sklaverei betreffe nicht nur die Leibeigenen, schrieb Nabuco – sie betreffe alle Brasilianer, ohne jede Ausnahme. Denn die Schwarzen lebten eben nicht einfach am Rande der Gesellschaft, sondern mitten in ihr. Der Umgang mit ihnen verrate darum auch viel über das Selbstverständnis der jungen Nation. Und das, fand Nabuco, sei verheerend. Die Schwarzen, betonte er, seien aus der brasilianischen Gesellschaft nicht mehr wegzudenken: »Die schwarze Rasse ist für uns ein Element von zentraler nationaler Bedeutung. Sie ist durch zahllose zentrale Beziehungen mit unserer Identität verbunden, ein eigenständiger Bestandteil des brasilianischen Volkes.«[114]

Freies Land für (fast) freie Bürger

Ähnlich wie Nabuco argumentierten auch die anderen Abolitionisten. Luís Gama, Antônio Bento, José do Patrocínio, Silva Jardim und Rui Barbosa – sie alle weisen vor allem auf eines hin: die Sklaverei ist eine Einrichtung, die aus der Kontrolle geraten ist. Längst prägt sie das Land, drückt ihm politisch, wirtschaftlich und moralisch den Stempel auf und hindert es daran, endlich den Anschluss an die Moderne zu finden. Und wirklich verbreitet sich die allgemeine Stimmung gegen die Sklaverei immer mehr. Schon 1871 hatte das Parlament das *Lei do Ventro Livre*, das »Gesetz des freien

Bauches«, erlassen. Es sah vor, dass Kinder von Sklaven, die von diesem Tag an zur Welt kamen, von Geburt an freie Menschen seien. Nach den jungen kamen dann die älteren Sklaven in den Genuss der Freiheit: 1885 legte ein als *Lei dos Sexagenarios* bekannt gewordenes Gesetz fest, dass alle Sklaven, die das sechzigste Lebensjahr erreichten, freie Menschen sein sollten. Damit war der nächste Schritt getan, der drei Jahre später die *Lei Aurea*, das »Goldene Gesetz«, hervorbrachte: die vollständige Abschaffung der Sklaverei. Erlassen am 13. Mai 1888, stellte es in der brasilianischen Geschichte eine kaum zu überschätzende Zäsur dar: Das Land, das fast vierhundert Jahre die mühsamsten, dreckigsten und gefährlichsten Arbeiten hatte von Sklaven erledigen lassen, dieses Land hatte sich an diesem Tag offiziell von der Sklaverei verabschiedet. »Negro não há mais não / Nós tudo hoje é cidadão«, lautete ein ausgelassener Vers jener Zeit: »Es gibt keine Schwarzen mehr / Wir sind jetzt alle Bürger«.[115] Das traf zu – und doch wieder nicht. Denn fortan gab es Bürger erster, zweiter, dritter Klasse, und zu Letzterer gehörten allzu oft die Schwarzen. In einem Land, dessen Ressourcen weitestgehend verteilt waren, das für ungelernte, jahrelang in Gefangenschaft gehaltene Menschen wenig Verwendung hatte – in einem solchen Land hatten es die Schwarzen weiterhin sehr viel schwerer als andere. Sie waren zwar formal frei, aber oft genug weiter von ihren ehemaligen Herren abhängig. Wirklich frei waren die Schwarzen nicht: Sie waren weiter eingespannt, gezwungen den Kampf ums tägliche Dasein zu führen, ein Dasein, das für sie viel schwieriger war als für die übrigen Brasilianer. Die Sklaverei war abgeschafft. Aber die diskrete Farbenordnung, auf der sie gründete, existierte weiter.

5 Der Ruf vom Iparanga
Brasilien wird unabhängig

Ich liebte die Freiheit, und die Unabhängigkeit
Des süßen, teuren Vaterlands, das der Lusitanier
unterdrückte ohne Mitleid,
lachend und in finsterer Laune.

José Bonifácio, Ode aos Baianos, 1825

Gold! Inmitten tiefster Wildnis Gold! Ein paar Jahre schon
hatten sich Gerüchte von der Existenz des Edelmetalls im
östlichen Hinterland von Rio de Janeiro gehalten, aber Be-
weise für seine Existenz hatte man bislang nicht. Angeblich
war Dias Pais, einer der berühmtesten Kundschafter der Kolonie, bei seinem 1674 begonnenen Vorstoß in die noch kaum
erforschte Hügellandschaft auf einige Körner des begehrten
Stoffes gestoßen, aber sicher wusste man das nicht. Wenn
der gewiefte Abenteurer welches gefunden hatte, dann hatte er es offenbar vorgezogen, sein Geheimnis für sich zu behalten. Und so war es einem anderen, namentlich nicht bekannten Glücksritter vorbehalten, die Kunde vom Gold in
Minas Gerais, den »Allgemeinen Minen«, in die Welt zu tragen. Eigentlich war der namentlich nicht bekannte Menschenjäger entlaufenen Indianern auf der Spur. Doch als er
am Cerro Tripuí, einem Hügel im Zentrum von Minas, an
einem Bach seinen Durst stillte, fanden sich in seinem Be-
cher einige stark schimmernde Metallkörnchen, die er zunächst nicht als Gold erkannte. Auch ein Zwischenhändler,
dem er den Fund verkaufte, erkannte nicht, worum es sich
handelte. Erst Artur de Sá, der damalige Gouverneur von
Rio de Janeiro, den ebenfalls einige Körner des unbekannten
Metalls erreichten, erkannte, was er da in der Hand hatte:
nämlich jenes matt glänzende Gold, dessen Name bald auch

der der in der Nähe des Fundorts gegründeten Stadt wurde: *Ouro Preto*, »Schwarzes Gold«. Von da an ging alles sehr schnell: Eine halbe Meile von der ersten Mine fand man eine weitere; und wiederum eine halbe Meile weiter noch eine. Und drei Tagesmärsche davon entfernt stieß man auf eine weitere, und in unmittelbarer Nähe zu ihr noch eine. »Und alle nahmen sie den Namen ihrer jeweiligen Entdecker an, die alle aus São Paulo kamen.«[116]

Doch die *Paulistas*, wie die Einwohner von São Paulo hießen, sollten mit ihrer Entdeckung nicht glücklich werden. Die Kunde von den Funden verbreitete sich wie ein Lauffeuer in der Kolonie und zog Glücksritter, Abenteurer, Geschäftsleute und Investoren an, alle getrieben vom Traum vom großen Reichtum. Um die Rechte der Entdecker scherten sie sich wenig. Streitereien wuchsen aus zu kleineren und größeren Kämpfen, die sich ihrerseits zu einem Krieg entwickelten: 1707, knapp zehn Jahre nach Entdeckung der Minen, standen die Paulistas Brasilianern aus anderen Regionen sowie den ersten Portugiesen gegenüber. In den *Guerra dos Emboabas* genannten, über zwei Jahre sich hinziehenden Gefechten zogen die ursprünglichen Entdecker schließlich den Kürzeren. Die Minen standen allen offen, die dort schürfen wollten. Verwaltet aber wurden sie von den Statthaltern des portugiesischen Königs, der sofort erkannte, welch reiche Quellen sich ihm in den Minengebieten öffneten.

So setzte in den kommenden Jahren und Jahrzehnten ein gewaltiger *Run* auf die Minen ein. *Ouro Preto*, *Rio das Mortes*, *Rio das Velhas* und *Cerro Frio* hießen die Zentren des großen Goldrauschs. Als man in den 1720er Jahren dann auch noch Diamanten entdeckte, gab es kein Halten mehr: Hunderttausende folgten dem Lockruf des Goldes. Das Land verfiel in ein Fieber, dessen Temperaturkurve steil nach oben ging. So viele Menschen brachen in Richtung der

Fundorte auf, dass das öffentliche Leben nicht nur in Brasilien, sondern auch in Portugal streckenweise zum Erliegen kam, die Behörden diesseits und jenseits des Atlantiks größte Mühe hatten, die öffentliche Ordnung aufrechtzuerhalten. Eine halbe Millionen Portugiesen verließen zwischen 1700 und 1760 ihre Heimat. Immer wieder erneuerten die Behörden des Königsreichs das Ausreiseverbot, doch vergeblich: Besonders aus unterentwickelten Gebieten wie Minho, Beira und Tras-os-Montes brachen die Menschen in das Eldorado am anderen Ufer des Atlantiks auf, ließen sich auch durch königliche Erlasse nicht abhalten. Zahlreiche Schiffe stachen trotz des Verbots in See und nahmen, vollbesetzt mit des mühevollen Lebens in der Heimat überdrüssigen Portugiesen, Kurs auf Brasilien. »Jahr für Jahr«, berichtet der Jesuitenpater Antonil in seinem Buch *Cultura e opulência do Brasil,* »kamen Portugiesen und andere Fremde in steigender Zahl nach Brasilien. Sie alle zog es in Richtung der Minen. Männer und Frauen, Junge und Alte, Arme und Reiche, Adlige und Leute aus dem einfachen Volk, Kleriker und Mönche aller Ordensgemeinschaften: Alle machten sie sich auf den Weg nach Brasilien, ohne dass sie dort ein Kloster oder ein Dach über dem Kopf hätten.«[117]

Während Portugal einen massiven Bevölkerungsschwund zu verkraften hatte, erlebte Minas Gerais einen Boom ohnegleichen: War die Region Ende des 17. Jahrhunderts noch kaum bevölkert, lebten 70 Jahre später 300 000 Menschen dort – ein gutes Fünftel der gesamten Bevölkerung der Kolonie. Anlass zur Hoffnung hatten die Goldgräber reichlich, zumindest in den ersten Jahren und Jahrzehnten nach Entdeckung der Minen: Immer mehr Gold wurde entdeckt, und über lange Jahre schien es, als wären die Funde unerschöpflich. Im ersten Jahrzehnt förderte man knapp drei Tonnen des Edelmetalls; im folgenden dann sechs, und von da an immer mehr, bis die Förderung zur Jahrhundertmitte mit neun Tonnen ihren Höhepunkt erreichte. Auch in den folgenden Jahrzehnten stieß man auf reichhaltige Vorkommen – bis sich die Minen gegen Ende des Jahrhunderts dann erschöpften und immer geringere Mengen hergaben. Ohnehin wurde die Hälfte des gesamten Goldes in nur drei Jahrzehnten, zwischen 1730 und 1760, gefördert. Umso heftiger war der Kampf, den sich alle Beteiligten um die kostbaren Funde lieferten.[118]

Dem König, was dem König ist

Gold ist wertvoll. Aber man kann es nicht essen. Das bemerkten bald auch die zahllosen Glücksritter, die darum selbst für einfachste Lebensmittel immer höhere Preise zahlen mussten. Der Preis für Rindfleisch stieg in den ersten Jahrzehnten des Goldrauschs um 300 Prozent, der von Putenfleisch gar um 600 Prozent. So groß war der Bedarf, dass die Behörden umgehend ein Exportverbot für Nahrungsmittel erließen – trotzdem geriet Rio de Janeiro an den Rand einer Hungersnot. Und weil die Arbeit in den Minen immer aufwendiger wurde, die Aufkommen in immer größerer Tiefe lagen, stieg bald auch der Preis für Sklaven an. In den ersten Jahren, als man die Zwangsarbeiter noch nicht in entsprechender Zahlenstärke vor Ort gelenkt hatte, stieg der Preis um das Achtfache. Später ging er zwar wieder zurück, blieb in dem Gebiet aber doppelt so hoch wie in anderen Regionen des Landes.

Die Funde lockten nicht nur Privatleute, sondern auch den Staat. Bereits im Jahr 1700 entsandte die portugiesische Krone die ersten Steuereintreiber in das Minengebiet, zwei Jahre später gründete sie dort eine Fiskalinstanz, deren bloßer Name schon eine Vorstellung von der Effizienz gibt, mit der sie fortan arbeitete: *Regulamento dos superintendentes, inspectores-chefe e oficiais delegados para as minas de oiro.* Man braucht das Portugiesische nicht zu beherrschen, um ein Gefühl dafür zu bekommen, wie entschlossen die Krone war, sich das ihre von den Reichtümern aus der Erde zu nehmen.

Und das tat sie. *Um quinto*, ein Fünftel, forderte der König von jedem, der in Minen sein Glück versuchte. Zunächst ließ er an den Straßen Zollämter erbauen, an denen die Abgaben zu entrichten waren. Da große Teile der Funde aber in Form kleinster Körner gewonnen wurden, fürchtete der Staat, die meisten Erträge könnten an den Posten vorbeigeschmuggelt werden. Also setzte er nach einer Weile Mindestangaben fest, die im Laufe der Jahre immer weiterstiegen. Schließlich verfiel sie auf eine Kopfsteuer: Jeder, der in den Minen Sklaven beschäftigte, hatte auf jeden von ihnen eine Abgabe von 17 Gramm Gold zu zahlen – eine Summe, die ganz unterschiedlichen Aufwand erforderte, je nachdem, wie ergiebig die Mine war, in der der einzelne Unternehmer sich engagierte. Schließlich forderte die Krone wieder eine Mindestabgabe. Als das Gold zuletzt aber immer spärlicher zutage kam, wurde es entsprechend mühsamer, die geforderte Menge aufzubringen. Während die Krone sich gleichbleibender Einkünfte erfreute, nahmen die Goldsucher selbst immer weniger ein.

Sehr bald rebellierten die Goldsucher darum gegen die Last der Abgaben. Erste Aufstände wurden bereits 1708 gemeldet. Einen größeren gab es 1720, der aber ebenso rigoros unterdrückt wurde wie die vorhergehenden und folgenden. So staute sich der Unmut, bis er Jahrzehnte später, 1789, zu etwas besser organisierter Form fand. Eine Reihe eigentlich wohlhabender, durch die hohen Abgaben aber verschuldeter Unternehmer verschworen sich gegen die portugiesische Krone. Zu ihnen stießen weitere durchaus respektable Bürger der Region: Geschäftsleute, Beamte, Juristen, Kirchenleute, Militärs. Sie alle einte ein Gedanke: dass der Steuerdruck unerträglich sei. Und dass es der Provinz viel besser ginge, könnte sie sich nur selbst, unabhängig vom portugiesischen Königshaus, regieren.

Im Mittelpunkt der *Inconfidência Mineira* genannten Erhebung stand ein einfacher Soldat: Joaquim José da Silva Xavier, nach seiner Nebenbeschäftigung auch *Tiradentes*, »Zahnzieher«, genannt. In der militärischen Laufbahn hatte es Tiradentes nur bis zum Unterleutnant gebracht – eine als Schmach empfundene Tatsache, für die er vor allem die soziale und politische Ordnung verantwortlich machte, der er diente. 1788 begegnete er José Álvares Maciel, dem Sohn des damaligen Verwalters der Stadt Vila Rica. Der hatte soeben ein Jahr in England verbracht – und wusste darum um die revolutionären Strömungen in Europa wie auch um die dort diskutierte Frage, warum Brasilien – wie auch die anderen lateinamerikanischen Kolonien – nicht dem Beispiel der USA folgten, die einige Jahre zuvor ihre Unabhängigkeit von Großbritannien erkämpft hatten.

Die kleinen Unterschiede

Die Verschwörer griffen eine Stimmung auf, die bereits seit Jahrzehnten in der Luft lag, ohne dass sie in ein politisches Programm gegossen worden wäre. Brasilien ist nicht Portugal – so dachten oder empfanden viele Bewohner zwischen Rio de Janeiro und Salvador da Bahia. Alle spürten sie, dass die Kolonie sich vom portugiesischen Mutterland unterschied. In ihrer Heimat sahen sie Dinge, die es so nur in der Neuen Welt, nicht aber in Europa gab. Das mochten ganz einfache, geradezu banale Dinge sein. »Tenho explicado as frutas e legumes / Que dão a Portugal muitos ciúmes«, dichtete Botelho de Oliveira in seinem Poem *A Ilha da Maré* aus

dem Jahr 1705: »Ich habe die Früchte und Gemüse ge-
nannt/die Portugal neidisch werden lassen.« Anschließend
erklärte er weitere Dinge, die im Mutterland Begehrlichkei-
ten wecken dürften – darunter die »quatro A«, die »vier A«:
»arvoredos sempre verdes« die immergrünen Bäume; die
»ares puros«, die reinen Lüfte; »aguas frías«, die frischen
Wasser; und zuletzt und in Portugal tatsächlich nicht zu haben: der »açúcar deleitoso«, der »köstliche Zucker«. Harmlose
Dinge, gewiss. Doch umso mehr offenbarten sie, wie sehr die
Brasilianer gewillt waren, sich von Portugal zu unterscheiden, dem übernächtigen Mutterland etwas Eigenes entgegenzusetzen. So artikulierte sich selbst in einem so biederen
Gedicht das Bewusstsein von, vielleicht auch nur der Wunsch
nach Differenz. Portugal und Brasilien, so die Überzeugung
zumindest der brasilianischen Elite, waren mitnichten in allem geeint. In mancherlei Hinsicht unterschieden die beiden
Regionen sich auch, befanden sie – und sei es, zu Beginn des
18. Jahrhunderts, auch nur durch verschiedene Obst- und
Gemüsesorten.

Einen entschiedeneren Ton schlug Basílio da Gama in seinem 1769 veröffentlichten lyrischen Epos *O Uraguai* an. Das
Werk ist zwar keine poetische Unabhängigkeitserklärung,
sondern eine Hommage an die von den Portugiesen unterworfenen Indianer; aber es macht doch eine deutliche Unter-
scheidung zwischen »hier« und »dort«, der Alten und der
Neuen Welt, der Kultur der Europäer und derjenigen der
Indianer. Beide Kulturen und Völker sind schon geogra-
phisch weit voneinander entfernt – und das, erklären die
indianischen Helden des Epos, ist auch gut so. »Europäer,
hätten euch doch Meer und Wind nicht zu uns getragen.
Ah! Nicht umsonst schuf die Natur/zwischen uns diesen
immensen flachen Raum voller Wasser./Wenn wir etwas
verteidigen, dann Ihr die Ungerechtigkeit und wir Gott und
Vaterland.«[119]

Nein, die Kolonie und das Königreich sind nicht das Gleiche, sie unterscheiden sich, haben verschiedene Kulturen, und die Menschen, die diesseits und jenseits des Atlantiks leben, haben zwar manches gemeinsam. Aber manches trennt sie auch. Darum ist der, der in beiden Welten lebt, in keiner wirklich zu Hause. Der Dichter Cláudio Manuel da Costa, Sohn eines Portugiesen und einer Brasilianerin aus Minas Gerais, verbrachte den größten Teil seines Lebens in Brasilien, einige Jahre aber auch in Portugal. Wohl und heimisch fühlte er sich in beiden Ländern – zugleich aber auch in keinem von ihnen vollständig zu Hause. »Der Gesang, den meine Stimme verströmt, / wird, da ihn ein Pilger anstimmt, / auch unter euch des Ruhmes würdig sein«, schreibt er in einem seiner Sonette.[120] »Auch unter euch«: Das richtet sich an beide Gruppen, die Portugiesen auf der einen und die Brasilianer auf der anderen Seite des Atlantiks. Die Bewohner beider Ufer werden den Gesang des »Pilgers«, des ewig Umherziehenden, zu schätzen wissen. Und das, obwohl die Voraussetzungen des literarischen Geschmacks hüben und drüben zwar nicht völlig, aber eben doch in gewissem Maß verschieden sind. Dass es sich aber so verhält: Das kann man nur wissen, wenn man wie Cláudio Manuel da Costa an beiden Seiten des Atlantiks gelebt hat. Das aber – das Wort vom »Pilger« deutet es an – bringt freilich die schmerzhafte Erkenntnis mit sich, dass der Dichter in keiner der beiden Gesellschaften restlos aufgehen, sich restlos weder mit der portugiesischen noch der brasilianischen Gesellschaft identifizieren kann.

Lob der Gärung

Ein vager Eindruck, ein noch nicht deutlich artikuliertes Gefühl der Verschiedenheit prägt die kulturelle Stimmung im Brasilien des 18. Jahrhunderts. Natürlich haben die Menschen andere, größere Sorgen, als sich über die Identität der Kolonie den Kopf zu zerbrechen. Aber als der Steuerdruck allmählich steigt, die Menschen zumindest in einigen Regionen des Landes unter der Portugal zu entrichtenden Abgabenlast immer mehr zu leiden haben, sie teils auch gar nicht mehr erfüllen können und darum in ihrer wirtschaftlichen Situation akut bedroht sind – da werden sich zumindest die intellektuellen und ökonomischen Eliten der Kolonie bewusst, dass Portugal und Brasilien verschiedene Interessen haben. Vor allem aber, dass das nicht angeht, dass das Wohl der Kolonie dem des Mutterlandes nicht auf derart rigorose Weise unterworfen oder gar geopfert werden darf. Es sei eine Schande, erklärte Tiradentes, »dass so reiche Länder wie die Regionen Brasiliens in größtes Elend gezwungen werden, nur weil Europa wie ein Schwamm seine gesamte Substanz aufsaugt«.[121]

Und doch: In den wirtschaftlich bedingten Unmut mischten sich auch die aus Europa herüberwehenden revolutionären Gedanken der Aufklärung. Die Brasilianer hatten beobachtet, wie sich die USA ihre Freiheit erkämpft hatten. Danach wurden sie Zeugen der Französischen Revolution, sahen zu, wie mitten in Europa ein unhaltbarer Monarch gestürzt wurde. Und nun, so schien es, war für die Brasilianer die Zeit des Aufstands gekommen. Und auch, wenn sie sich den vollkommenen Bruch mit Portugal nicht offen auf die Fahnen schrieben, griffen die Verschwörer von Minas Gerais die umstürzlerischen Gedanken auf. In ihren Reihen kursierte ein Exemplar des Buches, das zu den Vorläufern des Antikolonialismus gehört: Guillaume-Thomas Raynals 1770 veröffentlichte *Histoire philosophique et politique des établissements et du commerce des Européens dans les deux Indes*. Wenn sich demnächst eine Revolution ereigne, prophezeite Raynal, dann finde sie in Amerika statt. Nachdem der Kontinent zerstört worden sei, müsse er nun aufs Neue erblühen. Und dann habe er eine große Zukunft vor sich: »Er wird das Asyl unser von der Politik geschundenen oder vom Krieg verjagten Völker sein.« Dort würde die Fundamente einer freiheitlichen Republik gelegt, verkündete er. »Doch diese Veränderung muss durch Gärungen und Erschütterungen vorbereitet werden, ja sogar durch Unglück.«[122]

Sätze wie diese wurden in Minais Gerais begeistert aufgenommen. In Raynals Zorn spiegelte sich die Wut der Aufständischen wider, besser vielleicht: Sie projizierten ihren gesamten wirtschaftlichen Unmut in den Text, glaubten in ihm die angemessene Formel ihrer eigenen Empörung zu sehen. Raynal sei ein »weitsichtiger Schriftsteller«, erklärten sie, denn er habe den Aufstand des südlichen Amerikas vorhergesagt. Und noch etwas könne man seinem Werk entnehmen, erklärten sie: »Nämlich, dass sich Minas Gerais mit seinem Steuertribut in derselben Situation (wie die unterdrückten Kolonien) befindet.«[123]

Passagen wie diese machen verständlich, warum die Kolonialverwaltung so bedacht darauf war, den Import von Büchern zu kontrollieren. Denn zumindest einige unter ihnen bargen immensen politischen Zündstoff. Und darum handele die Stadtverwaltung von Salvador da Bahia viel zu lasch, beschwerte sich Ende des 18. Jahrhunderts ein anonym gebliebener Chronist, der im Übrigen Skandalöses zu berichten wusste: »In dieser Stadt legte ein französisches Schiff an, dass ebenso diskret wie sorgfältig Bücher an Land brachte, die davon handelten, wie man auf garantiert erfolgreiche Weise Aufstände anzettelt. Dies war die einzige Ware, die es an Bord hatte. Nachdem es sie gelöscht hatte, segelte es weiter in Richtung Rio de Janeiro.«[124]

Verbotene Bücher

Mit den Schiffen kommen die subversiven Ideen ins Land. Nach und nach treffen die zentralen Werke der europäischen, insbesondere französischen Aufklärung in Minas Gerais und den anderen Städten des Landes ein. Dort werden sie zu ebenso begehrtem wie gut gehütetem Lektürestoff. Als man nach dem Aufstand die Bibliotheken der Verschwörer durchstöberte, entdeckte man dort nahezu sämtliche Autoren, die die Umstürze in der Alten Welt in ihren Bücher vorweggenommen oder überhaupt erst möglich gemacht hatten. Man fand Montesquieus Buch über den *Geist der Gesetze,* die Werke von Diderot, Rousseau, Condorcet, Fénélon, Marmelon und anderer. Entschlossen arbeiteten sich die Aufständischen in Minas Gerais an ihren Werken ab, scheuten auch die Mühen der fremden Sprachen nicht. Tiradentes, der des Englischen überhaupt nicht und des Französischen nur bedingt mächtig war, trug ständig ein Wörterbuch mit sich herum, das er sorgfältig hütete. Nur gelegentlich ließ er sich dazu überreden, es auszuleihen – und auch das nicht ohne Widerwillen und immer nur für kurze Zeit. So kursierten die Gedanken der Aufklärung in vielerlei Form durch das Minengebiet: Sei es als Buch, als Manuskript, oder einfach nur als mündliche Erzählung. Veränderung lag in der Luft, und so lasen die Gebildeten unter den Brasilianern alles, was sie an aufklärerischem Gut in die Hände bekamen: »Gedichte gegen die Kirchenleute, Zeitungen aus Frankreich, und andere Abhandlungen über die Freiheit«, wie es ein Zeitzeuge über die Lektüregewohnheiten der *Sociedade Literária do Rio de Janeiro* berichtet.[125] Und auch in Bahia, wo die Schiffe aus Europa als Erstes anlegten, hängen die Menschen dem wilden Denken nach. »In unbegreiflichem Wahnsinn haben die wichtigsten Bürger der Stadt keinen

Sinn mehr für ihre Interessen, sondern sind infiziert von den furchtbaren Ideen der Franzosen. Mit großem Interesse studieren sie die absurde französische Verfassung.«[126] Es waren aufgewühlte Zeiten. Jahre später, 1843, trauert ein braver Geistlicher »den friedlichen Zeiten der Kolonie« nach und macht den allzu regen transatlantischen Schiffsverkehr für den Import der aufwieglerischen Ideen verantwortlich: »Über die Reisenden und die kleinen Doktoren kamen nach und nach die unziemlichen Doktrinen der französischen Pseudo-Philosophen nach Brasilien.«[127] Erbost haben mochte ihn auch die Erinnerung an die kirchenfeindlichen Gesten der damaligen Revolutionäre – ihre Gewohnheit etwa, freitags keinen Fisch zu essen, sondern sich in aller Öffentlichkeit dem Fleischgenuss hinzugeben. Derart unfrommen Gesten gesellten sich aufwieglerische Worte zur Seite. Jene etwa, die Francisco Muniz Barreto de Aragão, Baron von Itapororo-oca, verfasste: »Wenn die Augen der Baianer / diese Bücher schauen / und tausend despotische Tyrannen / hinweg-schleudern: / wie glücklich und eigenständig / werden sie dann auf ihrem Lande sein! / Oh, welch süße Empfindung. / Solche Abenteuer werden sie erleben / und sie allein, auch wenn sie zukünftige sind / erfüllen mein Herz.«[128]

Der Präsident erhält einen Brief

Damit es aber zum Umsturz kommt, muss man sich einsetzen. Man muss Kontakte knüpfen, ein Netzwerk bilden, am besten eines, das bis in die höchsten Spitzen potentiell verbündeter Staaten reicht. Als Thomas Jefferson, der spätere Präsident der USA, am Vorabend der Französischen Revolution als Diplomat in Paris lebte, nutzte José Joaquim da Maia, ein Student, der die Universität von Montpellier besuchte, die Gelegenheit, dem bereits berühmten amerikani-

schen Politiker das Anliegen der brasilianischen Aufständischen zu schildern. In einigen Briefen umriss er in dramati-
schen Worten die Lage seines Landes. »Ich bin Brasilianer«,
schrieb er ihm im November 1786. »Sie wissen, dass mein
unglückliches Vaterland unter furchtbarer Sklaverei stöhnt.
Diese erscheint uns nach der ruhmreichen Unabhängigkeit
Ihres Landes als immer unerträglicher. Denn die barbarischen Portugiesen lassen nichts aus, um uns zu peinigen. Sie
fürchten zudem, dass wir dem Beispiel Ihres Landes folgen.
Da wir wissen, dass uns diese Besatzer gegen das Gesetz der
Natur und der Menschlichkeit unbekümmert weiter quälen,
sind wir entschlossen, dem wunderbaren Vorbild zu folgen,
das Sie uns gegeben haben. Darum wollen wir unsere Ketten
brechen und unsere tote, unterdrückte Freiheit zu neuem
Leben erwecken und uns von jener Gewalt befreien, die das
einzige Instrument ist, das die Europäer über Amerika haben.«[129] Jefferson nahm die Mitteilungen zur Kenntnis, ließ
seinen Gesprächspartner, den zu treffen er durchaus gewillt
war, aber wissen, dass die USA durchaus gute Beziehungen
zu Portugal hätten – aber auch nicht abgeneigt seien, im
Rahmen des Üblichen gute Kontakte zu Brasilien zu pflegen.
Den revolutionären Überschwang des jungen Studenten ließ
der Diplomat mehr oder minder diskret ins Leere laufen.

Trotzdem: Die jungen Brasilianer dachten weiter an den
Aufstand. Ähnlich wie da Maia sah es auch der Dichter
Tomás Antonio Gonzaga (1744-1810). Wiederholt hatte er,
der Sohn eines hochrangigen portugiesischstämmigen Verwaltungsbeamten, die Zustände in Ouro Preto kritisiert. Seine härteste Kritik entfaltete er in seinen kurz vor der Inconfidência Mineira verfassten *Cartas Chilenas*, deren Veröffent-
lichung ihm eine dreijährige Verbannung auf der Kobra-Insel
vor der Küste Rio de Janeiros einbrachte. In dem mit schar-
fer Feder geschriebenen Spottgedicht schrieb er dem Anschein nach zwar über die Zustände im benachbarten Chile.

Tatsächlich aber meinte er die in Minas Gerais. Die Portugiesen, schrieb Gonzaga, erachteten die Brasilianer als unwür-
dige Kreaturen, ja mehr noch: Sie behandelten sie nicht wie
Menschen, sondern wie Tiere – wie Tiere, auf die sie zur
Hatz bliesen: »Hier vergnügen sich die Europäer damit/auf
die Eingeborenen Jagd zu machen/wie auf Tiere in den Wäldern./Einen gab es,/der fütterte seine Hunde/tagtäglich
mit menschlichem Fleisch,/eine schwere Schuld, die er
rechtfertigen wollte/mit dem Hinweis, dass die Eingeborenen,/obwohl sie ihnen ähnlich seien,/was den Körper ange-
he,/anders seien, was die Seele betreffe.«[130]

Unübersehbar spielt in diese Verse auch die allmählich
einsetzende Kritik an der Sklaverei hinein. Im Schicksal der
schwarzen Zwangsarbeiter sahen die Aufständischen ihr eigenes Schicksal oder besser das der gesamten Nation gespiegelt. Nun, so schien es, waren sie die Entrechteten, geknech-
tet von weißen Herrenmenschen, die von weit hergekom-
men waren, um das Land der Brasilianer zu okkupieren.
Voller Ingrimm blickten die Aufständischen auf den fernen
König, der ohne jede rechtliche Grundlage unsäglich hohen
Tribut von ihnen verlangte. Die aktuellen Zustände, so sahen sie es, waren unhaltbar. Die Franzosen, erklärte ein Aufständischer in Bahia, hätten gut daran getan, ihren König zu
töten. »Denn weil die Bürger die Könige zu solchen erst machen, dürfen sie sie auch töten.«[131]

Doch der Unmut deutete es an: Viele der Aufständischen
waren auf einem Auge blind. Die von ihnen selbst verant-
worteten Missstände, allen voran die Sklaverei, verdrängten
sie nach Kräften. Denn so sehr sie auch die eigene Freiheit
verlangten, so sehr verzichteten die meisten von ihnen eben
darauf, auch die ihrer Sklaven zu verlangen. Der freiheit-
liche Diskurs fand seine Grenzen exakt an dem Punkt, von
dem an man auch über das Ende der Sklaverei als Ganzer –
und nicht nur über die Freiheit einzelner Sklaven – hätte

sprechen müssen. Sehr deutlich sah das ein anonymer französischer Beobachter. Von den Idealen weltweiter Gleichheit offenbar nicht sonderlich überzeugt, fürchtete er, dass die liberalen Ideen, konsequent zu Ende gedacht, Umwälzungen von ungeheurem Ausmaß mit sich brächten. »Wenn man weiter von den Menschenrechten spricht, wird man am Ende auch das fatale Wort in den Mund nehmen: Freiheit – jenes schreckliche Wort, das in einem Land, in dem es Sklaven gibt, eine viel größer Kraft hat als in jedem anderen. Dann wird die Revolution in Brasilien mit dem Aufstand der Sklaven enden. Sie werden ihre Fesseln sprengen, Städte, Felder und Pflanzungen anzünden, sie werden die Weißen massakrieren und aus dem wunderbaren brasilianischen Reich eine bedauerliche Kopie der Kolonie Santo Domingo (Haiti) machen.«[132]

Zumindest, was die reinen Zahlen anging, argumentierte der Franzose durchaus nachvollziehbar. Denn tatsächlich hatte sich gerade Minas Gerais während der Jahre des Goldrauschs zu einem Zentrum der brasilianischen Sklavenwirtschaft entwickelt. Von den dreihunderttausend Einwohnern, die man 1776 zählte, waren über die Hälfte – 52 Prozent – Schwarze, die meisten von ihnen Sklaven. Die Zahl der Mulatten belief sich auf 14 Prozent, während die Weißen ein knappes Viertel der damaligen Bevölkerung stellten.

»Afrikanische Kanaille«

Welche kaum absehbaren Konsequenzen eine allzu entschlossene Übernahme der französischen Ideen mit sich brächte, sahen die Revolutionäre auch andernorts. Etwa in Salvador. »Vorsicht mit der afrikanischen Kanaille«, warnte Luís Gersent, einer der dortigen Revolutionäre, seine Freunde. Zwar beteiligten sich auch in Bahia einige Sklaven an dem Aufstand. Aber es waren gebildete, ihren Herren vertraute Leibeigene, die wenig mit der Masse jener Zwangsarbeiter zu tun hatten, die draußen auf den Zuckerplantagen schufteten. Dort produzierten sie auch den Reichtum jener, die in Salvador über die Freiheit nachdachten. Wie leicht sie sich dabei ins eigene Fleisch schneiden könnten, sah niemand genauer als Fernando José de Portugal, brasilianischer Vizekönig und Gouverneur Bahias. »Die Sklaverei hat man in den Kolonien immer gefürchtet, denn die meisten Einwohner Brasiliens sind Sklaven«, erklärte er. »Und darum ist es keineswegs naheliegend, dass Männer mit fester Beschäftigung und solidem wirtschaftlichem Hintergrund an einer Verschwörung oder einem Attentat teilnehmen würden, das schlimmste Konsequenzen für sie hätte. Denn am Ende liefen sie Gefahr, von ihren eigenen Sklaven ermordet zu werden.«[133]

Entsprechend verhalten zeigten sich auch manche der Aufständischen gegenüber Begriffen wie »Demokratie« und »Republik« . Der Gedanke einer Revolution ging ihnen entschieden zu weit. Aber auch mit einer Restauration konnten sie nur bedingt etwas anfangen. Insgeheim hofften sie, ihr Wohl auf andere, leichtere Weise zu erreichen. Der Militärkommandant und Minenbesitzer Joaquim Silvério dos Reis etwa. Er, der zunächst an den Treffen der Verschwörer in Minas Gerais teilnahm, sah alsbald eine andere Möglichkeit, sein drängendstes Problem, die noch ausstehende Steuerschuld, zu lösen. Die Behörden, die von der geplanten Verschwörung Wind bekommen hatten, aber nicht genau wussten, wann, wo und wie sie stattfinden sollte, boten dos Reis nicht nur an, ihm im Austausch für sein Wissen seine Schulden zu erlassen. Sie lockten ihn außerdem mit einer hohen Geldsumme, dem Amt des Schatzmeisters der Region, einer lebenslangen Rente und einem Adelstitel – ein Angebot, das er kaum nicht ausschlagen mochte. Auch andere entschlossen sich, auf die Seite der Macht zu wechseln und ihre ahnungslosen Mitverschwörer in die Falle laufen zu lassen. Diese hatten bereits Kontakt zu einigen Kaufleuten in Rio de Janeiro geknüpft, die der dauernden Steuerlast ebenfalls müde waren. Dort, in der 1763 zur Hauptstadt der Kolonie ausgerufenen Metropole, sollte Tiradentes nach entsprechenden Signalen aus Minas Gerais im Mai 1789 den Aufstand beginnen. Dazu sollte er denjenigen in seine Gewalt bringen, der nach Ansicht der Verschwörer durch seine rigorose Politik das Elend der letzten Jahre vergrößert hatte wie kein anderer: Luís António Furtado de Castro do Rio de Mendonça e Faro, Conde de Barbacena, der damalige Gouverneur der Provinz. Doch kaum in Rio angekommen, schnappte die Falle zu: Tiradentes wurde verhaftet, ebenso seine Mitverschwörer in Minas Gerais.

In dem Prozess, der gegen sie eröffnet wurde, zeigten sich die Revolutionäre wenig heroisch: Zunächst bestritten sie, mit der Verschwörung etwas zu tun zu haben. Als sich ihre Beteiligung nicht mehr leugnen ließ, redeten sie sie klein und stellten die Verantwortung der jeweils anderen als umso größer dar. Der Einzige, der sich zur Verschwörung offen bekannte, war Tiradentes. Die Taktik ging auf, zumindest halbwegs: Unter dem Vorwurf der *lesa-majestade*, des Königsverrats, wurden zwölf der Verschwörer zum Tode verurteilt. Einen Tag später aber wurde die Todesstrafe in lange Haftstrafen oder Verbannung nach Afrika umgewandelt. Der Einzige, den die volle Härte des Gesetzes traf, war Tiradentes. Seine Todesstrafe wurde nicht umgewandelt. So starb er am 21. März 1792 durch den Strang. Anschließend wurde sein Leichnam geviertelt. Die einzelnen Stücke wurden konserviert und anschließend nach Minas Gerais gebracht. Entlang des dortigen Caminho Novo, des »Neuen Weges«, der die Provinz mit der Hauptstadt verband, wurden seine geschundenen Überreste öffentlich ausgestellt. Und als reichte das nicht, wurde sein Kopf auf einem Pfahl gegenüber dem Regierungsgebäude in Vila Rica, dem heutigen Ouro Preto, aufgespießt – als Warnung an andere potentielle Verschwörer, vom Gedanken an die Unabhängigkeit der Minas Gerais oder gar ganz Brasiliens lieber zu lassen.

Ostern in Bahia

Doch Dinge, die über Jahre gären, lassen sich nicht unter Verschluss halten, nicht einmal durch die Todesstrafe. Wenige Jahre, nachdem Tiradentes am Galgen gestorben war, erhob sich ein Teil der Bürger von Salvador da Bahia. Unzufrieden mit den Verhältnissen vor Ort waren vor allem die ärmeren Schichten der Stadt; zugleich begehrten die Sklaven gegen ihr Schicksal auf. »Am Ostersamstag 1797 riss die Bevölkerung den Sklaven des Generalkommandanten das für ihn vorgesehene Fleisch aus den Händen«, notierte ein Beobachter.[134] Ein anderer berichtete davon, dass der öffentliche Galgen der Stadt über Nacht niedergebrannt worden war. Die Unruhe hielt sich, und durch die in der Stadt zirkulierenden Schriften der französischen Aufklärung erhielt sie weitere Nahrung. Von »den furchtbaren französischen Ideen« sprach die Stadtverwaltung, schaffte es aber nicht, sie aus der Stadt zu halten. Französische Kaufleute vor Ort trugen ebenso zu ihrer Verbreitung bei wie die Intellektuellen der Stadt. Im August dann prangten Plakate an den Mauern und Gebäuden der Stadt, die zum Aufruhr aufriefen. Auf ihnen prangten große Worte: Von der Republik war dort zu lesen, von Freiheit und Gleichheit aller Menschen, aber auch von freiem Handel, neuen Produktionsbedingungen – und von der Todesstrafe für alle Priester, die sich den Zielen der Revolution entgegenstellten. Es war ein wildes Gemisch aufklärerischer Grundprinzipien und solcher, die wie die Forderung nach freiem Handel den spezifischen Bedingungen vor Ort entsprachen. Denn nach wie vor durfte Brasilien seine Exporte nur über portugiesische Zwischenhändler vertreiben, was den Gewinn der Produzenten erheblich schmälerte. Auch darum forderten die Aufständischen nicht mehr nur die Unabhängigkeit ihrer eigenen Provinz. Ihre Vorstellungen gingen erheblich weiter: Sie wollten eine Republik »für den ganzen brasilianischen Kontinent«.[135] Doch auch diese Forderungen führten – zunächst jedenfalls – nicht weit. Von den knapp 700 Aufständischen wurden schließlich 49 festgenommen – allesamt entstammten sie den unteren Bevölkerungsschichten. Sechs von ihnen wurden zum Tode verurteilt. So endete auch die *Inconfidência Baiana* im Nichts.

»Ich bleibe«

Zumindest schien es so. Denn Hilfe erhielten jene, die an Aufstand dachten, ein paar Jahre später tatsächlich aus Frankreich, jenem Land, das sie so inspiriert hatte. Allerdings: Beabsichtigt war die Unterstützung nicht. Eher war sie ein Nebenprodukt der geostrategischen Großpläne, die Napoleon Bonaparte, 1804 zum Kaiser gekrönt, für sein Land entworfen hatte. Um Großbritannien, Frankreichs größten Konkurrenten, in die Knie zu zwingen, erließ Napoleon 1806 eine ganz Westeuropa betreffende Wirtschaftsblockade gegen das Inselreich. Im Zuge dessen besetzte er ein Jahr später auch das mit Großbritannien verbündete Portugal. Daraufhin floh der portugiesische König João VI. 1808 mit seinem gesamten Hofstaat nach Brasilien. Insgesamt 36 Schiffe, mit 15 000 Personen an Bord, starteten im November des Jahres in See, um im März des folgenden Jahres zunächst in Bahia und dann in Rio de Janeiro vor Anker zu gehen.

Da sich der Hof fortan aus brasilianischen Quellen finanzieren musste, ließ der König sehr bald die brasilianischen Häfen für befreundete Nationen öffnen – wodurch die portugiesischen ihre privilegierte Stellung fast über Nacht verloren. Außerdem ließ João den Buchdruck zu, ebenso den Druck von Zeitungen. Noch im gleichen Jahr wurde die *Banco do Brasil*, die brasilianische Nationalbank, gegründet. Auch das Manufakturverbot wurde aufgehoben. So gestärkt, entwickelte die Kolonie eine immer größere Dynamik, die den König schließlich bewog, sich mit dem Gedanken eines unabhängigen Brasiliens auseinanderzusetzen. 1815 rief er ein »Vereinigtes Königreich«, bestehend aus Portugal, Brasilien und der Algarve, aus. Nachdem die französischen Truppen aus Portugal abgezogen waren, kehrte João VI. nach Portugal zurück – keineswegs leichten Herzens, hatte er doch in den zurückliegenden Jahren das Leben in dem tropischen Reich kennen und schätzen gelernt. Zuvor aber ernannte er seinen Sohn Pedro zum neuen König des Landes.

Mit allerlei Tricks versuchte die portugiesische Ständeversammlung in den folgenden Monaten, Brasilien wieder zu einer portugiesischen Kolonie zu machen. Daraufhin ließ sich Pesdro zum *Defensor Perpétuo*, dem »Ewigen Verteidiger«, Brasiliens ausrufen. Umgehend forderte er José Bonifacio Andrade e Silva, den brasilianischen Vizepräsidenten, auf, ein Unabhängigkeitsmanifest zu erarbeiten. Der machte sich umgehend ans Werk und überreichte dem König am 8. Januar 1822 das Dokument. Der zeigte sich angetan von dem Werk und erläuterte umgehend seine Pläne für das Land: »Wenn es dem Wohl aller und dem Nutzen des Landes dient, bin ich bereit«, meinte er. »Erklären Sie dem Volk, dass ich bleibe.«

»Ich bleibe«: Die politische Zukunft Brasiliens war besiegelt. Damit aber mochten sich die portugiesischen Cortes nicht abfinden und intrigierten immer weiter gegen den König. Als er am 7. September 1822, aus São Paulo kommend, von den jüngsten aus Portugal gegen ihn gerichteten Attacken hörte, verlor er endgültig die Geduld mit der Politik des Mutterlandes. Am Ufer des Riacho Iparanga, eines kleinen, alles andere als ansehnlichen Flüsschens im Gebiet des heutigen São Paulo, verkündete er den endgültigen Bruch mit dem ehemaligen Mutterland. »Es ist Zeit«, rief er aus. »Unabhängigkeit oder Tod! Wir sind getrennt von Portugal«. Der als *Grito do Iparanga*, »Ruf am Iparanga«, berühmt gewordene Satz leitete ein neues Kapitel in der brasilianischen Geschichte ein. Mehr als 300 Jahre, nachdem die portugiesischen Entdecker das Land betreten hatten, wurde es am 7. September 1822 unabhängig.

6 Süßer als die Honigbiene
Die Romantik und die Indianer

Auch wir haben unsere Mythen.
Joaquim Norberto, Considerações gerais
sôbre a literatura brasileira, 1843

Da zieht sie dahin, die erste Kleinfamilie des modernen Brasiliens – oder besser: das, was von ihr übrigblieb. Ein Mann, ein Kind, ein Hund. Still hocken sie unter dem Segel, das der Wind vor sich her treibt. Langsam gleitet das Boot voran, immer weiter aufs Meer hinaus. Irgendwann wird es einen südlichen Kurs einschlagen, in Richtung Rio de Janeiro, aber erst gilt es die Küste hinter sich zu lassen, und mit ihr auch die Vergangenheit. Denn die Vergangenheit trägt zwar die Zukunft in sich, sie ist zugleich aber auch verloren. Sie lässt sich nicht zurückgewinnen, man kann ihr nur noch hinterhertrauern. Darum ist auch der Schmerz mit an Bord. Er wird mitreisen und sich wohl auch nach der Ankunft nicht verabschieden. Wie sollte er auch?! Martim und Moacir sind allein. Iracema, die indianische Ehefrau und Mutter, ist tot, gestorben kurz nach Moacirs Geburt. Und doch wird sie unsterblich bleiben. Schließlich hat sie nicht nur einem Jungen, sondern einer ganzen Nation das Leben geschenkt. Sie brachte Moacir zur Welt, das Kind eines Portugiesen und einer Indianerin, Frucht der Begegnung von Alter und Neuer Welt, ein Mensch, wie ihn Brasilien noch nie gesehen hat. Er wird das Erbe der Mutter weiter tragen, ein Erbe, das sich schon in ihrem Namen verbirgt. Denn man braucht die Buchstabenfolge nur ein wenig zu verändern, und der Name verwandelt sich, nimmt eine ganz andere, historisch kaum zu unterschätzende Bedeutung an. Denn Iracema ist ein Anagramm, ein Wort, das durch ein paar Drehungen einen neuen Sinn ergibt. Ein paar Umstellungen nur, und aus »Iracema« wird – »America«.

Ob nun mit Absicht oder nicht: Der Name, den der brasilianische Schriftsteller José Alencar der Hauptfigur seines gleichnamigen, 1865 erschienenen Romans gegeben hat, ist Programm. Denn Iracema ist America. Sie ist die Mutter der Nation, eines Volkes, das gerade versucht, eine Vorstellung von sich selbst zu bekommen. Nicht einmal ein halbes Jahrhundert ist es her, seit Brasilien von Portugal unabhängig wurde. Seitdem sind auch die Dichter an der Arbeit, suchen literarische Sinnbilder für die neue, gerade entstandene Nation. Und keiner hat für sie ein anmutigeres Symbol gefunden als José de Alencar, dessen Roman fast aus dem Stand zum Klassiker wurde.

Der Erfolg kam, weil Alencar exakt den Nerv seiner Zeit traf. Er wollte ein Gedicht schreiben, notierte er einige Jahre zuvor. »Und zwar ein echtes nationales Gedicht, in dem alles neu ist, vom Gedanken bis zur Form, vom Bild bis zum Vers.« In diesem Gedicht, schrieb er weiter, wolle er die Heimat abbilden, ihren besonderen Charakter, ihre Eigenheiten, »die einzigartige Existenz unseres Landes, seine Traditionen, Sitten und seine Sprache, mit einem ganz und gar brasilianischem Geschmack«.[136]

Großer Sprung nach vorn

Und das brasilianische Publikum war versessen auf diesen Geschmack. Über 40 Jahre war es nun her, dass das Land unabhängig geworden war. Bescheidene Ansätze zu einem regeren kulturellen Leben hatten sich bereits in den letzten Jahren der Kolonie gezeigt – etwa durch die Gründung der *Real Academia de Artilharia, Fortificação e Desenho* (»Königliche Akademie der Artillerie, Festungsbau und Formgebung«), die im Laufe der Jahre immer stärker den Charakter einer Universität annahm. Doch es brauchte noch einmal über hundert Jahre, bis sie 1920 als *Universidade do Rio de Janeiro* offiziell in den Rang einer Hochschule erhoben wurde – der ersten des Landes überhaupt.

Dass König João VI mit seinem Hofstaat 1808 in Rio einzog, belebte das kulturelle Leben spürbar. Noch im selben Jahr öffnete die *Capela Real* ihre Pforten. Mit ihr verfügte die Hauptstadt über einen ersten festen Saal für Konzerte und Konferenzen. Bald entstanden erste höhere Schulen für Handel, Militär und Medizin, und die aus Portugal mitgereisten Beamten arbeiteten auch in der Kolonie verlässlich. Deren Einwohnerzahl, errechneten sie alsbald, betrug zu Beginn des 19. Jahrhunderts rund vier Millionen Menschen. Ebenfalls im Jahr 1808 wurde die erste Bank des Landes, der *Banco do Brasil*, gegründet. Zugleich tat das Land erste Schritte in Richtung einer eigenständigen Industrie: In Bahia wurde eine Glasfabrik eröffnet, während in Rio de Janeiro eine Produktionsstätte für Schießpulver entstand – fachkundig unterhalten von rund 200 chinesischen Arbeitern und Technikern. Sie bildeten die erste Welle der großen Einwanderungsströme, die im Laufe des 19. Jahrhunderts in das Land fließen sollten.

Zeitungen, Bibliotheken, Schulen: Alles begann sich nach der Unabhängigkeit zu entwickeln. Hatten sich sämtliche Bibliotheken des Landes die gesamte Kolonialzeit hindurch noch in Händen der Ordensgemeinschaften befunden, so öffnete 1814 die *Biblioteca Real*, die Königliche Bibliothek, ihre Pforten. Dank einiger Schenkungen verfügte sie im Jahr 1820 bereits über einen Bestand von 60 000 Bänden. Zwar war sie weder aktuell noch besonders geordnet und umfassend, wie zeitgenössische Benutzer bemängelten. Aber wenigstens hatte sie einen angenehmen Lesesaal. Der zog im Laufe der Jahre immer mehr Nutzer an: Spottete ein Zeitzeuge im Jahr 1817 noch, er beherberge vor allem Fliegen als Gäste, so beobachtete ein anderer dort acht Jahre später bereits viele über ihre Bücher gebeugte Menschen, ganz den Mühen und Freuden des Wissenserwerbs hingegeben. Schritt für Schritt entwickelten sich Ansätze einer Lesekultur, so dass bald auch die ersten Buchhandlungen entstanden. Ihr Angebot war anfangs allerdings bescheiden. »Die Bücher sind noch rar und haben einen hohen Preis«, notierte ein Beobachter während der Regierungszeit Joãos VI, und auch die Buchhandlungen selbst waren offenbar wenig attraktiv: »Im Grunde sind es Läden mit alten Schmökern, die vor allem alte Übersetzungen aus dem Englischen und Französischen sowie anderen Krempel anbieten.«[137] Und doch: Die Menschen wollten lesen. Und sie verlangten nach Büchern – so dass 1821 in Rio de Janeiro bereits acht Buchhandlungen ihre Ware anboten. Wie begierig die Brasilianer auf Neues waren, zeigte 1816 auch die Ankunft der *Mission Artistique Française*, einer Gruppe mehrerer Künstler, die auf Einladung König Joãos VI in Brasilien eine Schule der Schönen Künste begründen sollte. Der Historienmaler Jean-Baptiste Debret, der Landschaftsmaler Nicolas-Antoine Taunay, der Architekt Grandjean de Montigny et Ferre, der Bildhauer Auguste-Marie Taunay und weitere Vertreter der bildenden Künste: Sie alle unterstützten die Brasilianer bei dem Versuch, kulturell den Anschluss an die Gegenwart zu halten. In erster Linie kamen die Franzosen, um etwas zu geben – aber sie bekamen auch etwas, wurden für ihre Arbeit reichlich entlohnt. Das lassen etwa die enthusiastischen Worte erkennen, in denen Jean-Baptiste Debret in seinem Buch *Voyage pittoresque et historique au Brésil* seinen Eindruck von dem tropischen Land beschrieb: »Nichts wird dem Enthusiasmus etwas anhaben, den mir der reine Himmel bescherte, unter dem die Natur einen dem Europäer unbekannten Reichtum entfaltet. Er ist eine unerschöpfliche

Quelle von Erinnerungen, die den Rest meiner Tage auf immer versüßen werden.«[138] Begeistert wirkten die Franzosen daran mit, in dem Königreich ein neues kulturelles Leben zu entwickeln. Ihre Arbeit trug Früchte: Zehn Jahre nach ihrer Ankunft, im November 1826, eröffnete Kaiser Pedro I. die *Academia Imperial de Belas Artes*, die »Kaiserliche Akademie der Schönen Künste«.

Auch der Zeitungsmarkt entwickelte sich. Im Jahr 1808 erschien erstmals die *Gazeta do Rio de Janeiro*. Gedruckt in der im selben Jahr gegründeten *Impressão Régia*, der »Königlichen Druckerei«, informiert sie ihre Leser vor allem über neue Erlasse und Gesetze, am Rande aber auch über das Geschehen in Europa und der Neuen Welt. Ebenfalls 1808 begründet der Journalist und Diplomat Hipólito José da Costa Pereira Furtado de Mendonça den *Correio Braziliense*, den »Brasilianischen Boten« – nicht in Rio de Janeiro allerdings, sondern in London. Bis 1822 versorgt das monatlich erscheinende Blatt seine Leser mit Informationen aus der Alten Welt – dies allerdings aus konsequent brasilianischer Perspektive, wie schon der Titel andeutete. »Als ›brazilianse‹ bezeichnen wir in Brasilien geborene Personen. ›Brasileiro‹ nennen wir hingegen jene Portugiesen oder Ausländer, die nach Brasilien kommen, um Handel zu treiben oder sich dort niederzulassen.«[139]

Brasilianischer Bilderschatz

Damit sprach Furtado de Mendonça jene brasilianische Perspektive an, der sich in den folgenden Jahren immer mehr gebildete Brasilianer anschlossen. In einem waren sie sich einig: Politisch war das Land zwar unabhängig. Aber kulturell war es nach wie vor ein Anhängsel Europas, unfähig, eine eigene Kultur zu schaffen – und das hieß auch: eine

Vorstellung von der eigenen Identität zu entwickeln, davon, was es hieß, nun ein eigenständiger Staat zu sein, eine eigene Stimme im Konzert der Nationen zu haben. Denn was nützte die politische Unabhängigkeit, wenn die Bürger des jungen Kaiserreiches weiterhin nach Portugal und Europa starrten und begierig alles aufnahmen, was sie von dort erreicht? Wie sollte sich das Land entwickeln, wenn es weiterhin befangen in fremdem Denken war, wenn es keine Tradition aufwies, aus der es sich speisen und auf die es sein Selbstverständnis gründen konnte? Natürlich, auch in der Kolonialzeit war viel, unendlich viel geschrieben worden. Aber die Dichter jener Zeit waren nahezu sämtlich Portugiesen oder doch Abkömmlinge von Portugiesen. Auf jeden Fall dachten sie ähnlich wie ihre Väter und Brüder in Portugal. Also, fanden Alencar und seine Dichterkollegen, käme es darauf an, etwas Neues zu begründen, eine eigene Tradition zu schaffen, etwas, was es so in der Alten Welt nicht gegeben hatte.

Das Land zu beschreiben, seine Spezifika und Eigenheiten in der Sprache von Poesie und Prosa zu erfassen, Hohelieder auf die junge, soeben unabhängig gewordene Nation zu singen: das war höchste künstlerische Pflicht, eine patriotische Aufgabe, der sich niemand entziehen wollte. »Tudo pelo Brasil, e para o Brasil« – »Alles durch Brasilien und für Brasilien«: So lautet das Motto, dem sich die Herausgeber der Zeitschrift *Niterói. Revista Brasiliense de Ciências, Letras e Artes* verschrieben hatten. Als Herausgeber fungierten einige junge brasilianische Dichter, die sich seit 1833 in Paris aufhielten und dort den Geist der französischen Romantik atmeten. Derart inspiriert, wollten sie ihrer Heimat zu neuer kultureller Größe verhelfen. Führender Kopf der Gruppe war der Dichter Domingos José Gonçalves de Magalhães, der 1836 mit seinem Gedichtband *Suspiros poéticos e saudades* (»Poetische Seufzer und Wehmutsgefühle«) den Auftakt zur elegisch überquellenden Dichtung seiner Zeit setzte. »Adieu, Geschichten Homers«, heißt es dort. »Lasst meine Seele sich in ihren neuen Wonnen ergehen / lasst sie träumen von ihrer Heimat Rio«.[140]

Eben das nahmen sich die Herausgeber von *Niterói* vor. Und wenn sie, zurück in Brasilien, ihr Projekt bereits nach zwei Nummern wieder aufgaben, so trieben sie doch ihr wichtigstes Anliegen, die poetische und wissenschaftliche Erkundung des Vaterlands, unverdrossen voran. Allerdings stellte sich fortgesetzt eine große, ja die entscheidende Frage: Wie setzt man die Heimat in Szene? Worauf beruft sich, wer ihre Schönheiten evoziert? Wodurch unterschied sich das Land von anderen Ländern? Und insbesondere: Wodurch setzte es sich vom ehemaligen Mutterland, von Portugal, ab? Gonçalves de Magalhães brachte das Problem 1836 in einem berühmt gewordenen Text auf den Punkt. »Kann Brasilien die Vorstellungskraft der Dichter anregen und eine eigene Dichtung haben«, fragte er in einem seiner Aufsätze. »Derart anerkannt ist heute die Wahrheit, dass die Eigenschaften und der Charakter eines Landes Körper und Geist seiner Bewohner prägen, dass wir sie für ein feststehendes Prinzip halten, und es für vergeblich halten, es mit Argumenten und Fakten beweisen zu wollen, die Wissenschaftler und Philosophen längst erhärtet haben.«[141]

Es gebe allerdings ein Problem, schrieb er an anderer Stelle, nämlich die nach wie vor große kulturelle Abhängigkeit Brasiliens von den europäischen Vorlagen und Vorbildern. Die brasilianische Dichtung, schrieb er, sei eine »als Französin oder Portugiesin verkleidete Griechin, die in Brasilien aufgewachsen ist.« In anderen Worten: Von den Realitäten des Landes hat sie wenig Ahnung. Physisch mag sie sich in der Neuen Welt befinden. Mit Herz und Verstand aber lebt sie noch in der Alten. Nicht erstaunlich also, dass bei ihr manches durcheinandergeht: »Sie hält den Sabiá-

Vogel für eine Nachtigall, die in den Zweigen des Orangenbaumes zwitschert.«[142] Doch Magalhães beklagte sich nicht nur, er glaubte den Missstand auch beheben zu können: dadurch nämlich, dass die Dichter sich auf heimische Motive konzentrierten. Den Themenkatalog hatte er bereits zur Hand. Schreiben, empfahl er, sollten die Dichter über Folgendes: die Schönheiten der Natur; die Religion; das Vaterland; und die Indianer.

Dem schlossen sich auch andere Dichter an. Sie alle kamen auf das Naheliegende, Offensichtliche: Man müsste vor allem über die brasilianische Natur schreiben, fanden sie. Der Amazonas, die Urwälder, das unwirtliche, sonnenversengte Hinterland des Nordostens, aber auch die anmutigen Strände entlang der unendlichen Küste – all dies mache das Land einzigartig, beschere ihm eine einzigartige geographisch-ästhetische Signatur. Aber auch die Brasilianer selbst und ihre Kultur galten als etwas durch und durch Besonderes. Zumindest sahen es jene so, die sich über die Identität des Landes Gedanken machten. Darum sei alles im Grund sehr einfach, argumentiert 1857 der Essayist Macedo Soares: »Traditionen, Religion, Sitten, Institutionen, Geschichte, Natur« – das seien die Materialen, aus denen die Dichter ihren Stoff nehmen könnten. Welche Themen am interessantesten seien, lag für Soares auf der Hand: »Was die Natur als Stoff einer Nationalliteratur angeht: Wo kann man mehr Leben, Schönheit und Poesie in ihr finden als in den Tropen?« Und so, frohlockte er, sei das Programm einer künftigen Nationalliteratur bereits etabliert: »Die Schmöker und den alten Zierrat zu vergessen; die Natur zu verstehen; in den Geist der Religion zu dringen; die Gesetze der Geschichte zu verstehen und den Erinnerungen Leben zu geben: All dies ist Aufgabe des Dichters, dies sind die Aufgaben einer nationalen Literatur.«[143] Sie anzugehen nahmen sich die jungen Dichter vor. Manuel de Araújo Pôrto-Alegre, Francisco de

Sales Tôrres Homem, João Manuel Pereira da Silva, Cândido de Azeredo Coutinho: Alle waren sie entschlossen, das brasilianische Vaterland zu besingen und dichterisch zu erhöhen.

Indianischer Maskenball

Neben der Natur stießen sie also auf ein anderes nach allgemeiner Übereinkunft typisch brasilianisches Phänomen: den Indianer. Seit der Unabhängigkeit erfreute sich die Figur des Eingeborenen als Inbegriff brasilianischer Eigenständigkeit enormer Beliebtheit. Sie war *das* Symbol des unabhängig gewordenen Landes. Die Nachkommen der Portugiesen wollten keine Portugiesen mehr sein, sondern Indianer – zumindest behaupteten sie dies und pflegten ein entsprechendes Image. Nicht wenige legten ihren alten Namen ab und nahmen einen neuen an. Nicht Pereira, Brandão, da Silva wollten die Brasilianer der feinen Gesellschaft mehr heißen; stattdessen entschieden sie sich für indianische Namen: Buriti, Jurema, Jutaís, Araripe. Selbst Pedro I., im Jahr der Unabhängigkeit zum brasilianischen Kaiser gekrönt, ging auf Distanz zu seinen Vorfahren. In der Freimaurerloge, in der er verkehrte, nannte er sich Guatimozim, nach dem letzten Aztekenherrscher. Der lebte seinerzeit zwar nicht in Brasilien, sondern in Mexiko. Aber das störte den Kaiser nicht. Ihn faszinierte der Widerstandsgeist, den der schließlich von Hernán Cortés zum Tode verurteilte Azteke gegenüber den Eroberern aus der Neuen Welt bewiesen hatte. Die Tapferkeit des Azteken beschäftigte die Phantasie des Kaisers derart, dass er beschloss, sich zumindest im trauten Kreis nach ihm zu benennen. Doch irgendwann war es auch wieder gut: Nach einiger Zeit überdachte der Kaiser seine liberalen Überzeugen, rückte ein wenig – freilich nicht völlig – von ihnen ab und trat in eine andere, konservativere Loge ein. Als deren Mitglied wollte er auch nicht mehr auf den alten Decknamen hören. Jetzt legte er sich einen anderen, kaum weniger wohlklingenden Namen zu: Rômulo – Romulus.

Trotzdem: Die Figur des Indianers erfreute sich weiterhin großer Beliebtheit. Die Eingeborenen verwiesen in den Augen ihrer romantisch gestimmten Bewunderer in die große, reine Zeit der brasilianischen Frühgeschichte, in die Jahre vor der Kolonisation, die sie sich als großes Schäferspiel unter Tropensonne vorstellten. Sehr schnell erkannte auch José de Alencar das literarische Potential jener Zeit. Die Literatur, schrieb er, kenne eine »primitive« Epoche. Sie enthalte »die Legenden und Mythen der wilden und eroberten Erde; es handelt sich um Traditionen, die die Kindheit unsere Volkes wiegen; ihnen hörte es zu wie der Sohn der Mutter, die ihn in seinem Bett zum Rhythmus der vaterländischen Lieder schaukelt – auch dann, wenn sie dieses Vaterland längst hinter sich gelassen hat.«[144]

In dieser kindlichen nationalen Phase, erklärte er weiter, spiele auch *Iracema*. Inspiriert von den idyllischen Legenden aus der kolonialen Frühzeit, ließ er seine Feder in sanftem Schwung über das Papier gleiten, entfaltete in höchster sprachlicher Anmut ein zwar nicht historisch korrektes, dafür aber umso anmutigeres Bild des alten Brasiliens, das im Begriff stand, seine ersten Erfahrungen mit der Weltgeschichte und deren frisch eingeschiffter Avantgarde, den portugiesischen Eroberern, zu machen. Sanft, unendlich sanft setzt der Roman ein, der sich im folgenden nicht nur als Hymne auf die Indianer, sondern auch auf die Landschaft des brasilianischen Nordostens erweist. Denn *Iracema*, die »Legende von Ceará«, wie das Werk im Untertitel heißt, ist eine Hommage des Dichters an die Heimat, die Szenen seiner Kindheit.

»Grünes Meer, das funkelt wie flüssiges Smaragd unter den Strahlen der aufgehenden Sonne, als setzte es die weißen, von Kokosnüssen gesprenkelten Strände ins Wasser fort.« Das grüne Meer: Immer wieder erwähnt es der Dichter, zusammen mit dem glitzernden Horizont, dem Grün der Pflanzen, dem Gesang der Vögel. Eine wunderbar friedliche Stimmung bannt Alencar auf das Papier, und wirklich: Wer einmal einen Tag in Canoa Quebrada, dem gefälligen Strand vor den Toren Fortalezas, der Hauptstadt des Bundesstaates Ceará, verbracht hat, der ahnt zumindest, was der Dichter damals, in vortouristischen Zeiten, meinte. Ein sanft abfallender Strand, feiner Sand, dazu das Spiel der Wellen, und über allem die kräftige Sonne – ja, das ist sie, die Bühne für wunderbare träge Nachmittage, für Stunden, die langsamer fließen als anderswo. Und hier trägt auch der *Jandaia*, der bunt gefiederte Sittich, seine Melodien vor. An ihn erinnert – wiederum nach Alencar und bis heute nicht widersprochen – der Name des Bundesstaat *Ceará*: »cemo« bedeute in der Sprache der heimischen Indianer »Lauter Gesang«, und »ara« bezeichne eine Gruppe von Papageienvögeln. »Ceará« also, »Gesang der Papageien«: Hier, genauer gesagt: in Fortaleza kam José de Alencar im Mai 1829 zur Welt. Und wie den Vögeln gefiel auch ihm es, die Heimat zu besingen.

Barbarische Anmut

Und mit keiner Figur gelang ihm das so sehr wie mit Iracema, »der Jungfrau mit den Honiglippen«, wie es in dem Roman heißt, »mit noch schwärzerem Haar als der Graúna-Vogel«, mit einem Lächeln, das anmutiger ist als die Wabe der Honigbiene, und einem Atem, dessen Süße selbst die der Vanille übertrifft. Und dieser Schönheit, der betörenden Jungfrau aus der fruchtbaren Epu-Ebene im Hinterland von

Ceará, ist es beschieden, Martim zu begegnen, dem portugiesischen Edelmann, der um das Jahr 1600 aus dem Süden des Kolonialreiches aufbricht, um dessen noch weitgehend unbekannten Norden zu erkunden. Nach seiner Ankunft geschieht, was nach den Regeln romantischer Literatur geschehen muss: Die beiden verlieben sich, bestehen einige Abenteuer, schenken einem Sohn das Leben, dessen Geburt Iracema aber nicht überlebt. Dies alles ist bewegend, auch darum, weil Alencar die Geschichte teils in der Sprache der Indianer erzählt, oder besser, einer Sprache, die er als die der Ureinwohner ausgab.

So verwendete er in seinem Text die indianischen Orts-, Tier- und Pflanzennamen. Aber wie mochten die Indianer früherer Zeiten sonst noch gesprochen haben? Alencar wusste es nicht. Sicher war er sich allerdings in einem: Wohl kaum so wie die Portugiesen. Die Sprache der Eingeborenen, schloss er aus seiner Lektüre, musste anmutiger, bildhafter, metaphernreicher gewesen sein. Also erfand Alencar einen Stil, der seinen Schlussfolgerungen entsprach. Natürlich, schrieb er in einem Kommentar zu seinem Roman, müssten brasilianische Dichter die »groben und rohen« Vorstellungen der Indianer in ihre Sprache übersetzen – aber für dieses Unterfangen müssten sie ihre gesamte literarische Kunst aufwenden. »Die zivilisierte Sprache muss eine Form finden, die der primitiven Eigenart der barbarischen Sprache entspricht. Die Bilder und Gedanken der Indianer darf sie nur in solchen Begriffen und Sätzen formulieren, die dem Leser im Munde eines Wilden natürlich vorkommen.«[145]

Der »Mund eines Wilden«: Wendungen wie diese klingen erheblich weniger freundlich als jene, die Alencar im Roman selbst formulierte. Sie lassen erkennen, worum es Alencar in erster Linie ging: nämlich darum, bewegende Bilder jener Menschen zu zeichnen, für die sich die Elite des unabhängig gewordenen Landes nicht einmal im Ansatz interessierte. Zumindest interessierte sie sich nicht für die wirklichen Indianer, die weitab der Städte, irgendwo im Hinterland, ihre Existenz fristeten. Als dichterische Phantasieprodukte hingegen empfanden die Dichter die Indianer als überaus attraktiv. Nicht umsonst erwarb sich Alencar seinen größten Ruhm durch das Indianer-Genre, dem er neben *Iracema* noch zwei weitere Romane widmete: *Ubirajara* und *O Guarani*. Allein hier, in der Dichtung, fanden die Indianer zu jener Größe, die sie in der Wirklichkeit längst verloren hatten. Und niemand, der das schärfer sah als José de Alencar. »Im *Guarani*«, schrieb er in seiner Autobiographie, »ist der Wilde ein Ideal, das der Dichter poetisch zu gestalten versucht; dabei befreit er ihn aus der groben Kruste, mit der die Chronisten ihn überzogen, und entzieht ihn der Lächerlichkeit, der ihn die dumpfen Überbleibsel dieser erloschenen Rasse preisgeben.«[146]

Unter der Feder Alencars wird die Literatur zum Reservat eines bedrohten Volkes. In den Zeilen seiner Bücher werden die Indianer zu Helden, prachtvollen Exemplaren jener Edlen Wilden, denen schon die europäische Literatur von Michel de Montaigne bis Jean-Jacques Rousseau so grandiose Zeilen gewidmet hatte – Zeilen, die natürlich längst auch Brasilien erreicht hatten und dort in den Salons der höheren Stände kursierten. Und aus diesen, wusste Alencar, rekrutierte sich auch seine Leserschaft. Also musste er seine Indianerfiguren deren Vorstellungen anpassen. Dass sie mit der historischen Wirklichkeit nicht mehr viel zu tun hatten – das war der Preis, den sie zahlen mussten, um zu unsterblichen literarischen Helden zu werden. »Wenn der Indio kein Held war, musste er einer werden«, beobachtete ein Kritiker. »Das Talent rettet alles. Und dieses Talent erschöpft sich bei Alencar Gott sei Dank niemals.«[147]

Ja, man konnte Alencar dankbar sei. Dank seiner Arbeit wurde der Indio in der Kunst, was er in der Realität niemals gewesen war: eine zentrale Figur der brasilianischen Vergangenheit. Im Vergleich zu den Inkas und Mayas, die im nördlichen Teil Lateinamerikas vor der Ankunft der Spanier eigenständige Hochkulturen begründet hatten, lebten die Indianer im Gebiet des heutigen Brasiliens auf vergleichbar bescheidener Entwicklungsstufe. Anders als die Indianer des Nordens leisteten sie den Eroberern auch keinen nennenswerten Widerstand, und wenn, dann war er rasch gebrochen. Und anders als die spanischen Eroberer betrieben die Portugiesen auch keine allzu großen Anstrengungen, die Indios mit der europäischen Kultur vertraut zu machen. Persönliche, gar intime Verbindungen zwischen Portugiesen und Indios wurden zwar nicht geächtet, aber auch nicht sonderlich geschätzt. Eher duldete man sie, zumal portugiesische Frauen lange Zeit rar waren.

Zwischen den Kulturen

Gemessen an den historischen Fakten, gab es also wenige Gründe dafür, den Indios so hohe literarische Würden zukommen zu lassen wie José de Alencar und andere Dichter seiner Zeit, etwa Gonçalves de Magalhães oder Gonçalves Díaz, es taten. Und doch war es alles andere als Zufall, dass sie die Indios als neue Helden stilisierten. Sie folgten keiner Laune und hatten ihr Herz auch nicht über Nacht den Indios geöffnet, jedenfalls nicht den realen Indios. Ihnen ging es um etwas anderes: Mit dem Indio konnten sie auf eine literarische Figur verweisen, die zwar hochgradig phantastisch sein mochte. Aber eines ließ sich von ihr ohne jeden Zweifel sagen: Sie war, zumindest in ihrer künstlerischen Ausarbeitung, brasilianisch durch und durch. Und das hieß zugleich: Sie war nicht portugiesisch. In Portugal gab und gibt es keine Indianer, also spielten sie auch in der portugiesischen Literatur keine Rolle. Mit dem Indianer verfügten die brasilianischen Dichter endlich über eine Figur, durch die sich die Literatur ihres Landes nicht nur von derjenigen der ehemaligen Kolonialmacht unterschied, sondern ihr auf gewisse Weise sogar einen Schritt voraus war – und das ist sie nicht nur in literarischer, sondern auch in ethischer Hinsicht. Auch das wollte José de Alencar mit *Iracema* beweisen.

Denn so unschuldig sich das Buch darum auf den ersten Blick auch geben mag: Insgeheim trägt es auf seine Weise dazu bei, die nach wie vor existierende kulturelle Vorherrschaft der Portugiesen zu untergraben. So harmlos, wie er scheint, ist dieser Text bei weitem nicht. Alencar beschwört die koloniale Vergangenheit genau in dem Moment, in dem sie langsam und unmerklich zusammenbricht. Denn wie könnten die Portugiesen die unterworfenen Ureinwohner noch beherrschen, wenn sie ihnen durch Heirat und gemeinsame Nachkommen immer ähnlicher werden? Iracema und Martim verlieben sich – und verändern sich dadurch. Und mit Moacir kommt ein Mensch mit ganz neuer Bindung in die Welt. Der Heimat der Mutter ist er ebenso verbunden wie der Herkunft des Vaters. Moacir lebt zwischen zwei Kulturen, ist zwar kein reiner Indianer mehr, aber auch kein reiner Portugiese. Er trägt ein doppeltes Erbe – ein Umstand, der ihn die Herrschaft des weißen Mannes nicht mehr ganz so unbefangen sehen lässt. Außerdem unterscheidet er sich schon äußerlich von all jenen, die einen reinen portugiesischen Stammbaum haben. All dies ist ihm noch nicht klar, als er mit seinem Vater auf dem Floß sitzt und Abschied von Ceará nimmt. Aber der Leser weiß es. Zumindest kann er es sich denken.

Wilder Ritter

Und doch: Noch stärkeren Glanz strahlten die Portugiesen aus – als deren Nachfahren sich Alencar und seine Leser letztlich verstanden. Nirgends wird das deutlicher als in Alencars Roman *O Guarani*, dessen zentraler Held Peri aus dem Mund des Erzählers ein Kompliment erhält, das vor allem eines ist: unbestechlich ehrlich. Peri, heißt es in dem Roman, sei »ein portugiesischer Ritter im Körper eines Wilden«. Deutlicher lässt sich der Zweifel am Sinn des indianistischen Programms kaum ausdrücken. Denn in aller Deutlichkeit spricht Alencar aus, wie es um die kulturelle Unabhängigkeit der Heimat tatsächlich bestellt ist: nicht allzu gut. Die Menschen mögen sich durch ordentliche und wilde Ehen, durch Kinder und Kegel äußerlich verändert haben. Aber die Ideen, die sie prägen, sind dieselben geblieben. Das portugiesisch-europäische Gedankengut dringt nicht nur weiter nach Europa, sondern behält auch seine dominante Stellung. Ja, es expandiert sogar, so dass es sich nun auch auf die Indianer und deren Nachkommen überträgt. Das Antlitz der Portugiesen mag im Laufe der Jahrhunderte dunkler, vielleicht auch indianischer geworden sein, das ja. Aber auf ihre Weltsicht hat das keinerlei Einfluss, im Gegenteil: die Kultur der Alten Welt schreitet ungebrochen voran.

Das kann auch nicht anders sein, findet Alencar. Denn was sollte sich ihr entgegenstellen? Die Kultur der Indianer? Einen solchen Gedanken kann Alencar nicht ernst nehmen. Denn die Eingeborenen sind im Grunde ihres Herzens froh, sich der Kultur der Eroberer unterwerfen zu dürfen. Peri, der tapfere Guarani, ist dafür das beste Beispiel. Er mag großmütig und heldenhaft sein, aber zuletzt bleibt er, wie es in dem Roman heißt, »ein Barbar im Vergleich mit zivilisierten Menschen, deren kulturelle Überlegenheit sein Instinkt erkannte.«[148]

Bedauernswerte Indianer: Nicht einmal als Kunstfiguren können sie bestehen. Wurden sie in der Wirklichkeit nicht missioniert, so werden sie es nun, in der Literatur. Als fiktive Helden erfreuen sie sich zwar größter Beliebtheit und sind auch fester Bestandteil des brasilianischen Schulunterrichts. Allerdings vermögen sie von dort aus nicht zurück in die Wirklichkeit zu wandern und diese zu verändern: Die Indianer blieben am Rande der brasilianischen Gesellschaft. Dort leben sie größtenteils noch heute. Eben das warfen seine Kritiker Alencar schon zu dessen Lebzeiten vor. Der Indianismus sei zutiefst wirklichkeitsfremd, monierten sie. Mit der tatsächlichen Situation des Landes habe er nichts zu tun, er führe in eine Traumwelt, die dem Land nicht weiterhelfe. Es sei sinnlos, sich in legendären Geschichten zu verlieren – allein darum, weil die den Indianern gewidmete Literatur aus leicht verständlichen Gründen ihrerseits schlichtweg schlecht sei. Die Romantiker, schrieb etwa der Schriftsteller Álvares de Azevedo, »erzählen von Seufzern im nächtlichen Sertão, von den Traditionen untergegangener Völker aus den Urwäldern, von den Sturzbächen in den Hochebenen, als hätten sie wenigstens eine Nacht dort verbracht. Als würden sie wie Hamlet auf dem Friedhof jeden Kalvarienberg in der Einöde nach seiner Vergangenheit befragen.« All dies sei lächerlich, erklärte Azevedo. Es sei lächerlich, weil nur allzu offensichtlich sei, dass die Autoren von der Wirklichkeit der Natur nicht die geringste Vorstellung hätten – oder diese nach Kräften verschwiegen. Ihre Texte, fährt er fort, seien darum unglaubwürdig durch und durch: »Diese Lügner! Alles kam ihnen in den Sinn, als sie die Berichte irgendeines Reisenden lasen, der wohl darauf hinzuweisen vergaß, dass es in den Seen und Wassern des Amazonas und des Orinoco mehr Moskitos und Malariafälle als Inspiration gibt; dass im

Urwald widerliche Insekten und furchtbare Kriechtiere leben, und dass das schillernde Fell des Tigers nicht den Duft
von Blumen hat. Dass all dies in den Büchern erhaben, in der
Realität aber höchst unangenehm ist.«[149]

Zynischerweise könnte man sagen, dass die Indianer immerhin den Sprung in die brasilianische Literaturgeschichte
schafften. Denn selbstverständlich war auch das nicht. Denn
so dicht die Indianer die Romane und Gedichte jener Zeit
bevölkerten, so sehr musste zumindest späteren Lesern eines
auffallen, dass nämlich eine andere Gruppe im Inventar der
brasilianischen Romantik vollkommen fehlte: die Schwarzen. Sie fanden in den Gedichten und Romanen des 19. Jahrhunderts lange Zeit bestenfalls als wehrlose Leibeigene Er-
wähnung. Als eigenständige Protagonisten erscheinen sie
erst sehr spät. Die meiste Zeit über werden sie nach Kräften
ignoriert, erhalten bestenfalls belanglose Nebenrollen. Aber
eigenständige Figuren, gar Helden zu werden: keine Chance!

Deren Schicksal zu schildern übernimmt allerdings eine
jüngere Generation. Für Alencar und seine Zeitgenossen war
das unmöglich. Denn wie sollte man eine Menschengruppe
zu literarischen Helden verklären, die tatsächlich ja in der
Sklaverei lebte? Das wäre ein Widerspruch zur Realität, wie
er größer kaum hätte sein können. Also schwieg Alencar –
auch darum, weil er selbst Sklaven besaß. Und weil er natürlich wusste, dass die meisten seiner Leser ihren Reichtum
ebenfalls auf die Sklavenwirtschaft gründeten. Sie hätte er
als Leser verprellt. Auch darum besannen er und die anderen Dichter jener Zeit sich auf die Indianer. Weit abgedrängt
ins Hinterland, spielten sie im Leben der brasilianischen Elite keine Rolle. Darum kostete es auch nichts, sie literarisch
zu veredeln. Papier und Dichtung sind geduldig. Und im
Zweifel finden sie nichts dabei, vor der Realität die Augen zu
verschließen.

7 Tropen und Tempo
Brasilien auf dem Sprung in die Moderne

Rio in eine moderne, angenehme und zivilisierte
Stadt zu verwandeln
ist eine unleugbare, drängende Notwendigkeit.
Zeitung »Rua do Ouvidor«,
Ausgabe vom 10. September 1904

Als winziger Punkt zeichnet es sich am Horizont ab, wird
allmählich größer, um sich dann, einige hundert Meter vor
dem Hafen, in allen Einzelheiten zu erkennen zu geben. In
dichten Wolken quillt der Dampf aus dem Schornstein, das
mächtige Schaufelrad treibt es zügig voran, und wenn das
Schiff dann im Hafen anlegt, kann man sicher sein: Dieser
Tag ist der fünfte des laufenden Monats. Nicht der vierte,
auch nicht der sechste. Sondern ganz genau und immer wieder der fünfte.

Die Pünktlichkeit, mit der die Dampfer der *Royal Mail
Steam Packet Company* und der *Companhia Brasileira de Paquetes a Vapor* die Strecke zwischen dem britischen Southampton und Rio de Janeiro zurücklegten, war legendär. Was
auch passierte, ob ein Sturm über den Ozean fegte oder sie
wochenlang über eine spiegelglatte Wasserfläche zogen: Immer, fast immer jedenfalls, trafen die Schiffe zur geplanten
Zeit im Hafen der brasilianischen Hauptstadt ein. Nichts
brachte diesen Fahrplan durcheinander. In ehernen Rhythmen verbanden die Linien die beiden Kontinente, so unbeirrbar, dass es schien, ihre Fahrten entsprächen einem Naturgesetz, seien so stetig wie die Bewegung der Erde um die
Sonne. Am 9. Tag eines jeden Monats liefen sie in Southampton aus und kamen, nach Zwischenstationen in Lissabon,

Madeira, Tenerifa, São Vicente, Pernambuco und Bahia, am 5. Tag des folgenden Monats in Rio de Janeiro an. So wollte es der Fahrplan, und so geschah es auch. Der Zufall wollte es, dass die 27 Tage, die die Schiffe auf See waren, einem anderen natürlichen Rhythmus entsprachen: dem der weiblichen Menstruation. Der hatte mit dem der Schiffe außer der gemeinsamen Länge zwar nichts zu tun. Aber weil beide so regelmäßig und beständig waren, tauften die Brasilianer den Menstruationsrhythmus auf einen eigenartigen Spitznamen: *paquete* – nach den Paketdampfern, wie die Schiffe aufgrund ihrer Fracht allgemein genannt wurden.

Die Menstruation benannt nach dem Fahrplan der Dampfer: Das war mehr als ein Scherz. Der Spitzname zeigte, wie beeindruckt die Brasilianer zur Mitte des 19. Jahrhunderts von der Genauigkeit waren, mit der die riesigen Gefährte die tausende Meilen lange Seestrecke über den Ozean zurücklegten. Aber auch das war nicht alles: Der Fahrplan zeigte ihnen auch, wie rational und präzise der Umgang mit Zeit sein kann. Zeit, bemerkten sie, kann strukturiert, geplant, organisiert werden. Natürlich, die Tage können träge und unmerklich dahinfließen. Aber genauso gut lassen sie sich dynamischer, zielgerichteter Planung unterwerfen. Sie sind dann nichts Amorphes mehr, sondern auf einer Achse pfeilförmig darstellbar. Zeit lässt sich unterteilen, in kleine und kleinste Abschnitte gliedern, deren jeder exakt vermessen ist. Innerhalb dieser markierten Grenzen gilt es Dinge zu erledigen, Ziele zu erreichen, das Soll zu erfüllen. Dadurch allerdings verändert sich der Charakter der Tage: Sie verlieren ihre Behäbigkeit, verwandeln sich in Fixpunkte eines exakt definierten Rahmenprogramms. Sie sind keine unsichtbaren Zeitflächen mehr, die sich nach Belieben füllen oder in wunderbarer Lässigkeit verprassen lassen. Nein, fortan führt jeder Tag zum Ziel, in kleineren oder größeren, aber doch unerbittlich zum Ziel weisenden und zugleich drängenden

Etappen. Fortan legen sich die Brasilianer Rechenschaft über ihre Tage ab: Was haben sie geleistet, wie haben sie ihn genutzt? Haben sie erreicht, was sie sich vorgenommen haben? Haben sie ihre Ziele erreicht oder sind sie ihnen zumindest ein Stück näher gekommen? Oder müssen sie noch entschiedener vorgehen, noch mehr von sich und den anderen verlangen? Fortan plätschern die Tage nicht mehr dahin, sondern werden genutzt. Die Zeit hat ihre Unschuld verloren. Natürlich hatten die Brasilianer auch vorher schon mit der Zeit gerechnet. Die gesamte Landwirtschaft, von der Rodung des Brasilholzes über den Zucker- bis zum Kaffeeanbau wäre ohne vorausschauende Planung niemals möglich gewesen. Doch noch nie in der brasilianischen Geschichte waren die Stunden und Tage in derart großem Maßstab koordiniert, in solchem Umfang gleichgeschaltet worden. Die Zeit verwandelte sich: Sie wurde öffentlich, verlief nach einem überall eingehaltenen Rhythmus, der sogar unendlich weit voneinander entfernte Kontinente miteinander verband. Ein beliebiger Zeitpunkt in Großbritannien hatte jetzt im tausende Seemeilen entfernten Brasilien eine genau definierbare Entsprechung. Und weil die Zeit in Europa bereits viel genauer vermessen und nutzbar gemacht worden war, passten die Brasilianer ihre Zeit an. Die Uhren folgten von nun an europäischen Rhythmen. Der Eindruck eines neuen, schneller verlaufenden Alltags verfestigte sich in den folgenden Jahren. Immer weitere Schiffslinien verkehrten zwischen der Alten und der Neuen Welt, zunehmend liefen die Schiffe nicht nur aus England, sondern auch aus Portugal und Frankreich in den brasilianischen Hafenstädten ein. So selbstverständlich waren die exakten Fahrpläne binnen weniger Jahre geworden, dass die von brasilianischen und portugiesischen Unternehmern gegründete *Empresa Luso-Brasileira* ernsthaft ihren Ruf gefährdete, als sie ihren auf den Namen »L'Avenir« (»Zukunft«) getauften Dampfer am 25.

November 1853 von Marseille aus in See stechen ließ, und dieser erst am 9. Februar des folgenden Jahres in Rio de Janeiro eintraf. Das Unternehmen konnte seinen Ruf erst retten, als es glaubhaft nachwies, dass es einen nicht leicht zu reparierenden Propellerschaden gegeben hatte – den allerdings vor Bahia, also in der Nähe zum rettenden Festland.[150] Die Kunden sahen es dem Unternehmen nach. Dieses seinerseits war sich ab sofort über die Erwartungen im Klaren, die es fortan zu erfüllen hatte. Der Druck erhöhte sich noch, als man sich an die Rekordzeit gewöhnte, die die *Companhia Sul-Americana e Geral de Navegação a vapor* im Jahr 1853 vorlegte: Sie legte die Strecke von Southampton nach Rio de Janeiro in nur 24 Tagen zurück. Und auch das Streckennetz griff weiter aus: Die Schiffe der *Companhia Sul-Americana* fuhren weiter bis nach Montevideo, während die *United States and Brazil Mail Steam Ship Company* ein ganz anderes Ziel ansteuerte: New York.

Kaffee und Kapital

Anfangs transportierten die Dampfer vor allem Briefe, kleinere Pakete und Menschen über den Ozean. Mehr und mehr nahmen sie aber auch Waren und Maschinen an Bord – ganz dem regen Handel entsprechend, der sich zwischen Brasilien und insbesondere England seit Beginn des Jahrhunderts entfaltete. Noch brachten zwar vor allem Segelschiffe die meisten Waren über das Meer. Aber mehr und mehr durchpflügten nun Dampfer den Ozean, der Eile entsprechend, mit der England den brasilianischen Markt zu beliefern gedachte. Kaum war Prinzregent Dom João 1808 mit dem portugiesischen Hof nach Brasilien übergesiedelt, hatte er ein Dekret erlassen, wonach sich die brasilianischen Häfen für Schiffe mit Brasilien befreundeter Nationen öffnen durften.

Das Nachsehen hatte der portugiesische Zwischenhandel, über den der Warenverkehr bislang gelaufen war. Für die Brasilianer brachte die Öffnung erhebliche Vorteile: Der Warenstrom schwoll an, die Preise verringerten sich, die Kredite wurden günstiger. Ebenfalls im Jahr 1808 setzte João das Manufakturverbot außer Kraft. Zwei Jahre später schloss Brasilien mit den Briten einen »Freundschaftsvertrag«, der dem Inselreich einen konkurrenzlos günstigen Zolltarif für die Einfuhr seiner Waren einräumte. Während die europäischen Länder mit Ausnahme Portugals einen Satz von 24 Prozent zu zahlen hatten, brauchten die Briten nur 15 Prozent zu entrichten – ein gewaltiger Handelsvorteil, der ihnen einen enormen Vorsprung vor ihren Konkurrenten sicherte. Den nutzten sie nach Kräften: Brasilien wurde für England zu einem schier grenzenlosen Markt. Denn das unabhängig gewordene Land hatte enormen Nachholbedarf, bei Konsum- ebenso wie Investitionsgütern. Denn über lange Zeit hatten die Fazendeiros es versäumt, ihre Betriebe zu modernisieren. Der nie abreißende Strom neuer Sklaven hatte es unnötig erscheinen lassen, mit der technischen Entwicklung Schritt zu halten. Denn Zucker und Kaffee, die beiden wichtigsten Produkte, ließen sich auf Grundlage der Zwangsarbeit auch auf traditionelle Weise vergleichsweise günstig herstellen. Von den 1651 Zuckermühlen, die man 1857 in Brasilien zählte, wurden 144 mit Dampf-, 253 mit Wasser- und 1275 durch Tierkraft angetrieben.[151] Auf diese Weise konnte Brasilien seine führende Weltmarkstellung zwar bis weit ins 19. Jahrhundert behaupten und die Produktion auch erheblich steigern. Als in Europa dann aber mehr und mehr Zuckerrüben angebaut wurden, konnten die brasilianischen Produzenten nicht mehr mithalten. Die Preise fielen, Brasiliens Anteil am Weltmarkt sank.

So kam es wie gerufen, dass die Europäer sich zunehmend für den Kaffee begeisterten. Die brasilianischen Pro-

duzenten sattelten um, produzierten immer neue Rekord-
mengen des anregenden Pulvers. Seit etwa 1840 war das
Land mit einem Anteil von 40 Prozent am Weltmarkt der
international größte Kaffeeproduzent. Der Handel boomte so
sehr, dass der Kaffee in den 1870er Jahren rund drei Viertel
aller brasilianischen Exporte darstellte.[152]

Möglich war dieses Wachstum nur, weil die Kaffeebauern
ihre Betriebe entschlossen modernisierten. Durch den endgültigen Stopp des transatlantischen Sklavenhandels zur
Jahrhundertmitte waren sie auf Immigranten aus Europa angewiesen, die als Lohnarbeiter beschäftigt waren. Allein
dieser Schritt bedingte eine entschlossene Rationalisierung
der Produktion und eine exakte Berechnung der Investitionen und Erträge. Die Kaffeebauern wurden zu schärfstem
Kalkül gezwungen, Fehler konnten sie sich fortan nicht
mehr leisten. Entsprechend zügig verwandelten sie ihre
Plantagen von vergleichsweise gemächlich arbeitenden Hö-
fen in penibel strukturierte Industrieunternehmen. Dies erforderte beträchtliche Investitionen. Erheblich größere
Summen mussten die Produzenten aber aufbringen, um den
Kaffee von den Plantagen zu den Häfen zu bringen. Eisenbahnen, Telegraphenlinien, große transatlantische Schiffs-
flotten, entsprechende Häfen, Versicherungen, Dienstleister:
All dies verschlang ungeheures Kapital, das die Brasilianer
teils von den eigenen, größtenteils noch in Entwicklung be-
findlichen Banken, überwiegend aber von internationalen,
überwiegend englischen Kreditinstituten liehen. Auch für
andere Branchen brauchten die Brasilianer dringend Geld:
Allein zwischen 1850 und 1860 entstanden 62 zu den unterschiedlichsten Zweigen gehörende Industrieanlagen; parallel dazu wurden im selben Zeitraum – unter anderem – zwölf
Banken und drei Sparkassen, 23 Versicherungsunternehmen,
drei städtische Verkehrsunternehmen, 20 neue Schifffahrts-

und acht neue Eisenbahngesellschaften gegründet. Betrug das Streckennetz der Eisenbahnen 1864 noch 475 Kilometer, war es bis 1888 bereits auf 9200 Kilometer angewachsen. Das war zwar bei weitem noch nicht genug, aber doch ein erheblicher Fortschritt gegenüber der Situation ein Vierteljahrhundert zuvor.[153] In noch schnellerem Rhythmus wuchsen die Städte: Zählte Salvador da Bahia zu Beginn des 19. Jahrhunderts noch gut 45000 Einwohner, waren es 1890 rund 145000. Noch schneller wuchs Rio de Janeiro: Dort lebten 1821 knapp 80000 Menschen − 1890 waren es bereits eine gute halbe Millionen, und zu Beginn des neuen Jahrhunderts dann fast eine Million. [154]

Time is money

»Dieses letzte Viertel des Jahrhunderts ist der Beginn einer neuen und außergewöhnlichen Ära«, notierte der Schriftsteller und Journalist Machado de Assis, mit feinem Gespür für die atmosphärischen Veränderungen, die Rio de Janeiro in jenen Jahren durchlebte.[155] Zu diesen Veränderungen gehörte eben ein neuer Umgang mit der Zeit. Die Menschen bewegten sich anders, sie gingen zügigeren Schrittes durch die Straßen, hatten für Nebensächliches keine Muße mehr, ja schienen mit einem Mal nahezu alles für eine Nebensache zu halten. »Andar à americana« nannte man diesen neuen, ungewohnten Gang, die lässige, aber energische Art, sich durch die Stadt zu bewegen. Wer so geht, hat keinen Sinn für die Dinge um ihn herum, sie treten zurück gegenüber dem Zweck und Ziel, das der solcherart Marschierende gerade verfolgt. Und nur dieses ist wichtig, alles andere ist belangloses Beiwerk. Wer sich auf diese Art bewegt, weiß, was er will − und was er will, ist, so jedenfalls nimmt man es allgemein an, geschäftlicher Erfolg. »Geschäftsleute, die größte, vielleicht auch einzige Aristokratie der Zeit«, nennt ein Beobachter den geschäftigen Geist, der im Rio de Janeiro des späten 19. Jahrhunderts Fuß fasst.[156] »Ao vencedor as batatas« – (»Dem Sieger die Kartoffeln«) wird Quincas Borbas, die Hauptfigur aus Machado de Assis' gleichnamigem Roman aus dem Jahr 1891 zusammenfassen. »The winner takes it all«, würde man es mit einer heute prägnanten Formel übersetzen. »Was ist die Zeit«, fragt Machado de Assis in einem seiner Texte für die Zeitung *Gazeta de Notícias*. »Ist es die frische und träge Brise der vergangenen Jahre, oder jener gewaltige Taifun, der mit der Elektrizität einen Wettkampf aufnimmt? Es gibt keinen Zweifel, dass die Uhren seit einigen Jahren sehr viel schneller gehen.«[157]

Ja, die Uhren gehen schneller, denn sonst könnten sie kaum mehr mithalten mit dem Tempo, das in Rio fortan den Takt vorgibt. Nirgends wird das sinnfälliger als durch das neue Transportmittel, das in jenen Jahren durch die Hauptstadt rauscht: den *bonde eletrico*, die elektrische Straßenbahn. Im Oktober 1892 wird die erste Linie eröffnet – die erste ihrer Art in Lateinamerika überhaupt. Gut 30 Jahre lang, seit 1859, waren die auf Schienen dahinrollenden Gefährte von Pferden gezogen worden. In den Wagen konnte man sich sicher fühlen, denn das Tempo der Pferde war überschaubar. Zugleich waren diese Karossen nichts Besonderes, unterschieden sich kaum von den Kutschen, die ihre Passagiere seit beinahe ewigen Zeiten überaus verlässlich von dem einen Ort zum anderen brachten. Die elektrisch betriebenen Wagen aber waren etwas Neues. Wie von Zauberhand gezogen donnerten sie durch die Straßen, scheinbar so, als wären sie auf Energie überhaupt nicht angewiesen. Ein erregendes, aber auch furchteinflößendes Transportmittel. »Die elektrische Bahn stellt für die Passagiere keinerlei Gefahr dar«, informierten an den Rückenlehnen angebrachte Hinweisschilder die skeptischen Fahrgäste, die sich dem neuen Service nicht ohne Vorbehalte, wenn nicht gar voller Furcht überließen.[158] Denn die Geschwindigkeit der neuen Gefährte schien beachtlich. Die Passagiere empfanden es so, mehr aber noch die Passanten, die Mühe hatten, das Tempo der auf sie zurollenden Ungetüme richtig einzuschätzen. Wie weit war es entfernt und wie lange würde es brauchen, um jene Stelle zu erreichen, an der man gerade die Straße überqueren wollte? Das war am Anfang gar nicht so leicht zu sagen, es fehlten Erfahrungswerte, ein in Fleisch und Blut übergegangenes Geschwindigkeitsgefühl. Sicher, rasend schnell waren die Bahnen nicht, aber es reichte, um den Passanten gelegentlich Beine zu machen. Unfälle waren an der Tagesordnung. Und wieder war es Machado de Assis, der als einer der ersten begriff, dass man fortan ein wenig mehr aufpassen musste im Straßenverkehr. »Ein teurer, nun toter Freund von mir, sagte mir, dass er niemals die Linie einer Straßenbahn überquere, ohne die Möglichkeit zu bedenken, er könne zwischen die Schienen fallen. Imme rechne er aus, wie viel Zeit er dafür brauche, sich dann wieder zu erheben und an die andere Seite zu kommen. Ich selbst«, schrieb er nicht ohne Augenzwinkern, »kalkuliere etwas umfassender: Ich rechne aus, wie viel Zeit ich brauche, um im Falle eines Sturzes zum nächsten Schneider zu kommen und dort meinen Anzug ausbürsten zu lassen. Der nächste Schneider kann weit sein, aber noch viel weiter ist es in die Ewigkeit.«[159]

Held der Lüfte

Doch bevor man in die Ewigkeit eintritt, gibt es jede Menge zu tun. Das Leben wird zu einer einzigen Agenda, zu einer endlosen Liste abzuarbeitender Dinge, an die sich, kaum sind sie erledigt, schon wieder neue Aufgaben anschließen.

Darum kommt es darauf an, sich wenigstens ansatzweise in den Stand zu setzen, mitzuhalten, wenigstens jederzeit auf jenes Hilfsmittel zurückzugreifen, das jederzeit zu erkennen gibt, was die Stunde geschlagen hat: die Uhr. 1880 entwarf die Schweizer Uhrenfirma Girard-Perregaux für die deutsche Kriegsmarine die ersten Armbanduhren. Ihre lässig-verwegene Eleganz signalisierte eine Sportlichkeit, die dem Geist der Zeit entsprach. Und es war ein brasilianischer Sportler, der dem neuen Uhrentyp zu weltweiter Popularität verhelfen sollte: Alberto Santos-Dumont (1873-1932), einer der Pioniere der motorisierten Luftfahrt. Inspiriert von den Abenteuerromanen Jules Vernes, die er als Kind las, experimentierte er als junger Mann zunächst mit Gasballons und Luftschiffen. Mit einem von ihnen, getauft auf den nüchternen Namen »Santos Dumont Nr. 6«, flog er im Oktober 1901 aus Saint-Cloud, einem Pariser Vorort, zum Eiffelturm: eine Strecke von fünfeinhalb Kilometern, die er in einer halben Stunde zurücklegte – für damalige Verhältnisse eine Rekordzeit.

Nur eines konnte er sich bei diesem Tempo nicht leisten: auf die Uhr zu schauen. Sie eigens an der Kette aus der Tasche zu ziehen, den Deckel aufklappen zu lassen und den Stand der Stunden und Minuten zur Kenntnis zu nehmen – dafür fehlte während der Fahrten mit den gasgefüllten Monstern schlicht die Zeit. Also gab er bei dem französischen Uhrenmacher Louis Cartier ein Modell in Auftrag, das eine weniger umständliche Prozedur erfordert. Der entwickelte 1904 eine Armbanduhr, der er dem Flugpionier zu Ehren den Namen *Santos-Dumont* gab. Die bis heute verkaufte Uhr mit dem charakteristischen quadratischen Gehäuse, den römischen Ziffern und dem langen Minutenzeiger wurde zu einem Verkaufsschlager, kaum dass sie im Handel war. Hoch in der Luft, im Kampf mit den Elementen, konzentriert auf die Armaturen – da musste eine leichte Drehung des Handgelenks reichen, um dem Piloten über die Uhrzeit in Kenntnis zu setzen. Die lässige, aus dem Arm kommende Drehung entsprach ganz wunderbar dem Geist der neuen Zeit, dem Kult der angespannten Konzentration, der Beschränkung auf das Wesentliche, dem angespannten Rhythmus, den das Leben vorgab. Da war es gut und sah es vor allem gut aus, wenn die Uhr am Handgelenk saß: als jederzeit einsehbarer Chronometer, der seinen Träger in Bruchteilen von Sekunden darüber informieren konnte, wie weit der Tag schon wieder vorangeschritten war. Und vielleicht war es diese Uhr, die dazu beitrug, dass Santos Dumont am 12. November 1906 in seinem Flugzeug *Oiseau de Proie III* (»Raubvogel Nr. 3«) in etwas über 21 Sekunden und mit einer Durchschnittsgeschwindigkeit von gut 41 Kilometern über eine Distanz von 220 Metern flog – und damit ein Preisgeld von 1500 Francs für den ersten motorisierten Flug über 100 Meter gewann. Brasilien war stolz auf seinen Sohn, der im fernen Europa Fluggeschichte schrieb – und damit auch seiner tropischen Heimat die gebührende Anerkennung verschaffte. »Europa kniete vor Brasilien nieder«, fasst ein geflügeltes Wort die Empfindungen von Dumonts Landsleuten zusammen. Zahllos die Zeichnungen, in denen der Flugpionier in seinen Fluggeräten in dramatischem Schwung über die Dächer von Paris schoss – so hoch kam er zwar nicht, aber Eiffelturm und Seine gaben eine zu verführerische Kulisse ab, als dass die Künstler auf sie hätten verzichten mögen.

Und auch die Dichter fühlten sich inspiriert. Luís Aranha (1901-1987) träumt 1922 davon, ein Flieger zu sein, »langsame Schleifen zu formen, / phantastische Loopings, / tödliche Saltos, wie ein Athlet von elastischem Stahl«. Aber die Faszination aeronautischer Kühnheit ist es nicht allein. Aranha geht einen Schritt weiter. »Wenn eines Tages / mein Körper dem Flugzeug entkäme, / würde ich meine Flügel spannen, / um einen blauen Tauchgang in den schimmernden Abend zu unternehmen ... / Es ähnelte einem Engel / von dahinflatterndem Körper, / mit offenen Flügeln, dahineilend / über die ferne Erde ... / In meiner Suche würde ich Muster in den Himmel zeichnen / schnell und präzise / Im Raum würde ich voller Ekstase die Luft zerschneiden / Mein Körper sänge / pfeifend / die Symphonie der Geschwindigkeit / und ich fiele / in die offenen Arme der Stadt ... / Ein Pilot zu sein, um hoch nach oben fliegen zu können.«

Es lebe der Sport

Grenzen zu überwinden, über sich selbst hinauszuwachsen, letztlich vielleicht sogar ein anderer zu werden: Diesem Traum ergaben sich immer mehr Brasilianer. Wie überall in der westlichen Welt organisiert man sich auch hier in Vereinen und Verbindungen, trägt Wettkämpfe aus, stellt Kraft und Körperlichkeit zur Schau, und an den Schulen des Landes wird Sport zum obligatorischen Unterrichtsfach. Und es liegt nahe, dass an einer so dicht am Meer gelegenen Stadt wie Rio de Janeiro vor allem der Wassersport gepflegt wird. 1895 gründet sich der *Clube de Regatas do Flamengo*, der Ruderclub der brasilianischen Hauptstadt, der sich in den folgenden Jahren immer weiteren Sportarten öffnet und dessen Fußballmannschaft mehrere Male die brasilianischen Meisterschaften gewann. Er gibt den Auftakt zur Gründung weiterer Clubs, die den Geist des Sports in der Stadt und dann im ganzen Lande verbreiten. Der Journalist João do Rio hat den Siegeszug des Sports in einer seiner Reportagen festgehalten. Die Gründung des *Clube de Regatas*, berichtet er, hätte in der Bevölkerung für Begeisterung gesorgt. »Und plötzlich entstand ein weiterer *club*, danach noch einer, dann noch einer, bis es schließlich eine ganze Menge waren:

die Strände von Boqueirão, Misericórdia, Botafogo, Icaraí waren voller Regattazentren. Überall sprachen Jungen von ihren Muskeln. In der Stadt trugen junge Männer, die bislang schwach und aufgedunsen waren, ihre breite Brust und schmale Taille, ihre kraftvollen Beine und die an Herkules erinnernde Muskulatur ihre Arme zur Schau. Es war der Wahnsinn des *rowing*, die Leidenschaft des *sports*.«[160] *Club*, *rowing*, *sport*: die im portugiesischen Original verwendeten Anglizismen deuten darauf hin, wie sehr die Sportbegeisterung fortgeschritten war, dass es um sehr viel mehr als nur körperliche Ertüchtigung ging. Der Sport war nicht nur Sport – er war ein Lebensstil, eine neue Kultur, die bis in den Wortschatz der Brasilianer und über ihn dann auch in ihre Köpfe und Herzen vordrang. »Seit 20 Jahren«, berichtet João do Rio, »war der *Club de Regatas do Flamengo* gesellschaftliche Pflicht. Von ihm ging die Prägung der neuen Generationen aus, die Verherrlichung der körperlichen Anstrengung mit dem Ziel eines gesunden Körpers und Geistes. Der *Club de Regatas do Flamengo* war der Kern, von dem die gewaltige Begeisterung für die verschiedenen Sportarten ausging. Der *Flamengo* war die Veranda zum Meer. Die Menschen beobachteten das Geschehen zunächst mit einiger Bestürzung. Dann begann es ihnen zu gefallen. Und die jungen Männer hielten sich in Kniehosen und Unterhemden den ganzen Tag und die ganzen Nacht lang im Meer auf.«[161]

Die Entwicklung des Breitensports und des dazugehörigen Programms im Brasilien der Jahrhundertwende zeigt, welch spielerischen, verschwenderischen Charakter er hat. Zahllos die Zuschauer, die am Rande des Wassers die Regatten verfolgen, Stunde um Stunde den Ruderern zuschauen, jene Fankultur hervorbringen, in denen der Einzelne zum Teil eines größeren Ganzen wird, das erst durch die Beteiligung aller seinen letzten Sinn erhält. Die Ruderer würden ohne die Zuschauer nicht zu regelmäßigen Rennen gegeneinander antreten – und ihre Bewunderer wären um die Möglichkeit gebracht, zumindest für die Dauer einiger Stunden den Druck des Alltags zu vergessen, den Wettkampf an andere zu delegieren, die ihn ästhetisch erhöhen und zum Kult stilisieren.

Fußball ist unser Leben

Mehr als jede andere Sportart übernimmt diese Aufgabe der Fußball. Gekickt wurde in Brasilien seit dem letzten Drittel des 19. Jahrhunderts. Wirklich populär wurde der neue Sport aber erst durch Charles William Miller (1874-1953), den in Brasilien geborenen Sohn eines schottischen Eisenbahnbauers, der half, die ersten Bahnlinien des jungen Staates zu verlegen. Williams Eltern gingen in jungen Jahren nach England, wo er seine Schulausbildung erhielt. Dort lief er mit Begeisterung dem runden Leder hinterher, und als er 1894 nach Brasilien zurückkehrte, gründet er noch im selben Jahr den *São Paulo Athletic Club*, die erste Fußballmannschaft des Landes. Die jungen Brasilianer begeisterten sich für den neuen Sport und fanden sich zum Spiel zusammen. Im Jahr 1900 wurde im Bundesstaat Rio Grande do Sul der *Sport Club Rio Grande*, der erste brasilianische Fußballclub überhaupt, gegründet. Zwei Jahre später ruft Oscar Alfredo Cox (1880-1903), auch er Sohn eines englischen Vaters, den *Fluminense Football Club* ins Leben und wird dessen erster Präsident. Der deutsche Immigrant Hans Nobiling (1877-1954), einst Spieler des Hamburger *Sport Club Germania 1887*, trommelt in der neuen Heimat ein paar Gleichgesinnte zusammen, die unter dem Namen *Hans Nobilings Team* – der brasilianischen Variante des Namens, *Time do Hans Nobiling* – firmieren. Weil man sich nicht einigen kann, ob der Club ein deutscher oder, angesichts der vielen aus anderen Ländern stammenden Mitspieler, nicht lieber ein internationaler sein soll, gehen aus ihm zwei getrennte Clubs hervor: Der *Sport Club Internacional* und die teutonische Variante, der *Sport Club Germânia*. Hans Nobiling selbst kümmern die nationalistischen Belange wenig: Er beteiligt sich an der Gründung beider Clubs. Ihn interessiert, wie so viele andere junge Brasilianer, allein der Sport. Ihn zieht es auf das Fußballfeld, das in jenen Jahren eine immer größere Faszination zu entfalten beginnt. »Der Fußball steht auf der Tagesordnung«, schreibt 1904 die Zeitschrift *Kosmos*. »Die Clubs vervielfältigen sich. Die englische Fußspitze hat heutzutage die sportliche Ehre, Tag für Tag neue enthusiastische Projekte anzustoßen und unter der gesunden Jugend den edlen Wettkampf von Geschicklichkeit und Kraft zu verbreiten.«[162]

In diesem Wettkampf maßen sich 1901 erstmals Mannschaften aus Rio de Janeiro und São Paulo. Die Begeisterung in São Paulo ist so groß, dass dort noch im selben Jahr die erste Regionalliga, die *Liga Paulista de Football*, gegründet wird, die 1902 die erste Meisterschaft des Landes austrägt. Gleichzeitig gründet sich in Rio der *Fluminense Football Club*, zwei Jahre später der *Botafogo Football Club*, der heutige *Botafogo de Futebol e Regatas*. In den folgenden Jahren bilden sich immer weitere Vereine, die sich 1914 in der *Federação Brasileira de Sports* zusammenschließen. Aus den Mitgliedsvereinen wird noch im gleichen Jahr die erste Seleção, die erste Nationalmannschaft, gebildet. In ihrem ersten Spiel gegen den *Exeter City Football Club* gewinnt die Auswahl mit 2:0. Noch ist alles reines Spiel. Doch unaufhaltsam nähert man sich der Epoche des professionellen Fußballs. Eröffnet wird sie vom 1898 gegründeten *Club de Regatas Vasco da Gama*. Von Anfang an verzichtet er auf den elitären Charakter, den die anderen Clubs der Zeit pflegen. Sein in den Farben Gelb, Weiß und Schwarz gehaltenes

Wappen macht unmissverständlich klar, dass in ihm Mitglieder aller drei großen Bevölkerungsgruppen, seien sie indianischer, europäischer oder schwarzer Abstammung, ausdrücklich willkommen sind. Auch pflegen die Clubmitglieder keinerlei sozialen Dünkel: Mitmachen darf jeder, egal, welchen Beruf er hat, wie viel er verdient und wo er wohnt. 1915 nimmt der Verein den Fußball in sein Programm auf. Seinen mittel- und oft arbeitslosen Spielern zahlt er ein – bescheidenes – Salär. Der Profifußball ist geboren. Und von der ersten Stunde an schlägt er die anderen, »weißen« Clubs, die den Sport als edle Amateure pflegen. Und doch: Der Fußball bleibt weiterhin, was er von Anfang an war: Spiel, Spaß und Spannung, ein Raum interesselosen Wohlgefallens. »Ich empfand zu den Schüssen, den Strümpfen und Hemden eine tiefe Zuneigung«, erinnert sich der Fußballspieler Floriano P. Correa alias Marechal da Vitória (»Marschall des Sieges«, 1901-1992). »Ich kümmerte mich mehr um ihn, mehr als um die Bücher. Das Leben lächelte mich an, und ich verschwendete keinerlei Gedanken auf die Schlechtigkeit des Menschen.«[163]

Doch nicht jeder sah das so. Im Gegenteil, manchen erschien der Fußball als eben dieses: eine der fragwürdigsten Schöpfungen, die die Menschen in den letzten Jahren hervorgebracht hatten. So empfand der Schriftsteller Lima Barreto (1881-1922) den Fußball, in dem er eine »Vorherrschaft der Ignoranz und Dummheit« heraufziehen sah.[164] Und anlässlich eines internationalen Turniers in Montevideo im Jahr 1922 warf er allen Beteiligten größte Ignoranz vor. »Für Leute dieses Kalibers misst sich die Größe eines Landes nicht am Zustand seiner Kunst, Wissenschaft und Literatur. Der Maßstab seines Fortschritts ist für sie der alberne Fußball.«[165] Schon vorher war ihm der Fußball derart zuwider, dass er eigens eine »Liga gegen den Fußball« gründete. Diese fand sogar Anhänger: Das Colégio Pedro II entschloss sich 1919, den Fußball auf seinem Gelände zu verbieten.

Die Stadt, der Schutt und der Tod

Doch das Kolleg blieb einer der wenigen fußballfreien Räume im Land. Die Brasilianer begeisterten sich für den Fußball – wie sie sich überhaupt dem Sport hingaben. Der war nicht immer von Freizeit und Muße zu unterscheiden, ging oft sogar fließend in diese über. Ganz besonders deutlich zeigte sich das am Strand, dem Revier der Regatten und des Badevergnügens. Dort entwickelt sich eine Badekultur mit ganz eigenen Regeln und Raffinessen. Zunächst geht man nur morgens und abends an den Strand, um sich nicht der Sonne auszusetzen. Dann aber lockt das Vergnügen immer stärker, zieht es die Menschen auch in den glühenden Sonnenstunden an den Strand. Damit man nicht allzu freizügig wirkt, ist die Bademode anfangs ausgesprochen züchtig, tragen die Frauen lange Röcke und die Männer lange, zumindest halblange Hosen. Erst unter dem Eindruck der französischen Bademode wie auch der fortschreitenden Versportlichung des Lebens wird die Kleidung freizügiger, passt sich dem Leben am und im Wasser an. Kleider und Röcke werden zurückgeschnitten, bis sie jene Bewegungsfreiheit erlauben, die dem Spiel am Strand angemessen ist. Und die Sonne, sie wird zur wesentlichen Attraktion. Ihre Gefahren geraten aus dem Blick, umso stärker konzentriert man sich auf den Genuss, den sie spendet – jedenfalls denen, die das Glück haben, ein paar Stunden, Tage oder gar noch länger nicht arbeiten zu müssen. Auch das Meer wird immer attraktiver. 1906 wird die *Avenida Beira-Mar*, Rios erste direkt dem Ozean zugewandte Prachtstraße eingeweiht. 1923 dann wird jene Avenue eröffnet, der Rio de Janeiro, ob nun verdientermaßen oder nicht, seinen bis heute anhaltenden Weltruhm verdankt: die *Avenida Atlantica* am Strand von *Copacobana*. Der Schriftsteller und Diplomat Gilberto Amado (1887-1967) war Zeuge der sich ausbreitenden Eleganz an Rios Uferpanoramen zu Beginn des 20. Jahrhunderts: »Der Strand verändert sich. Eine große Verwandlung war im Gange. Heute lässt die Copacobana, dieser bunte, von Leme bis Leblon sich erstreckende Strand, den Blick jedes normalen Mannes, der gerne hübsche Körper und einen anmutigen Gang sieht, schwindlig werden. Unsere Stadt ist die einzige, die Regierungssitz, Industrie-, Wirtschafts-, Banken- und politisches Zentrum in einem und zugleich eine vom 1. Januar bis 31. Dezember in Betrieb befindliche Sommerfrische ist. Was immer die moralischen Konsequenzen dieses Umstands sein mögen, der physische Eindruck war überwältigend.«[166]

Die moralischen Konsequenzen hätte Amado durchaus genauer in den Blick nehmen können. Denn die Verschönerungsarbeiten forderten ihren Tribut. 1904 ordnete Staatspräsident Rodrigues Alves die Modernisierung Rio de Janeiros im großen Stil an. Der Ingenieur Lauro Müller wurde mit der Erweiterung des Hafens beauftragt, sein Kollege Pereira Passos mit der Reform der urbanen Architektur und der Mediziner Oswaldo Cruz mit der Schaffung der für den dichten Stadtraum angemessenen hygienischen Verhältnisse. Alle drei machten sich energisch an ihren Aufgaben, ungehindert von allen gesetzlichen Vorgaben oder Einspruchsmöglichkeiten, die Rodrigues Alves für das gewaltige Projekt kurzerhand außer Kraft gesetzt hatte. Tausende von Arbeitern begannen die Stadt umzupflügen. »Von einer Stunde auf die andere«, beobachtete Lima Barreto, »verschwand die alte Stadt und entstand eine neue. Es wirkte, als hätte man im Theater die Kulissen verschoben.«[167] Tatsächlich entstand aus der raschen Schieberei eine neue, ungleich prachtvollere Kulisse. Noch im gleichen Jahr, in dem Rodrigues Alves den

Umbau der Stadt befohlen hatte, wurde eines der größten Vorzeigeprojekte eröffnet: die Avenida Rio Branco. Die fast zwei Kilometer lange und über 30 Meter breite Prachtstraße durchläuft die Stadt in nord-südlicher Richtung und gab jenen Institutionen eine Adresse, die die Stadtväter sich wünschten: Hotels, Sitze in- und ausländischer Unternehmen, Zeitungsverlage, vornehme Clubs, Banken – kurzum: all jenen Institutionen, ohne die die Moderne nicht denkbar ist. Und am Kopf der Avenue, der *Praça Floriano Peixoto*, haben jene Einrichtungen ihren Sitz, die der Moderne ihr freundliches, kultiviertes Antlitz verschaffen: das Stadttheater, die Nationale Schule der Schönen Künste, die Nationalbibliothek. Auch der brasilianische Senat hatte hier lange seinen Sitz. Die Avenida Rio Branco, schien es, führte geradewegs in die brasilianische Zukunft – eine lichthelle Zukunft, die die Abrissarbeiten an der Vergangenheit allemal rechtfertigte. »Im Zusammenbruch der Mauern und im Stöhnen, in der Pulverisierung der Erde war ein lautes Stöhnen zu vernehmen«, notiert der Journalist und Dichter Olavo Bilac. »Es war das traurige, klagende Stöhnen von Vergangenheit, Rückwärtsgewandtheit und Scham. Die schmutzige, veraltete, auf ihren alten Traditionen beharrende koloniale Stadt klagte im Einklang mit den Schluchzern des zusammenbrechenden Materials. Aber die entschlossene Hymne der Spitzhacken erstickte den ohnmächtigen Protest. Mit welcher Glückseligkeit sie sangen, die heilsamen Spitzhacken! Und wie sehr die Seelen jener, die die Sprache der Hacken und ihren stetigen rhythmischen Klang verstanden, den Sieg der Hygiene, des guten Geschmacks und der Kunst feierten!«[168]

Auch anderswo zeigt sich die Moderne von ihrer freundlichen Seite. Etwa in der *Rua do Ouvidor* im Zentrum der Stadt. Seit König Pedro mit seinem Hofstaat 1808 in Rio de Janeiro ankam, entwickelte sich die Rua do Ouvidor zum

Zentrum eines frühmodernen Warenzaubers. Hier fand sich alles, was die wohlhabenden Stadtbewohner begehrten: die neuesten Konsum- und Luxusartikel aus Europa, vor allem aus Frankreich, genauer: Paris. Paris galt als Zentrum der feinen Lebensart schlechthin. Diejenigen Brasilianer, die sich eine Zeitlang in der französischen Hauptstadt aufgehalten hatten, berichteten von deren Schönheit und Eleganz, der Anmut ihrer Bewohner und vor allem Bewohnerinnen. Paris wurde zum Mythos in Rio de Janeiro, und entsprechend begehrt waren die von dort importierten Waren: Seifen und Parfums, Schmuck, modische Kleidung, Musikinstrumente, Feinkost, Alkoholika, aber auch Bücher, Zeitungen und Zeitschriften. All dies konnte man finden in der Rua do Ouvidor, und zwar genauso ansprechend aufgemacht wie in Paris: eine breite Fensterfront, dahinter eine breite Auslage, raffiniertes Dekor, eine Atmosphäre von entspanntem Luxus. Und so machten die feinen Kreise der Stadt im Verlauf ihrer süßen Tage zwangsläufig in der Rua do Ouvidor Station. »Ungefähr bis fünf Uhr nachmittags hielt sich die elegante Welt in der Rua do Ouvidor auf«, erinnert sich ein Zeitzeuge. »Und nach dem Abendessen füllten sich die modischen Restaurants jener Zeit: Das *Aux Frères Provençaux*, das *Hôtel d'Europe*, das *Hôtel Ravot*, das *Hôtel du Brésil*, das *Hôtel des Princes*, das *Hôtel de Paris*. Nach den Shows begaben sich die Müßiggänger der guten und wohlhabenden Familien wie auch die Damen des horizontalen Gewerbes nach Botafogo, um dort noch einen letzten Imbiss zu nehmen.«[169] Doch es sind nicht nur die Namen, die dem Viertel ein französisches Flair verleihen. Auch die Damen tragen dazu bei, es in ein Klein-Paris zu verwandeln. »Sie tragen lange Röcke mit dicken Unterröcken, unter den sich ihre Wespentaillen abzeichnen, die durch ein Korsett noch besonders betont werden. Alle haben sie langes, auf dem Kopf zusammengeknotetes Haar, auf dem ein Hut thront. Sie tragen Taft- und

Merino-Stoff, zugeknöpfte oder mit Schnürsenkel geschlossene Stiefel, und immer halten sie einen silberfarbenen oder Gazefächer in der Hand. Carioca-Frauen sind Figuren aus Elfenbein oder Wachs. Wenn man sie in Gruppen sieht, erinnern sie an eine Prozession von Toten.«[170] Über Geschmack kann man streiten – oder eben nicht. Auf jeden Fall leben die Damen – und ebenso die Herren – der Hautevolee von Rio de Janeiro in einer ganz eigenen Welt: entspannt, sorgenlos und in standesgemäßem Abstand von den anderen Gesellschaftsschichten.

Die sahen sich umso mehr als Modernisierungsverlierer. Von den gewaltigen Renovierungsarbeiten in Rio hatten sie nichts, im Gegenteil: Sie waren es, die die Zeche zahlten. Da, wo sich seit 1904 die prächtige Avendia Rio Branco hinzog, hatten noch ein paar Monate zuvor ihre Häuser gestanden – 650 insgesamt, die allesamt abgerissen worden war. Knapp 4000 Menschen hatten in ihnen gelebt. Alle mussten dem Umbau weichen und sich eine andere Unterkunft bemühen. Dicht an dicht hatten die Häuser hier gestanden, ein veritables Labyrinth geformt, in dem das Leben seinen ganz eigenen Rhythmen folgte, oft fern jener allumfassenden Ordnung, die die Stadtväter im Sinne hatten. »Ordem e Progresso« (»Ordnung und Fortschritt«): Das Motto, zu dem der junge Staat sich auf seiner Nationalflagge bekannte, sollte überall und ausnahmslos gelten – auch in jenen undurchsichtigen und schwer kontrollierbaren Vierteln im Herzen der Hauptstadt. Dessen Bewohner allerdings konnten sich als Opfer einer rücksichtslos durchexerzierten Modernisierungskampagne fühlen, die das Wohl der Stadt auf dem Rücken ihrer Bewohner, jedenfalls deren namen- und oft auch mittellosen Teils, opfert. Zu Beginn des 20. Jahrhunderts zählte Rio de Janeiro knapp eine Million Einwohner. Den größten Teil bildeten ehemalige Sklaven, die nun, nach der Abschaffung der Sklaverei 1887, zwar ihre Freiheit gewonnen hatten, zugleich aber völlig orientierungslos in die Zukunft schauten, kaum wussten, wie sie ihr Leben organisieren, in den Griff bekommen und vor allem Geld verdienen sollten. Es waren vor allem sie, die in den zum Abbruch bestimmten Vierteln lebten. Ohnehin in einer prekären Lage, sahen sie sich über Nacht ihres Heims beraubt – entschädigungslos und ohne dass die Stadtverwaltung auch nur daran dachte, ihnen eine neue Unterkunft zur Verfügung zu stellen. Hilflos, wie sie waren, sammelten sie Reste des Bauschutts zusammen, trugen sie an die Hügel des damaligen Stadtzentrums und bauten dort neue Unterkünfte auf, die meist mehr von einer Hütte als einem Haus hatten. Im Namen von »Ordnung und Fortschritt« entstand eine der größten architektonischen und sozialen Herausforderungen, denen sich die brasilianische Moderne bis heute gegenübersieht: die gewaltigen Elendsviertel, die sogenannten *Favelas*, nicht nur rund um Rio de Janeiro, sondern um fast alle größeren Ortschaften und Städte des Landes. Die dort lebten, machten alle dieselbe Erfahrung: dass die Moderne zwar den Fortschritt mit sich bringt, dieser aber mitnichten allen Bürgern zugutekommt. Wer nicht mithalten kann, braucht auch vom Staat nichts zu erwarten. Und wer nicht mithalten will, gar die Ideale der neuen Zeit ablehnt oder sich ihnen verweigert, der bekommt den Modernisierungswillen des Staates in aller Härte zu spüren. Und nirgends schlug der Staat so hart zu wie gut zweitausend Kilometer nördlich von Rio de Janeiro: im Bundesstaat Bahia. Dort, im tiefsten brasilianischen Hinterland, probten einige Zehntausend Modernisierungsverweigerer den Aufstand. In mehreren Anläufen versuchte die Zentralgewalt sie zu bezwingen. Unter Aufbietung massivster Gewalt gelang ihr das schließlich auch – Brasilien war anschließend durchgehend modernisiert. Doch der Weg ins 20. Jahrhundert führte über die größte Tragödie, die das Land in seiner jüngeren Geschichte zu verzeichnen hatte.

8 Krieg im Hinterland
Der Aufstand von Canudos

Der Sertão schützt niemanden.
Antônio José de Lisboa,
Brief vom 23. 12. 1896

Ginge es so weiter, brächte dieser Verrückte die ganze Republik in Gefahr. Hoch oben im Nordosten, im Hinterland von Minas Gerais, hat er sich mit seinen Getreuen verschanzt, mehreren Tausend Wirrköpfen, die dort, im unzugänglichen Hinterland, einen Staat im Staate gegründet haben, ein Reich Gottes auf Erden, dessen Bewohner nichts wissen wollen von der soeben ausgerufenen Republik, die für sie nichts als ein Werk des Teufels ist. Denn mit der Republik, glauben sie, zieht die Sünde ins Land, und die wird unweigerlich den Zorn Gottes erregen. So fürchten sie den Untergang der Welt, den nur die unbedingte Hingabe an den göttlichen Willen noch abwenden kann. Das religiöse Heil, sind sie sich sicher, steht in engster Verbindung mit der einzigen gottgewollten Staatsform, der Monarchie. Für sie gilt es dafür einzutreten, denn Gott und König bilden einen Bund, und den haben die Republikaner mit der Abschaffung der Monarchie aufgekündigt.

Den Republikanern kann eine solche Logik nicht gefallen. Für sie, die 1888 König Pedro II. zur Abdankung gezwungen haben, ist das, was sie hoch oben im brasilianischen Nordosten zur Kenntnis nehmen müssen, ein Rückfall ins dunkelste Mittelalter, ein krudes Gemisch aus Aberglauben und politischem Wahn, der unbedingt gestoppt gehört. Sie beobachten einen religiösen Extremismus, der die junge Republik, wenn es so weitergeht, in Anarchie und Verderben stürzt.

Seit einem Jahr schon versuchen sie des Chaos' Herr zu werden – vergeblich. Die Menschen des Hinterlands sind nicht nur fromm, sondern auch sehr gute Kämpfer. Zahlreiche Verluste haben sie den entsandten Truppen bereits zugefügt, ihnen in den drei Feldzügen, die die Republik in den letzten Monaten entsandt hat, herbe Niederlagen beigebracht. Darum bietet der brasilianische Staat nun, im Sommer 1897, seine gesamte Kraft auf. Aus Rio Grande do Sul, aus Paraíba, Maranhão und Piauí, aus Pernambuco, Sergipe und aus der Hauptstadt Rio de Janeiro: Aus fast allen Bundesstaaten strömen die Truppen zusammen, 20 Bataillone insgesamt, knapp die Hälfte des brasilianischen Heeres. Rund 6000 Mann stehen schließlich bereit. Sie treffen sich in Bahia, dann, Schritt für Schritt, stoßen sie vor ins Hinterland, in den sperrigen, unwegsamen *Sertão*. »Sertão«: Der Name leitet sich ursprünglich ab von »Desertão«, »große Wüste«. Entsprechend mutet die Gegend an: Eine unwirtliche Hochebene mit langen Trockenzeiten, oft sandigem Boden und dichtem Unterholz. Zudem wachsen Kakteen und Stechpflanzen der unterschiedlichsten Art: der *rabo de raposa*, die *cabeça de frade*, der *calumbi*, die *cansanção* und die *favela*, und natürlich die schlimmste von allen, die *cunanã* mit ihren messerscharfen Staubblättern. Sie alle machen einen zügigen Marsch fast unmöglich. Selbst die schärfsten Buschmesser werden dieses Wildwuchses nicht Herr, und so dauert es lange, unendlich lange, bis der Zug die 600 Kilometer ins Landesinnere vorgedrungen ist, immer der Achse der *Serra Geral* entlang, die schließlich in eine endlose Hügellandschaft mündet.

Hier, in der Abgeschiedenheit des Hinterlandes, ist über die Jahrhunderte ein ganz eigener Menschenschlag gediehen. Gründlich unterscheidet er sich von den Bewohnern der Küstengebiete, die seit der Kolonialzeit auf großen Plantagen vor allem Zucker, Kakao und Tabak anbauen und intensive wirtschaftliche Kontakte zu Europa wie auch den großen Städten im brasilianischen Süden, rund um Rio de Janeiro und São Paulo, pflegen. Im Landesinneren franst diese Kulturlandschaft jedoch immer weiter aus. Der karge Boden und schlechte Transportbedingungen lassen Landwirtschaft kaum noch zu. Stattdessen betreiben die Menschen Viehwirtschaft. Aber die bereitet erhebliche Mühsal. Die dünnen Gräser sind schnell abgefressen, weshalb Herden und Hirten in unaufhörlicher Bewegung immer weiterziehen. Im Sertão gedeiht eine Nomadenkultur, sind viele Menschen auf ständiger Wanderschaft. Während die Arbeiter auf den Fazendas der Küstengebiete Hand in Hand arbeiten und nur im Verbund etwas erreichen, müssen sich die Hirten ganz auf sich selbst verlassen. Eigensinnige, spröde Typen ziehen durch diese Ebenen, schweigsam, furchtlos, kantig, wenig zugänglich. Stärke, Kampfgeist, Zähigkeit, das sind die Tugenden, die hier gefordert sind. Mühsam trotzen die sogenannten *Sertanejos*, die Bewohner des Sertão, dem dürren Boden das Wenige ab, was er wachsen lässt, schlagen sich durch wenig fruchtbares Land, das zudem regelmäßigen Trockenzeiten ausgesetzt ist. Die schlimmste dauerte gleich mehrere Jahre, von 1888 bis 1892. Sie ließ ganze Landstriche veröden, vertrieb die Menschen zu Tausenden, zwang sie, Zuflucht in den fruchtbaren Küstengebieten zu suchen oder gar abzuwandern in Richtung Süden, in Richtung der blühenden Kaffeeplantagen um São Paulo und Rio de Janeiro. Doch auch in Zeiten, in denen keine Dürre herrscht, bleibt der Sertão eine unwirtliche Gegend, die ihren Bewohnern hart zusetzt. *Vidas secas* hat der Schriftsteller Graciliano Ramos (1892-1953) seinen im brasilianischen Hinterland spielenden Roman genannt. »Trockene Leben« heißt das wortwörtlich, doch der etwas freier übersetzte Titel der deutschen Ausgabe trifft es noch viel besser: »Karges Leben«.

Idylle und Anarchie

Die dürre Landschaft, die sich über weite Teile des brasilianischen Nordostens erstreckt, hat über die Jahrhunderte eine ganz eigene Kultur, oder besser, ein eigenes Weltbild bedingt. Wer hier lebt, ist auf sich selbst und das unmittelbare Umfeld angewiesen, er verlässt sich auf seine Gruppe, seinen Clan, während er alle anderen als Fremde und Bedrohung wahrnimmt. Dieses Misstrauen ist begründet, denn im Sertão gehört Gewalt zum Alltag. Zahllose Räuberbanden durchstreifen die Region. Und wenn sie sich vor allem auf den Besitz der wenigen wohlhabenden Großgrundbesitzer konzentrieren, sind sie doch alles andere als bäuerliche Klassenkämpfer. Im Gegenteil: Nichts finden sie dabei, auch die Ärmsten zu berauben, ihnen Vieh, Arbeitsgerät, Nahrungsmittel, ja sogar Heiligenbilder zu nehmen. Die Polizei, in den Weiten des Sertão ohnehin kaum präsent, ist machtlos. Und weil sie der umherstreifenden Banden nicht Herr wird, oft genug nicht einmal weiß, wen sie eigentlich jagen soll, haben sich die Beamten angewöhnt, die Bewohner als Ganze zu verachten: Große Unterschiede zwischen Tätern und Opfern machen sie nicht, auch und vor allem darum nicht, weil es sie nicht interessiert. Der Sertanejo gilt ihnen als *ladrão*, als Räuber, oder als *Jagunço*, als Bandit und Krimineller. Der Sertão ist ein anarchisches Gebiet, in dem allein das Recht des Stärkeren herrscht. Der Staat mag sich an den Rändern des Landes etablieren, hier, in den entlegenen Binnengebieten, scheint es, als existiere er nicht. Vor allem macht er lange Zeit auch keine Anstalten, sich Geltung zu verschaffen. »Nordeste«, »Nordosten« – das war in Brasilien lange Zeit ein Synonym für Rückstand, Stagnation, Hinterwäldlertum.[171] Die Zeit scheint stillzustehen, die Menschen, die hier gegen Ende des 19. Jahrhunderts leben, unterscheiden sich kaum von denen, die es zu Beginn des 16. Jahrhundert, in der Frühzeit des portugiesischen Kolonialreichs, Schritt für Schritt eroberten. Die politische, gesellschaftliche und kulturelle Entwicklung macht vor den unwegsamen Weiten der Hochebenen halt. Statt der regen Betriebsamkeit der Küstenstädte herrscht im Hinterland drückender Stillstand.

In der Hauptstadt, in Rio de Janeiro, beunruhigt das lange Zeit niemanden. Kaum ein Politiker ist mit dem Landesinneren vertraut, erst recht mit solch unzugänglichen Gegenden wie dem Sertão. Stattdessen überlässt man die Gegend einer Handvoll Oligarchen, die sich für wenig anderes interessieren als den geordneten Gang ihrer Geschäfte. Für sie sind die Angehörigen der einfachen Landbevölkerung schlicht »bichos«, »Tiere«, und entsprechend gehen sie mit ihnen um. Je nach Wirtschaftslage stellen sie die Menschen ein und entlassen sie genauso schnell auch wieder. Soziale und Arbeitsverträge kennt hier niemand, die Masse der Bewohner muss sehen, wie sie über die Runden kommt. Ende der 1880er Jahre steigen die Preise der Grundnahrungsmittel. Als die Republik dann auch noch Steuererhöhungen plant, wissen die Sertanejos nicht mehr weiter. Viele wandern aus, andere schließen sich den zahlreichen Wanderpredigern an, die das Heil zwar nicht in dieser, wenigstens aber in der jenseitigen Welt versprechen.

Zum ökonomischen Chaos gesellt sich das religiöse. Fatalistisch und schicksalsergeben, hoffen die Sertanejos auf Wunder und Offenbarungen, darauf, dass ein gnädiger Gott ihnen das harte Leben zumindest etwas erleichtern möge. So ist ein bunter, phantastischer Glaube gediehen, ein wildwuchernder Katholizismus, weit weg von der geordneten Dogmenwelt römischer Theologen. Und die von der Kirche eingesetzten Pfarrer nutzen die Freiheiten, die in der Abgeschiedenheit des Hinterlandes möglich sind. Dem Zölibat ziehen sie die wilde Ehe vor, haben Liebschaften, die sie ebenso wenig verbergen wie die daraus hervorgehenden Kinder. Zudem sind sie viel zu wenige, um die ihnen anvertrauten Seelen zu führen. Auf die rund 700 000 Bewohner des Hinterlands kommen um die Mitte des 19. Jahrhunderts gerade einmal 33 Patres.

So drängen sich andere an deren Stelle: Bizarre Prediger, skurrile Gottesmänner wie jener Frei Vitale da Frascorolo, ein italienischer Kapuzinermönch, der seinen Zuhörern mit flammenden Reden einheizt, prophetische und apokalyptische Visionen entwirft, zudem Gefallen daran findet, als Wundertäter verehrt zu werden. Als »pregador volante«, »fliegenden Prediger«, werden ihn die Menschen auch nach seinem Tod im Jahr 1820 in Erinnerung behalten. Ihm folgen zahllose weitere Rufer, Mahner, Wahrsager. Der berühmteste ist Cícero Romão Batista, geboren 1844 und anders als viele seiner Kollegen ein glühender Verteidiger der Keuschheit. 1870 zum Priester geweiht, gibt er zwei Jahre später bekannt, ihm sei zu nächtlicher Stunde Christus erschienen. Das größte Wunder soll sich aber 1888 ereignet haben. In jenem Jahr, berichtet die Legende, habe sich während einer von Padre Cícero geleiteten Abendmahlfeier eine Hostie im Mund einer jungen Gläubigen mit Namen Maria de Araújo in Blut verwandelt – ein Phänomen, das sich fortan regelmäßig wiederholte. Tatsächlich konnte eine von Padre Cícero selbst angerufene Kommission das Phänomen auf keine natürliche Ursachen zurückführen und erklärte es darum drei Jahre später zum Wunder. In Rom, das den religiösen Energien des brasilianischen Nordostens mehr als zurückhaltend gegenüberstand, wollte man von einem Wunder indessen nichts wissen. Auch sonst traute man der Inbrunst Padre Cíceros nicht und entschloss sich darum 1898, ihn zu exkommunizieren. Der Pater wandte sich der Politik zu, unterstützte die konservativen Kräfte der Region – und erfreute sich fortan einer geradezu mythischen, bis heute nicht abgerissenen Verehrung durch seine Anhänger.

Apokalyptiker und Bekehrte

Der religiös hochgradig aufgeladene Sertão ist die Bühne, auf der auch Antônio Vicente Mendes Maciel, alias Antônio Conselheiro, der Gründer und Spiritus Rector der Gemeinde von Canudos, seinen Auftritt haben wird. In seiner Figur, seiner unglücklichen Biographie und seinem Versuch, mit ihr zurechtzukommen, repräsentiert er wie kein anderer das kulturelle und soziale Elend der Region. 1830 kommt er in Quixeramobim zur Welt, einem kleinen Dorf im Hinterland des Bundesstaates Ceará – als uneheliches Kind und außerdem als »pardo«, als Mischling, wie das Sakristeiregister sorgfältig vermerkt. Sein Vater, ein mächtiger und gefürchteter Landlord, hatte ihn mit einer Hausangestellten gezeugt. Die Mutter stirbt, als Antônio fünf Jahre alt ist. Die Stiefmutter, die an Wahnvorstellungen leidet, misshandelt den Jungen. Trotz der schwierigen Umstände ist er ein guter Schüler, insbesondere in Französisch und Latein. Der Vater will ihn zum Priester ausbilden lassen. Der Sohn willigt ein, wirkt zugleich aber im elterlichen Hof mit, wenn auch ohne Begeisterung und Begabung. Als der Vater 1855 stirbt, vermag Antônio, der für das Geschäftsleben keinen rechten Sinn hat, den Betrieb nicht weiter aufrechtzuerhalten. Er verschuldet sich, muss den Hof am Ende verkaufen. Zwei Jahre später heiratet er eine Analphabetin. Über deren Lebenswandel rümpfen die Nachbarn bald die Nase. Das Kind, das sie 1859 gebärt, vermag die Beziehung nicht zu retten. Die Gerüchte über außereheliche Beziehungen seiner Frau bestätigen sich schließlich. Antônio verlässt das Haus, und sucht im Mystizismus ebenso Trost wie bei einer neuen Frau, die ihm einen weiteren Sohn schenkt. Aus der Ferne erreicht ihn die Kunde, dass seine erste Frau sich der Prostitution ergeben hat. Im Streit mit seiner Schwester verletzt er deren Ehemann, 1871 wird er als säumiger Schuldner verurteilt. Nachdem er die Summe beglichen hat, schließt er sich umherziehenden Missionaren an. Bald beginnt er selbst zu predigen. In Form kleiner Weissagungen warnt er vor der nahenden Apokalypse. »Im Jahr 1899 wird alles Wasser Blut sein, und der Planet wird auftauchen im Osten mit dem Sonnenstrahl, so dass der Zweig an die Erde stößt und die Erde irgendwo an den Himmel stoßen wird.« Doch ist dies nur das Vorspiel für das eigentliche Ende der Welt, das der Prediger auf das folgende Jahr datiert: »Im Jahr 1900 werden die Lichter erlöschen. Gott sprach im Evangelium: ich habe eine tote Herde, die jenseits dieser Hürde umherläuft, und es tut not, dass sie sich sammele, denn es ist nur ein Hirte und eine Herde!«[172] Und um das Unausweichliche doch noch zu verhindern, zieht er seit Anfang der 1870er Jahre durch das Hinterland von Minas Gerais, fordert dessen Bewohner zur Umkehr auf, auf das der Höchste noch einmal Erbarmen mit seiner Schöpfung habe. »Kehret um!«

Und Umkehr, das heißt vor allem eins: sich dem Einfluss der sündigen Republik entziehen. 1889, nach Jahrzehnten zähen Ringens um die ein Jahr zuvor endgültig abgeschaffte Sklaverei, verabschiedete Brasilien sich von der Monarchie. Pedro II., seit 1831 auf dem brasilianischen Kaiserthron, amtsmüde und ohnehin seit jeher mehr an den schönen Künsten als an der Politik interessiert, tritt ab und begibt sich ins französische Exil. Umgehend führt die republikanische Regierung Reformen ein, die auch ihren Weg ins Hinterland der nordöstlichen Provinzen finden – und dort umgehend den Zorn der Prediger erregen. Die wollen sich vor allem mit der Einführung der Zivilehe nicht abfinden. Denn durch sie sehen sie das göttliche Sakrament der Ehe in den Schmutz gezogen. Auch der Umstand, dass die Friedhöfe nicht mehr unter kirchlicher, sondern staatlicher Verwaltung stehen sollen, bringt sie in Rage. Aber auch ganz und gar irdische

Veränderungen erzürnen sie, etwa die Einführung neuer Steuern. Denn die betreffen nicht den Landbesitz, sondern den Handel. Am Ende des 19. Jahrhunderts besitzen nicht einmal fünf Prozent der Menschen Land. Die übrigen schlagen sich durch, gerade in den entlegenen Gebieten, in denen sich ohnehin kaum Besitz anhäufen lässt. Dass auf diese dürren Einkünfte jetzt auch noch Steuern erhoben werden sollen, während die Großgrundbesitzer sich erfolgreich nach Kräften wehren, ihren Beitrag zu leisten, das wollen die vielen Mittellosen nicht hinnehmen. Für sie ist die Republik die Inkarnation allen irdischen wie jenseitigen Übels, ja mehr noch: In ihr kündigt sich der drohende Untergang der Welt an. Und schon sind die Volksdichter zur Stelle, um den Menschen in rasch geschmiedeten Versen eine Vorstellung vom großen Skandal der Republik zu geben – eine Vorstellung freilich, für die sie keine ökonomische, sondern eine religiöse Sprache finden: »Es musste Dom Pedro der Zweite / Fortziehen nach Portugal, / Die Monarchie war zu Ende / Brasilien kam so zu Fall!« Und vor diesem Fall rettet allein der Bund der Frommen, hoch oben im Nordosten: »Es lästern in Gesetzes Schutz / Jene Ruchlosen frechen Mundes, / Wir halten Gottes Gesetz, / Sie das des Höllenhundes!« Und die Hölle verdankt sich ganz wesentlich dem Umstand, dass fortan statt Gottes der Staat die Ehe stiftet: »Sie reden von Ehe gar viel, / Doch nur, um das Volk zu belügen, / Sie wollen das ganze Volk / Mit der zivilen Ehe betrügen!«

So ist es eine Gnade, erklären die Dichter, dass in der Stunde der Not einer da ist, der der Gottlosigkeit Einhalt gebietet: Antônio Conselheiro, »der Ratgeber«: »Der Antichrist ist geboren, / Zur Regierung Brasiliens bereit, / Der Ratgeber wird es hindern, / Der uns vom Bösen befreit!« Dies wird ihm auch darum gelingen, weil er auf einen Verbündeten zählen kann, der mächtiger kaum sein könnte: König Sebastian von Portugal (1554-1578). Der Herrscher, bizarren

Traumwelten verfallen, verordnete sich eine große Mission. Er wollte Marokko vom Islam befreien und wieder in den Schoß des Christentums führen. Tatsächlich brach er 1574 mit einem Heer von knapp 20 000 Mann nach Marokko auf, erlitt aber in der Schlacht von Alcácer-Quibir eine vernichtende Niederlage. Er selbst fand dort den Tod. Da sein Leichnam aber nie gefunden wurde, mochten seine Anhänger an den Tod nicht glauben und verkündeten seine baldige Wiederkehr – eine Hoffnung die sich in den folgenden Jahren zu einem messianistischen Mythos verdichtete, der quer durch die Jahrhunderte immer neue Anhänger fand, zunächst in Portugal, sehr bald auch in Brasilien. Auch Antônio Conselheiro berief sich auf ihn. Einer der Verseschmiede in seinem Umfeld brachte die Hoffnung in eingängige Form: »Dom Sebastião ist gekommen, / Viel Ordnung er bringt und Ehr', / Das zivile Register er aufhebt, / stellt wieder die Ehe her! ... Es besucht uns König Sebastião, / Gebieter des Erdenrundes, / Doch wehe dem armen Wicht, / der folgt dem Gesetz des Hundes!«[173]

Mit diesem unsterblichen Bundesgenossen im Rücken zieht der Ratgeber durch die Ebenen des Sertão und mahnt seine Zeitgenossen zur Umkehr, zum Widerstand gegen die Republik, auf dass das verderbte Land doch noch vor dem Untergang bewahrt werde. Tagsüber bessert er die Kirchen, Kapellen und Friedhofsmauern der vor sich hin dösenden Ortschaften aus. Er konstruiert aber auch kleine Staudämme, die das für die Region so wichtige Wasser speichern – auch dies nimmt die Menschen für ihn ein. Nachts aber wird er zum nimmermüden Prediger, preist Leid, Kasteiung, Sittenstrenge. Damit trifft er den Nerv der Zeit: Die Menschen folgen ihm, lassen, um ihn zu hören, um in seiner Nähe zu sein, alles stehen und liegen. Der Prediger wird zum bewunderten Charismatiker, dem sich viele nicht entziehen können. »Damit euer Ehren weiß, wer Antônio Conselheiro ist«,

informiert ein Beobachter vor Ort den regionalen Polizeichef, »genügt der Hinweis, dass er von Hunderten und Hunderten von Menschen begleitet wird. Sie hören und gehor-
chen lieber ihm als dem Vikar der lokalen Gemeinde.« Der
Glaube – Antônios Verächter würden sagen: der Aberglaube
– gedeiht nach Kräften in den dünnbesiedelten Gebieten,
weitab der Stadt und der kulturellen Zentren an der Küste.
»Ordnung und Fortschritt« hat sich die brasilianische Republik auf die Fahne geschrieben. Darauf aber hoffen die Menschen im Hinterland vergeblich. Umso stärker blüht eine
bizarre Volksfrömmigkeit. Und wenn sie lange Zeit von der
Kirche im Zaum gehalten wurde, so bricht sie sich nun Bahn.
»Der Fanatismus kennt keine Grenzen«, informiert der Beobachter den Polizeichef weiter, »und so kann ich Ihnen
versichern, dass sie ihn verehren, als wäre er ein leibhaftiger
Gott. An den Predigttagen versammeln sich mehr als tausend Menschen.«[174] Und alle sind sie gebannt von der Aura
des asketischen Predigers, seiner Bedürfnislosigkeit und seinem Wille zu Entbehrung und Verzicht, die sich etwa darin
äußert, nicht in einem Bett, sondern auf dem Boden zu
schlafen. Er lässt sich Bart und Haare wachsen, hüllt sich in
eine baumwollene Tunika und ernährt sich nicht ausrei-
chend. Stets den Rosenkranz in der Hand, eine Litanei auf
den Lippen, wirkt er ausgemergelt und zerbrechlich, dadurch aber nur umso charismatischer. Viele wandern mit
ihm nach Canudos, einem vergessenen Weiler, das zum Zentrum der Bewegung wird.

Der Berg ruft

»Belo Monte«, »Schöner Berg«, tauft Antônio die 1893 gegründete Niederlassung. Dass sie inmitten eines Tals liegt,
stört ihn nicht. Immer mehr Menschen lockt die Gemeinde

in den folgenden Jahren an. Wer hier leben will, muss alle seine Besitztümer abtreten. Im Gegenzug erhält er ein Stück Land, das er frei bewirtschaften kann. Doch die Erträge der Arbeit gehen an die Gemeinschaft, wie auch die Rinder gemeinsamer Besitz sind. Privateigentum ist geächtet; ausgenommen sind nur die Häuser der Gemeindemitglieder – nicht aber der Boden, auf dem sie stehen. Eine Utopie wird in Canudos Wirklichkeit, eine religiöse Spielart des Sozialismus, wenn dergleichen denn denkbar ist. Conselheiro, so deutet es 1897 der Korrespondent der französischen Zeitung *Hachette*, gehe es um zweierlei: »den Kommunismus und gleichzeitig die Wiedereinführung der Monarchie«.[175]

So wächst der Ort rasend schnell. Vier Jahre, nachdem der Ratgeber und seine Anhänger sich in ihm niedergelassen haben, zählt der Ort über 30 000 Einwohner. Damit ist er die zweitgrößte Stadt der Region Bahia. Canudos bietet den unterschiedlichsten Menschen Platz: Fromme und Gottbewegte leben hier, aber auch Bedürftige, Vergessene und an den Rand Gedrängte, die hier auf ein besseres Leben hoffen; zudem viele Schwarze, die nach Abschaffung der Sklaverei 1888 noch keinen Platz in der brasilianischen Gesellschaft gefunden haben. Überdies Händler, die auf kleine und große Geschäfte hoffen. Und zahlreichen Jagunços, kleinen und größeren Gaunern, bietet der »Belo Monte« ebenfalls Schutz: Die Stadt bietet hervorragende Gelegenheit, sich vor den Hütern des Gesetzes zu verstecken. All dies bleibt nicht ohne Folgen auf die lokale Wirtschaft. Denn der gehen mehr und mehr die Arbeitskräfte aus. »Massenhaft gaben die Leute ihre Häuser und Geschäfte auf, um ihn zu begleiten«, berichtet ein Beobachter. »So ging die Landwirtschaft zurück, und verschiedene Farmen können nur noch mit größter Mühe unterhalten werden, ohne die sonst übliche Regelmäßigkeit.«[176]

Die Anhänger der Republik sehen all dies mit viel Entsetzen und noch mehr Verachtung. Für sie ist die Sache klar: Was sich hier artikuliert, hat mit Brasilien nichts zu tun, jedenfalls nicht mit dem Brasilien, das sie meinen und in dem sie auch tatsächlich leben. Denn Brasilien ist ein zivilisiertes Land, jedenfalls an den Küstengebieten und in einigen wenigen Gegenden des Inneren. Jenseits davon herrscht die Wildnis. »Barbaríe y Civilización«, »Barbarei und Zivilisation«, hatten die Argentinier das Verhältnis von Buenos Aires und einiger anderer Metropolen zum Rest des Landes beschrieben, und genau so sehen es auch die Brasilianer: Was im Hinterland gedeiht, ist der pure Irrsinn. »Isoliert gesehen«, schreibt der Ingenieur und Essayist Euclides da Cunha (1866-1909), der bekannteste und scharfsinnigste Chronist des Feldzugs gegen Conselheiro und seine Anhänger, »geht der ›Ratgeber‹ in der Masse der landläufigen Nervenkranken unter, lässt sich irgendeiner Spielart fortschreitender Psychose zuordnen. Im Kontext seines Milieus flößt er jedoch Schrecken ein.«[177] Stärker als der Schrecken ist indes die Anziehungskraft. Die Menschen spüren, dass die Lebensweise ihres geistigen Oberhaupts ihrer eigenen entspricht. Der Ratgeber und seine Gefolgschaft sind aufeinander angewiesen. »Er war kein Unverstandener. Die Menge feierte ihn als natürlichen Repräsentanten ihrer höchsten Strebungen. In Wahnsinn verfiel er nicht. Gegen das beständige Absinken zum tiefsten Punkt der Kurve, zur gänzlichen Umnachtung, gab das Milieu ihm seinerseits halt, brachte eine gewisse Ordnung in seine Verwirrung, eine unzerstörbare Stimmigkeit in alle seine Handlungen, dergestalt, dass er auf seiner langjährigen, asketischen Wanderschaft durch den aufgewühlten Sertão in Haltung, Wort und Gebärde die Ruhe, Hoheit und überlegene Entsagung eines Apostels der Antike ausstrahlte.«[178] Freilich spielen auch ganz andere Motive in die Empörung hinein: Antônio Conselheiro gefährdet die Region nicht nur in ökonomischer, sondern auch in politischer Hinsicht. Die vielen, die ihm folgen, fallen für die Großgrundbesitzer nicht nur als billige Arbeitskräfte aus – sondern auch als »Wähler«, die in Zeiten der Demokratie den wechselnden Machtverhältnissen den unverzichtbar gewordenen Anschein der Legitimität verleihen. Denn auch in der Demokratie bleiben die Prozesse politischer Willensbildung Gegenstand diskreter Tauschgeschäfte. Tust du mir diesen oder jenen Gefallen, lasse ich meine Arbeiter geschlossen an die Urnen treten und zu deinen Gunsten votieren. Manche Übel des Kaiserreiches mag die Republik überwunden haben – die Korruption gehörte nicht dazu.

So stehen nicht nur Ideale, sondern auch Interessen auf dem Spiel. Auch darum rüstet sich die Republik zum Schlag – vor allem ideell. »Der Jagunço ist nicht nur / ein fanatischer und bösartiger Bauer / der in der unwegsamen Ebene hinterrücks Menschen tötet«, heißt es in einem Gedicht jener Zeit; »der idiotische Jagunço behauptet auch, / dass er den Fortschritt der Nation nicht will / Ohne Überzeugungen in der Birne / predigt er die Ideen der Restauration.«[179]

Im Namen des Fortschritts

Um diese ja nicht wieder auf breiter Flur aufkommen zu lassen, bündelt die Republik im Namen des Fortschritts alle verfügbaren Kräfte. Pech ist nur, dass diese Kräfte nicht allzu gewaltig, zumindest nicht allzu effektiv sind. Insgesamt vier Feldzüge wird es brauchen, bis die Aufständischen besiegt sind. Schlechte Ausrüstung, ungenügende Kampfausbildung und eine stümperhafte Strategie lassen das Unternehmen dreimal scheitern. Die Soldaten kämpfen mit veralteten Waffen, bekommen zu wenig Verpflegung, sind zu weit vom Ort der Schlacht stationiert. Zudem unterschätzen die Militärs die taktischen und kämpferischen Fähigkeiten des Gegners. Die Jagunços haben nicht umsonst Jahrzehnte im Sertão verbracht. Sie kennen das Gelände und seine Eigenheiten, verstehen es, sich zu verbergen, während die Soldaten in ihren anfangs knallbunten Uniformen leicht zu treffende Ziele abgeben. Auch die schweren Kanonen aus dem Hause *Krupp*, die Maschinengewehre der Firma *Nordenfelt* und die Flinten der Marke *Mannlicher* nutzen wenig – geschickt weichen die Gegner aus, halten sich in zahlreichen Gräben verborgen, verteilen sich auf zahlreiche kleine, weitzerstreute Gruppen, gegen die das schwere Geschütz wenig ausrichten kann. Nicht einmal der Kriegsheld Antônio Moreira Cesar, ein für besonders hartes Durchgreifen bekannter Militärführer, vermag im dritten, von ihm geleiteten Feldzug etwas auszurichten, im Gegenteil: Eine treffsicher abgefeuerte Kugel aus dem Gewehr eines Jagunços holt ihn inmitten der Schlacht aus dem Leben.

Damit es nicht zu einer weiteren Niederlage kommt, schickt die Republik im Juni 1897, wie gesagt, gut 6000 Soldaten auf den Weg. Zahlreiche Scharmützel zermürben beide Seiten, über Wochen ziehen sich die Kämpfe scheinbar ergebnislos hin. Doch Schritt für Schritt machen die Regierungstruppen den Kreis um Canudos immer enger. Trotz verzweifelter Gegenwehr der Gegner, trotz deren ungebrochenen Kampfgeistes haben sie Mitte September den Ring um das Areal geschlossen. Hunger, Durst, Krankheiten setzen den Belagerten zu, rauben ihnen die Kraft. Am Ende erträgt selbst der Ratgeber die Strapazen nicht mehr. Eine Wunde, die ihm Monate zuvor ein Granatsplitter gerissen hatte, will nicht wieder verheilen. Mehr und mehr schwinden ihm die Kräfte, so dass er der Ruhr, die durch Canudos wütet, nichts mehr entgegenzusetzen hat. Am 22. September 1897 stirbt Antônio Conselheiro.

Viele seiner Anhänger sind wie gelähmt. Aber die meisten kämpfen weiter, leisten Widerstand, von dem sie wissen,

dass er sinnlos ist. Denn von allen Seiten setzten die Soldaten ihnen zu, feuern mit Geschützen und Maschinengeweh-
ren auf den schrumpfenden Haufen. Schließlich, am 5. Oktober, ist es soweit: Canudos ist besiegt. »Es fanden sich nur
noch die Trümmer dieser gewaltigen Siedlung, die im Namen der brasilianischen Ordnung, Zivilisation und Moral
verschwunden war«, beschreibt ein Zeitzeuge die Szenerie.[180]

Doch Zivilisation und Moral der Republik waren längst
ihrerseits auf der Strecke geblieben. In den Wochen und
Monaten nach der Schlacht mussten die Brasilianer erfahren, dass eine Zivilisation, die sich selbst nicht im Griff hat,
keine mehr ist. Fernab aller republikanischen und rechts-
staatlichen Institutionen hatte sie sich im Hinterland des
Nordostens selbst abgeschafft, war einer Brutalität und
Rücksichtslosigkeit gewichen, deren sich die Kämpfer der
Republik vor ihrem Feldzug wohl selbst nicht für fähig gehalten hatten. Der lange, entbehrungsreiche und oft genug
auch tödliche Krieg ließ die Soldaten sämtliche ihrer zivilisierten Verhaltensweisen vergessen. Als »totalen Krieg« hat
der Historiker Frederico Pernambucano de Mello die Feldzüge gegen Canudos bezeichnet und damit treffend umrissen, was sie zumindest in ihrer letzten Phase waren: ein
Kampf um alles oder nichts, eine Auseinandersetzung, die
nur im absoluten Sieg oder in der absoluten Niederlage enden konnte, in dem der Zweck alle Mittel heiligte – und in
dem diese Mittel über den Zweck schließlich weit hinaus-
gingen. Sie mündeten in einer bis dahin unbekannten Grau-
samkeit, einen Sadismus, der alles in der jungen Republik
für möglich Gehaltene überstieg.

Dies zeigte sich nicht nur im Kampf selbst, sondern auch
und vor allem im Umgang mit denjenigen Kämpfern, die
sich ergeben hatten. In den letzten zwei, drei Wochen des
Kampfes und insbesondere nach dem Tod Antônio Consel-

heiros strecken immer mehr Aufständische die Waffen. Doch die Kapitulation wird sie nicht retten: Enthemmt und brutalisiert, machen die Soldaten die Unterlegenen zum Spielball sadistischer Launen. Über 1000 Tote verzeichnet das Militär, zudem rund 4000 Verwundete. Von Anfang an hat die Republik die Gemeinde dämonisiert, jetzt ergibt sich die Gelegenheit, die Dämonen auszumerzen. Und die Soldaten nutzen sie: Die Gefangenen werden gezwungen, ein Hohelied auf die Republik zu singen, ein Befehl, dem nur die wenigsten nachkommen. Aber selbst diejenigen, die sich darauf einlassen, erniedrigen sich vergeblich. Denn auch sie werden erschossen, erstochen oder erwürgt. Den meisten aber schneiden die Soldaten die Kehle durch. Das entlegene Areal lässt Zeugen nicht befürchten, auch Einspruch ist nicht zu erwarten, und so überlassen sich die Militärs enthemmter Brutalität. En masse werden die Gefangenen gequält, verhöhnt, getötet. »Über der namenlosen, unbekannten Tragödie, die sich vor der kläglichen und trübseligen Szenerie der kaktus- und felsstarrenden Hügellehnen abspielte, erdröhnten grausige Lachsalven, und die Bluttäter kehrten zum Lager zurück. Niemand erkundigte sich nach Einzelheiten. Der Vorgang war zu beklagenswerter Banalität verkommen.«[181] Je länger das Gemetzel dauert, desto zügelloser werden die Soldaten. Darüber, bemerkt Euclides da Cunha, durchliefen die Verteidiger der Republik immer mehr genau den moralischen Verfall, vor dem sie die Republik doch eigentlich hatten bewahren wollen. »Manche unserer Draufgänger lechzten nach solch feigen Scheußlichkeiten, die sie mit stillschweigender oder ausdrücklicher Billigung ihrer militärischen Vorgesetzten beginnen. Die Sertanejos, wiewohl um drei Jahrhunderte zurückgeblieben, übertrumpften die Soldaten keineswegs im Verüben derlei barbarischer Greuel.«[182]

Die Stille nach der Schlacht

Mit seinem Buch »Os Sertões« schuf Euclides da Cunha, der den vierten Feldzug selbst begleitet hatte, nicht nur die bekannteste – und brillanteste – Beschreibung des Kriegs um Canudos. Indem er auch die sozialen, politischen und wirtschaftlichen Hintergründe des Aufstands beleuchtete, trug er überdies wesentlich dazu bei, dass sich in den folgenden Jahren und Jahrzehnten eine ganz neue, in Brasilien bislang kaum bekannte Sicht auf die Wirklichkeit durchsetzte. Die Aufständischen waren keine religiösen Wahnsinnigen, keine Verrückten, die nichts als frommen Aberglauben in Kopf hatten. Sie schufen sich ihr eigenes Gemeinwesen, weil der Staat, in dem sie lebten, keinen Wert darauf legte, in der Region für geordnete Verhältnisse zu sorgen. »Der Feldzug«, schrieb da Cunha, »war ein unerhörter Schritt zurück in die Vergangenheit, ein schwindelerregender Rückfall in frühere Jahrhunderte.«[183] Und Schritt für Schritt begriffen die Brasilianer, dass das auch für ihre Bewertung dieses Aufstands galt. Ganz allmählich begann man zu verstehen, wie viel der Staat versäumt hatte – und dass er darum auch eine Mitverantwortung am Erfolg des »Ratgebers« hatte. So tragisch er endete, so sehr hatte der Krieg doch ein Gutes: Er trug dazu bei, ein neues Weltbild zu verbreiten, lehrte die Brasilianer, in soziologischen Kategorien zu denken. Und er erinnerte sie daran, dass es nun an der Zeit sei, das gewaltige Staatsterrain endgültig zu einen. »Dieser Staat hat keine nationale Einheit«, schrieb im Jahr 1901 etwa der Politiker Alberto Sales. »Dieser Staat ist keine Nation; das Land ist keine Gesellschaft; die Brasilianer bilden kein Volk. Unsere Menschen sind keine Bürger.«[184] Dies zu schaffen, die Menschen in Bürger und das Land in eine Nation zu verwandeln, das war die große Aufgabe, der sich die Brasilianer nach dem tragischen

Krieg im Sertão zu stellen hatten. Und diese Aufgabe forderte Jahre und Jahrzehnte, ist in Zeiten, in denen der »Movimento dos Trabalhores Rurais sem Terra« (MTS), die »Bewegung der Landarbeiter ohne Boden«, nach wie vor großen
Zuspruch erfährt, vielleicht immer noch nicht restlos abgeschlossen. Seit Canudos und Euclides da Cunha aber weiß
man in Brasilien, was zu tun ist, damit es zu Aufständen
verzweifelter Menschen nicht kommt. Es braucht wenig
und zugleich doch sehr viel: die Gewissheit nämlich, dass
man selbst im Sertão auf ein glückliches, gutes Leben nicht
erst im Jenseits, sondern schon auf Erden hoffen darf.

9 Moderne Zeiten
São Paulo, 1922

Euer Schrecken ist noch nicht zu Ende.
Weiterer Horror erwartet euch.

*Graça Aranha, A Emoção estética
na arte moderna, 1922*

Merkwürdig: Die Leute sind nicht mehr wiederzuerkennen. Sie haben sich verändert, sind kaum mehr sie selbst. Etwas ist in sie gefahren, hat ihnen Ruhe und Gleichmut genommen. Seltsam gehetzt laufen sie durch die Straßen: fahrig, zerrüttet, merkwürdig aufgedreht und zugleich eigenartig unkonzentriert. Manche durchlaufen bizarre Anwandlungen, zeigen sich entweder tief betrübt oder übertrieben euphorisch, bisweilen beides in kurzen Abständen. Rasch wechselnde Gemütslagen erschweren einen berechenbaren Umgang, viele Zeitgenossen scheinen wie Sklaven ihrer eigenen Stimmungen. Willenlos, teils auch genüsslich überlassen sie sich ihren Anwandlungen, kosten sie aus, geben sich bereitwillig der Willkür ihrer Launen hin. Es sind merkwürdige Usancen, die die Menschen an den Tag legen. Und wenn es eine Erklärung dafür gibt, dann liefert sie eine junge, einige Jahre zuvor in Europa begründete Wissenschaft: die Psychoanalyse. »In der Tat, heute sind alle Menschen nervös«, schreibt der Chronist der Zeitung *O Estado de São Paulo* in der Ausgabe vom 22. Juni 1920. »Tag für Tag mehren sich die psychasthenischen Erscheinungen, die sich schon heute nicht mehr auf Begriffe wie ›Neurose‹, ›Erschöpfung‹, ›Neurasthenie‹, ›Spleen‹, ›Übermüdung‹ und andere begrenzen lassen.« Beunruhigend die Symptome, die die Brasilianer zeigen: Sie leiden an Kraft- und Schlaflosigkeiten, an Phobien, übergroßen Ängsten, Verkrampfungen. Und alle hatten sie psychische Ursachen. »Jeder Einzelne,

den man trifft, leidet an der eigenen Vorstellung.« Gut möglich auch, dass es sich um eingebildete Kranke handelt: »In
den Clubs und auf den Spazierpfaden dreht sich ihre Unterhaltung fast ausschließlich um Fälle von Hyperästhesien
und Idiosynkrasien.« Die Brasilianer machen Bekanntschaft
mit neuen Krankheiten – kürzlich entdeckten Krankheiten,
die ganz dem Geist der Zeit entsprechen. »Endlose Fälle von
Psychosen beweisen uns, dass wir ein in der Tat neuroti-
sches Volk sind.«[185]

Pünktlich zum Ausgang des 19. Jahrhunderts hatte die
Psychoanalyse Brasilien, zumindest dessen große Städte, erreicht. 1899 macht der Arzt und Hochschullehrer Juliano
Moreira (1873-1932) die Studenten der Medizinischen Fa-
kultät von Salvador da Bahia erstmals mit den Texten Sigmund Freuds bekannt. Er selbst hatte sich auf mehreren Reisen nach Europa mit der modernen Seelenkunde vertraut
gemacht. 1905 gründete er die *Sociedade Brasileira de Psiqui-
atria, Neurologia e Ciências Afins*. 1914 verteidigt der junge
Arzt Genserico de Souza Pinto an der Universität von Rio de
Janeiro seine Dissertation »Psicanálise – a sexualidade nas
neuroses" (»Psychoanalyse – die Sexualität in den Neurosen«). Schritt für Schritt wird die junge Wissenschaft in Brasilien bekannt. 1919 hält der Mediziner Franco da Rocha an
der Universität von São Paulo seine Antrittsvorlesung mit
dem Titel »Sob o delírio em geral«, »Über das Delirium im
Allgemeinen«. Die Psychoanalyse nähert sich dem Geist der
Zeit, den kleinen und großen Verrücktheiten des Alltags, die
sie zu entschlüsseln hilft – und zugleich, indem sie sie in
wissenschaftliche Sprache kleidet, auch zu ihrer wachsenden Popularität beiträgt. Die neuen Krankheitsphänomene
tragen nun medizinische Bezeichnungen. Das trägt dazu bei,
sie zu legitimieren – und damit auch hoffähig zu machen
und zu verbreiten. Immer größer wird das Interesse an den
Krankheiten der Seele, immer mehr Ärzte und Forscher wid-

men sich ihr. 1927 schließen sie sich in der *Sociedade Brasi-leira de Psicanálise* zusammen. Es ist modern, seine Neurosen zu pflegen. Fast gehört es zum guten Ton.

Von Pillen und Pulver

In der jungen, frisch aus Europa importierten Wissenschaft artikuliert sich das Unbehagen der Brasilianer den Rhythmen der neuen Zeit gegenüber. Oder besser: das Unbehagen angesichts der Dissonanzen, die diese Rhythmen mit sich tragen. Zwar bringen sie auch frischen Wind in das Leben, tragen zur Freiheit und Unabhängigkeit des Einzelnen bei. Doch zunächst überwiegt das Ungemach. Denn das hohe Tempo, das das Leben mit Anbruch des neuen Jahrhunderts anschlägt, halten viele nicht durch. Früher oder später sind die Menschen erschöpft, geben den Kampf auf, flüchten zumindest eine Zeitlang in den Schutz der Krankheit. Und wenn sie sich entschließen, trotz allem weiterzumachen, sinnen sie auf kleine Wunderwaffen, die ihnen helfen, den ganzen Stress besser durchzustehen. So passt es gut, dass der Markt diese Helfer in großer Auswahl zur Verfügung stellt. Seit Jahrzehnten schon kurbelte der Kaffee die brasilianische Wirtschaft an, deren größter Exportartikel er wurde. Mehr und mehr entdecken ihn die Brasilianer auch für sich selbst, schätzen ihn als jenen Wachmacher, der hilft, sich unmittelbar nach dem Aufwachen den Anforderungen des Tages zu stellen. Über weite Teile des Kolonialzeitalters war der Tee das wichtigste Genussmittel im Lande. Doch spätestens seit Eintritt des neuen Jahrhunderts passt er nicht mehr recht in die sich beschleunigende Zeit, wirkt auch das biedere Porzellanservice, in dem er serviert wird, ein wenig altmodisch. Stattdessen nun der Kaffee: Kaum ist der moderne Brasilianer aufgestanden, nimmt er den *café de manhã*, den »Morgenkaffee«, zu sich; tagsüber greift er dann zum *cafézinho*, dem kleinen, starken Muntermacher, der hilft, die Kraft auch über den zäh sich streckenden Nachmittag zu halten. Und will oder muss man über lange Strecken wach bleiben, helfen ein paar Gramm Pulver der Guaraná-Pflanze. Den Indianern des Amazonasbeckens seit Jahrhunderten bekannt, ist sie vorzüglich geeignet, sich fit für die Hektik in den Metropolen zu machen.

Um den Mühen des Tages zu trotzen, kennen die Brasilianer seit einigen Jahren aber noch ein weiteres, weitaus moderner anmutendes Mittel: eine kleine Kapsel, kreisrund und strahlend weiß, in deren obere Hälfte acht Buchstaben von geradezu magischer Kraft eingraviert sind: ASPIRINA« – »Aspirin«. Seit 1901 sind die Tabletten in Brasilien zu kaufen. »Energie«, »Kraft« und »Effizienz« verspricht der Hersteller den geplagten Kunden, und die greifen zu: Mehr und mehr der weißen Kapseln zischen in den Wassergläsern des Landes und lassen die Konsumenten auf Linderung ihrer kleinen Wehwehchen hoffen. Nicht nur in Brasilien, sondern auch in den Nachbarländern scheint die Tablette unverzichtbar – so dass 1929 auf dem gesamten Kontinent bereits 330 Millionen Kapseln des Allround-Mittels geschluckt werden.[186]

»Das Übel des Jahrhunderts«

Während Kaffee und Aspirin Wachheit und damit die Aussicht verheißen, mit dem neuen Tempo mitzuhalten, verspricht ein anderes Produkt das genaue Gegenteil: den effizienten Ausstieg aus dem Rennen, die kleine Pause am Abend, ein paar Momente gnädigen Vergessens, der Entspannung und Lockerung verspricht: der Alkohol. Auch er passt wunderbar in die neue Zeit. 1895 wird die Brauerei *Companhia*

Antarctica Paulista gegründet, 1888 eröffnet der Schweizer Joseph Villiger *die Manufactura de Cerveja Brahma Villiger & Companhia*. Zwar wird Bier in Brasilien bereits seit längerem angeboten, aber erst jetzt, pünktlich zur Ausrufung der Republik, tritt es seinen Siegeszug an. Die Zeiten ändern sich, und mit ihnen die Getränke. Freilich gibt das Bier, geben vor allem die starken geistigen Getränke wie die *Cachaça*, der in Brasilien sehr beliebte Zuckerrohrschnaps, alsbald zu erkennen, dass sie sich auch missbrauchen lassen: »Das Übel des Jahrhunderts ist der Alkohol«, warnt Dr. Domingos Jaguaribe, Autor des Buches *O veneno moderno* (»Das moderne Gift«) im November 1919 die Leser des *Estado do São Paulo*. Noch, so scheint es, hat der um die Gesundheit seiner Landsleute so besorgte Doktor nicht von jener Modedroge gehört, die das ganze 20. Jahrhundert über und bis in das folgende hinein zum Synonym für die Faszination der chemisch verzerrten Wahrnehmung wird: dem Kokain. 1864 hatte Sigmund Freud seine Schrift *Über Coca* veröffentlicht, in der er sich auch mit den psychologischen Auswirkungen des aus der Pflanze gewonnenen Extrakts beschäftigte. Freud sprach von einer »Aufheiterung und anhaltenden Euphorie, die sich von der normalen Euphorie des gesunden Menschen in gar nichts unterscheidet«.[187] Seine Worte weckten über ganze Generationen die stets gleiche Neugier auf die stimulierende Wirkung des Pulvers, ungeachtet all der ernüchternden Erfahrungen, die man bald schon damit machte. Für das Spiel mit dem psychedelischen Feuer begeisterten sich bald auch die ersten Brasilianer – und schon ihre Erfahrungen ließen ahnen, wie gefährlich der Umgang mit dem weißen Pulver war. 1920 sprach die Polizei von São Paulo von »wahrhaft alarmierenden« Mengen der beschlagnahmten Droge. Ein Jahr später erwähnte sie »verschiedene Spelunken«, deren Gästen »Opium, Kokain und Morphium« serviert wurden, »gemischt mal mit Getränken, mal mit Zigaretten«. So besorgniserregend war die Situation, dass sich 1920 ein erster, religiös motivierter Verband gründete, dessen vornehmstes Anliegen es war, »die sozialen Geißeln des Alkoholismus, des Morphiums, Opiums und des Kokains zu bekämpfen.«[188]

Helden der Leinwand

Das Leben auf engem, allzu engem Raum; mangelnde Hygiene in nicht wenigen Vierteln der ausufernden Großstädte; Armut, Verteilungskonflikte und Kriminalität; harte Arbeit in den Fabriken bei schlechter Bezahlung, gepaart mit dem Bewusstsein, im Zweifel austauschbar zu sein, über keine Fähigkeiten zu verfügen, an denen der Patrão, der Chef und Arbeitgeber, ein unverbrüchliches Interesse haben könnte: All dies trägt dazu bei, die Menschen, zumindest sehr viele von ihnen, nervös werden zu lassen, ihnen die Seelenruhe auszutreiben. Eine schöne neue Arbeitswelt bildet sich in jenen Jahren heraus, auf die die meisten Brasilianer denkbar schlecht vorbereitet sind. »Dies sind die idealen Arbeiter«, schreibt der Dichter und Journalist Amadeu Amaral 1922 im *Estado de São Paulo*: »Sie sind schwach, unerfahren, furchtsam, unterwürfig; sie lassen sich leicht befehlen und verdienen wenig.«[189]

Schreckensseite der Moderne, der sich allerdings auch ihre Verheißungen gegenüberstellen: billiger werdende Gebrauchsartikel, technischer Fortschritt wie etwa die allmähliche Elektrifizierung; dazu der öffentliche Personenverkehr, der die Wege verkürzt; die Entwicklung der Medizin, die zumindest einige Krankheiten beherrschbar werden lassen; ein langsam, aber sicher wachsendes Bildungssystem, das den Menschen wenigstens die grundlegenden Zivilisationstechniken beibringt; ein allgemeines Wahlrecht, das ihnen das Gefühl vermittelt, politisch angemessen vertreten zu sein.

Die Moderne lockt aber auch mit spielerischen Verheißungen: dem Kino etwa, das die Brasilianer seit dem Ende des 19. Jahrhunderts unterhält. Am 8. Juli 1896 präsentiert der belgische Filmvorführer Henri Paillie in Rio de Janeiro acht kurze Filme. Technisch gesehen ist die Vorstellung etwas mühselig: Die Filme dauern jeweils nicht länger als eine Minute, ein Umstand, der von anhaltendem Kinogenuss vorerst noch träumen lässt. Aber die idyllischen Szenen aus europäischen Großstädten wirken bezaubernd auf die Zuschauer. Das brasilianische Publikum entdeckt sein Herz für die bewegten Bilder, und nur ein Jahr später verfügt die Hauptstadt schon über ein eigenes Kino. *Salão de Novidades Paris* heißt der von dem italienischen Immigranten Paschoal Segrete betriebene Saal, der, wie sein Name andeutet, ganz auf die aufregenden Neuigkeiten aus Europa setzt. Noch kommen die Filme hauptsächlich aus der Alten Welt, doch die Nordamerikaner holen mächtig auf. Spätestens nach dem Ersten Weltkrieg hat sich ihre Filmindustrie gegen die europäische durchgesetzt. Im Jahr 1920 finden rund 70 Millionen Meter Film ihren Weg in die südamerikanischen Kinos – rund ein Drittel der produzierten Menge überhaupt. »So ist es mit der Kinosucht«, schreibt ein Kritiker im Mai 1920. »Es gibt Leute, die für das Kino leben, ein Umstand, der genauso banal ist wie süßer Reis und Marmelade. Und manche von ihnen leben auch jenseits der Leinwände in den Filmen. Und einige von ihnen tragen in ihrer Begeisterung Medaillen mit Abbildungen nordamerikanischer Diven um den Hals. Und während unsere Großmütter noch zu Füßen einer Figur der Heiligen Maria starben, legt sich heute manch einer statt eines Bildes des Heiligen Antonius ein albernes Foto von George Walsh auf das Kopfkissen.«[190]

Das Kino regt die Phantasie der Zeitgenossen an, hier machen sie Erfahrungen ganz eigener Art, lassen sie sich verzaubern von der Macht der Phantasie. Und es stört sie nicht im Geringsten, dass diese Phantasie nicht auf brasilianischem Boden gediehen ist, sondern sich dem Ideenreichtum einer Industrie verdankt, die gerade dabei ist, unter dem Begriff »Hollywood« weltweit die Herzen zu erobern.

Eine Brasilianerin in Berlin

Europa aber ist und bleibt das Zentrum der alten Künste – auch wenn sie gerade im Begriff sind, sich radikal zu verjüngen, neue Ausdrucksformen für den Geist der Zeit zu finden. Impressionismus und Expressionismus, Fauvismus, Kubismus, die Abstraktion: Ungewohnte, radikale Sichtweisen finden auf die Leinwand, die alte Ästhetik zerfällt, und an ihre Stelle tritt eine neue: zittrig, zerfahren, mit einem ungewissen Verhältnis zur Wirklichkeit. Paul Cézanne, Vincent van Gogh, Paul Klee, Georges Braques, Pablo Picasso heißen, um nur ein paar Namen zu nennen, die Künstler, die das herkömmliche Kunstverständnis vom Kopf auf die Füße stellen. Gewaltige Erregungswellen durchlaufen die Kunst- und Kulturwelt, die neuen Werke ernten begeisterte Zustimmung ebenso wie schroffe Ablehnung. Nicht anders ist es in der Musik: Igor Strawinsky, Claude Débussy, Gustav Mahler oder Manuel de Falla sind die Komponisten, die ihren Hörern eine neue Vorstellung davon geben, wie die Musik des 20. Jahrhunderts klingt. Schrille Dissonanzen und nervös zuckende Rhythmen halten Einzug in die Orchester, süße Melodien werden in kleine und kleinste Einheiten zerlegt und neu zusammengefügt. Kompositionen für wohltemperierte Klaviere haben ausgedient, an ihre Stelle treten Partituren, die die Hände der Pianisten durch ganze neue Akkorde und Harmonien jagen. Die europäische Folklore macht

Bekanntschaft mit neuen künstlerischen Ausdrucksformen, und aus Amerika setzt der entstehende Jazz zum Sprung über den Atlantik an.

All dies hören und beobachten auch die brasilianischen Künstler. Fasziniert nehmen sie die neuen Klänge wahr, sehen in den neuen Ausdrucksformen der Malerei auch Anstöße für ihr eigenes Schaffen. Eine derer, die als Erstes nach Europa aufbrechen, ist Anita Malfatti (1889-1964). Von Anfang an will die junge Frau nur eines werden: Malerin. 1910 macht sie sich auf den Weg nach Berlin, wo sie entscheidende Anstöße für ihre Arbeit erhält. »Ich kaufte ein Päckchen Tinte, und die Party begann«, wird sie später erzählen. In der deutschen Hauptstadt wird sie Ausstellungen der Malergruppe *Die Brücke* besuchen und Unterricht bei Franz Heinrich Louis Corinth nehmen. Einige Jahre bleibt Malfatti in Deutschland, doch der aufziehende Erste Weltkrieg treibt sie zur Rückkehr nach Brasilien. Ihre Landsleute, bemerkt sie, verbinden die europäische Kunst mit ganz anderen Namen: »Als ich zurückkam, fragte man mich nur nach der Mona Lisa und der glorreichen Renaissance. Und ich – ich hatte keine Ahnung.«

Um den neuen europäischen Stil bekanntzumachen, aber auch, um ein Studien-Stipendium zu erhalten, organisiert Malfatti nach ihrer Rückkehr 1914 in São Paulo ihre erste eigene Ausstellung. Dort, so hofft sie, würde der für die Stipendienvergabe entscheidende Senator von ihren Bildern so beeindruckt sein, dass er ihr die Förderung nur zu gerne zukommen ließe. Der aber, ein Mann von eher herkömmlichem Geschmack, kann mit ihren Bildern partout nichts anfangen. Die junge Frau macht sich auf die Suche nach anderen Geldgebern. Die findet sie auch, allerdings nicht in Brasilien, sondern in den USA, genauer, an der *Art Student's League* von New York. Ihr einziges Problem: Auch die Professoren dort haben einen ausgesprochen konservativen Geschmack. Von ihnen möchte sie nichts lernen, und so kehrt sie 1916 abermals nach Brasilien zurück. Die Arbeiten allerdings, die sie aus New York mitbringt, finden auch in der Heimat keinen Anklang: »Als meine Bilder kamen, fanden alle sie hässlich und dantesk. Alle waren betrübt, weil es sich um keine Heiligenbildchen aus den katholischen Schulen handelte.«

Dennoch, die junge Frau lässt sich nicht entmutigen. Im Dezember 1917 organisiert sie ihre zweite Ausstellung. Von ihrem Stil hat sie sich weder durch den konservativen Geschmack ihrer Lehrer in New York noch durch die Zurückhaltung ihrer Landsleute abbringen lassen. Ihre Bilder – auf vielen hat Malfatti sich selbst oder ihrer Künstlerfreunde porträtiert – lassen unverkennbar die europäischen Einflüsse durchschimmern. Der nervöse Strich eines Van Gogh lebt fort in ihren Bildern ebenso wie die schimmernde Linienführung eines Cézanne oder die weiten Flächen eines Gauguin. Auch die Strahlkraft eines Ernst Ludwig Kirchner leuchtet in diesen Bildern auf, ebenso lässt sie die Konturen nach Art eines Auguste Renoir oder Edgar Degas zerfließen. Die jüngsten Entwicklungen hat sie ebenfalls aufgenommen, die Windungen und Drehungen eines kubistisch inspirierten Picassos oder, wenngleich nicht in letzter Konsequenz, die zerfetzten Panoramen eines Georges Braque.

Malfattis Bilder werden überwiegend freundlich rezensiert. Doch ein Kritiker, der Schriftsteller Monteiro Lobato, mag sich mit ihnen nicht einmal im Ansatz anfreunden. In harten Worten verreißt er die Arbeiten der jungen Künstlerin – und mit ihnen die jüngsten künstlerischen Strömungen überhaupt: »Scien wir chrlich: Futurismus, Kubismus, Impressionismus *e tutti quanti* sind nichts als weitere Varianten der Karikatur. Es handelt sich um die Ausweitung der Karikatur in Bereiche, in die sie bislang noch nicht vorgedrungen war.«[191]

Lobatos Verdikt schockierte die Künstlerin ebenso wie ihre Freunde. Einen Moment lang dachte Malfatti daran, die Malerei an den Nagel zu hängen, besann sich dann aber eines Besseren. Und die Künstler und Intellektuellen um sie herum begriffen, dass die Kritik tendenziell nach nicht nur Malfattis Arbeiten, sondern auch ihre eigenen traf – ein hinreichender Anlass, nun erst recht in die Offensive zu gehen. »Es war Malfatti, es waren ihre Bilder, die uns erstmals ein Bewusstsein von Aufstand und gemeinsamem Kampf für die Modernisierung der brasilianischen Künste gaben«, wird Jahre später der Autor Mário de Andrade erklären, eine der großen Gestalten des brasilianischen Modernismus.[192] Und in seiner »Ode an den Bourgeois« lässt er seinem Zorn auf die Hüter der alten Ästhetik freien Lauf. »Ich beschimpfe den Bourgeois! Den Pfennig-Bourgeois / den Bourgeois-Bourgeois! / Die gelungene Verdauung von São Paulo! Den gekrümmten Mann! Den Gesäß-Bürger! Den Mann, der Franzose, Brasilianer, Italiener ist / und zugleich ein zaghafter Feigling!« De Andrades Gedicht ist ein einziges Spottlied auf den Spießbürger, den biederen, braven Brasilianer, dessen Geschmack, so sieht es der Dichter, der Gegenwart um Jahre hinterherhängt. Darum, so de Andrades Analyse, haben sich viele seiner Landsleute hoffnungslos dem Alten, ja der Vergangenheit überhaupt, verschrieben. Unwahrscheinlich, dass der eigentlich als umgänglich geltende Dichter alles wörtlich meinte, was er in die Zeilen dieses Gedichtes goss. Mehr als um die Menschen geht es ihm um die Kunst – und mit seiner »Ode ao Burguês« ist die brasilianische Kunst um ein paar schrille, zugespitzte Zeilen reicher. Und damit um einen Ton, der der bisherigen Lyrik fremd war.

Monteiro Lobatos Kritik an Malfattis Bildern löste in der Folge eine Debatte um Gegenwart und Zukunft der brasilianischen Kunst aus. Einen ganz wesentlichen Punkt hatte Lobato allerdings gar nicht angesprochen: Die Arbeiten der

Künstlerin, so radikal modern und avantgardistisch sie auch sein mochten, blieben letztlich den Vorbildern verhaftet, reichten über die Inspirationen aus Europa kaum hinaus. Zwar nahm Malfatti einige spezifisch brasilianische Motive, vor allem landschaftliche, in ihre Arbeiten auf und verlieh ihnen so eine gewisse lokale Note. Aber das änderte nichts daran, dass ihre Bilder letztlich nichts anderes als eine Variante der europäischen Kunst war: Technik und Anschauung waren Übernahmen aus der Alten Welt. Die Kunst diesseits und jenseits des Atlantiks, zeigte sich, unterschied sich nur in Nuancen voneinander.

»Eine unheilbare Nostalgie«

In ihren Bildern zeigte sich das gleiche Phänomen, das auch aus Andrades scharfzüngigem Gedicht sprach: eine weitgehende Ratlosigkeit darüber, was unter brasilianischer Kunst zu verstehen sei. Malfatti orientierte sich an den Vorgaben aus Europa, Andrade sprach in seinem Gedicht nur aus, was ihm in der gegenwärtigen Debatte missfiel – ohne aber ein Wort darüber zu verlieren, wo es denn hingehen könnte mit der brasilianischen Kultur. Den Umstand, dass die brasilianische Kultur hundert Jahre nach der Unabhängigkeit des Landes noch immer nicht auf eigenen Füßen stand, hatte seinerseits der Essayist Paulo Prado bemerkt. In seinem berühmten, 1928 erschienenen Essay stellte er der Kultur seiner Zeit ein vernichtendes Zeugnis aus. Ein Laster beherrsche das Land, schrieb er: »das Laster der Imitation«. Die politischen Strukturen, die soziale Ordnung, selbst die angeblich spontanen künstlerischen Schöpfungen – sie alle seien letztlich nichts anderes als Übernahmen europäischer Modelle. »In diesem Land, in dem es fast alles gibt, importieren wir alles: die Moden aus Paris – Ideen ebenso wie Kleider. In unser Land verpflanzt, gibt es hier fast keine Zentren intellektueller und künstlerischer Aktivitäten. Alles, was den Segen der Zivilisation ausmacht, fließt durch unsere Zollämter ins Land: Gesundheit, materielles Wohlbefinden, Kenntnisse sowie alles, was uns mit Freude erfüllt, unsere Bewunderung erregt, unseren ästhetischen Sinn anspricht.«[193]

Als tiefes, stilles Land beschrieb Prado seine Heimat, als eine Gesellschaft, die es nicht vermocht hatte, ihre kreativen Energien freizusetzen. Erotik und Geld, das seien die Triebfedern der Kolonisierung gewesen – und in der Jagd nach ihnen hätten frühere Generationen sich erschöpft, hätten es versäumt, ihr Land kulturell zu formen, eine Idee, ein Anliegen zu entwickeln, wie es für die benachbarten USA und ihren protestantischen Reformismus so typisch sei. Das ziellose Dahinlavieren habe seine Landsleute über die Zeit melancholisch werden lassen. Die sei ihnen zur Gewohnheit geworden, so sehr in Fleisch und Blut übergegangen, dass sie deren Gründe aus den Augen verloren hätten und sie nun als schicksalsgegeben, als eine Art zweiter Natur betrachteten.

Diese Melancholie hatte längst auch den Weg in die Kunst gefunden. »In Brasilien«, beschrieb 1925 der Schriftsteller José Pereira da Graça Aranha die Situation, »ruht am Grunde aller Poesie eine gewisse Trauigkeit, eine unheilbare Nostalgie, die den Grundstoff unseres lyrischen Empfindens stellt. Es gibt Versuche, sich von dieser tiefverwurzelten Melancholie zu befreien. Die Poesie versucht sie durch einen bitteren Humor auszugleichen, der ein Ausdruck der Entzauberung ist. Es handelt sich um einen andauernden Sarkasmus gegen das, was nicht sein durfte. Fast ist es eine Kunst der Besiegten.«[194]

Und gegen diese Kunst, die verklärende Rückschau, der sich viele Zeitgenossen so gern hingaben, schrieben all jene Dichter an, die die brasilianische Kultur auf eine neue Basis stellen, ihr neuen Schwung, neue Kraft, ein neues Antlitz verschaffen wollten. Die große Frage war nur: Wie wäre das möglich? Wie ließe sich jene Rundumerneuerung betreiben, die unübersehbar notwendig war, von der aber niemand wusste, wie sie ihrerseits aussehen sollte. In ihrer Not setzten die Künstler auf radikale Zeitgenossenschaft, auf direkten Anschluss an alle jene künstlerischen Strömungen, Experimente und Versuche, die ihre Kollegen in den USA und vor allem in Europa anstellten. Darin, glaubten die Künstler, läge auch das Heil der brasilianischen Kultur. Besonders eine Figur der europäischen Avantgarde hatte es ihnen angetan: Filippo Tommaso Marinetti, der Autor des »Futuristischen Manifests«, das am 20, Februar 1909 auf der Titelseite der französischen Tageszeitung *Le Figaro* erschien. »Für uns«, schrieb Marinetti dort, »ist die Herrlichkeit der Welt um eine weitere Schönheit reicher geworden: die Geschwindigkeit.« Die Langeweile des italienischen Autors an der ihn umgebenden Welt war unverkennbar. Zu brav, zu bieder, zu gewöhnlich ging es ihm in ihr zu, und so suchte er nach Alternativen. Er fand sie in der Technik, in dröhnenden Motoren, der überschäumenden Kraft der Automobile. Und er fand sie auch – im Krieg. »Wir wollen den Krieg verherrlichen, diese einzige Hygiene in der Welt, den Militarismus, den Patriotismus, die schönen Ideen, für die man stirbt.«[195] Marinetti meinte es ernst. Für ihn waren die Ideen des Manifests mehr als künstlerische Provokation. Er wollte auf ihrer Grundlage die Welt verändern. Im gleichen Jahr, in dem das *Manifest* erschien, übernahm Benito Mussolini die Leitung des sozialistischen Wochenblatts *Lotta di Classa* (»Klassenkampf«). Den Massen, zu deren Führer sich Mussolini in den kommenden Jahren aufschwingen sollte, schloss sich auch Marinetti an. Die Welt, dachte er sich, ist genügend beschrieben worden. Jetzt kommt es darauf an, sie zu verändern.

Der lange Marsch

In Brasilien las man das Futuristische Manifest mit glänzenden Augen. Einen solch schroffen, brutalen Stil kannte man noch nicht. Zugleich lockte der Glanz, in dem Marinetti die Technik funkeln ließ. Das Hohelied des italienischen Dichters auf die Maschinen, Stahl und Dampf, auf die entfesselten Rhythmen der modernen Welt macht Eindruck in São Paulo – nicht, weil man sich nach Krieg gesehnt hätte, wohl aber, weil man in Marinettis radikaler Absage an die Gemütlichkeit der alten Zeiten die eigene Aufbruchstimmung gespiegelt, in seinen Zeilen auch einen Ausdruck der eigenen Dynamik sah. Der politische und gesellschaftliche Reformstau, der Europa wenige Jahre später in den Krieg stürzte, verlief in Brasilien zwar wesentlich milder. Doch harmlos war er nicht: Der Umbau der Städte forderte Opfer, und auch die Schwarzen, die seit 1889, dem Jahr der Abschaffung der Sklaverei, freie Menschen waren, waren weit entfernt davon, ein materiell würdiges Leben zu führen. Aber sie vermochten sich ebenso wenig politisch zu artikulieren wie die Einwanderer, die vor allem aus Europa ins Land kamen. Zwar verdienten immer mehr Brasilianer ihr Geld als Arbeiter – aber eine »Klasse« bildeten sie nicht, und damit auch kein Bewusstsein ihrer politischen Lage. Natürlich hielt der Sozialismus auch in Brasilien Einzug. 1889 erscheint in Santos ein *Manifesto Socialista ao Povo Brasileiro*, ein »Sozialistisches Manifest an das brasilianische Volk«; im folgenden Jahr gründete sich in Rio de Janeiro die erste Arbeiterpartei; im gleichen Jahr wurde auch der *Partido Socialista Brasileiro*, die »Brasilianische Arbeiterpartei«, ins Leben gerufen. Diese und andere Parteien fanden sich 1908 in der *Confederação Operária Braseilira*, dem »Brasilianischen Arbeiterbund«, zusammen. Aber die dort Zusammengeschlossenen bewirkten nicht allzu viel, vermochten es nicht, die aus ganz unterschiedlichen Ländern und Kulturkreisen stammenden Arbeiter zu vereinen, sie dazu zu bringen, sich als Gruppe mit gemeinsamen Interessen zu sehen. Polen, Italiener und Deutsche auf der einen und die Nachkommen der Sklaven und Indianer auf der anderen Seite hatten eine zu unterschiedliche Vergangenheit und zu verschiedene Interessen, als dass sie einander als natürliche Verbündete gesehen hätten. Zudem entstammten sie einem rassistisch aufgeheizten Klima, das es ihnen zusätzlich schwermachte, sich umstandslos mit jenen zu vereinen, die in Brasilien seit jeher auf der Seite der Verlierer gestanden hatten. Erst 1917 fanden sich in São Paulo die brasilianischen Arbeiter zum ersten Generalstreik zusammen: 45000 Menschen beteiligten sich daran. Die Aktion hatte gewaltige Strahlkraft und löste Arbeitsniederlegungen auch in anderen Städten aus. Der Antagonismus zwischen Arbeitern und repressivem Staat spitzte sich zu. 1922 riefen anarchistisch gesinnte Gewerkschaftler den *Partido Comunista do Brasil*, die Kommunistische Partei Brasiliens, aus. Gleichzeitig erheben sich junge Offiziere, denen die politischen Formen innerhalb des Staates im Allgemeinen und im Heer im Besonderen nicht schnell genug vorangehen. Ein Teil der Rebellen begab sich unter Führung der kommunistischen Kommandanten Miguel Costa und Luís Carlos Prestes auf einen langen Marsch. Zwei Jahre durchwanderten die Männer der sogenannten *Coluna Prestes* das Land und legten dabei 25000 Kilometer zurück. Brasilien erlebte den ersten großen zivilen Aufstand des 20. Jahrhunderts – auf die Straße getragen ausgerechnet vom Militär.

»Phantasiespiele spöttischer Künstler«

Man versteht nun, was die brasilianischen Künstler zur Abrechnung mit den ästhetischen Formen vergangener Tage trieb: Sie erschienen ihnen reaktionär, Ausdruck einer vordemokratischen Zeit, in der unendlich viele Menschen unter der Willkür einer Elite zu leiden hatten, die das Land mehr oder minder uneingeschränkt nach ihren Vorstellungen lenkte. Ihre Landsleute sollten sich endlich von der Vergangenheit verabschieden, forderten sie. Sie warfen ihnen vor, die Vergangenheit zu verklären, sie wesentlich idyllischer darzustellen, als sie tatsächlich gewesen sei. Und so machte sich in den 1920er Jahren eine Reihe junger Dichter und Künstler auf, ein angemessenes, realistisches Bild ihres Landes zu schaffen. Zusammen bereiteten sie ein mehrtägiges Festival vor, auf dem sie ihren Landsleuten zeigen wollten, wie sich die Welt mit einer neuen Ästhetik beschreiben und feiern ließ. Im Februar 1922 war es dann soweit: Im Stadttheater von São Paulo eröffneten sie die »Woche der Modernen Kunst«.

»Phantasiespiele spöttischer Künstler« würde das Publikum erleben, kündigte der Schriftsteller und Diplomat José Pereira da Graça Aranha, seines Zeichens Mitglied der brasilianischen Akademie der Literatur, an – und bereitet die Zuhörer vor auf das, was da kommen würde: Freie Poesie und extravagante Musik, ungewohnte, kühne Formen, die viele Brasilianer ernsthaft entsetzen dürften. »Für diese Reaktionäre bedeutet Kunst weiterhin das Schöne!« Diese Vorstellung führe aber gründlich in die Irre: »Wo findet sich denn das untrügliche Kriterium des Schönen? Die Kunst ist unabhängig von dieser vorgefassten Meinung. Sie ist ein anderes Wunder, das nicht das der Schönheit ist.«[196]

Das Kalkül ging auf: Die »Woche der Modernen Kunst« wurde zum Skandal. Der Bildhauer Victor Brecheret, der

Maler Emiliano di Calvalcanti, der Komponist Heitor Villa-Lobos, die Dichter Manuel Bandeira, Menotti del Picchia, Ronald de Carvalho: Sie alle zeigten dem Publikum, wie Kunst und Kultur der Zukunft aussehen würden. Neue Formen, Rhythmen, Bilder fanden auf die Bühne – ohne dass das Publikum sich immer sicher war, was es wie deuten sollte. Heitor Villa-Lobos etwa kämpfte am Abend seines Auftritts mit einem Zehennagel, der ihm ins Fleisch gewachsen war. Um den Schmerz zu lindern, trug er am linken Fuß keinen Schuh, sondern eine weite Sandale. Das Publikum war unsicher: War das lockere Schuhwerk Teil der künstlerischen Aussage? Und wenn ja, was wollte der Komponist seinem Publikum sagen? Dass es sich tatsächlich um einen ganz banalen Notfall handeln könnte – auf diese Idee kam in den aufgeregten Stunden niemand.

Dichtung und Ballistik

»Die Woche der Modernen Kunst« wirkte zwar auch in die Öffentlichkeit. Aber vor allem regte sie die Künstler selber an. Immer stärker setzten sie sich mit der Frage auseinander, woran sich die zeitgenössische brasilianische Dichtung und Malerei halten könnte. 1924 legte der Dichter Oswald de Andrade (1890-1954) sein berühmtes *Manifesto da Poesie Pau-Brasil*, sein »Brasilholz-Manifest«, vor. Dem Brasilholz, in den ersten Jahrzehnten der Kolonisierung ein in Europa sehr begehrtes Gut, verdankte die damalige Kolonie ihren Namen. So löste der Begriff entsprechend romantische Vorstellungen aus, von denen Oswald de Andrade aber partout nichts wissen wollte. »Nur Brasilianer unserer Epoche«, schrieb er in telegrammartigem Stil. »Was wir brauchen, sind Chemie, die Mechanik der Wirtschaft und der Ballistik. Alles verdaut. Ohne kulturelles Meeting. Praxis. Experimente. Dichter. Ohne Erinnerungen aus den Büchern. Ohne etymologische Forschung. Ohne Ontologie.«[197] Damit war das ideelle Feld neu vermessen: Radikal modern sollte die zeitgenössische Kunst sich geben, sich abwenden von allem, was nur im leisesten mit der Vergangenheit zu tun hatte. Die Schönheit der Welt ist in den Städten zu finden, in der Technik, dem schwindelerregenden Tempo des Hier und Jetzt. Es gibt also genug lyrischen Stoff für die Dichter. Aber wenn sie sie dann besingen – dann, bitte schön, in der angemessenen Sprache: »Eine Sprache ohne Archaismen, ohne Gelehrsamkeit. Natürlich und mit neuen Ausdrücken. Unter Bezug auf millionenfache Fehler. Wie wir sprechen. Wie wir sind.«[198]

Oswald de Andrade forderte Natürlichkeit, in der Sprache ebenso wie im Leben. Doch genau das war ungeheuer schwer. Denn was hieß das, natürlich zu sein? Das Land verwandelte sich, ging mit Riesenschritten in Richtung Moderne. Nichts war mehr selbstverständlich, alles schien vorläufig, provisorisch, jederzeit revidierbar. Wie sollte man sich verhalten? Vielleicht war gerade das scheinbar Einfachste tatsächlich das Schwierigste: sich natürlich zu verhalten, so zu tun, als hätte man seit ewigen Zeiten so gelebt, als gäbe es die ganzen Änderungen gar nicht. Vielleicht war es gut, all das Neue einfach zu ignorieren, oder besser, sich ihm hinzugeben und anzupassen, ohne groß darüber nachzudenken? Angenommen, man lebte einfach vor sich hin, ohne allzu viele Fragen zu stellen, allzu sehr zu zweifeln: Wäre es dann nicht möglich, neue Schönheiten zu entdecken, die Anmut des Alltags, die sich immer und überall finden lässt? Auch darüber denkt Andrade in seinem Manifest nach, ja mehr noch: in dieser Gewissheit eröffnet er sein Manifest: »Die Poesie existiert in den Tatsachen. Die safran- und ockerfarbenen Häuser in den grünen Hügeln der Favela, unter dem cabralfarbenen Himmel, dies sind ästhetische Tatsachen. Der Karneval von Rio ist das religiöse Ereignis unseres Volkes.

Brasilholz. Wagner erscheint vor der Landschaft Botafogos. Unseres ist das Barbarentum. Die reiche ethnische Beschaffenheit. Der Reichtum der Pflanzenwelt. Das Erz. Die Küche. Der Maniokbrei, das Gold und der Tanz.«[199]

Im Grunde klang das gar nicht so anders als das Programm der Romantik. Auch Andrade warb für die Schönheiten Brasiliens – mit dem Unterschied, dass er sie nicht nur an den traditionellerweise dafür vorgesehenen Orten – allen voran eine nach Möglichkeit noch »unberührte« Natur, weit ab vom hektischen Leben der Städte – suchte, sondern überall. Schön war es unterschiedslos an allen Orten Brasiliens, zumindest fast allen. Er brauchte keine »erhabenen«, keine »geweihten« Orte mehr – wer auf der Suche nach der Schönheit des Lebens war, der brauchte sich nicht groß auf den Weg zu machen – finden, erklärte Andrade, ließe sie sich überall.

Brasilien muss seine Identität in der indianischen Vergangenheit und der Anmut seiner Landschaften suchen. So ungefähr lautete, sehr vereinfacht, das Credo der Schriftsteller des 19. Jahrhunderts. Aber dieses Brasilien gibt es doch gar nicht mehr, wandten ihre Nachfolger ein. Das Land hat ja gar keine nennenswerte indianische Kultur mehr, und das moderne Leben konzentriert sich in den Städten – also lasst uns auf die Metropolen schauen. Auf sie verfassen wir die entsprechenden Hohelieder. Die Botschaft der Modernisten hatte etwas Erlösendes: Die Brasilianer sollten nicht mehr zurück, sondern nach vorne schauen, nicht mehr in der Vergangenheit, sondern für die Zukunft leben. Natürlich: Das Programm war problematisch und ist es bis heute. Armut, Favelas, eine gewaltige Schere zwischen Arm und Reich: die Moderne ist auch in Brasilien ein unvollendetes Projekt. Doch aufhalten ließ die Zeit sich nicht. Und die Künstler der 1920er Jahre ermunterten ihre Landsleute, um Himmels willen nicht den Anschluss an die Gegenwart zu verpassen.

10 Lob der Menschenfresser
Brasilien auf der Suche nach sich selbst

Brasilianer: Es ist an der Zeit, Brasilien Wirklichkeit werden zu lassen.

Mário de Andrade, Brief an Manuel de Bandeira,
8. 11. 1924

»Ai que preguiça«, »Was für eine Faulheit«. Ein trägerer Held als dieser lässt sich schwerlich denken. Großes ist von ihm nicht zu erwarten, er leistet schon genug damit, überhaupt in der Welt zu sein. Und die durchquert er, in alle Himmelrichtungen, mal dahin, mal dorthin, immer auf der Suche nach … ja, nach was eigentlich? Gut möglich, dass er es nicht einmal selbst weiß. Und genau das ist sein Problem.

Denn dieser Held weiß nicht, was er will. Aber wenn es das nur wäre. Im Grunde weiß er sogar nicht einmal, wer er überhaupt ist. Aber kann er es denn wissen? 1928 veröffentlicht der Dichter Mário de Andrade seinen Roman *Macunaíma*. Macunaíma, das ist der Name des Helden – eines jungen Indianers, den Andrade durch die verschiedensten Regionen Brasiliens irren lässt. Dessen Ahnen hatten reichlich Zeit, sich auf sich selbst zu besinnen, darüber nachzudenken, wer sie sind und wie sie sein wollen. Das haben sie auch getan, es ist seitdem viel geschrieben worden. Nur: Sehr viel weiter ist man nicht gekommen. Immer noch grübeln die brasilianischen Intellektuellen und Künstler über der Frage, was ihr Land und dessen Bewohner eigentlich ausmacht. Und mit genau dieser Frage wird auch Macunaíma zu tun haben. Das deutet schon die Beschreibung an, die Andrade seinem Geschöpf angedeihen lässt: Macunaíma, »heroe da nossa gente«, der »Held unserer Leute«. Aber was für ein Held: Noch bevor ein österreichischer Schriftsteller namens

Robert Musil 1930 seinen *Mann ohne Eigenschaften* veröffentlicht, ist in Brasilien bereits dessen älterer Bruder unterwegs: Macunaíma, »O herói sem nenhum caráter« (»Der Held ohne jeden Charakter«).

Das kann man wörtlich nehmen: Macunaíma ist, moralisch gesehen, charakterlos. Er schlägt sich durch, nimmt, was er kriegen kann, kennt keine Skrupel, wenn es um seinen Vorteil geht. Allerdings ist er kein Krimineller im eigentlichen Sinne. Er ist gutmütig und dabei ein wenig faul. Und so schlägt er sich durch, greift zu, wenn sich ihm etwas bietet, und wenn nicht, nun, dann läuft er eben weiter. Irgendwo wird sich schon etwas ergeben. Allerdings ist Macunaíma auch in einem weiteren Sinn charakterlos, und darin tatsächlich der ältere Bruder von Musils Mann ohne Eigenschaften. Sein Schöpfer, der 1893 geborene Dichter Mário de Andrade, hat ihn genau so angelegt: »als Person ohne moralische und sonstige Eigenschaften«.[200] Denn Macunaíma ist ein Brasilianer, ein ganz gewöhnlicher Brasilianer. Er ist der Brasilianer schlechthin, ein vollkommener Repräsentant seines Landes – eben: »der Held unserer Leute«. Ein sehr entspannter Held offenbar, vielleicht sogar das Geschöpf eines Träumers, entstanden in einer Atmosphäre müßiger Gedankenspielereien. »Es ist ein Ferienbuch, inmitten von Mangobäumen Ananasstauden und Zikaden von Araraquara geschrieben, ein Spielzeug«, schrieb Andrade über die Entstehung seines Buches.[201] »In sechs Tagen Hängematte« habe er es geschrieben, und ganz gleich, ob man das dem Dichter glauben soll oder nicht: Auf jeden Fall könnte es in der Hängematte geschrieben worden sein, so leicht und entspannt, voller skurriler Ideen und Einfälle, voller Wortspiele, Scherze, augenzwinkernden Spielereien. Ein Sommerbuch voller warmer, duftender Luft, eine Hommage an die Tropen und die ewig glühende Sonne.

Aber man kann sich auch vorstellen, dass Andrade in der

Hängematte auch etwas anderes getan hat, nämlich wie ein Besessener zu lesen. Andrade galt als poeta doctus, als ein gelehrter Dichter, angeblich sogar der gelehrteste seiner Zeit. Er studierte, was immer ihm in die Finger kam. »Er las fast alles«, berichtet sein Freund, der Essayist und Schriftsteller Sergio Millet,[202] und auch für Macunaíma hatte Andrade eine ganze Reihe Bücher zusammengetragen. Viele Bücher standen Pate bei der Geburt dieses Helden, aber vor allem, berichtet Andrade, habe er sich auf das Buch eines deutschen Ethnologen bezogen, nämlich *Vom Roroima zum Orinoco*, von Theodor Koch-Grünberg (1872-1924). In dem ab 1917 erschienenen fünfbändigen Bericht über eine Reise in den brasilianisch-venezolanischen Regenwald hält Koch Grünberg die Mythen und Legenden der dort lebenden Indianer fest, die Andrade dann als Ausgangsstoff für sein Buch nahm.

Doch ist Andrades aus dem Geist der Hängematte entstandener Roman nur vordergründig entspannt. Und noch weniger ist er eine Wiederauflage des Indianismus alter Zeiten, ein Jahrzehnte später geborener Bruder von José de Alencars Iracema. Nein, *Macunaíma* gibt sich zwar indianisch. Aber eigentlich geht es seinem Schöpfer um etwas anderes, nämlich die endgültige Abrechnung mit dem Genre. Dieses hat sich bis in die ersten Jahrzehnte des 20. Jahrhunderts erhalten, und Andrade ist angetreten, es endgültig zu überwinden. Er »wälzte mit Vorliebe in den barbarischen Erzeugnissen des wildesten und ausgelassensten Mulatismus und Indigenismus«, beschreibt ein durchaus wohlmeinender Kritiker die Arbeit des Dichters. Und auch für das, was dabei herauskam, fand er anschauliche Worte: »ein Buch, in dem er den gesamten Unsinn der Legenden, abergläubischer Einstellungen, fertiger Phrasen, Sprichworte und Redensarten anhäuft, ein buntes Bild, dessen Einzelteile die brasilianische Landschaft und den Typ des durchschnittlichen Brasilianers umreißen«.[203] Und so ahnt man auch, warum Macunaíma so faul, so ungeheuer faul ist: Er kann sich einfach nicht aufraffen, sich endlich von dem Sprachmüll, den Redewendungen, fragwürdigen Sentenzen und dahingeplapperten Allgemeinplätzen zu trennen, die ihm seit Jahrzehnten dazu dienen, sich ein Bild von der Welt und vor allem von sich selbst zu machen. Intellektuelle Analyse ist die Sache dieses Helden nicht. Andererseits: Genau das macht den Reiz des Buches aus, denn dadurch gewinnt es an Verständlichkeit. »Ich habe in diesem Buch ein paar typische Vorfälle festgehalten, die ich selbst beobachtet habe«, erklärt Andrade, »dazu einige Modeerscheinungen, Ausdrucksweisen, Traditionen, die bislang noch nicht in Büchern erwähnt wurden, syntaktische Formeln, den Rhythmus der gesprochenen Sprache, indianische Ausdrücke, die man vielleicht auch schon als brasilianische bezeichnen kann.«[204]

Vom Tapir lernen

Die Figur des Indianers war in den 1920er Jahren eine überaus beliebte Figur, um den brasilianischen Nationalcharakter – oder besser, das, was man dafür hielt – auf den Punkt zu bringen. Geeignet war sie nicht zuletzt darum, weil die schwarzen Bewohner des Landes, zumindest sehr viele von ihnen, allzu offensichtlich mit drängenden Problemen wie Armut, Wohnungsnot, Bildungsnotstand kämpften. Die unübersehbare Not der Schwarzen verbot es, ihnen in den Debatten über die brasilianische Identität eine allzu herausragende Rolle zuzusprechen – diese hätte in unübersehbarem Gegensatz zu den gesellschaftlichen Realitäten des Landes gestanden. Darum bemühte man die Figur des Indianers. 1926 gründete sich um die Schriftsteller Plínio Salgado, Menotti del Picchia, Guilherme de Almeida und Cassiano Ricardo die Gruppe *Verde Amarelismo ou Escola de Anta*. Der Name war Programm: »Anta« heißt auf Deutsch »Tapir«. Das friedliche, pflanzenfressende Tier stand im Programm der Künstlergruppe für jenes arglose Wesen, das für die Indianer vor der Ankunft der portugiesischen Eroberer so typisch war. So jedenfalls behaupteten es die Mitglieder der Gruppe. 1929 veröffentlichte sie das *Manifesto do Verde amarelismo ou da Escola da Anta*, in dem sie den Beitrag der Tupís zur Entstehung Brasiliens beschrieb. Den Tupís, schrieben die Verfasser, sei es bestimmt gewesen, von der weißen Kultur aufgesogen zu werden. Dies aber nur aus einem einzigen Grund: »Um sich im Blut der Neuankömmlinge aufzulösen. Um psychologisch weiterzuleben und die Güte und Menschlichkeit des Brasilianers in eine wunderbare Kraft zu verwandeln.«[205] Zwar mochten die Tupís von den Eindringlingen vernichtet worden sein. Aber tot waren sie nicht, im Gegenteil: Sie lebten fort als unsichtbare Geister, drangen in die Körper der Sieger ein, um sie fortan in Beschlag zu nehmen. »Der Tupí besiegte den Portugiesen in der Seele.«

Plínio Salgado und seine Mitstreiter feierten die Brasilianer als »fünfte Rasse«, ja als »kosmische Rasse«, als »Tochter der Schmerzen und Hoffnungen der gesamten Menschheit.« Die Brasilianer seien ein einzigartiges Volk, hervorgegangen aus den unterschiedlichsten Ethnien, so vielfältig in seinem biologischen und kulturellen Erbe wie kein anderes. »Wie kann man alle diese Elemente annehmen«, fragten die Autoren – um umgehend die Antwort zu geben: »Indem man keinem die Vorherrschaft zugesteht.« So und nur so sei jenes Wunder möglich geworden, durch das sich Brasilien auszeichne: »Bei uns gibt es keine rassistischen Vorurteile.«

Es war ein warmherziges, weltoffenes Bekenntnis, das die Anta-Gruppe veröffentlichte. So romantisch es schien, so sehr war es doch auch ein entschiedener Kommentar zu den Debatten, die eine multikulturelle Gesellschaft seit geraumer

Zeit über ihren eigenen Zustand führte. Gestand man in Brasilien wirklich keiner Gruppe die Vorherrschaft zu? Doch, man tat es sehr wohl. Und die Gruppe, die nach Ansicht nicht weniger an der obersten Spitze der Gesellschaft stand, waren die Weißen. Sie galten ganz selbstverständlich als Norm, nach der sich alle anderen zu richten hatten. Mit ihnen, waren nicht wenige überzeugt, konnten sich die anderen Bevölkerungsgruppen nicht messen. Zu Beginn des 20. Jahrhunderts trat der Anthropologe und Mediziner Raimundo Nina Rodrigues (1862-1906) an, die Überlegenheit der Weißen »wissenschaftlich« zu erweisen. *Os Africanos no Brasil* (»Die Afrikaner in Brasilien«) heißt sein posthum veröffentlichtes Werk, in dem er seine Überlegungen vortrug. Schon im Vorwort tat er jene zentrale These kund, die seine Leser im Folgenden in verschiedenen Varianten zur Kenntnis nehmen sollten. »Für die Wissenschaft ist die Unterlegenheit der Schwarzen nichts als ein ganz natürliches Phänomen, Ausdruck der ungleichen phylogenetischen Eigenschaften der Menschheit in ihren unterschiedlichen Gruppen.«[206] Das, fügte er hinzu, sei im Übrigen nicht böse gemeint: »Wir wollen in diesem Buch nicht die lebhafte Sympathie verbergen, die der brasilianische Schwarze in uns weckt.« Aber das änderte für ihn nichts an der grundsätzlichen Rückständigkeit der Schwarzen: »Wenn wir Schwarze oder Farbige von unbestreitbarem Verdienst kennen, die Wertschätzung und Respekt genießen, so ändert das doch nichts an der Wahrheit: dass die Schwarzen sich nämlich bis heute nicht zu zivilisierten Völkern entwickeln konnten.« Und das, fuhr er fort, bleibe nicht ohne Folgen für die Entwicklung der Brasilianer: »So groß die Verdienste der schwarzen Rasse für unsere Zivilisation gewesen sein mögen, so sehr ihr auch Sympathien angesichts der abstoßenden Sklaverei entgegengekommen sind, ... so sehr stellt sie doch einen Faktor für unsere Unterlegenheit als Volk dar.«[207]

Es waren solche Auslassungen, denen die Anta-Gruppe ihr Manifest entgegenstellte. Nein, die verschiedenen Ethnien der brasilianischen Gesellschaft unterschieden sich mitnichten, schrieben sie. Alle Brasilianer seien gleichviel wert, und eine Rangordnung gebe es nicht: Den Nachweis, dass dies tatsächlich so sei, führten sie aber nicht durch Analysen der Gegenwart, sondern unter Rückgriff auf die Geschichte, genauer gesagt: den Mythos. Was die Anta-Gruppe in ihrem Manifest schrieb, war keine Beschreibung der Realität, sondern ein Appell, diese Realität zu überwinden – und zwar unter Rückgriff auf das idyllische Paradies früherer Indianerstämme. Plinio Salgado und seine Mitstreiter verfassten das Bild einer exotisch anmutenden Vergangenheit, in der der zeitgenössische Rassismus – so jedenfalls behaupteten sie es – unbekannt war.

Manifest der Heimatlosen

Doch ließe sich aus dem Leben in vor-europäischen Zeiten ernsthaft ein Modell für die Gegenwart entwickeln? Diese Frage sollte die brasilianischen Intellektuellen in den kommenden Jahren immer wieder beschäftigen. 1938 veröffentlichte der Historiker Sergio Buarque de Holanda – der Vater des Sängers Chico Buarque de Holanda – ein Buch, das bis heute zu den bekanntesten Kulturanalysen Brasiliens zählt: *Raízes do Brasil*, »Die Wurzeln Brasiliens«.[208] Der Text ist eine einzige Meditation über die Frage, was die Brasilianer als solche ausmacht, wie die Geschichte sie prägte und wie sie mit dieser Prägung umgehen sollten. Dabei schlägt Buarque Holanda einen ausgesprochen fatalistischen Ton an. Sein Essay klingt wie ein Manifest der Heimatlosen, wie das Glaubensbekenntnis einer Nation, deren Bürger davon überzeugt sind, auf dem falschen Stück Erde zu leben, einem Flecken der Welt, in den sie eigentlich gar nicht hineingehören. Man könne sich noch so mühen, fuhr Buarque de Holanda fort: am Ende sind alle Mühen vergeblich. Die Brasilianer mögen sich noch so sehr mühen. Was immer sie entwickeln, es passt nicht recht in die Landschaft, es bleibt seiner Umgebung gegenüber seltsam fremd, fügt sich nicht ein in sie. »Wir können noch so hervorragende Werke schaffen, die Menschheit um neue und überraschende Aspekte bereichern, unser Zivilisation bis zur Perfektion entwickeln: Sicher ist, dass alle Früchte unserer Anstrengung ebenso wie unsere Faulheit einer ganz eigenen Entwicklung zu entspringen scheinen, zu der auch ein anderes Klima und eine andere Landschaft gehören.«[209]

Doch Buarque de Holanda blieb nicht bei der Geschichte allein. Er beobachtete auch, dass es den Brasilianern noch an etwas anderem mangelte: der Fähigkeit, ihrer Gesellschaft angemessen zu organisieren – also auf eine Weise, die den Bedürfnissen sämtlicher Mitglieder gerecht wurde. Dem Land fehle es an Zusammenhalt, schrieb er. Und darum zöge es die Brasilianer zurück in die Vergangenheit, sehnten sie sich nach den alten Zeiten, die natürlich besser waren als die jetzigen – zumindest in der Phantasie. Ihre imaginären Traditionen seien das einzige Bollwerk gegen die Zumutungen der Gegenwart. Das Problem ist nur: Die Flucht in die Phantasie führt nicht weiter, jedenfalls nicht dauerhaft. »Ist der Rückgriff auf die Vergangenheit wirklich legitim, um die Gesellschaft besser zu organisieren? Oder bedeutet es im Gegenteil nicht eher, dass wir unfähig sind, unser Leben entsprechend dem Hier und Jetzt zu gestalten?«[210]

Und so war die Vergangenheit, wenn überhaupt, nur in symbolischer Hinsicht ein Vorbild für das brasilianische Selbstverständnis der Gegenwart. Und in dieser Hinsicht – aber nur in dieser – bot sich auch die Figur des Indianers als Modell des modernen Brasilianers an. Nahm man sie nicht allzu genau, bot die Geschichte Brasiliens vor der Ankunft der Europäer durchaus einige Anknüpfungspunkte für die brasilianischen Identitätsdebatten des frühen 20. Jahrhunderts. Und kein Werk eignete sich besser zu dieser vorsichtig idealistischen Lektüre der indianischen Kulturen als Mario de Andrades »Macunaíma«.

Doch eines kann Andrade gar nicht oft genug betonen: Macunaíma ist kein reiner Brasilianer. »Er ist genauso oder sogar noch mehr Venezolaner«, erläutert sein Schöpfer, und weiter: »Der Umstand, dass der Held des Buches kein reiner Brasilianer ist, gefällt mir außerordentlich.«[211] Aber was hieße das auch schon, ein Brasilianer zu sein, zumindest ein moderner Brasilianer? Es hieße, sich zu dem riesigen Land in all seiner Buntheit zu bekennen, zu all den verschiedenen Landschaften, Menschen, Kulturen, denn sie alle machen das moderne Brasilien aus. In dem Buch, schreibt Andrade, gehe es ihm vor allem um eines: »die derzeitige brasilianische Wirklichkeit«. Und die gründe eben nicht auf der künstlichen Exotik der einzelnen Regionen und Landschaften. Das dampfende Grün der Amazonaslandschaften ist ebenso wenig hilfreich wie der goldene Glanz der nordöstlichen Strände oder das kakteenzersetzte Hinterland von Pernambuco. All das ist sind erhabene Landschaften und aus dem nationalen Bilderschatz nicht wegzudenken. Aber darum kann es nicht mehr gehen, ja mehr noch: darum darf es nicht gehen. Denn alle diese verführerischen Bilder präsentieren gerade nicht jene Wirklichkeit, mit der sich Brasilien in Richtung einer »universalen Zivilisation« hin bewege. »Denn diese Bewegung wird nur möglich durch den fortschrittlichen Teil eines Landes, mit dem, was es zu dieser Zivilisation an Nützlichem beisteuern kann, und nicht durch das, was sie an Exotik bietet.«[212]

Nein, es geht um die Identität des Landes unter den Vorzeichen der Moderne. Und wie es sich in ihr lebt, bekommt auch Macunaíma zu spüren, als es ihn nach São Paulo verschlägt. São Paulo, das ist die Großstadt par excellence: hohe Häuser, Straßenschluchten, Beton, wohin das Auge schaut; dazu die langsam wachsende Zahl der Autos, die Straßenbahnen, Menschenmassen – und über allem der Markt, die kapitalistische Existenzweise, der Kampf ums Überleben. Für einen wie ihn ist ein solches Leben nichts, bemerkt Macunaíma. Schwer, sehr schwer ist es, an das nötige Kleingeld zum Leben zu kommen, und so schreibt er einen Brief an seine Verwandten, verbunden mit der Bitte um freundliche Unterstützung. In seiner berühmten »Carta pras Icamiabas« (»Brief an die Icamiabas«) bittet er seine Angehörigen, ihm etwas Geld zu schicken – ein Akt, der ironischer kaum sein könnte. Denn Briefe wie diese schließen an die alte Tradition der »Cartas« an, jene Schriften, in denen die portugiesischen Eroberer den unterworfenen Indios einst die Welt erklären zu müssen meinten. Die neuen Herren des Landes klärten die Unterworfenen über die neue Ordnung auf und darüber, welcher Platz ihnen darin zukäme. Eine Tradition der großen Worte also, die hier, in der Bitte, ihm Geld zu schicken, nach Kräften widerlegt wird.

Europa? Nein danke!

Doch das Geld bleibt aus, und so sucht Macunaíma nach einer anderen Lösung. Sie ist rasch gefunden: Sich als Künstler entdecken und für das Studium in Europa ein Stipendium beantragen. Eine gute Idee im Grunde, schade nur, dass sie nicht aufgeht: die europäischen Akademien zeigen an Macunaíma kein Interesse. Heute, in Zeiten eines globalen Kunstmarkts, wäre das ganz sicher anders, aber damals war man noch nicht so weit. Und so wandelt sich der zurückgewiesene Künstler in spe zum Patrioten, entdeckt seine brasilianischen Wurzeln neu. »Não! Não vou na Europa não.« »Nein! Nein, ich gehe nicht nach Europa.« Und warum nicht? Die Antwort scheint auf der Hand zu liegen: »Ich bin Amerikaner, und mein Platz ist in Amerika. Die europäische Zivilisation verdirbt die Integrität unseres Charakters.«

Ein Dichter, der sich dieses Themas fast zeitgleich annahm, und zwar in vollendet eleganter und vor allem wunderbar leichter, humorvoller Art, war Oswald de Andrade. Er veröffentlichte 1928 einen Text, der seinen ironischen Ton bereits im Titel ankündigte: *Manifesto Antropófago*, »Das Menschenfresser-Manifest«. Ihre Selbstverständlichkeit als Nation, deutete er bereits in den ersten Zeilen seines Textes voll funkelnder augenzwinkernder Sentenzen, Maximen und Aperçus an, fänden die Brasilianer nur, wenn sie endlich aufhörten, nach Europa zu schielen und sich mit den Bewohnern der Alten Welt zu vergleichen. Als probates Mittel, sich der ehemaligen Kolonialherren endlich auch kulturell und psychologisch zu entledigen empfahl er eine längst aus der Mode gekommene Praxis: die Menschenfresserei. Die Europäer gelte es zu verspeisen, empfahl er in seinem Manifest. Erst, wenn man ihren Einfluss verdaut hätte, könne man sich wieder auf das Eigene konzentrieren. »Nur die Menschenfresserei eint uns. Sozial. Ökonomisch. Philosophisch.«

Man muss die fremden Einflüsse verdauen, schrieb er. Denn nur dann, durch die Aneignung des Fremden, würden die Brasilianer eine eigenständige, auch kulturell unabhängige Nation. Das setzt freilich eine Offenheit und Bereitschaft zum intellektuellen Austausch voraus, die Fähigkeit, das eigene Weltbild in Frage zu stellen. Dafür aber braucht es ein ganz anderes Selbstverständnis als jenes, das die Indianer vergangener Zeiten hatten. Letztlich, brachte er es in einer wunderbar humorvollen, bis heute in Brasilien bekannten Formel auf den Punkt, gehe es nur um eines: »Tupy or not tupy, that is the question.« [213]

Für Oswald de Andrade lag die Antwort auf der Hand: »Not tupy«. Denn der Tupí hat als Symbol der brasilianischen Identität ausgedient. Er passt nicht mehr in die Zeit, bildet die Entwicklung der Moderne nicht mehr ab. Er ist eine Erfindung, eine Erinnerung an frühere Zeiten – Zeiten freilich, die es so nie gegeben hat. Denn die Indianer waren in Brasilien vor allem Opfer der Kolonisierung, und wenn sie für etwas standen, dann für das rücksichtslose Vorgehen der portugiesischen Eroberer. Die machten sich die Indianer untertan, und waren diese nicht willig, so gebrauchten sie Gewalt.

Wer darum weiter am Bild des Indianers als Ursprung der brasilianischen Identität festhalten will, kann das höchstens, wenn er die Vergangenheit manipuliert oder, weniger streng gesagt: einen kreativen Umgang mit ihr pflegt. Genau das tut Mário de Andrade. Sein Roman *Macunaíma* ist ein durchaus aufklärerisches Buch. Denn es zeigt, dass man die indianische Mythen mit Vorsicht genießen sollte – gerade weil sie so schön und bezaubernd sind.

Auf dem Rückweg zu den Seinen macht Macunaíma Station auf der Marapatá-Insel, wo er anfangs ja sein Gedächtnis abgegeben hatte. Aber irgendwie ist es verschütt gegangen, lässt sich beim besten Willen nicht mehr finden. Und so schaut Macunaíma sich anderswo um, denn irgendetwas muss auf Dauer ja herein in den Kopf. Am Ende greift er sich »das Bewusstsein eines Hispano-Amerikaners, setzte es auf seinen eigenen Kopf und kam gut damit zurecht«. Fortan ist Macunaíma nicht bloß ein Brasilianer: Er ist ein Lateinamerikaner, der neue Mensch, »der Held unserer Leute«. So schnell kann es gehen.

Doch dieser Bewusstseinswandel geht überraschend schnell und überraschend glatt vor sich. Und das weckt einigen Zweifel an der Ernsthaftigkeit des Vorgangs. Nicht umsonst ist Macunaíma »ein Held ohne jeden Charakter«, ein Umstand, auf den Andrade immer wieder verweist. »Macunaíma«, notierte Andrade, »ist ein Widerspruch in sich selbst. Die Eigenschaften, die er in dem einen Kapitel zeigt, nimmt er im anderen wieder zurück.«[214]

Sein Roman, schreibt Andrade an seinen Freund, den Dichter Manuel Bandeira, ist eine »Satire auf den zeitgenössischen Menschen, auf seine umherirrende Willenlosigkeit«.[215] Zugleich nimmt es aber die spezifisch brasilianische Variante der Moderne aufs Korn. Dass es sich um ein Porträt des typischen Brasilianers in den späten 1920er Jahren handelte, bemerkten die Aufmerksameren unter Andrades Lesern sehr wohl. Das Buch, notierte der Kritiker Andrade Morici in einer Rezension aus dem Jahre 1936, beschreibe »das moralische Chaos und den pittoresken Charakter des jungen Brasiliens, ein Land mit lateinischem Erbe, das aber weder die Ideologien noch die Kulturen, Instinkte, Sitten und die Musik anderer Völker kennt.«[216]

Das Problem ist nur, dass die meisten Brasilianer sich um diese Ignoranz nicht scheren. Andrades Zeitgenossen, so kann man das Buch verstehen, wissen nicht, wer sie sind – aber genau darauf, so die Diagnose, bilden sie sich auch noch etwas ein. Kein Wunder darum, dass der Autor seinem Geschöpf nur mit Hilfe einer mythologischen Persiflage noch einen Rest von Würde zu geben vermag. Zum Schluss nämlich setzt Macunaíma an zur großen Himmelsfahrt, fährt auf zum Sternbild des Großen Bären. Die Anspielungen an die entsprechenden Motive der großen monotheistischen Religionen sind unübersehbar – nur dass der Held hier keine dauerhafte Botschaft hinterlässt. Am Ende nämlich hat er oben in den Gestirnen nur einen einzigen Zuhörer: einen Papagei. Und der plappert getreulich nach, was er aufgeschnappt hat. Wenn es also ausgerechnet einem Papagei vorbehalten ist, die Geschichte Macunaímas zu erzählen, dann kann es mit deren Würde nicht allzu weit her sein. 100 Jahre nach seiner Unabhängigkeit, so sieht es Mario de Andrade, ist Brasilien immer noch nicht erwachsen geworden. Stattdessen dreschen die Bürger die immer gleichen Phrasen, begnügen sich mit Floskeln und Formeln, die vieles ergeben mögen, nur keinen Sinn. Das Land stagniert, findet Mário de Andrade. Es wird Zeit, dass es endlich erwachsen wird.

11 Rhythm is it!
Eine kleine Geschichte des Samba

Und die Gitarre verließ die Favela
und kam in die Stadt,
wo man den Samba nicht pflegt.
Assis Valente, »Minha embeixada chegou«,
1934

Was für eine Szene! Eine Gruppe von Schwarzen, umringt von hunderten Zuschauern. Ein verhaltener Rhythmus zieht durch ihren Kreis, treibt die Tänzer an, leise zunächst, langsam aber mit immer größerem Druck. Die Trommel gibt den Takt vor, in den dann die Sänger einfallen. Auch sie anfangs sachte und gedämpft, um die Lautstärke dann unmerklich zu steigern. Auch auf die Zuschauer gehen die Rhythmen über, doch Zentrum des Geschehens bleiben die Musiker. »Innerhalb dieses Zirkels bewegten sich die Tänzer im Rhythmus der Trommeln. Und ich weiß nicht, was bewundernswerter war, die Energie der Tänzer oder die der Musiker. Man sah die Wangen eines kräftigen Angolaners, die fast zu platzen schienen von der Anstrengung, einen garstigen Ton hervorzubringen; derweil drosch ein anderer mit so schnellen und kräftigen Schlägen auf eine Pauke ein, dass nur das starke Leder eines Ochsen ihr widerstehen konnte. Ein Zeremonienmeister, gekleidet wie ein Scharlatan, dirigierte den Tanz – aber nicht, um die ausgelassene Freude zu mäßigen, sondern um sie anzufeuern.«[217]

Als sich der schottische Kaufmann John Perish Robertson 1808 in Rio de Janeiro aufhielt, beobachtete er eine Tanzszene, deren Intensität ihn spürbar beeindruckte. Er hörte eine Musik, deren Wucht und Gewalt ihn faszinierte und zugleich befremdete. »Acht bis zehn Tänzer bewegten sich innerhalb des Kreises in allen nur denkbaren Verdrehungen und Bewegungen. Einige Zuschauer hatten offenbar den Eindruck, dass das Ganze noch nicht genug in Bewegung gekommen war und drangen mit einem spitzen Schrei oder einem Lied ebenfalls in den Kreis vor, wo sie sich den Tanzenden anschlossen. Die Musiker spielten lauter und dröhnender, was die Tänzer stärker animierte. Alle schienen wie vom Teufel besessen. Aufmunternde Schreie und das Klatschen der Hände steigerten sich. Die Dynamik der Gruppe sprang immer stärker auf die Zuschauer über. Der Himmel klang wider von der wilden Begeisterung der Negerklans.«

Mit seinen Aufzeichnungen von den Tänzen der schwarzen Sklaven lieferte Robertson ein wertvolles Zeugnis von der Hingabe, mit der diese bereits im frühen 19. Jahrhundert gepflegt wurden. Sechs verschiedene Ethnien zählte der englische Reisende an dem Versammlungsort, von denen jede drei- bis vierhundert Personen zählte. Rechnet man sie zusammen, kommt man auf über 2000 Menschen – eine gewaltige Party mitten in Rio de Janeiro, die der Stadtverwaltung kaum gefallen konnte. Und wirklich empfanden die Verwaltungsbeamten eine solche Menge an einem Ort versammelter Sklaven als durchaus bedrohlich. So erhielt die Polizei den Befehl, jeden, der an einer solchen Veranstaltung teilnahm, zu verhaften – eine Anordnung, der sie angesichts der gewaltigen Menschenmassen kaum entsprechen konnte, zumal sie regelmäßig auch auf Widerstand stieß: Wenigstens diesen Spaß wollten sich die hart arbeitenden Sklaven nicht nehmen lassen.

Immer entschlossener drängten sie nun – zu einer Zeit, als sich das Ende der 1889 endgültig abgeschafften Sklaverei langsam abzuzeichnen begann – mit ihrer Musik an die Öffentlichkeit, zeigten eine Kultur, die sich über Jahrhunderte neben der herrschenden »weißen« Kultur erhalten hatte. Die portugiesischen Sklavenhändler hatten aus Afrika nicht

nur Menschen, sondern auch Traditionen nach Brasilien gebracht. Zahllose Riten, Rhythmen und Gesänge waren aus
dem schwarzen Kontinent in die Neue Welt gelangt, wo sie
auf neue Art zusammenfanden, zu einer ganz eigenen Kultur
aus unterschiedlichsten Einflüssen zusammenflossen, die
sich so außer in Kuba nur in Brasilien fand.

Lange Zeit hatten die Sklaven es nicht wagen können,
ihre Musik und Tänze zu pflegen. Wer an entsprechenden
Treffen teilnähme, müsse mit fünfzig Peitschenhieben und
dreißig Tagen Gefängnis rechnen, warnte ein 1807 in der
Provinz Curitiba herausgegebenes Gesetz. Schon 1773 hatte
das Bistum von São Paulo eine Anordnung erlassen, der zufolge jede Person, die an solchen Tänzen teilnahm, zu zwei
Stockschlägen verurteilt wurde. »Sklavenbesitzer, die solche schlimmen Feste veranstalten, werden zu acht Stockschlägen verurteilt«, hieß es dort weiter.[218]

Natürlich standen besonders begabte Sklaven auch im
Dienst der »weißen« Kultur – vor allem im Rahmen der religiösen Musik, für die sie als Instrumentalisten und Sänger
ausgebildet wurden. Als in Minas Gerais zu Zeiten des Großen Goldrauschs im späten 17. Jahrhundert Städte wie Ouro
Preto, Mariana oder Vila Rica zu großem Reichtum kamen,
floss dieser zu großen Teilen in den Bau von Kirchen. In ihrem Umfeld entwickelte sich ein »mulatismo musical«, ein
»musikalisches Mulattentum«,[219] an dem die Sklaven wesentlichen Anteil hatten. Unter der Regie christlicher Kapellmeister übernahmen die jungen Sklaven die »vozes
brancas«, die »weißen«, hell klingenden Kinderstimmen.
Andere erlernten klassische Instrumente wie Violine, Flöte
oder Oboe. In Minas Gerais, notierte 1780 der Gerichtsrat
José João Teixeira Coelho, »sind die zu Musikern ausgebil-
deten Sklaven so zahlreich, dass ihre Zahl die der Musiker
im restlichen Königreich übersteigt«.[220] Derart ausgebildet,
spielten sie die großen europäischen Komponisten der Zeit:

Mozart, Bocherini, Pleyel und Haydn. Als der französische Botaniker und Brasilienreisende Auguste de Saint-Hilaire 1816 in Minas Gerais eine Messe besuchte, war er von der Kunst des Kirchenchors tief beeindruckt: »Die Musik entsprach dem heiligen Charakter des Ortes ebenso wie dem erhabenen Charakter der Feier. Ihre Aufführung war perfekt. Viele Sänger hatten eine angenehme Stimme. Ich weiß nicht, ob man in einer nordfranzösischen Stadt von vergleichbarer Größe eine so gute Musik wie hier zur Aufführung bringen kann.«[221]

Afrikanisches Erbe

Die Musik aber, die die Sklaven abseits der Kirchen und weißen Bühnen spielten, war nichts anderes als der wichtigste Grundstock der späteren brasilianischen Populärmusik. Im Schatten der Plantagen und mehr noch in den kleinen Gassen der Städte entstanden Rhythmen und Klänge, die spätere Generationen als typisch »brasilianisch« erleben sollten. Aus ihren Heimatländern brachten die Sklaven zahllose Rhythmen und Melodien mit. Und da sich unter ihnen auch handwerklich begabte Menschen fanden, waren auch die entsprechenden Instrumente bald nachgebaut. Das populärste war die *Marimba*, ein aus Brettern und ausgehöhlten Kürbissen oder Kokosnüssen bestehendes Vibraphon. Auch die alten Zupf- und Streichinstrumente waren bald rekonstruiert: die *viola de Angola* etwa, eine aus vier Saiten bestehende Leier; oder das *Berimbo*, ein aus einer Kokosnuss und einem darauf befestigten Stil zusammengesetzter Bass. Auch Rhythmusinstrumente waren in großer Zahl nach Brasilien gekommen: *batuques*, *ilús*, *atabaques*, *repiniques*; Schüttelinstrumente wie die *xequerê* oder das *caxixi*; oder Reibinstrumente wie das *reco-reco* mit seinem unvergleichlich scharfen, metallischen Klang. Auch wusste man, wie effektvoll sich der eigene Körper einsetzen lässt – allen voran die Hände, denen sich raffinierte Rhythmen entlocken lassen. Und mit den Instrumenten kommen die Tänze: *lundu, batuque, bamboul* und *guachambo* bilden die Grundlage für Formationen, die sich in Brasilien auf ganz eigene Art weiterentwickeln.[222]

Dieses Erbe steht am Anfang jener Musik, die später als *Samba* Weltruhm erlangen wird. Bereits im frühen 19. Jahrhundert weist der Batuque Merkmale auf, die bereits in Richtung Samba weisen. Die Trommeln, der Chor, weibliche und männliche Tänzer, das leichte Spiel der Füße: all dies ist in den Tänzen der Sklaven bereits angelegt. Der Journalist Roberto Monteiro beschreibt im frühen 19. Jahrhundert den Batuque in Worten, die sich durchaus auch auf den Samba beziehen könnten: »Marimbas erklingen, Trommeln werden geschlagen, die Menschen fallen klatschend in diesen Rhythmus ein und vereinen ihre Stimmen zum Chor. Die Tänzer – Männer wie Frauen – springen mit einem Schrei in den Kreis und beginnen zu tanzen. Sie wiegen den Körper hin und her, versetzen Füße, Kopf und Arme in kleine Bewegungen, schütteln Schultern, Rücken und Gesäß.«[223] Auch die Umherstehenden schalten sich ein. »Samba, Samba«, riefen sie – und regten die Tänzer an, den Bauchnabel zu berühren, was nichts anderes als die erste Bewegung des dann einsetzenden Tanzes war.[224] Erstmals schriftlich erwähnt wurde der Begriff 1838 in der in Pernambuco erscheinenden Zeitschrift *O Carapuceiro*. Voller Ingrimm wetterte dort deren Herausgeber und einziger Redakteur, Frei Miguel do Sacramento Lopes Gama, alias Padre Carapuceiro, gegen die seiner Ansicht nach verderblichen Tänze der Schwarzen.

Der Klang vom Rande der Stadt

Im brasilianischen Nordosten, genauer: in Salvador da Bahia bilden sich die frühesten Muster der neuen Musik heraus. Als ehemalige Hauptstadt der Kolonie war Salvador über Jahrhunderte Drehscheibe des transatlantischen Sklavenhandels. Doch als dieser seit den 1830er Jahren ins Stocken gerät und gleichzeitig auch die Zuckerproduktion durch die Farmen auf den Antillen Konkurrenz erhält, werden die Sklaven im großen Stil nach São Paulo und vor allem Rio de Janeiro transportiert, wo die Kaffeewirtschaft ihren Aufschwung nimmt. Immer mehr Schwarze kommen in die neue Hauptstadt – so dass um die Mitte des 19. Jahrhunderts die Hälfte der Bewohner Rios aus Sklaven besteht. Als die Sklaverei 1889 abgeschafft wird, ziehen viele von ihnen ins Zentrum der Stadt, um dort, irgendwo und irgendwie, Unterschlupf und Unterkunft zu finden. *Cortiços* heißen die dicht an dicht gebauten Wohnblöcke, in denen die Neuankömmlinge ein Obdach finden. Diese *cortiços* sind ein Herd sozialer Probleme: Die hygienischen Zustände sind katastrophal, die meisten Bewohner haben keine Arbeit und schlagen sich mehr schlecht als recht – und notfalls auch auf kriminelle Weise – durch. »Pequena Africa«, »Klein Afrika«, heißen im Volksmund diese Viertel, gegen die die Stadtväter bald entschlossen angehen. In den 1890er Jahren wird Rio de Janeiro in großem Stil renoviert. Vor allem im Zentrum erhält die Stadt ein neues, metropolitanes Antlitz. Leidtragende sind die Bewohner der alten Quartiere, die rücksichtslos an den Stadtrand, in die Hügellandschaft rund um Rio, verbannt werden. Hier entstehen die künftigen *Favelas*, die Elendsviertel, die sich heute wie ein Gürtel um die Stadt ziehen. Die Favelas werden zu neuen Zentren des kulturellen und sozialen Lebens der ehemaligen Sklaven – Seite an Seite mit den weniger Begüterten jener vornehmlich aus Osteuropa stammenden Einwanderer, die gegen Ende des 19. Jahrhunderts in Brasilien ihr Glück versuchen. In den Unterkünften mischt sich das afrikanische mit dem europäischen Erbe, treffen die Rhythmen der Schwarzen auf die Melodien der Weißen, der Batuque auf die Polka, der Lundu auf den Walzer. In diesen Begegnungen entwickelt sich ein in Brasilien bis heute populäres Genre: der *choro*. Choro kommt von »chorar«, »weinen«. Und so besticht der Choro durch einen ausgeprägt melancholischen Charakter, getragen von den unterschiedlichsten Instrumenten, europäischen ebenso wie afrikanischen Ursprungs. Doch im Laufe der Zeit dynamisieren sich die Stücke, entwickeln sich zu immer neuen Verbindungen. *Polca-choro*, *maxixe-choro* – und irgendwann auch *samba-choro* – heißen einige der Unterarten des Genres.

»Der Samba kommt aus den Tempeln!«

In seinen frühen Jahren greift der Samba nicht nur auf melancholische Stimmung zurück, sondern auch deren Gegenteil: die ungehemmte, reine Lebensfreude, die Lust am Dasein, die *alegría*. Nirgends zeigt sie sich so deutlich wie in den jährlichen Umzügen zu einem der attraktivsten Feste des ganzen Jahres: dem Karneval. Als der Samba auf den Karneval traf, hatte dieser auch in Brasilien bereits eine lange Geschichte hinter sich. Die portugiesischen Eroberer hatten den Brauch mit über den Atlantik gebracht. Festliche Umzüge gehörten in den Zentren der Kolonie bald zum festen Brauch. Die ersten dürften bereits um 1550 stattgefunden haben[225] – vornehmlich auf dem Lande allerdings, da die Städte mit ihren engen Straßen den großen Wagen nicht hinreichend Platz boten. In die Städte kamen die Umzüge erst im 19. Jahrhundert, als dort entsprechend große Avenuen angelegt wurden. Diese Aufmärsche übernahmen das alte Formeninventar bis ins Detail: Zugführer und Fahnenträger; der Dirigent, der erste und zweite Kapellmeister; das Orchester, das Korps der Männer und der Chor der Frauen; und schließlich, für die Optik, die großen Wagen voll allegorischer Figuren, über denen zum Ausklang der Feuerwerksmeister seine Kunst zeigte. Zwar wussten die Zuschauer den symbolisch-theologischen Gehalt der alten Formen längst nicht mehr zu entschlüsseln. Doch der Popularität der Umzüge tat das keinen Abbruch. Sie zogen immer mehr Menschen an. Um die kultische Bedeutung des Spektakels scherten diese sich herzlich wenig. So sah sich João do Rio (1881-1921), der feinsinnige Chronist des modernen Rio, genötigt, seinen Lesern zu erläutern, was sie da eigentlich bewunderten: »Ihr kennt den Ursprung der Umzüge nicht? Die Samba-Umzüge kommen aus den Tempeln! Sie entspringen dem Fest der Heiligen Jungfrau Maria.« Und wer das nicht glauben wollte, dem führte er die Genealogie detailliert vor Augen: »Der Umzug zu Ehren der Heiligen Jungfrau ging über in den Zug der Cucumbis. Und von ihnen wiederum zum Umzug der Vassourinhas. Heute gibt es zweihundert dieser Umzüge.«[226]

Das Fest der langen Messer

Um Ordnung in die ausgelassenen Feiern zu bringen und die Umzüge zu organisieren und dadurch zu disziplinieren, gründeten wohlmeinende Bürger Mitte des 19. Jahrhunderts die ersten Karnevalsvereine – so etwa den *Congresso de Sumidades Carnavalesco*, für den sich 1855 auch der junge Dichter José de Alencar engagierte. Auf dem Umzug, den der Verein in jenem Jahr organisierte, verkleideten sich seine Mitglieder als russische Kosaken und kaukasische Adelige, schottische Dudelsackspieler, als Don Quijote, als König Fernando I. und andere Figuren aus dem Mythenschatz der Alten Welt. Wenig brasilianisch war vorerst noch auch die Musik: auf den Umzügen erklangen vor allem Märsche. Weil diese im Lauf der Zeit allen militärischen Ernst vermissen ließen und die Traditionen des Heeres eher auf die Schippe nahmen als tatsächlich verehrten, entschloss sich Jahrzehnte später, in den 1960er Jahren, die damals herrschende Militärdiktatur, diese Art von Musik in den Umzügen zu verbieten. Die vornehmsten Insignien ihres Standes, fanden die Generäle, sollten der ungestümen Kraft des Karnevals dann doch entzogen sein. Aber mit den Märschen war das musikalische Repertoire der frühen Umzüge noch längst nicht erschöpft. Die Musiker spielten auch Opernauszüge, Zirkusmelodien, Polkas, Mazurkas, Walzer, kurzum: alles, was sich eignete, Stimmung zu machen, die Leute zum Tanzen zu bringen.

Von Anfang an beteiligen sich auch die schwarzen Brasilianer an den Umzügen. Seit den 1830er Jahren wirkten sie im Karneval mit. Zunächst griffen sie noch auf portugiesisches Liedgut zurück. Doch Schritt für Schritt trugen sie auch ihre eigenen Rhythmen in den Karneval. *Cordões* nannten sich diese Umzüge, auf denen die Musiker sich vom Dirigenten mit einer Pfeife den Takt vorgeben ließen, in den dann die Rhythmusinstrumente einstimmten. Die Cordões waren in der Bevölkerung außerordentlich beliebt – so dass die Polizei im Karneval des Jahres 1920 rund 200 verschiedenen Gruppen die Lizenz zum Aufmarsch erteilte. Dass die Polizei auf die Gruppen ein Auge warf, hatte seinen Grund: Die Umzüge waren einerseits zwar ein vergnügliches Spektakel – andererseits aber auch ein Hort der Gewalt. Denn nicht alle, die im Karneval ihr Vergnügen suchen, tun dies auf friedliche Art. Schlägereien und bewaffnete Auseinandersetzungen sind bereits im 19. Jahrhundert fester Bestandteil des Karnevals. Und wenn sich viele Männer im Karneval als Frauen verkleideten, so nicht wegen des Vergnügens daran, die Welt für ein paar Stunden aus weiblicher Perspektive zu sehen. Entscheidend war etwas anderes: Nämlich dass sich in den weiten Gewändern der Frauen bequem ein Messer oder sonst eine für den Kampf geeignete Waffe verstauen ließ.

Auch um dieser Probleme Herr zu werden, gründeten sich in den 1920er Jahren die ersten *escolas de samba*, die »Sambaschulen«. Die Schulen haben nicht zuletzt ein pädagogisches Anliegen: Sie wollen ihren Mitgliedern nicht nur die Kunst des Musizierens und Tanzens beibringen, sondern auch, wie man Feste auf friedliche Weise feiert. »O Samba tem sua escola / e a sua academia também«, heißt ein geflügeltes Wort aus jener Zeit: »Der Samba hat seine Schule / und auch seine Akademie« – eine indirekte Art, das auszudrücken, was die Sambamusiker sich am meisten wünschten: von der übrigen Gesellschaft endlich als ernstzunehmende Künstler anerkannt zu werden. Und was konnte diesen Anspruch besser unterstreichen, als die Versicherung, man verfüge über eine eigene Schule, ja sogar eine »Akademie«?!

Die Sambaschulen trugen erheblich dazu bei, den Samba auch jenseits der Favelas hoffähig zu machen. Sie halfen, ihm jene Anerkennung zu verschaffen, die ihm zumindest in den bürgerlichen Schichten der Hauptstadt zunächst versagt blieb. Denn sie, die »ordentlichen« Bürger, hegten enorme Vorbehalte gegen die Musik von den Rändern der Stadt – und zwar nicht nur wegen der ganz eigenen, zunächst fremd und wild anmutenden Rhythmen; sondern auch, weil der Samba zumindest in seinen frühen Jahren zutiefst mit den aus Afrika importierten Religionen der Sklaven verbunden war. Und die waren den braven Söhnen und Töchtern der Portugiesen noch verdächtiger als die Musik selbst.

Der Geist der Macumba

Zumindest Teile der schwarzen Bevölkerung pflegten die Traditionen ihrer Väter weiter. Über Jahrhunderte hatte sich ein intensives religiöses Leben entwickelt, dessen zentrale Figuren afrikanischen ebenso wie katholischen Riten entstammten. Unmerklich ging an langen Abenden der Kult ins Vergnügen über, wichen die den Göttern geweihten Gesänge solchen, die die Menschen zu ihrem Vergnügen sangen. Diese Abende riefen regelmäßig auch die Polizei auf den Plan, die hinter den rauschenden Festen allerlei Unheil vermutete. Da die Beamten aber zwischen religiösen und weltlichen Feiern nicht unterscheiden konnten, gingen sie vorsichtshalber gegen jede Art von Musik vor – es könnte sich ja heidnisches Teufelswerk dahinter verbergen. »Am Urubu-Hügel gab es eine Macumba-Messe«, erinnert sich Juvenal Lopes, einer der großen Samba-Künstler der ersten Stunde. »Einige von uns saßen draußen und warteten das Ende der Messe ab. Als der Samba richtig in Schwung gekommen war, kam die Polizei, um uns festzunehmen. Fliehen sei nutzlos, erklärt man uns, denn die Gegend sei umstellt. Wegen des Samba mussten wir uns der Polizei fügen.«[227]

Doch ging es an diesem Abend wirklich nur um Samba? »Samba und Macumba sind ein und dasselbe«, erklären viele Sambakünstler aus der Frühzeit dieser Musik. »Fui a uma samba / na casa da Tia Fé«, heißt es in einem populären Stück aus den 1920er Jahren, das von einer musikalischen Zusammenkunft im Haus der »Tia Fé« erzählt. Und weiter: »de samba virou macumba / de macumba, candomblé« – »Aus dem Samba wurde Macumba / und aus Macumba Candomblé«.

Kosmopolitischer Snobismus

Eine solch verdächtige Mischung aus Kult und Musik, Andacht und Ekstase musste bei der Polizei zwangsläufig Misstrauen erregen. Streng kontrollierte sie darum die Sambamusiker – und regte diese umgehend zur Rache an. »Pelo Telefono« (»Am Telefon«), seit seiner Einspielung 1916 ein Klassiker des Genres, war ein wunderbares Spottlied auf die Polizei. Die Gesetzeshüter, so stellt der Text des Stücks es dar, stellten sich derart dumm an, dass sie die Delinquenten, denen sie hinterherjagten, niemals überführen würden. In dem Stück nimmt der Sänger Ernesto Joaquim Maria dos Santos, genannt »Donga«, Aurelino Leal, den damaligen Polizeichef von Rio de Janeiro, aufs Korn. Der war offenbar so sehr von der soeben eingeführten Fernmeldetechnik begeistert, dass er bei den Veranstaltern verbotener Glücksspiele anrufen und ihnen mitteilen ließ, dass gleich einige seiner Männer kämen, um die Beweisstücke abzuholen. Die Herren der Halbwelt nahmen den Hinweis dankbar zur Kenntnis – und sorgten dafür, dass die Polizisten nicht an allzu umfassendem und schwerem Beweismaterial zu schleppen hatten.

Und vielleicht auch, weil sie der großen oder mittelgroßen Schurken nicht habhaft wurde, konzentrierte sich die Polizei auf jene, mit denen sie deutlich weniger Schwierigkeiten hatten – die Sambakünstler etwa. João da Baiana (1887-1974), einer der großen Pioniere des Samba, bekam das eines Tages zu Beginn seiner Karriere zu spüren. Er sollte auf einer Abendveranstaltung des Senators Pinheiro Machado singen. Auf dem Weg dorthin wurde er von der Polizei festgenommen – und zwar allein wegen des Tamburins, das er mit sich führte. Als der Senator später erfuhr, warum der Musiker zur Veranstaltung nicht erschienen war, ließ er eigens ein Tamburin anfertigen, das er dem Sänger schenkte.

Seine Sympathie für den Musiker ließ er durch eine entsprechende Inschrift auf dem Instrument bezeugen. Von diesem Tag an soll João da Baiana nie mehr Ärger mit der Polizei gehabt haben. Stritten sie mit ihm, wussten die Hüter des Gesetzes, handelten sie sich auch Ärger mit dem Senator ein.

Doch was für João da Baiana galt, galt für viele andere noch lange nicht. Denn so leicht wollten die Weißen mit dem schwarzen Samba dann doch nicht Freundschaft schließen. Als die »Oito Batutas«, eine achtköpfige schwarze Sambatruppe, 1916 ihren ersten Auftritte in der kurz zuvor vollendeten Avenida Central, der ersten großen Prachtstraße Rio de Janeiros, ihre erstes Konzerte gab, waren Teile des Publikums empört: Was wagten diese Burschen, inmitten des vornehmsten Zentrums der Stadt aufzutreten?! Scharf wandten sich auch die Journalisten gegen die Gruppe. Einzig der Journalist der *Gazeta de Notícias* nahm sie in Schutz – und beschrieb, in welcher Atmosphäre die »Oito Batutas« auftraten: »Die Gruppe spielte inmitten der internationalen Atmosphäre französischer Modeschneider, italienischer Büchereien, spanischer Eisdielen, amerikanischer Autos, polnischer Frauen – also inmitten eines dümmlichen und kosmopolitischen Snobismus!« Doch gegen wen ereiferte sich das Publikum eigentlich, fragte der Journalist weiter: »Sie kritisieren eine heroische Gruppe, die ohne jede Künstelei Lieder über das wirkliche Brasilien singt.«[228] Doch bis das große Publikum bereit war, dem Journalisten in seiner Begeisterung zu folgen, dauerte es noch etwas. 1922 unternahmen die »Oito batutas« eine internationale Tournee – die erste einer brasilianischen Sambatruppe überhaupt. In diesem Rahmen spielten sie auch in Paris. Das dortige Publikum, vernahm man in Rio, sei begeistert gewesen. Das machte Eindruck auf das Bürgertum am Zuckerhut, und so entschloss es sich, nun seinerseits Gefallen an der Truppe zu finden.

Eu vou sambar

Allerdings: So ganz angekommen war der Samba noch nicht. Vorbehalte gab es weiterhin. 1955 griff der Sänger Zé Kéti (1921-1999) in seinem Stück »A voz do morro« (»Die Stimme der Favela«) das schwierige Verhältnis der Ethnien ebenfalls auf. In dem Stück weist er auf die Ursprünge des Samba aus der schwarzen Kultur hin – und fordert zugleich, die Schwarzen endlich anzuerkennen. »Ich bin der Samba«, heißt es in dem Lied, und weiter: »Ich bin die Stimme der Favela, mein Herr, und ich will der Welt zeigen, dass auch ich einen Wert habe.«

Der künstlerische Wert des Samba sprach sich besonders schnell unter den Polizisten herum, jedenfalls einem Teil von ihnen. Denn nicht alle Gesetzeshüter begegneten ihm mit Misstrauen, im Gegenteil: Einige von ihnen waren von der neuen Musik geradezu fasziniert. Nelson Antônio da Silva, alias Nelson Cavaquinho, (1911-1986) etwa. Vor seiner Karriere als Musiker arbeitete er im Polizeidienst. Eigentlich sollte er in den Favelas rund um Rio für Ruhe und Ordnung sorgen. Doch stattdessen zog er es vor, selbst Teil der Samba-Gemeinde zu werden. Eines Abends, wird berichtet, feierte er mit den Bewohnern eine bis zum frühen Morgen sich erstreckende Party. Als er dann auf seinem Pferd zur Dienststelle zurückkehren wollte, musste er feststellen, dass das Tier sich losgerissen hatte. So machte sich Cavaquinho zu Fuß auf den Weg – um seinem Vorgesetzten noch am selben Tag mitzuteilen, dass er den Dienst quittieren wollte. Fortan verdiente er sein Geld mit seiner Samba-Leidenschaft.

Weniger Glück hatte der Sänger, Musiker und Komponist Antônio Candeia Filho, alias Candeia, (1935-1978). Anfang der 6oer Jahre trat er als junger Mann in den Polizeidienst ein. Dort fiel er immer wieder durch sein auffahrendes Temperament auf. 1965 schoss er während einer nächtlichen Warenkontrolle in die Reifen eines Warentransporters. Daraus entwickelte sich eine Schießerei, in deren Verlauf ihm eine Kugel das Rückenmark zerriss – Candeia war querschnittgelähmt. Seiner musikalischen Kreativität tat das zwar keinen Abbruch. Doch seine Tonlage verdüsterte sich, ließ seine Musik traurig und melancholisch werden. Für ihn, so drückte er es in einem seiner Stücke aus, sei das Leben »pintura sem arte«, »Malerei ohne Kunst«. Samba sei Klage und Leid, verkündete er – und gerade darum würde er ihn niemals aufgeben. »De alguma maneira, meu encanto, eu vou sambar«, heißt es in einem anderen Stück: »Auf irgendeine Weise werde ich Samba machen« – ein trotzig-berührendes Bekenntnis, Ausdruck eines Lebensmutes, der ihm zuletzt doch nicht weiterhalf: Ausgezehrt von der Krankheit, starb Candeia im Alter von 43 Jahren.

Brasilien von unten

Samba, das ist Klang gewordene Not. Wie kein anderer griff in seinen Liedern der Sänger Wilson Batista (1913-1968) die Not seiner Landsleute auf. Regelmäßig verkehrte er im Lapa-Viertel, dem damaligen Vergnügungszentrum Rio de Janeiros. Dort trafen sich alle, die in irgendeiner Form aus dem Rahmen fielen: Kleinkriminelle, Prostituierte, Tagediebe – und dazu nicht wenige Sambakünstler. Hier fand Batista seine Themen – etwa das Leben des »Pedreiro Waldemar« (»Maurer Waldemar«). Das Stück handelt vom Tagesablauf des fleißigen Maurers: Morgen für Morgen nimmt er in aller Frühe die Bahn, um zur Arbeit zu kommen. Doch so viele Häuser er auch baut – für ein eigenes reicht das Einkommen nicht. Noch schärfer ist seine Kritik in dem Stück »Chico Brito«: »Der Mensch werde als gutes Wesen geboren«, heißt es dort. Doch wenn er seine Güte nicht bewahre, so deshalb, weil die Gesellschaft ihn verderbe. Man kann solche Verse platt finden – sollte aber bedenken, dass sie zu einer Zeit geschrieben wurden, in denen soziologische Analysen des Scheiterns noch nicht allzu verbreitet waren.

Mit manchen ihrer Stücke antworteten die Sänger auf die großspurigen Parolen, die der brasilianische Staat in jener Zeit herausgab. In seinem Stück »Conselho de mulher« nahm der Sänger und Komponist Adoniran Barbosa (1910-1982) die dröhnenden Fortschrittparolen der Regierungszeit von Getúlio Vargas (1930-1945 und 1950-1954) aufs Korn. Vom »progrécio« handelte der Sänger in dem Stück – und schon die pure Schreibweise war eine Provokation: denn »Fortschritt« heißt in korrektem Portugiesisch »progresso«. Adonirans Art, das Wort zu schreiben, drückt hingegen die Sichtweise jener aus, die von Orthographie genauso wenig verstehen wie von der Politik – und die sich deren Entscheidungen darum als Erste zu fügen haben. Der Fortschritt komme von der Arbeit, heißt es darum augenzwinkernd in dem Stück – weshalb wir alle morgen in aller Frühe uns zu ebendieser begeben würden.

Unter ähnlichen Vorzeichen setzten sich Ataulfo Alves und Wilson Batista in ihrem 1940 veröffentlichten Lied »Bonde da São Januário« mit den vom Staat erlassenen Parolen zur Steigerung der allgemeinen Arbeitsmoral auseinander. Harte Arbeit war ein Lieblingsanliegen von Staatspräsident Getúlio Vargas, und so wollten die Beamten des *Departamento de Imprensa e Propaganda*, (»Büro für Presse und Propaganda«) das Stück umgehend für ihre eigenen Zwecke einspannen. Gerade noch rechtzeitig bemerkten sie, dass der Text auch noch in einer zweiten Fassung kursierte. Darin war dann nicht mehr vom harten, aber stolzen Dasein des »operário«, des »Arbeiters«, die Rede, sondern von einem ganz anderen Zeitgenossen: dem »otário«, dem allzu leichtgläubigen Menschen. Die beiden Komponisten hatten also keine Hymne auf den Arbeiter geschrieben, sondern ein Spottlied auf all jene, die die Ideologie des Vargas-Regimes allzu leichfertig übernahmen.

Vom Grammophon zum Radio

Mit ihren Stücken erreichten populäre Sambasänger ein Millionenpublikum. Möglich war das auch, weil mit der Schallplatte ein Medium gefunden war, die neue Musik in großem Stil unter die Leute zu bringen. Die erste Sprachaufnahme Brasiliens stammt aus dem Jahr 1889. Sie enthält die Stimmen von Kaiser Pedro II. und Prinzessin Isabella, aufgenommen ausgerechnet in dem Jahr, in dem die brasilianische Monarchie endete. Doch bis die Technik aus den höchsten Kreisen der Macht bis zu den Musikern des Samba vordrang, dauerte es dann noch eine Weile, genauer: bis 1900. In jenem Jahr gründete der kurz zuvor aus Tschechien eingewanderte Fred »Frederico« Figner in Rio de Janeiro das erste Tonstudio des Landes, die »Casa Edison«. Dort nahm zwei Jahre später der Sänger Xisto da Bahia die erste brasilianische Musik überhaupt auf: einen freundlich dahinswingenden Lundu mit dem Titel »Isto é bom«, »Das ist gut«.

»Aquarelo do Brasil«

Unter US-amerikanischer Regie eroberte der Samba in den folgenden Jahren ein immer größeres Publikum. Erstmals wurden Sänger im ganzen Land bekannt, wurden die ersten Stücke zu Hits und Superhits. Der Komponist Ary Barroso (1903-1964) schrieb 1939 mit »Aquarelo do Brasil« eines der erfolgreichsten Sambalieder überhaupt. Mit seiner charmanten Melodie und dem verspielten Text über die Schönheit Brasiliens begründete das Stück ein neues Unter-Genre des Samba, den *Samba-exaltação*: den patriotisch gestimmten Samba, den später autoritär gesonnene Politiker wie Getúlio Vargas und nach ihm die Militärdiktatoren des Putsches von 1964 für ihre Zwecke zu vereinnahmen suchten. Doch dem Stück konnte das nichts anhaben: Bis heute gilt es als inoffizielle »Hymne« Brasiliens, wurde schnell auch weit über die Grenzen des Landes hinaus bekannt. Selbst Frank Sinatra konnte sich seinem Charme nicht entziehen und nahm eine englischsprachige Version auf. Auch andere Lieder dieses Genres – »Onde o céu é mais azul«, »Canta Brasil«, »Brasil moreno« – erfreuen sich in ihrer fast schon kitschigen Anmut bis heute größter Beliebtheit.

Barroso bahnte auch der Sängerin Carmen Miranda (1909-1955) den Weg zum Erfolg: Miranda trat in den USA mit einem von Barrosos weiteren Ohrwürmern auf: »No tabuleiro da Baiana«, dem Lied über die wunderbare Vielfalt der Küche von Salvador da Bahia wie auch über die Anmut der schwarzen Frauen der Region. Auch mit einem weiteren Hit, »O que é que a baiana tem?«, trug sie dazu bei, die Figur der weißgekleideten schwarzen Bewohnerin von Bahia in ein bis heute weltweit bekanntes Symbol Brasiliens zu verwandeln. Miranda selbst wurde in den USA zu einer gefeierten Sängerin und Schauspielerin. Derart beliebt war sie, dass ihre Honorare höher waren als jeder anderen Kollegin jener Zeit.

Eng verbunden war Mirandas Erfolg wie auch der der anderen großen Sängerinnen und Sänger jener Jahre mit der aufkommenden Ära des Radios. Der Rundfunk bot den Künstlern seit den 30er Jahren immer größere Verbreitungsmöglichkeiten. Jorge Veiga, Luiz Gonzaga, Carmélia Alves, Cauby Peixoto und andere – sie alle starteten ihre Karriere, indem sie sich zunächst im Radio präsentierten. Freilich war dies in den ersten Jahren des neuen Mediums mit einigen

Schwierigkeiten verbunden: Noch gab es keine festen Sendepläne, die technischen Probleme waren nicht restlos gelöst. Und da Werbung noch weitgehend unbekannt war, kämpften viele Stationen gegen ihre enge Finanzlage an, stemmten sich mit aller Kraft dagegen, ihren Betrieb wegen allzu spärlich fließender Summen bald wieder einstellen zu müssen. So sparten sie, wo immer möglich – vorzugsweise auch an den Künstlerhonoraren.

Dennoch regte das alles die Künstler an, den Samba weiter zu entwickeln. Sie feilten an der Musik und verfeinerten sie immer wieder. Die Stücke beschleunigten sich, wurden raffinierter. Synkopen, versetzte Rhythmen, hielten Einzug und verliehen dem Samba jenen vielschichtigen, komplexen Charakter, der ihn bis heute einzigartig macht. Erheblichen Anteil an dieser Entwicklung hatte der Komponist und Percussionist Armando Vieira Marçal (1902-1947). »Samba batucado« – »Getrommelter Samba«: So nannte sich die auf ihn zurückgehende Art, den Samba zu spielen. Nutznießer dieser neuen Form waren vor allem die »Escolas de samba«. Sie machten die schnellen Rhythmen zu ihrem Markenzeichen. Ihre zentrale musikalische Einheit ist bis heute die *cozinha*, die »Küche«: So nennen sich die Rhythmusgruppen der Schulen, jene Musiker, die die *reco-recos*, die *surdos*, die *agogôs*, die Tamburine, die *atabaques*, die *caixas* und all die anderen Perkussionsinstrumente spielen, die den Samba und seine Zuhörer so auf Touren bringen. Nicht immer, zeigt das Beispiel der Cozinha, verderben viele Köche den Brei.

Die Arena und die Liga

Zusammen mit den Sängern, Tänzern – und mehr noch den Tänzerinnen – verwandelten die Rhythmiker aus der Cozinha den Samba in jenes weltweit bekannte Spektakel, das sich in den folgenden Jahren und Jahrzehnten zu einem Marken-zeichen Rio de Janeiros entwickelte. Verantwortlich für die-sen Erfolg war vor allem einer: der Regisseur und Produzent Fernando Pamplona (*1926). Seit den 60er Jahren kümmerte er sich um die Ausstattung der Umzüge, verlieh ihnen jene verschwenderische Pracht, die sie bald weltberühmt mach-te. Historische Themen, die unterschiedlichen Regionen Brasiliens, teils auch aktuelle Ereignisse – alles diente Pamp-lona als Motiv. Dank seiner Ideen präsentierten sich die Um-züge in ganz neuer Anmutung, in Farben und Formen, die alles bislang Bekannte blass und langweilig erscheinen ließ. Ins Gigantische wuchsen auch die Teilnehmerzahlen: Heute bringen die einzelnen Schulen in ihren Aufzügen bis zu 5000 Mitglieder auf den Ring, die in genau durchkompo-nierter Choreographie das jeweilige Themas in all seinen Fa-cetten zur Entfaltung bringen.

Zugleich leitete der Erfolg der Umzüge auch ihre zuneh-mende Kommerzialisierung ein. Der Karneval entwickelte sich zum touristischen Höhepunkt des Jahres. Zehntausende Gäste aus aller Welt kommen Jahr für Jahr im Februar nach Rio de Janeiro und in andere brasilianische Städte, um Zeu-gen des sinnenfrohen Spektakels zu werden. Natürlich lässt das hinreichend Raum für düstere Aspekte – Gewalt, Krimi-nalität, Obszönität. Auch darum, um die Gewalt aus der Stadt zu holen, wurde 1984 das Sambódromo eröffnet, die rund 700 Meter lange Tribünenstraße im Zentrum Rio de Janeiros, auf der die Sambatruppen während des Karnevals vier Nächte lang gegeneinander antreten und um die Aus-zeichnung der schönsten und aufregendsten Auftritte ringen. Wie attraktiv die Aufführungen sind, zeigt allein die Größe des Bauwerks: Nach der Renovierung in den Jahren 2011/12 fasst es 75 000 Zuschauer. Was aber den Zuschauern als aus-gelassenes Spektakel erscheint, ist für die Teilnehmer harte Arbeit, ja mehr noch: gnadenloser Wettbewerb. Denn längst hat sich auch im Samba ein System unterschiedlicher Ligen herausgebildet. Die Ehre des Auftritts im Sambódromo haben nur die zur ersten Liga gehörenden Sambaschulen. Doch die Zugehörigkeit ist hart umkämpft: Jedes Jahr steigen einige Schulen ab und andere auf – ein System, das die Teilnehmer zu größten Anstrengungen motiviert, sie zwingt, sich immer wieder neue Formationen und Choreographien einfallen zu lassen.

Jenseits der Tradition

Der Ehrgeiz zeigt, wie populär der Samba bis heute ist. Er ist es, weil er mit der Zeit geht. In den 40er und 50er Jahren öffnete sich der Samba Rhythmen aus den spanischsprachigen Ländern Lateinamerikas, etwa dem Chachacha oder dem Bolero. Ebenso nahm er auch Einflüsse aus dem nordamerikanischen Jazz auf. 1966 veröffentlichte der Gitarrist Baden Powell sein berühmtes Album »Afro-Sambas«, in das er die Rhythmen und Instrumente des *Candomblé*, der animistischen, ursprünglich in Salvador da Bahia ausgeübten Religion der ehemaligen Sklaven, übernahm. Der Sänger Jorge Ben hingegen interessierte sich mehr für den amerikanischen *Rhythm and Blues*, der sich unter seiner Regie und der vieler anderer Musiker dann zum Samba-Rock entwickelte. Etwas später entdeckten die Sambamusiker den *Funk*, der seinerseits die Vorstufe zur Disco-Musik bildete. Auch sie fand sehr bald den Weg in den Samba. Freilich taten diese Mischungen dem Samba nicht immer gut: Als *samba-jóia* bezeichneten Kritiker diese Musik, die die Grenze zum stumpf-dumpfen Gassenhauer nicht selten überschreitet – ein Phänomen, das seit den 90er Jahren auch mit dem Siegeszug der *Techno*-Musik teils bizarre Triumphe feierte. In seiner leichteren, oft kitschigen Variante feiert der Samba als *pagode*,

pagode-romântico oder gar *pagode-comercial* große – die letzte Namensvariante deutet es an – kommerzielle Erfolge. Härtere Varianten wiederum ergaben sich durch die Verbindung des Samba mit Rap und Hiphop. Im *Samba-Reggae* hingegen traten die eher weicheren Spielarten hervor. Weil der Samba sich durch immer neue Fusionen aber irgendwann aufzulösen droht, besinnen sich jüngere Musiker wieder auf die Wurzeln ihrer Musik. Marquinhos de Oswaldo Cruz, Teresa Cristina, Roberta Sá und Maria Rita heißen die Künstler einer jüngeren Generation, die an die inzwischen fast hundertjährige Tradition des Samba anzuschließen und sie in eine zeitgenössische Form zu bringen versuchen. *Samba do raíz*, »Samba der Wurzeln«, nennt sich diese Interpretation des Alten unter den Vorzeichen der Gegenwart.

So überrascht der Samba bis heute durch seine enorme Erneuerungsfähigkeit. Aus diesem Grund schlug im Jahr 2004 der Kulturminister Gilberto Gil vor, den Samba in das UNESCO-Weltkulturerbe aufzunehmen. Sein Antrag hatte Erfolg: Ein Jahr später wurde der *samba-de-roda* des *Recôncavo Baiano*, der Bucht von Salvador da Bahia, in die Liste der »mündlichen und immateriellen Ausdrucksformen« aufgenommen. Damit steht der Samba gewissermaßen unter kulturellem Artenschutz. Nötig hat er es eigentlich nicht. Aber es ist ein Adelstitel, und er zeigt: Die Musik von ganz unten ist längst ganz oben angekommen.

12 Utopie im Niemandsland
Brasília und der Traum der Avantgarde

> Beton macht alles möglich.
> *Oscar Niemeyer*

Unendlich und undurchdringlich lag es da, erstreckte sich über ein gewaltiges Terrain, von dem man nicht wusste, wohin es führte. Einige Hundert Kilometer war man vorgedrungen – und hatte doch erst seinen Rand betreten. Die gewaltigen Landmassen dahinter aber kannte man nicht: Das Innere Brasiliens blieb denen, die als Eroberer an seine Küsten kamen, über Jahrhunderte verschlossen. Hie und da waren Expeditionen in die zentralen Ebenen aufgebrochen. Aber immer kehrten sie um. Zurück blieben allenfalls Einzelne, Menschen, die bereit waren, sich inmitten der unbeseelten Weiten als Bauern und Viehzüchter ein neues Leben aufzubauen. Doch die meisten Einwanderer zogen die Küste vor, die kleinen Siedlungen am Rande des Ozeans, die Sicherheit garantierten und auch ein wenig Unterhaltung boten. Die Lage am Wasser hatte zudem einen weiteren Vorteil: Durch sie blieben sie mit der alten Heimat verbunden. Der Atlantik war die einzige Verbindung zu ihr, allein über ihn kamen neue Menschen, Waren und Ideen ins Land. Die Küste war der Hort der Zivilisation, und darum blieb man dort. Über das Landesinnere könne er nichts sagen, erklärte der Franziskanermönch Frei Vicente do Salvador schon im frühen 17. Jahrhundert. »Denn die Portugiesen haben es versäumt, dass jemand bis dahin vordrang. Anstatt sich als große Eroberer aufzuführen, begnügen sie sich damit, wie Krabben am Strand entlang zu krabbeln.«[229]

An Frei Vicentes Beobachtung änderte sich über Jahrhunderte wenig. Noch heute zeigt ein Blick auf die Landkarte, dass sich das Leben in Brasilien weiterhin vor allem an der Küste abspielt. Von Porto Alegre ganz im Süden über Rio de Janeiro, Salvador, Recife, Fortaleza bis Belem im Norden des Landes liegen die meisten großen Städte direkt an der Küste. Auch von São Paulo ist es nicht allzu weit bis zum Meer. Im Inneren dagegen finden sich nur einige wenige urbane Tupfer: Belo Horizonte, das Tor zu den großen Goldregionen des 18. Jahrhunderts; Cuiabá, die Hauptstadt von Mato Grosso, auch sie am Rande längst erschöpfter Goldminen; Manaus, das Handelszentrum am oberen Lauf des Amazonas; Porto Velho an einem seiner Nebenflüsse, dem Rio Madeira, gelegen; und Campo Grande, nahe an der Grenze zu Paraguay, in den 1870er Jahren infolge des brasilianisch-paraguayischen Krieges gegründet. Der Ursprung einiger anderer Städte geht auf keinen anderen Zweck zurück als den, das Hinterland zu kolonisieren. Teresina, 1852 gegründet, geht auf diesen Zweck ebenso zurück wie Rio Branco (1882), Boa Vista (1890), Goiânia (1933) und das noch junge Tocantins (1889). Dennoch hat das Hinterland seine Jahrhunderte alte Einsamkeit zumindest noch hier und da erhalten.

Dass diese Abgeschiedenheit ein Versäumnis war, der Staat sein Machtmonopol auch im Landesinneren durchsetzen musste, hatte man schon seit langem gesehen. Der Journalist Hipólito José da Costa forderte bereits 1813, die Hauptstadt Brasiliens in dessen Hinterland zu verlegen. Und José Bonifácio, der Architekt der Unabhängigkeit, dachte ebenfalls laut über eine Hauptstadt im Landesinneren nach. Für sie schlug er zwei Namen vor: *Petrópolis*. Oder: *Brasília*. Doch erst 1891 – Brasilien war gerade vom Kaiserreich zur Republik geworden – wurden die Pläne für die neue Hauptstadt konkreter. In jenem Jahr brach eine Kommission unter Leitung des belgischen Astronomen Louis Ferdinand Cruls

(1848-1908) in Richtung des *Planalto Central*, des zentralbra-silianischen Hinterlandes, auf. Aufgabe der Mediziner, Geo-logen und Botaniker war es, die topographischen und geolo-gischen Charakteristika der Region und deren Fauna und Flora zu erforschen. Die Kommission legte zwar ihren Ab-schlussbericht vor, in dem sie auch die Möglichkeiten des Hauptstadtbaus erörterte. Doch der blieb unbeachtet. Und so dauerte es noch einmal ein halbes Jahrhundert, bis sich der 1954 für kurze Zeit ins Präsidentenamt gekommene João Fernandes Campos Café Filho der alten Pläne entsann und eine weitere Expedition losschickte. Die trug ihr zentrales Anliegen schon im Namen: *Comissão da Localizacão da Nova Capital Federal*, »Kommission zur Lokalisierung der neuen Bundeshauptstadt«.

»Alles war groß«

Doch es war Café Filhos Amtsnachfolger Juscelino Kubi-tschek (1902-1976), unter dessen Ägide die Pläne für die neue Hauptstadt Wirklichkeit wurden. »50 anos em 5« hatte der 1956 ins Amt gewählte Präsident sich und seinen Lands-leuten als Aufgabe vorgegeben: »50 Jahre in 5« – so schnell sollte es mit der Entwicklung des Landes vorangehen. In nur fünf Jahren, erklärte der kurz »JK« genannte Präsident sei-nen Landsleuten, wolle er Brasilien auf einen Entwicklungs-stand bringen, für den das Land normalerweise 50 Jahre bräuchte. Das Land sollte autark werden, nicht weiter abhän-gig von Importen sein. Darum machte sich Kubitschek dafür stark, die leeren Räume zu erschließen, die sich immer noch über den größten Teil des nationalen Territoriums erstreck-ten. Der Staat sollte im gesamten Land präsent sein, die Regi-onen sollten sich einander politisch und sozial angleichen. Neue Straßen sollten bislang voneinander isolierte Gegenden und Ortschaften miteinander verbinden. Ebenso störte es Kubitschek, dass die natürlichen Ressourcen des Landes weiterhin brachlagen. Auch sie galt es zu erschließen, auf dass sie im Zusammenspiel mit neuen Kraftwerken das Land mit billiger Energie versorgten. Überdies nahm Kubitschek sich vor, ausländisches Kapital in das Land zu locken und damit die Industrialisierung voranzutreiben. Ebenso lag ihm der dürregeplagte Nordosten des Landes am Herzen: Stauseen sollten die chronische Wasserknappheit lösen und die Landwirtschaft fördern. Die Krönung des Ganzen aber sollte Brasília, das neue reale und symbolische Zentrum des Landes werden. »Die Brasilianer sollten ihr Land in Besitz nehmen«, erläuterte Kubitschek später seine Pläne. »Und der Wechsel der Hauptstadt wäre das Mittel dazu.«[230]

Freilich gab es auch andere Gründe, die Hauptstadt zu verlegen: Politisch war Brasilien in der zweiten Hälfte der 50er Jahre ein Hexenkessel. Im August 1954 wurde der damalige Präsident Getúlio Vargas durch eine politisch motivierte Schießerei, in die einige seiner Leibwächter verwickelt waren, zum Rücktritt gezwungen. Vargas konnte die Schmach nicht ertragen und nahm sich wenige Tage später das Leben. Sein Freitod und die daraufhin einsetzenden Machtkämpfe stürzten das Land in eine schwere Krise. Überambitionierte Politiker und politische Lobbyisten witterten ihre Chance, das Militär zeigte sich zunehmend nervös und im Zweifel zum Putsch bereit. Die Studenten gingen auf die Straße. Die Lage beruhigte sich auch nicht, als zunächst Café Filho und ein Jahr später Juscelino Kubitschek die Amtsgeschäfte übernahmen. Das politische Rio de Janeiro blieb ein Wespennest. »Es kann nicht sein«, kommentierte Kubitschek das politische Kesseltreiben, »dass in der Hauptstadt 50 Bürger das Leben von 50 Millionen Brasilianern in Unruhe bringen.«[231] Nichts wie weg also aus diesem Haifischbecken und dahin, wo man seine Ruhe hatte: in das

Hinterland – nach Brasília. Eigentlich hatte Kubitschek die neue Hauptstadt in seiner Heimat Minas Gerais bauen wollen, konnte sich damit aber nicht durchsetzen. In der entscheidenden Abstimmung im September 1956 votierten die meisten Abgeordneten für den *Planalto Central*, die zentrale Hochebene, als Sitz der neuen Kapitale.

Der Plan, die Hauptstadt dort, abseits aller Zivilisation, zu errichten, war mehr als ehrgeizig. Zwei Wochen nach der Entscheidung brach Kubitschek erstmals in Richtung des geplanten Baulandes auf. »In jener Zeit«, berichtet er in seinen Memoiren, »führte die Reise über mehrere Stationen: Zunächst flog man bis Goiana; dann ging es mit einer Propellermaschine weiter bis Planaltina; und von dort per Jeep in offenen Wegen quer durch den Busch weiter bis zu dem Ort, an dem Brasília einst stehen würde.«

Nichts ließ zu dieser Zeit vermuten, dass das gesamte Land nur wenige Jahre später von hier aus regiert werden würde. Der Ort, an dem Brasília entstand, war menschenleer – stilles Hinterland von grandioser Einsamkeit. »Alles war groß in dieser Gegend«, erinnert sich Kubitschek. »Die Ebene war endlos. Ein Eichenwald, der kein Ende zu haben schien. Buschland mit roter Erde, unterbrochen nur von einigen Wasserläufen, die in verschiedene Richtungen strömten. Hier und da wuchsen Gruppen von höheren Bäumen, vor allem in der Nähe der Wasserläufe, deren etwas dunkleres Grün in Gegensatz zu dem dreckigen Grau der Umgebung standen.«[232]

Flugzeug versus Schmetterling

Ein gewaltiges Terrain also, das sich auf unterschiedlichste Weisen erschließen ließ. Im März 1957 endete die Ausschreibung für die Gestaltung des Grundrisses der neuen Hauptstadt. 26 Stadtplaner legten ihre Entwürfe vor. In ihnen versuchten sie, die ausgesprochen vage formulierte zentrale Vorgabe der Jury zu erfüllen. Brasília, hieß es in der Ausschreibung, solle »die Größe des nationalen Willens erfüllen«. Und das hieß: Die neue Hauptstadt sollte etwas ganz und gar Neues darstellen, eine Metropole sein, wie die Welt sie noch nicht gesehen hatte: »Sie muss sich von jeder anderen Stadt von 500 000 Einwohnern unterscheiden.«[233]

Die am Wettbewerb teilnehmenden Architekten versuchten die Aufgabe ganz unterschiedlich zu lösen. Ein Bewerber präsentierte eine konzentrische Anlage, in deren Mitte die Regierungsgebäude und zentralen Institutionen des Staates stünden. Ein anderer schlug vor, die Stadt in Form eines riesigen »L« anzulegen. Einem anderen wiederum schwebte eine Stadt in Form sieben gleichgroßer, nebeneinander liegender kreisrunder Gebilde vor. Alle Pläne sprachen die Jury zwar an. Doch keiner überzeugte sie endgültig.

Umso gespannter erwartete sie den Entwurf, den der Architekt Lucio Costa nur wenige Minuten vor Ende der Abgabefrist einreichte. Costa (1902-1998) hatte seine Jugend in Europa, genauer, in der Schweiz und in England, verbracht. In seinen ersten Jahren orientierte er sich noch ganz an dem schweren neoklassizistischen Stil, der in Brasilien damals üblich war. Dann aber öffnete er sich den Ideen des schweizerischen Architekten Charles-Edouard Jeanneret-Gris, alias Le Corbusier. Entschieden machte er sich die moderne Architektursprache Europas zu eigen. Die neuen ästhetischen Ideale spiegelten sich auch in seinem Entwurf für Brasília wider. Nicht »irgend eine moderne Stadt, also eine *urbs*«, wolle er schaffen, erklärte Costa im Begleitschreiben zu seiner Präsentation. Vielmehr gehe es ihm um eine »*civitas* – ein Gemeinwesen also, das den Erfordernissen einer Hauptstadt entspricht«. Nur so lasse sich der geforderte monumentale Charakter angemessen umsetzen – »monumental nicht im Sinne äußerer Pracht, sondern eines konkreten Ausdrucks dessen, was Wert und Bedeutung hat«.[234]

Als Grundriss der neuen Hauptstadt schlug Costa zwei Achsen vor, die *Eixo Rodoviaria* und die *Eixo Monumental*. Die beiden würden sich in rechtem Winkel kreuzen, »also direkt das Zeichen des Kreuzes bilden«. Während entlang der in West-Ost-Richtung verlaufenden Eixo Monumental die Ministerien und die sogenannte *Praca dos tres Poderes* (»Platz der drei Gewalten«) liegen sollten, sah der Plan entlang der in Nord-Süd-Richtung verlaufenden Eixo Rodoviario die sogenannten *Superquadras*, Wohnblocks für die vielen Beamten, vor, die von Rio de Janeiro nach Brasília übersiedeln würden. ·

Der dynamisch anmutende Grundriss beeindruckte die Jury. Costas Entwurf, der bald unter dem Namen »Plano Piloto« bekannt wurde, bestach durch seinen für damalige Verhältnisse futuristischen Charakter. Die Längsachse wirkte wie der Rumpf eines Flugzeugs, während die Querachse wie dessen beide Flügel anmutete. Costa selbst hatte mit dieser Deutung wenig im Sinn. Man könne die Form auch als die eines Schmetterlings sehen, kommentierte der zurückhaltende Architekt die überschießende Interpretation seiner Exegeten. Doch seine Meinung zählte in dieser Frage wenig. Denn was passte besser zu dieser konsequent modern sich gebenden Stadt als das Bild eines Flugzeugs, das wie kein zweites Aufbruch und technischen Fortschritt symbolisiert?

Und an Aufbruch und Fortschritt glaubten die Brasilianer. Brasília war für sie nicht nur nationales Prestigeobjekt. Für viele verbanden sich mit der Stadt zugleich sehr konkrete Hoffnungen auf ein neueres, ein besseres Leben. Wo, wenn nicht in Brasília, bestand die Aussicht, eine neue Existenz zu begründen, mit dem Bau der Hauptstadt auch die eigene Zukunft in die Hand zu nehmen? Und so ging es im Herbst 1956 los. Regie führte die *Novacap*, eine staatliche, eigens für den Bau der »Nova Capital« – der neuen Hauptstadt – gegründete Gesellschaft.

Die *Novacap* sah sich von Anfang an größten Herausforderungen ausgesetzt. Denn das Datum für die Eröffnung der Hauptstadt stand schon fest, bevor auch nur der erste Spatenstich getan worden war: am 21. April 1960 sollten die Einweihungsfeiern beginnen. Knapp vier Jahre Zeit für den Bau einer ganzen Hauptstadt – das war mehr als knapp kalkuliert, und entsprechend strikt galt es die Arbeiten zu organisieren. Die Novacap, schreibt der Historiker Ronaldo Costa Couto, hatte während der gesamten vier Jahre darum eigentlich nur Aufgaben zweierlei Typs zu erledigen: dringliche und sehr dringliche.[235] Zuallererst galt es die Verbindungsstraßen zur Küste sowie auch zwischen den einzelnen Bauabschnitten zu bauen. Allein in den ersten Jahren entstanden 20 000 neue Straßenkilometer; über 5000 Kilometer bereits bestehender Straßen wurden asphaltiert. Über sie rollten die Lastwagen heran, die die Baustelle mit dem nötigen Material versorgten. Die logistischen Anforderungen waren gewaltig: In den ersten Wochen waren 3000 Arbeiter auf dem Areal beschäftigt. Zwei Jahre später waren es 30 000. Hinzu kamen die Bauleiter, Ingenieure, Architekten, Techniker, Firmenvertreter und Dienstleister der unterschiedlichsten Art, so dass bald 60 000 Menschen in der entstehenden Stadt lebten. Sie alle mussten untergebracht und verpflegt werden. Krankenhäuser und Erste-Hilfe-Stationen entstanden, Geschäfte für den nötigsten Bedarf öffneten. Sämtliche Unterkünfte und Wohnungen mussten mit Sanitärsystemen ausgestattet und an ein Stromnetz angeschlossen werden. Dieses wiederum setzte entsprechende Kraftwerke voraus, aus denen es sich speisen konnte.

All dies galt es zügig zu erledigen. Und so waren nicht nur die Planer gefordert, sondern auch die Arbeiter. Über mehrere Kilometer arbeitete ein Bautrupp hinter oder neben dem anderen. Zahllose Raupen ebneten das Gelände, schafften Schutt beiseite, räumten erste Zufahrtswege frei. Bagger hoben riesige Gruben aus. Raupen und Lastwagen schafften die Erdmasse beiseite, während andere Transporter das Baumaterial herantrugen. Neben den Gruben warteten Massen von Beton darauf, in die gewaltigen Hohlräume geschüttet zu werden. Kräne und Baugerüste zogen Gebäude in die Höhe, rings um sie herum die Depots für die Eisenstangen und Unmengen von Stahl, der den Betonmassen ihren letzten Halt gab. Beim Bau Brasílias wurde Stahl in bislang unbekanntem Maß eingesetzt. Allein für das 1958 fertiggestellte Brasília Palace Hotel wurden 905 Tonnen benötigt, während die Ministerien und der Regierungssitz 15 000 Tonnen verbrauchten.

In drei Schichten, rund um die Uhr, waren die Arbeiter auf der überdimensionalen Baustelle beschäftigt. Ohne es eigentlich zu bemerken, gewöhnten sie sich an ein Tempo, in dem sich bereits die raschen Rhythmen späterer Jahre andeuteten, in denen der Kapitalismus den Brasilianern endgültig den Takt vorgab. Ganz nebenbei förderte der Bau der Hauptstadt auch die erzieherischen Aufgaben, die Kubitschek seinen Landsleuten angedeihen lassen wollte. »Es galt«, schrieb ein Kritiker über den moralischen Sinn des Hauptstadtbaus, »die Brasilianer zu erziehen, um sie dem nordamerikanischen Pioniergeist anzugleichen. Macunaíma sollte einen festeren Charakter verpasst bekommen, der Bandeirante früherer Zeiten sich in einen Pionier verwandeln.«[236]

Den Wolken gleich

Pionierarbeit leistete in Brasília neben Lucio Costa vor allem einer: der Architekt Oscar Niemeyer (1907 – 2012). Nach seinen Entwürfen wurden die zentralen, so charakteristischen

Gebäude der Stadt gebaut. Mütterlicherseits Abkömmling eines deutschen Einwanderers, wurde er unter dessen Namen bekannt. »Eigentlich«, bekannte er, »müsste ich Oscar Ribeiro Soares oder Oscar Ribeiro de Almeida Niemeyer heißen. Doch der ausländische Name setzte sich durch, und so wurde ich als Oscar Niemeyer bekannt.«[237]

Niemeyer galt als der große Dichter unter den Architekten. Immer wieder wies er darauf hin, wie wichtig seine Heimat für ihn als Quelle der Inspiration sei. Anregen, schrieb er, lasse er sich etwa von den Wolken des brasilianischen Himmels. »Wie viele und erstaunliche Formen in ihnen zu stecken scheinen. Gerade türmen sie sich zu geheimnisvollen Kathedralen – ganz sicher die Kathedralen Saint-Exupérys!«[238]

Die Wolken verweisen auf ein zentrales Stilelement von Niemeyers Bauweise: das Runde und Geschwungene, die lange, gebogene Linie, die den rechten Winkel zwar nicht zum Verschwinden bringt, ihm aber seine Schärfe nimmt. Niemeyers Architektur besticht durch ihren sanften Stil, das Spiel mit Bögen und Kreisen, den anschmiegsamen Formen, die sich ihrer Umgebung anpassen, sie aufzunehmen und in ihrer eigenen Gestalt fortzusetzen scheinen. Immer wieder beschrieb sich Niemeyer als Interpret der runden Formen. »Es ist nicht der rechte Winkel, der mich reizt«, erklärte er. »Auch nicht die gerade Linie. Was mich anzieht, ist die freie, sinnliche Kurve, die ich in den Bergen meines Landes finde, im mäandernden Lauf seiner Flüsse, in den Wolken des Himmels, in der Gestalt der geliebten Frau.«[239] Natürlich hat Niemeyer auch mit rechten Winkeln gearbeitet. Doch mehr denn als Kante erscheinen sie als Ausläufer einer großzügig gestreckten Linie, die weniger auf die Ecke als die schlanke, sich hinziehende Fläche verweist, die sie begrenzt.

Seine Kunst hatte Niemeyer an der *Escola Nacional das Belas Artes* erlernt. Dort machte er auch Bekanntschaft mit

Lucio Costa, der soeben zum Direktor der Kunsthochschule von Rio de Janeiro ernannt worden war. Bald wurde Niemeyer dessen Mitarbeiter – und hielt ihm auch dann die Treue, als Costa aufgrund seiner modernistischen Vorlieben seinen Posten aufgeben musste. Über Costa lernte Niemeyer auch Le Corbusier kennen, mit dem zusammen er in Brasilien Pläne für das Bildungsministerium in der damaligen Hauptstadt Rio de Janeiro entwarf – das erste als genuin modern geltende Gebäude Brasiliens. Durch diesen Bau setzte der Schweizer Architekt Impulse, die stilbildend für die zeitgenössische Architektur Brasiliens werden sollte. Doch die größte Hinterlassenschaft des Schweizer Architekten war eine andere, erklärt Costa: »Le Corbusiers größtes Vermächtnis war Niemeyer selbst.«[240]

Seine Arbeit in Brasília begann Niemeyer mit der Errichtung eines Provisoriums: des Catetinho, eines Holzbaus, der Kubitschek als vorläufige Unterkunft diente. Während der ersten Monate reiste der Präsident mehrmals pro Woche nach Brasília, um die Arbeiten persönlich zu überwachen. Seine Rastlosigkeit hatte Gründe: Wäre der Bau gescheitert oder wäre er wieder abgebrochen worden, hätte ihn das sein Amt gekostet.

Doch je öfter Kubitschek kam, desto gelassener konnte er sein: Der Bau machte Fortschritte. Punkt für Punkt setzten die Arbeiter die Pläne Niemeyers um. Als eines der ersten Gebäude entstand der *Palacio da Alvorada*, der »Palast der Morgenröte«, die Residenz des Präsidenten. Das in Richtung des Sonnenaufgangs ausgelegte Gebäude erweckt den Eindruck, als habe es überhaupt kein Gewicht und schwebe geradezu auf seinen Stelzen. Eine großzügige, nur von Trägern durchbrochene Glasfront lässt Licht in den Bau, wodurch die Grenze zwischen außen und innen fließend oder sogar wie aufgehoben wirkt. Auch die weiten Rasenflächen und das hellblau schimmernde Wasserbecken vor dem Amtssitz sorgen für eine klare, helle und offene Atmosphäre. Die Transparenz dieses und so vieler anderer Gebäude im Zentrum der neuen Hauptstadt sollte den politischen Anspruch der Regierung dokumentieren, klare Entscheidungen zu treffen, deren Zustandekommen öffentlich nachvollziehbar sein sollte.

Ästhetik der Revolution

Brasília – für Niemeyer war das die architektonische Entsprechung all dessen, was den Autoren, Musikern, Filmemachern in den späten 50er und frühen 60er Jahren jeweils am Herzen lag. Die Musiker rangen in der Bossa Nova um einen neuen, urbanen Stil, cool und in seinen Wurzeln doch unverkennbar brasilianisch. Der Dramaturg Nelson Rodrigues (1912-1980) macht sich in seinen Stücken für die bislang gerne übersehenen Realitäten des Landes stark – so in seinem Stück *O Beijo no Asfalto* (»Der Todeskuss«) über die Diskriminierung der Homosexuellen oder *Toda Nudez sera castigada* (»Alle Nacktheit wird bestraft«) über die Beziehung eines Witwers zu einer Prostituierten. Es gibt manchen Missstand, den es anzusprechen gilt, das sieht auch der Schriftsteller Fernando Sabino so. In seinem Roman *O encontro marcado* («Das verabredete Treffen«) erzählt er die Geschichte eines Schriftstellers, der an einer Schreibblockade leidet – nicht zuletzt darum, weil es ihm allzu gut geht in der gehobenen Mittelklasse von Rio de Janeiro. Satter Bauch studiert nicht gern – und er schreibt auch nicht gern, wie er sich generell nicht gerne anstrengt in fetten Zeiten. Der satten Selbstzufriedenheit hält Sabino seinen schlanken, durchkomponierten Roman entgegen – auf dass er ein Gegenbild liefere zu dem Bürgertum in Rio de Janeiro, dem es vielleicht eine Spur zu gut geht. Ganz anders hingegen die Bevölkerung auf dem Lande, vor allem im Nordosten. Ihr widmen die Regisseure der Zeit ihre großen Werke – und werden darüber zu Ikonen eines neuen, zeitgenössischen, modernen Brasiliens. »Der edelste kulturelle Ausdruck des Hungers ist die Gewalt«, schreibt der Regisseur Glauber Rocha (1939-1981) in seiner berühmten Schrift *Uma estética da fome* (»Eine Ästhetik des Hungers«, 1965). Die Not so vieler seiner Zeitgenossen: Glauber Rocha nimmt sie als Anlass zu einer Ästhetik des Hässlichen, einer aufrüttelnden, schockierenden Filmkunst, die ein anderes, gerne aus dem Blickfeld verdrängtes Brasilien zeigen will. »Menschen, die Erde essen, die töten, um zu essen, die fliehen, um zu essen; dreckige, hässliche, dunkle Gestalten: das ist die Galerie jener Elenden, die das Cinema Novo mit einer der Armut gewidmeten Kunst gleichsetzte.«[241] Man spürt ihn, den sozialistischen Geist, von dem man in jener Zeit hofft, dass er es richten möge. Revolution, Umbruch, Erneuerung der Kultur ebenso wie der Politik: Das sind die großen Themen jener Zeit, wie sie sich auch in der Architektur Oscar Niemeyers, ein bekennender Sozialist auch er, spiegeln.

Mit dem Unterschied freilich, dass er keine Ästhetik des Hässlichen, sondern eine der Eleganz schuf. Sie zeigt sich in der Anlage der anderen Gebäude auf dem über eine Fläche von 120 x 220 Quadratmeter sich erstreckenden »Platz der drei Gewalten«. Der *Palácio do Planalto*, der Amtssitz des Präsidenten; der in Form einer Schale und einer korrespondierenden Kuppel gestaltete Nationalkongress, in dem Senat und Abgeordnetenkammer untergebracht sind; und schließlich der 28 Stockwerke hohe, schlank aufragende Zwillingsturm: Sie sind – ebenso wie die in der Nähe des Platzes errichtete Kathedrale, deren 16 Träger zugleich ihre Außenhaut bilden – zentrale Wahrzeichen der neuen Stadt und stehen für die Aufbruchsstimmung, die das Land damals durchlief. Der optimistische Schwung jener Zeit drückt sich vor allem in den eleganten Bögen aus, die etwa den Sitz des

Präsidenten und den Obersten Gerichtszug zieren: elegant aufsteigende Pfeiler und Streben, die beide mühelos über den Boden zu heben scheinen. Auch diese Gebäude spielen mit dem Eindruck der Schwerelosigkeit, ganz so, als hätte der politische und gesellschaftliche Idealismus der späten 50er und frühen 60er in der schwebenden Architektur Brasílias seine selbstverständliche Fortsetzung gefunden. Auch die großzügige Gestaltung des Raumes, die weiten, offenen Flächen aus Beton, Wasser und Rasen verleihen dem Zentrum jene eigenartige Faszination, deren jugendliche Frische trotz mancher Verfallserscheinungen auch nach über 50 Jahren noch erkennbar ist. »Der Beton will mir einfach nicht aus dem Kopf«, erklärte Niemeyer das Prinzip, von dem er sich bei seinen Entwürfen leiten ließ. »Sofern das Programm es erlaubt, muss man ihn mit großer Kühnheit nutzen. Es gilt noch immer viele Fortschritte zu erzielen.«[242]

Schöner Wohnen

Nicht minder elegant sind auch die *Superquadras*, die an der Querachse in drei Reihen angeordneten, meist 280 Meter langen Wohnhäuser der Stadt. Auf ihren Stelzen scheinen sie den Aufstand gegen die Schwerkraft zu proben, erkunden zu wollen, ob die Gesetze der Physik auch für sie gelten. Doch die Superquadras sollten als Wohnhäuser nicht nur ästhetische, sondern auch und vor allem gesellschaftspolitische Maßstäbe setzen. Nach Vorstellung von Costa und Niemeyer sollten sie ein unverzerrtes Abbild der brasilianischen Gesellschaft liefern. Arm und Reich, so dachten es sich die beiden Architekten, würden hier gemeinsam leben, und nicht voneinander getrennt, wie es sonst fast überall der Fall war. Mit Platz für jeweils 3000 bis 5000 Menschen sollten die einzelnen, jeweils aus mehreren Gebäuden bestehenden

Viertel die unterschiedlichsten sozialen Schichten zusammenbringen. »Die Anordnung in Vierergruppen«, erläuterte Lucio Costa das zugrunde liegende Ordnungsprinzip, »werden das soziale Miteinander bis zu einem gewissen Grad fördern und so eine unangemessene und nicht wünschenswerte soziale Segmentierung verhindern.«[243] Nicht weniger schwebte ihm vor als eine soziale Utopie im Kleinen: In den Schulen, Kirchen, Kinos, Theatern und auf den großzügigen Grünflächen sollten sich Menschen unterschiedlichster Herkunft und sozialer Zugehörigkeit begegnen, Austausch pflegen, ihre gesellschaftlichen Unterschiede durch das tägliche Miteinander zumindest subjektiv abschleifen. Der Plan war nobel, aber von Anfang an zum Scheitern verurteilt – und zwar aufgrund der schlichten Tatsache, dass in den Superquadras überwiegend Angehörige der Mittelschicht lebten und leben. Die meisten Bewohner arbeiten in Staatsdiensten und verfügen über eine ordentliche Ausbildung. Die sozialen Unterschiede sind bis heute überschaubar – so dass die Superquadras tatsächlich zu einer sozialen Idylle geworden sind – wenn auch nicht aller gesellschaftlichen Klassen, sondern der Mittelschicht. Hier sind ihre Angehörigen unter sich und erfreuen sich eines Lebens voll kleiner Annehmlichkeiten. Zumindest aber eines, das nicht allzu sehr von den Schattenseiten der Moderne – Lärm, Umweltverschmutzung, Kriminalität – verdunkelt wird. Umfragen haben ergeben, dass die meisten Bewohner der Viertel rund um den Eixo Rodoviario zufrieden mit ihrem Zuhause sind. Sie loben die Ruhe, die kurzen Distanzen zu den Geschäften innerhalb ihres Viertels, die Geräumigkeit und Großzügigkeit der Anlagen sowie vor allem die sozialen Kontakte.[244]

So erfreulich die ruhige Lebensweise für die Bewohner der Superquadras auch sein mag, so rasch stößt sie außerhalb ihrer doch an Grenzen. Die weiträumige Anlage Brasílias, die von Costa konsequent befolgte Trennung von Wohn-

und Regierungsvierteln lassen die Wege lang werden und machen den PKW zum unverzichtbaren Transportmittel. Brasília ist keine Stadt der Fußgänger, sondern der Autofahrer. Zügig voran kommt man nur motorisiert. Dies gilt nicht nur für Bewegungen innerhalb der Stadtmitte, sondern auch und vor allem für die Peripherie. Brasíla ist Zentrum einer weitflächigen Stadtlandschaft, die sich in einem bis zu 50 Kilometer breiten Gürtel um die Metropole legt. Schon während der Bauzeit, als Monate für Monate einige tausend Menschen in die entstehende Hauptstadt strömten, bildeten sich teils geplante, teils auch spontan und wild errichtete Siedlungen, die rasch wuchsen und bald eigene Städte bildeten, in denen das Leben oft viel weniger idyllisch verläuft als in den Superquadras. Die Frage ist nur, ob die Architekten diese Entwicklung hätten verhindern können. Lucio Costa selbst sah sich bald am Ende seiner Möglichkeiten. Mit urbanistischen Methoden allein ließen sich die sozialen Probleme des Landes nicht beheben, erklärt er auf entsprechende Kritik – »als ob sich durch die einfache Verlegung einer Hauptstadt die Missstände einer über Jahrhunderte gewachsenen sozialen und wirtschaftlichen Wirklichkeit lösen ließen. Als ob Brasilien nicht Brasilien, sondern Schweden oder ein anderes ordentlich zivilisiertes Land wäre«.[245]

Museum der Avantgarde

Die Grenzen des Urbanismus zeigen sich auch noch in anderer Hinsicht: im allmählichen Altern der Stadt. Als Brasília gebaut wurde, galt sie als eine der modernsten Metropolen überhaupt, als Beton gewordenes Manifest der architektonischen Avantgarde. Dieser Ruf hielt sich – zumindest ein paar Jahre. Doch die Zeit dreht ihr Rad weiter, und immer deut-

licher zeigte und zeigt sich, dass Brasília, wenn es seinen Anspruch als ein ganz der Gegenwart gewidmeter oder ein der
Gegenwart sogar vorausseiender Ort behalten will, sich verändern müsste. Genau das darf die Stadt aber nicht, jedenfalls nicht in ihrem Zentrum. Täte sie es, wäre sie nicht mehr
sie selbst oder besser: nicht mehr jene Stadt, die sie unter
der Regie ihrer beiden architektonischen Väter, Lucio Costa
und Oscar Niemeyer, wurde. Brasília leidet an einem unauf-
lösbaren Widerspruch: Nämlich zur Avantgarde zu gehören
– und genau deshalb aus der Zeit zu fallen. Ihr Zentrum soll
modern sein, ist aber wie ein Museum angelegt. Ebenso ließe sich sagen, dass jedes einzelne Gebäude ein historisches
Monument ist, das von einer Zeit des Aufbruchs und der
Moderne kündet. Aus historischer Sicht spricht vieles dafür, das Zentrum in seiner einmal entstandenen Form zu erhalten, als Denkmal an eine heroische Phase von Urbanismus und Architektur. Andererseits wird die Aufbruchsstimmung auf diese Weise zementiert, gerät zum Relikt ihrer
selbst. Die Gebäude stehen zwar für eine höchst dynamische
Epoche, verweigern sich in ihrer bis heute nicht veränder-
ten Form aber seit über einem halben Jahrhundert der Gegenwart. Anders als andere Hauptstädte muss Brasília mit
dem Umstand leben, dass sie eine auf lange Dauer angelegte
Stadt ist, an der alles seinen festen Platz hat. Veränderungen
sind ausdrücklich nicht vorgesehen. Die Ehrfurcht vor den
architektonischen und urbanistischen Leistungen ihrer Erbauer mag dafür sprechen, die Stadt unverändert zu lassen.
Genau dadurch aber verliert sie aber auch den Anschluss an
die Gegenwart, vermag den geänderten und vor allem: gewachsenen Bedürfnissen nicht mehr zu entsprechen. Es ist
ein Dilemma: Die Stadt, die einst an der Spitze ihrer Zeit
stand, hängt ihr nun hinterher, kann und darf nicht mit ihr
gehen. Stattdessen wurde sie zum Behältnis einer in die Jahre gekommenen Epoche, illustriert die Utopien aus der Mitte

des 20. Jahrhunderts. Die Utopien der Gegenwart hingegen finden in ihr wenig Platz – aller Raum ist schon besetzt, zugestellt von den Requisiten der Jahre 56 bis 60. Die Erbauer Brasílias hatten an unendlich vieles gedacht. Nur daran nicht, dass auch Städte leben und sich darum auch verändern müssen. So wie sie entworfen wurde, leidet die brasilianische Hauptstadt an stark beschleunigter Halbwertzeit. Und dennoch ist sie wunderschön.

13 Die Schöne am Strand
Die Bossa Nova

Eine Traurigkeit, die mich nicht verlässt.
Vinicius de Morães, Chega da Saudade

Da schwebt sie dahin, die stolze Frau. Wiegenden Schrittes spaziert sie das Meer entlang, als Sinnbild vollkommener Schönheit. Mit ihrer goldenen Haut, gebräunt von der Sonne von Ipanema, lässt sich eine anmutigere Gestalt kaum vorstellen. Und so mag man den Sänger verstehen, wenn er seinen Eindruck durch und durch enthusiastisch beschreibt. Diese Frau, erklärt er, ist »a coisa mais linda, que eu ja vi passar«, »die schönste Erscheinung, die ich je sah«.

Doch leider ist die Schöne unerreichbar fern. Ihre Anmut strahlt zwar aus in alle Richtungen. Doch zugleich huscht sie vorbei wie ein Schatten, ist verschwunden, kaum dass sie sich gezeigt hat. Und doch reicht der kurze Auftritt, der Welt ein anderes Antlitz zu geben: »fica mais lindo / por causa do amor« – sie wird schöner / der Liebe wegen«.[246]

Garota de Ipanema, The Girl from Ipanema: Sie ist weltbekannt, die junge Frau vom Strand von Ipanema. Wenige Lieder dürften auf solch zurückhaltende Weise, in nur wenigen Zeilen so scharf jene Melancholie umreißen, die der Anblick menschlicher, vor allem aber weiblicher Schönheit auszulösen vermag. Seit einem halben Jahrhundert findet ein Millionen zählendes Publikum in diesem Song seine eigenen Empfindungen gespiegelt. Und so mag man gerne glauben, was die brasilianische Zeitschrift *O Globo* im September 2012 berichtete: Dass nämlich »Garota de Ipanema« eines der am häufigsten gespielten Lieder der Welt sei. Übertroffen nur von einem anderen Klassiker der Melancholie: *Yesterday* von den Beatles.[247]

Garota de Ipanema ist das Gemeinschaftswerk von zweien der größten Figuren aus der brasilianischen Musikszene des 20. Jahrhunderts: des Komponisten Antonio Carlos Jobim (1927-1994) und des Dichters Vinicius de Morães (1913-1980). De Morães hatte ursprünglich englische Literatur, aber auch Jura studiert. Einige Jahre lang vertrat er sein Land als Konsul in den USA, Frankreich und Italien, fand am diplomatischen Dienst aber keinen wirklichen Gefallen. Viel mehr zogen ihn Musik und Poesie an. Bereits Ende der 1920er Jahre schrieb er seine ersten Liedtexte, ein paar Jahre später veröffentlichte er seinen ersten Gedichtband. Mit der Zeit entwickelte er eine immer knappere, scheinbar einfachere Sprache, schlank und aufs Wesentliche konzentriert wie eine Zeichnung Picassos. De Morães schrieb für die unterschiedlichsten musikalischen Genres: Liebeslieder, Choros und schließlich, seit den 50er Jahren, auch Sambas. In jener Zeit lernte er Antonio Carlos alias »Tom« Jobim kennen. Jobim hatte zunächst Architektur studiert, fühlte sich aber viel stärker zur Musik hingezogen. Jobim war ein äußerst vielfältiger Musiker. Als Pianist arbeitete er in den Bars von Rio de Janeiro, als Arrangeur und Komponist stand er in Diensten der Plattenfirmen Continental und Odeon. 1956 schrieb er die Musik zu de Morães' Theaterstück *Orfeu da Conceição*, einer Adaption des antiken Orpheus-Mythos, den der Dichter in die Welt der Favelas von Rio de Janeiro verlegte. Das Drama lieferte die Grundlage für den Film *Orfeu Negro* (1959), einen Klassiker des brasilianischen Kinos.

Seit Mitte der 50er Jahre arbeiteten Jobim und de Morães eng zusammen. Sie schrieben eine ganze Reihe von Stücken, die, kaum veröffentlicht, aus der brasilianischen Musik nicht mehr wegzudenken waren. Doch der spezifische Klang ihrer Werke hätte nicht ohne den Dritten im Bunde entstehen können: den Gitarristen João Gilberto (*1931). Auch er war nicht nur mit der Musik seiner Heimat, sondern auch mit dem amerikanischen Jazz vertraut. Mit seinem langsamen, fast schleppenden Gitarrenspiel dämpfte er die ohnehin ruhigen Stücke aus der Feder Jobims noch weiter ab, legte den verhaltenen Rhythmen strengere Zügel an. Sein Name fand in den Namen jener Platte, die bis heute das bekannteste Album der Bossa Nova ist: *Getz/Gilberto* – eine gemeinsame Produktion von Stan Getz, dem New Yorker Saxophonisten, João Gilberto an der Gitarre und Antônio Carlos Jobim am Klavier. Begleitet wurden sie von Gilbertos Frau, der Sängerin Astrud Gilberto. Zusammen gaben die Musiker im November 1964 ein gefeiertes Konzert in der New Yorker Carnegie Hall. Daraus entstand ein Live-Album, das noch heute durch seine Modernität besticht.

Und wenn die beiden Gilbertos dort und anderswo von der »Garota de Ipanema« sangen, machten sie jene junge Frau bekannt, die Tom Jobim und Vinicius de Morães zu ihrem Song überhaupt erst inspiriert hatte. »Was die junge Frau angeht«, schreibt Ruy Castro in seiner großen Bossa-Nova-Biographie, »so sahen Tom und Vinicius sie im Winter 1962 an ihrer Stammbar ›Veloso‹ vorbeigehen. Nicht bloß ein Mal, sondern unzählige Male. Und auch nicht immer am Meer entlang, sondern auch den Weg zurück von der Schule, von der Schneiderei und sogar vom Zahnarzt. Denn Heloísa Eneida Menezes Paes Pinto, meist einfach nur *Helô* genannt, neunzehn Jahre alt, 1,69 Meter groß und mit prominenten, grünen Augen und langen schwarzen Haaren, wohnte in der Montenegro-Straße. In der Bar, in der sie für ihre Mutter Zigaretten kaufte, bewunderte man sie. Verließ sie den Ort, dann immer in einer Sinfonie anerkennenden Pfeifens.«[248] Dass sie es war, die Morães und Jobim zu ihrem berühmten Lied angeregt hatte, erfuhr die junge Frau erst später. Drei Jahre nach Entstehung des Liedes 1965 gestanden der Dichter und der Komponist ihr, was sie ihr verdankten. 50 Jahre danach, im November 2012, stellte Helô Pinto, die eine Model-Karriere eingeschlagen und auch im *Playboy* posiert hatte, ihre Biographie vor. Der Titel: *A eterna garota de Ipanema*, »Das ewige Mädchen von Ipanema«.

Musikalische Vollbremsung

Der, oder richtiger, die Bossa Nova: Das war eine neue Art, den Samba zum Klingen zu bringen. »Bossa« selbst heißt »Richtung«, »Trend«, und darum handelte es sich: um einen neuen Trend. In der Musik selbst erschien der Begriff erstmals in dem 1930 veröffentlichten Stück »Coisas Nossas« von Noel Rosa, einem Stück, das die Liebe und das moderne Leben beschwor. »O samba, a prontidão / e outras bossas / são coisas nossas« – »Samba, Schnelligkeit und andere Neuigkeiten / sind unsere Sache«.

Musikalisch entstand der Bossa Nova aus einem Sub-Genre des Samba, der *Samba de breque*, der mit plötzlichen Pausen arbeitet, in denen dem Sänger Raum für kurze Improvisationen gelassen wird. Dass es vor allem auf den Stopp, das verlangsamte Tempo, den zeitweiligen Stillstand ankommt, verdeutlicht schon der Name des Genres: »breque« ist nichts anderes als die portugiesische Schreibweise für das englische *break*, »Bremse«.

Und auf diese Bremse traten die Musiker der Bossa Nova in den 50er Jahren immer entschiedener. Der überschäumenden Energie des Samba setzten sie einen stilleren, verhaltenen Stil entgegen, eine zurückhaltende Art, sich auszudrücken. Der neuen Stil spiegelte in gewisser Weise auch die Herkunft der ihm verpflichteten Musiker wider: Anders als die meisten Interpreten des Samba entstammten sie mittelständischen Familien – und ebenfalls anders als sie besuchten sie die Universität. So verstanden, war die Bossa Nova ein akademisches Phänomen. Sylvia Telles (1934-1966), Carlos

Lyra (*1936), Sérgio Ricardo (*1932), Roberto Menescal (*1937) und andere – das waren, neben den beiden Gilbertos und Antonio Carlos Jobim, die großen Namen der neuen Musik. Sie setzten nicht allein auf brasilianische Traditionen, sondern auch auf die europäische Avantgarde. Vor allem Jobim orientierte sich auch an den Arbeiten der großen Tonschöpfer der Moderne: Debussy, Ravel, Strawinsky. Keinen geringen Einfluss übte auf ihn auch der deutsche Komponist und Arrangeur Klaus Ogermann (*1930) aus, mit dem er über Jahre zusammenarbeitete.

Schatten der Geschichte

In seinen schleppenden Rhythmen und leisen Melodien entwickelte die Bossa Nova einerseits zwar den Samba auf ganz eigene Weise fort. Andererseits griff er aber auch Trauer und Melancholie auf – Empfindungen, die im 20. Jahrhundert auch den Brasilianern vertraut waren. Historischen Anlass dazu hatten sie: Denn der Zweite Weltkrieg, der über so viele Länder Unglück und Leid gebracht hatte, war auch an Brasilien nicht spurlos vorbeigegangen. Zwar war das Land dank seiner geographischen Lage von dem zentralen Kriegsgeschehen weit entfernt. Aber ganz konnte es sich ihm nicht entziehen. Der starke Mann des Landes, Präsident Getúlio Vargas, fühlte sich mit seinem Projekt des *Estado Novo* (»Neuer Staat«) den autoritären Regierungen in Europa und insbesondere Deutschland zunächst durchaus verbunden. Doch auf massiven nordamerikanischen Druck hin, aber auch, weil deutsche U-Boote in südamerikanischen Gewässern brasilianische Frachter torpedierten, erklärte er im August 1942 Deutschland den Krieg. Doch es dauerte noch einmal zwei Jahre, bis er im Juli 1944 die ersten Truppen seiner rund 25 000 Mann starken *Força Expedicionária Brasileira* nach Europa entsandte. Schauplatz der Kämpfe war vor allem das nördliche Italien. Der Feind war zwar bereits geschwächt, besaß aber immer noch erhebliche Feuerkraft. So hatten die brasilianischen Truppen am Ende des Kriegs gut 270 Tote und über 12 000 Verletzte zu beklagen.

Freilich hatte die groteske Figur Hitlers auch in Brasilien längst erhebliche Spottlust geweckt. »Wer ist dieser Typ, der das Haar in der Stirn trägt, und eine Schnurrbart, der wie eine Fliege aussieht«, fragten die Komponisten Augusti Garcez und Roberto Martins in einem 1940 komponierten Samba. »Er grüßt ausschließlich, indem er den Arm erhebt/Er ist ein Harlekin.« Den Komponisten Haraldo Lobo und Milon Oliveira hingegen fiel der merkwürdige Schritt der deutschen Soldaten auf: »Was für ein Schritt ist das, Adolf/schmerzt die Fußsohle?/Ist es der Schritt einer Katze?/Nein. Es ist der Gänseschritt – schnatter, schnatter, schnatter.«

Und Musik ist es doch

Der Klang des Bossa Nova aber war für viele Zeitgenossen offenbar höchst gewöhnungsbedürftig. »Diz que eu desafino, que eu não sei cantar«, heißt es in *Desafinado*, einem weiteren Klassiker des Genres: »Du sagst, dass meine Musik dissonant klingt, dass ich nicht singen kann«, fasst der Sänger die Klagen seiner Geliebten zusammen. Ihre Ansicht schmerze ihn zwar, erklärt er in dem Stück weiter – aber gelten lassen will er sie trotzdem nicht. Im Gegenteil: »Wenn du mich als unmusikalisch bezeichnest, muss ich dir sagen: das ist Bossa Nova, es ist vollkommen natürliche Musik.«

Welche Sogkraft diese Musik dann aber doch entfaltete, zeigten die jungen Brasilianer auf ihre Weise: »Noch wusste man es nicht, aber später bemerkte man, dass keine andere brasilianische Platte in so vielen jungen Menschen den Wunsch weckte, zu singen, zu komponieren und ein Instrument zu spielen – und zwar Gitarre, um genau zu sein.« Und noch ein Verdienst hatte der Song, findet Ruy Castro in seinem Bossa-Nova-Buch: »Ganz nebenbei räumte er auch mit der furchtbaren nationalen Vorliebe für das Akkordeon auf.«[249]

Und doch, die distanzierte Coolness der Bossa Nova löste sich bald wieder auf. Man müsse zurück zu den Wurzeln, fand eine Reihe von Musikern und suchte darum wieder die Verbindung zum Samba. Ähnlich sah es auch Vinicius de Morães, der mit dem Gitarristen Baden Powell 1966 eine berühmt gewordene Platte aufnahm: die Afro Sambas, auf denen die »typisch« schwarzen Instrumente wie das *atabaque* und das *afoxé* zum Einsatz kamen. Die Platte dokumentierte den Willen vieler Musiker, sich wieder den musikalischen Traditionen zuzuwenden und aus ihnen ihre Rhythmen und Melodien zu schöpfen. Aus dem ungezwungenen Umgang mit ihr entstand die sogenannte *Musica Popular Brasileira*, ein Sammelbecken für alle nur möglichen Stile und Genres, die durch Musiker wie Chico Buarque, Gilberto Gil, Caetano Veloso, Elis Regina, Gal Costa, Maria Bethania und viele andere bekannt wurde – und sie ihrerseits bekanntmachte.

Doch nicht nur musikalisch, auch thematisch orientierten sich die Musiker neu; weg von den sinnlich-weltvergessenen Liedern der Bossa Nova hin zu den sozialen und politischen Realitäten. Anlass dazu hatten sie allemal: Ende März 1964 putschte das Militär – um die brasilianische Geschichte für ein gutes Vierteljahrhundert zu prägen. »Das Jahr, das nie hätte sein dürfen«, wie die Brasilianer es später nannten, setzte den Auftakt zu einer Epoche bedenkenloser Unterdrückung und Gewalt. Entschlossen machten sich die Militärs daran, ihre Vorstellungen eines geordneten Staates und einer ordentlichen Gesellschaft umzusetzen. Die Bürger dieser Gesellschaft sahen das zu großen Teilen anders. Nicht wenige von ihnen sagten den Putschisten darum den Kampf an. Ihre wichtigste Waffe war die einzige, der das Militär nichts Gleichwertiges entgegensetzen konnte: die Kultur.

14 Generäle und Guerilleros
Die Militärs an der Macht

Obwohl es dich gibt, wird morgen ein neuer Tag sein.
Chico Buarque, A pesar de você

Es droht das Chaos. Wenn jetzt nicht ganz schnell etwas passiert, droht Brasilien abzustürzen, unterzugehen in wilder Anarchie. Arbeiter und Bauern würden die Macht übernehmen und dem Land einen Kurs aufzwingen, der geradewegs ins Verderben führte. Anzeichen dafür hatte es genug gegeben: Präsident João Goulart, im September 1961 ins Präsidentenamt gehoben, vertrat seit geraumer Zeit eine verdächtige Politik. Schon in seiner Zeit als Minister in den 50er Jahren hatte er eine Verdoppelung des Mindestlohns durchgesetzt, was ihn, nach Protesten der Wirtschaftseliten, das Amt kostete. Doch als hätte er daraus nichts gelernt, machte er sich nun, als erster Mann des Staates, für eine Landreform stark. Dies war ein direkter Angriff auf die Großgrundbesitzer, und das konnte man unmöglich zulassen. Auch, dass »Jango«, wie der Präsident im Volksmund genannt wurde, die privaten Ölraffinerien verstaatlichen wollte, war nicht hinnehmbar. Die Wirtschaftsordnung sei »obsolet, ungerecht und inhuman«, verkündete Goulart, und darum wolle er sie ändern. Angst vor den üblichen Anschuldigungen durch die politische Rechte habe er nicht: »Ich fürchte mich nicht, ein Subversiver genannt zu werden.«

Hielte man Goulart nicht auf, wäre die nationale Ordnung bedroht. Also musste man einschreiten, ihn seines Amtes entheben und einen Menschen in dieses einsetzen, der es angemessen ausfüllte und kein politischen Flausen im Kopf hätte. Und so holten Konservative, konservative Kirchen- und militärische Kreise und Großgrundbesitzer zum großen Schlag aus: Am 31. März 1964 ließ General Olímpio Mourão Filho seine Truppen aus ihrer Kaserne in Juiz de Fora im Bundesstaat Minas Gerais Richtung Rio de Janeiro marschieren. Der Aufbruch folgte überstürzt und improvisiert, stieß aber, da sich Goularts Verteidigungsminister gerade zu einer ärztlichen Untersuchung im Krankenhaus befand, auf keinen Widerstand. Andere Truppenteile schlossen sich dem Putsch an. Zunächst suchte Goulart das Gespräch mit den ihm gegenüber loyalen Heeresführern. Als aufständische Truppen dann aber den Kongress besetzten und zudem Gerüchte die Runde machten, die USA würden die Putschisten militärisch unterstützen, gab Goulart auf. Die Gefahr eines Bürgerkriegs vor Augen, floh er nach Uruguay und bat dort um politisches Asyl. Die Militärs hoben den Politiker Pascoal Ranieri Mazilli als Übergangspräsidenten ins Amt. Tatsächlich entschieden aber die Generäle über die Geschicke des Landes. Knapp zwei Wochen stand der kranke, physisch schwache Mazilli dem Land vor; dann übernahm Marschal Humberto Alencar de Castelo Branco, der es knapp zwei Jahre lang, bis zum Januar 1966, regierte: Eigentlich hatten die Generäle vor, die zwei großen »K« – Korruption und Kommunismus – zu bekämpfen und das Land dann wieder zur Demokratie zurückkehren zu lassen. Doch daraus wurde nichts: »Das Jahr, das nie hätte sein dürfen«, wie die Brasilianer das Jahr des Putsches nannten, setzte den Auftakt zu zwei Jahrzehnten militärischer Herrschaft, die erst 1985 endete. Während dieser Zeit waren fundamentale Bürger- und Menschenrechte über lange Strecken außer Kraft gesetzt. »Segurança e desenvolvimento«, »Sicherheit und Entwicklung«, hatten die Militärs ihr Programm überschrieben. Beide Ziele verfehlten sie. Sicher wurde das Land zumindest für die Gegner des Regimes nicht, im Gegenteil: Sie wurden verhaftet, gefoltert, getötet, oder man ließ sie »verschwinden«. Und auch die ökonomische Entwicklung gelang den Militärs nur bedingt: In ihre Herrschaftszeit fiel der Beginn der Inflation, die angestachelt durch den Ölpreisanstieg des Jahres 1973 immer neue Höhen erklomm und 1982 auf 98 Prozent kletterte – ein Wert, der in späteren Jahren noch um ein Vielfaches übertroffen wurde. Zugleich hatte sich zu dieser Zeit die Auslandsverschuldung binnen weniger Jahre verzehnfacht.

Ohne es zu beabsichtigen, modernisierte die Diktatur aber auch die politische Kultur des Landes: In unterschiedlichsten Formen und Verbänden traten die Oppositionellen den Militärs entgegen, probten friedliche ebenso wie gewalttätige Mittel des Widerstands, gingen in den Untergrund oder ins Ausland, sannen über immer neue Formen der Opposition nach. Nicht wenige pflegten eine Militanz, die sich nicht nur politisch, sondern im gesamten Lebensstil äußerte. 1968, das Jahr der Studentenproteste in Europa und den USA, hinterließ auch in Brasilien Spuren.

Arbeit am Bewusstsein

Die Gegner der Diktatur entstammten vor allem der gebildeten Mittelschicht. Neben Journalisten und Künstlern schlossen sich viele Studenten und eine Reihe von Professoren dem Widerstand an. Die Frage war nur: Was konnte man tun, wie ließe sich der Widerspruch am sinnvollsten umsetzen? »Tentar fazer uma coisa« –»versuchen, etwas zu tun«: das war die Losung an den Universitäten, aus der freilich vor allem Hilflosigkeit sprach. Denn wie sollte man dem übermächtigen, bis an die Zähne bewaffneten Staat gegenübertreten, wie seiner Gewalt etwas entgegenhalten? Studenten und Professoren wussten, wie riskant der Widerstand gegen das Regime war. Dieses hatte zwar Vorbehalte gegen das intellektuelle Milieu der Universitäten, zugleich aber wenig Interesse daran, diese in großem Stil und mehr als nötig gegen sich aufzubringen. So gelangten beide Seiten zu einer unausgesprochenen Vereinbarung: Käme es im Umfeld der Universitäten zu Unruhen und Ausschreitungen, hätten die Studenten, die sich gerade in Vorlesungen und anderen akademischen Übungen aufhielten, nichts zu befürchten. Entsprechend hatten die Seminare nicht nur eine bildende Funktion: Vielen Studenten halfen sie auch, im Fall des Falles von einer Demonstration in eine Übung zu schlüpfen und sich so vor dem Zugriff durch den Staat zu bewahren.

Nach außen hin mochten Studenten und Professoren klein beigeben. Intellektuell waren sie ganz auf Widerstand eingestellt, auch dann, wenn dieser sich nicht in direkten Aktionen äußerte, sondern sich – zeitweilig zumindest – auf eine innere Haltung beschränkte. Die aber wirkte auf ganz eigene Weise revolutionär: Sie formte das Bewusstsein, brachte neue Ideen, Gedanken, Ideologien in die Welt. Vorausgesetzt freilich, die Studenten öffneten sich jenen Büchern, in denen die neue, revolutionäre Haltung zu finden war. Der Philosoph Fanklin Leopoldo e Silva, Professor an der Universität von São Paulo, erinnert sich: »Wir lasen Brecht, Marcuse und Lukács, die Zeitschriften *Civilização Brasileira* und *Paz e Terra* ... Es war auch der Moment, in dem wir uns dem restlichen Lateinamerika öffneten: neben der Faszination für die politischen Figuren (Ché Guevara, Debray, Camillo Torres) entdeckten wir die Dichter und Schriftsteller: Carlos Fuentes, Neruda, Nicolás Guillén, Miguel Ángel Asturias, Cortázar. Octavio Páz und Borges kamen später.«[250] In jener Zeit etablierte sich die Internationale der studentischen Literatur. Was man in Paris, London, Frankfurt und San Franzisco las, füllte auch die Buchläden in Rio de Janeiro und São Paulo: Marx, Mao, Gramsci und Marcuse wurden ebenso zu Bestsellern wie die deutlich verhaltener argumentierenden Soziologen Émile Durckheim und Max Weber. Wie sollte sie aussehen, die brasilianische Revolution? Die Frage stand im Mittelpunkt zahlloser Diskussionen, und die beiden großen Fraktionen schieden sich entlang der Antwort, die sie gaben: Brasilien finde sich noch in einer bürgerlichen Epoche und das müsse man respektieren, meinten die einen. Nein, insgeheim marschiere das Land schon längst in Richtung Sozialismus und nun komme es darauf an, diese Entwicklung zu beschleunigen, antworteten die anderen. Kuba hatte die Revolution vorgemacht, und auch aus dem Osten, aus China und Vietnam, leuchtete ein sattes Rot. Was spräche dagegen, dass das nächste Land im revolutionären Domino nicht Brasilien wäre? Eine andere Welt ist möglich, waren die Studenten überzeugt, und zumindest in den Hörsälen und Seminaren probten sie schon einmal den Aufstand. »An der Universität von São Paulo formten sich die unterschiedlichsten Gruppen«, erinnert sich der Autor Vinícius Caldevilla an seine Studienzeit. »Einige hatten trotzkistische Anklänge, andere wiederum ließen sich durch die chinesische und die kubanische Revolution anregen. Viele von uns traten diesen Bewegungen aufgrund intellektueller und freundschaftlicher Bande bei, ohne sie theoretisch allzu tief zu durchdringen. Die Leute waren überzeugt, dass die einzige Möglichkeit, an den anstehenden Veränderungen teilzuhaben, in der Mitgliedschaft in einer dieser Gruppen war.«[251] Entsprechend intensiv verliefen die Diskussionen. »Einige Unterhaltungen wurden lautstark geführt, andere leise und verschwörerisch, was damals noch nicht nötig war, aber sehr reizvoll«, beschreibt der Journalist Fernando Gabeira die Situation des Jahres 1968.[252]

Great Expectations

Klassenkampf, Umsturz, der große Einspruch: All das existierte schon, zumindest in den Büchern. Jetzt kam es nur noch darauf an, es umzusetzen. Allein, es war riskant, und wenn einige die revolutionäre Aktion auf sich nahmen, begnügten andere sich mit der revolutionären Staffage. Haltung ließ sich notfalls auch durch eine entsprechende Optik demonstrieren. Und wenn man das Militär nicht beeindruckte, so doch zumindest andere Zeitgenossen: épater le bourgeois, den Spießbürger erschrecken, das wurde, neben allem Ernst, den die Diktatur erforderte, auch in Brasilien unter den revolutionär gesonnenen Studenten zum beliebten Freizeitspaß. »Die Gegend um die Rua Maria Antonia«, beschreibt Franklin Leopoldo e Silva das Zentrum der damaligen Studentenproteste, »wurde zum Treffpunkt all jener, die die bürgerliche Ordnung in Frage stellten. Die Straße war die Bühne, wo man jene Attitüden und Verhaltensweisen erfand und weitergab, die demonstrieren sollten, dass man die etablierte Haltung ablehnte. Das reichte von der Art, sich zu benehmen, sich zu kleiden, sich auszudrücken bis zur Haltung, die man gegenüber den traditionellen ethischen Werten einnehmen sollte.«[253] Konsumkritik kam in Mode, und weil man die späten 60er Jahre schrieb, natürlich auch die Hippiemode.

Und wenn das Ganze noch nicht zur direkten Aktion gereift war, so drängte es unterschwellig doch in diese Richtung. »Nicht nur Filme, Bühnenstücke und Lieder wurden nach politischen Kriterien beurteilt, auch Liebesverhältnisse wurden einer ideologischen Prüfung unterzogen«, erinnert sich der Schriftsteller und Journalist Ruy Castro.[254]

Freilich zeigte sich hier die Schwäche des Widerstands mit kulturellen Mitteln: Er blieb im Wesentlichen eben kul-

turell. Die Künstler artikulierten die Anliegen der Bevölkerung – aber politisch umsetzen konnten sie sie nicht. Während der Diktatur führte die Kultur in gewisser Weise einen
Widerstand *als ob*: Sie trat zwar gegen das Regime an, aber
nur auf symbolischer Ebene. Tatsächliche Veränderungen
erreichte sie nicht.

Ein Akt der Gewalt

Das Ganze ging gut bis zum Dezember 1968. In jenem Monat
erließ Regierungschef Artur Costa e Silva den berühmt-berüchtigten *AI-5*, den »Institutionellen Akt Nr. 5« – einen
Erlass, der die Bürgerrechte auf fundamentale Weise be-
schnitt. Schon die vorherigen Akte oder Erlasse hatten die
Rechte eingeschränkt, aber keiner ging so weit wie dieser.
Die rechtlichen Schranken, die Verhaftung von Opponenten
bislang noch eingeschränkt hatten, wurden niedergerissen,
es erfolgten weitere »Säuberungen« in den Reihen der Regimegegner; auch Politiker und Richter wurden verhaftet. Kritik an der Regierung und den Streitkräften wurde verboten,
die Medien wurden unter Militäraufsicht gestellt.

Auch an den Universitäten gingen die Militärs in aller
Härte gegen ihre Gegner vor. Immer wieder durchkämmten
sie den Campus nach Aufwieglern, verhafteten Wortführer
wie auch alle, die ihnen sonst verdächtig vorkamen. »Wir
wurden verhaftet, gefoltert, getötet, außer Landes getrieben
und hatten keinen Ort mehr, an den wir gehen konnten«,
erinnert sich der damalige Studentenführer Vladimir Pal-
meira.[255]

Auch die Künstler sahen sich durch den AI-5 einer ganz
andersartigen Situation gegenüber. Sie mussten die Grenzen
ihrer Freiheit völlig neu ausloten. Was konnte man schreiben, sagen, singen oder spielen, und was nicht? Wie gedul-

dig war der Staat, was ließ er durchgehen, wo setzte er Grenzen? Wie penibel der Staat fortan auf ihre Arbeit schaute, zeigte sich umgehend: 1969 wurden zehn Filme und 50 Theaterstücke zensiert. Und noch 1976, als sich erste Anzeichen politischer Entspannung zeigten, fielen 74 Bücher und 29 Dramen den staatlichen Gesinnungsprüfern zum Opfer. Deren Reaktion ließ sich nur schwer abschätzen: Mal begnügten sie sich damit, einzelne Sätze, Passagen oder Seiten zu streichen oder in Liedern den einen oder anderen Vers zu tilgen. Mal aber verboten sie die Aufführung ganzer Theaterstücke oder Filme. Auch manche Lieder durften nicht veröffentlicht werden. Für Verleger oder Leiter von Theatern oder Theaterkompanien bedeutete dies ein erhebliches wirtschaftliches Risiko: Erhielt ein Werk ein Veröffentlichungs- oder Aufführungsverbot, waren sämtliche bis dahin getätigten Investitionen dahin: Druckkosten und Gagen waren umsonst bezahlt worden, Autoren, Lektoren und Schauspieler hatten vergeblich gearbeitet. Um den Zensor gnädig zu stimmen, kam es oft auf Feinheiten an. Was etwa war Ende März, Anfang April 1964 geschehen? Richtig: Eine befreiende Revolution hatte stattgefunden – mitnichten aber ein Militärputsch. Wer es so sah und vor allem so formulierte, konnte davon ausgehen, dass er vor dem Zensor keine Gnade fände.

Wie groß der Druck auf die Autoren war, hat sehr anschaulich der Dramaturg und Theaterregisseur Augusto Boal (1931-2009) beschrieben. Boal war in jungen Jahren zunächst Autor und später künstlerischer Leiter des *Teatro da Arena*. Das 1953 gegründete Theater engagierte sich wie kein anderes für die Erneuerung des brasilianischen Bühnenlebens. Hier wurden die Autoren der europäischen Moderne inszeniert, neue künstlerische Stile und Formen erprobt. Jean Paul Sartre, John Steinbeck, Tennessee Williams und andere wurden hier erstmals dem brasilianischen Publikum vorgestellt. Boal selbst präsentierte im *Arena* eines seiner frühesten und bis heute bekanntesten Stücke: *Revolução na América do Sul*, »Revolution in Südamerika« (1960). Das Stück nimmt Boals wesentliches Anliegen vorweg: das Engagement für alle jene, die in Brasilien zu den Verlierern gehören. Ob sie nun auf dem Land oder in der Stadt leben: Ihnen, den Armen und Ausgeschlossenen, widmete Boal seine Stücke. Sein *Teatro dos Oprimidos*, das »Theater der Unterdrückten«, nahm sich ihrer Probleme an. Mit seinen Stücken erregte Boal sehr bald auch das Misstrauen der Militärs, die seine Texte fortan akribisch unter die Lupe nahmen. Dennoch verfasste er weiter Theaterstücke und studierte sie mit seiner Truppe auch ein. Warum er das täte, wurde er gefragt. Letzten Endes dürfte er seine Arbeit doch ohnehin nicht veröffentlichen. Er habe, berichtet Boal rückschauend, damals zwar auch keinen Grund gehabt, auf einen weniger strengen Kurs der Militärs zu hoffen. »Aber trotzdem wollte ich auf keinen Fall die Selbstzensur hinnehmen. Ich wollte denen die Arbeit nicht erleichtern.«[256] Für seinen Mut musste Boal bezahlen: 1971 wurde er verhaftet und in der Haft gefoltert. Wieder auf freiem Fuß, entschied er sich, das Land umgehend zu verlassen. Fünf Jahre lang lebte er in Buenos Aires und danach in Paris. Nach einem Gastspiel in Rio de Janeiro entschloss er sich erst 1986, als die Diktatur endgültig vorbei war, wieder in sein Heimatland zurückzukehren.

Die Unberechenbarkeit der Zensoren animierte die Autoren zu taktischem Kalkül. So arbeiteten sie in ihre Texte bisweilen einige besonders provokante Passagen ein, von denen sie annahmen, dass die Zensuren sie direkt kürzen würden – und sich dadurch von anderen, subtileren Passagen ablenken ließen. Auf diese Weise hofften sie, ihre Bücher wenigstens in Teilen veröffentlichen zu können. Die Strategie ging auf – gelegentlich. Gelegentlich aber auch nicht. Er habe, berichtet der Dramaturg Luiz Carlos Maciel, 1968 ein Stück von Plínio Marcos über die Beziehung zweier Homosexuellen aufführen wollen. Um die Zensoren zu besänftigen, habe man einige Passagen gestrichen, etwa solche, die besonders derbe Schimpfworte enthielten. Dann habe man den Text an die Zensoren geschickt, in der Erwartung, sie würden zwar noch ein paar weitere Streichungen vornehmen, das Stück insgesamt aber akzeptieren. Bis zum Tag der geplanten Aufführung hätte seine Truppe auf die Antwort der Zensoren gewartet. Die kam dann auch – und lautete: Nein. Das gesamte Stück sei gestrichen. Nichts in dem Stück sei hinnehmbar. Eine Aufführung werde es nicht geben.

Klang der Tropen

Entschieden gingen die Militärs auch gegen die Musiker vor. Anlass dazu hatten sie. Denn in Zeiten, in denen es keine politischen Parteien gab, durch die sich das Gros der Bevölkerung hätte artikulieren können, fiel es den Künstlern, und hier insbesondere den Sängern, zu, die Anliegen ihrer Landsleute aufzugreifen und in Lieder zu kleiden, die ganz besonders griffig waren. So erreichten die populärsten Sängerinnen und Sänger ihrer Zeit – Chico Buarque, Caetano Velozo, Gilberto Gil, Tom Zé, Gal Costa, Maria Bethania und Fafá de Belém, um nur ein paar zu nennen – ein Millionenpublikum. Alle sind sie Repräsentanten des *tropicalismo*, jener musikalisch-politischen Bewegung, die seit den späten 6oer Jahren die kulturelle Szene Brasiliens beherrschte. Der Tropicalismo setzt in gewisser Weise die Manifeste Oswald de Andrades fort, der ja in den frühen 2oer Jahren für eine spezifische moderne Kultur gestritten hatte, die sich von der Vergangenheit lösen und radikal an der Gegenwart orientieren und inspirieren sollte, ohne Rücksicht darauf, ob der Stoff, den sie aufgriff, im klassischen Sinne schön war oder nicht. Der Tropicalismo, so formulierte es der Dichter, Journalist und

Songschreiber Torquato Pereira de Araújo Neto (1944-1972), bedeute vor allem eines: »Alles aufzunehmen, was das Leben in den Tropen zu geben hat, ohne ästhetische Vorurteile, ohne einen Gedanken an unpassenden oder schlechten Geschmack zu verschwenden. Man lebt das tropische Umfeld und das Universum, das es umfasst, auch wenn man es noch nicht kennt. Das ist der Tropicalismo.«[257]

Und der war auch ästhetisch eine Verheißung: Hippietum, Popkultur und das gute, alte, allzu alte Brasilien – all dies würde, geschickt arrangiert, eine neue Mischung geben. Man muss nur offen sein: so sang es Caetano Veloso in seinem Lied »Alegría, alegría«, das, erstmals vorgestellt 1967, auch manche der Linken störte – aus dem einfachen Grund, dass das Stück von Elektro-Gitarren begleitet wurde. Verrat an der Tradition, schäumten die Kritiker und wetterten gegen die kommerzielle Popkultur, die die brasilianischen Traditionen an die Wand drücke. Die Schmähungen glichen bis ins Detail jenen, die Bob Dylan ertragen musste, als er zwei Jahre vorher, 1965 auf dem Newport Folk Festival, erstmals mit elektrischer Gitarre auftrat – und ebenfalls die Traditionalisten gegen sich aufgebracht hatte. Aber sollte man sich dem Neuen darum auf Dauer verschließen? Nein, erklärte Veloso, und drückte seine Offenheit auch im Text seines Liedes aus: »Ohne Taschentuch und ohne Dokument / Nichts in der Tasche oder in den Händen / will ich leben, / Liebe / Ich gehe voran«. Es war diese Offenheit und Unbefangenheit, die der Tropicalismo als Lebensgefühl seiner Zeit pries.

Die Zeilen von »Alegría« waren, jedenfalls an der Oberfläche, zu weit weg vom politischen Leben, um der Zensur zum Opfer zu fallen. Andere Lieder enthielten stärkere Texte – und wurden umgehend kassiert. Chico Buarque etwa musste erleben, dass fünf seiner Stücke in Teilen und drei in Gänze zensiert wurden – darunter das gemeinsam mit Gilbero Gil geschriebene »Cálice«, zu Deutsch »Kelch«. Mit diesem Kelch war derjenige gemeint, von dem Jesus Christus in seiner berühmten Bitte an seinen göttlichen Vater hofft, er möge an ihm vorübergehen. Schon das ließ sich als Anspielung auf die harten Jahre der Diktatur verstehen. »Vater, erspare mir diesen Kelch von rotem Blut«, heißt es in dem Stück. Denn wie solle man den Inhalt des Kelches genießen, wie »den Schmerz hinunterschlucken, wie die Mühsal verdauen«, wie es in dem Stück heißt? Doch neben der schweren, geradezu neutestamentarischen Bedeutung hatte der Titel eine andere, leichtere und freche Bedeutung: Denn es fällt nicht schwer, hinter »Cálice« auch noch die Aufforderung »cale-se« – »Schweig!« zu verstehen. Die Bürger, so deutet Buarque es an, hatten zu schweigen, durften den Mund nicht aufmachen. Und durch ihr Schweigen ergab sich jene gespenstische Stille inmitten der Großstadt, die das Lied dann erwähnt.[258] Und als wollte er sich mit dieser Stille nicht abfinden, sondern sie im Gegenteil mit aller Macht vertreiben, schrieb Buarque 1970 ein Lied, das zur Hymne der Widerstandsbewegung wurde: »A pesar de você« – »Obwohl es dich gibt«.

Das Jahr zuvor hatte der Sänger im italienischen Exil verbracht. Nun aber besserten die Verhältnisse sich, versicherte man ihm. Buarque kam zurück – und sah, dass das Gegenteil der Fall war. So komponierte er »A pesar de você«, ein Stück in einem eleganten Samba-Stil, ein Lied, das man – und die Zensoren taten es zunächst – für die Abrechnung eines Mann mit seiner Frau, für bittere Worte am Ende einer Beziehung halten konnte. »Você que inventou esse estado«, heißt es in dem Stück in wunderbarer Doppelbödigkeit: »Du, der du diesen Zustand erfunden hast« – oder eben: der du diesen »Staat« erfunden hast: einen Zustand / Staat »voller Dunkelheit«, wie es weiter heißt. Szenen einer Ehe womöglich – oder auch nicht. Es dauerte über ein Jahr, bis die

Zensoren begriffen, wovon der Song eigentlich handelte – nämlich nicht von einer etwas herrschsüchtigen Frau, wie der Sänger auch im Verhör erklärte, sondern von niemand anderem als dem amtierenden Präsidenten, Emílio Garrastazu Médici. Das Stück wurde mit sofortigem Aufführungsverbot belegt. Rede Globo, das größte Medienunternehmen des Landes, entschloss sich, den Sänger aus allen seinen Programmen zu nehmen – eine Entscheidung, die es erst in den frühen 80er Jahren wieder zurücknahm. Der Sänger ließ sich nicht beeindrucken. 1973 sah sich der Musikkonzern *Phonogramm*, bei dem Buarque seine Platten veröffentlichte, während eines Konzerts des Sängers zu einer Notoperation gezwungen. »Cale-se« hatte der Sänger ins Publikum gerufen, und das drei Mal. Es schien ganz so, als vergäße er sich selbst und die Umstände und würde »Cálice« nun tatsächlich auch singen – eine Provokation, die schlimme Konsequenzen hätte. Darauf wollte es der Konzern nicht ankommen lassen – und schaltete ihm vorsichtshalber das Mikrophon ab. Immer wieder wurde Buarque zu Verhören vorgeladen, in denen er sich den Militärs gegenüber zu verantworten hatte – eine zermürbende Taktik, die ihre Wirkung nicht verfehlte. Die Militärs behandelten ihn nicht schlecht, erklärt Buarque. Doch an die Vernehmungen werde er sich niemals gewöhnen. Er nehme sie aber hin, da er sich entschlossen habe, in Brasilien zu leben – »dem einzigen Land, das ich habe«. Gleichwohl, die Verhöre bleiben nicht ohne Folgen für den Sänger. »Sie beeinträchtigen mein Privatleben ebenso wie meine Kreativität. Das Ergebnis ist Angst, eine übertriebene, ständige Angst.«[259]

Auch andere gaben nicht klein bei. Gilberto Gil, der zusammen mit Caetano Veloso (*1942) im Jahr 1968 verhaftet wurde und mit ihm zusammen ins Exil nach London ging, schrieb von dort aus einen flammenden Text gegen das Regime und seine Zensoren. Die kurz zuvor empfangene Auszeichnung durch den *Prêmio Golfinho* stimme ihn nicht versöhnlich, versicherte der Sänger. Der Preis bedeute nicht, »dass ich zu einem guten Kreolen geworden bin, der sich um den Samba verdient macht«, schrieb er. Sicher sei es schwer, im Exil zu singen – möglich aber sei es. »Die Vögel hier mögen nicht so zwitschern wie dort. Aber sie zwitschern.«[260] Die Komponisten Paulo César Pinheiro (*1949) und Maurício Tapajós (*1943) schufen mit »Pesadelo« (»Albtraum«) 1972 ein Lied, das die Zensoren ganz offen herausforderte: »Sie streichen einen Vers, ich schreibe einen neuen / Sie ergreifen mich lebend, ich entkomme tot / und plötzlich schaue ich von neuem / störe den Frieden, mache die Gegenrechnung auf«. Der Sänger und Komponist Luiz Gonzaga do Nascimento Júnior, »Gonzaguinha« (*1945) hingegen forderte sein Publikum auf, Freunden von seinen Liedern zu erzählen – das sei die einzige Möglichkeit für ihn, sie bekanntzumachen. Das Radio boykottierte seine Kompositionen, nachdem er sich geweigert hatte, »von der Maschine geschluckt zu werden«, wie er das Einverständnis mit dem Regime beschrieb.

Der Oberst schaut fern

Die Zeitungen des Landes reagierten unterschiedlich auf die Diktatur. Die Verleger trugen Verantwortung für ihre Angestellten – auch in ökonomischer Hinsicht. Das veranlasste viele, zur Diktatur zu schweigen. Zugleich teilten manche Verleger die Ansichten der Militärs zumindest in einigen Punkten. Die kubanische Revolution von 1959 war noch frisch in Erinnerung. Entsprechend waren viele Verleger davon überzeugt, dass der Kalte Krieg, der über Kuba bis dicht an den lateinamerikanischen Kontinent vorgedrungen war, sie dazu zwang, sich zu positionieren, im großen Kräftemessen zwischen den USA und der UdSSR Stellung zu beziehen. Außerdem hielten durch den massiv anwachsenden Fernseh- und Zeitschriftenmarkt neue populäre Formen Einzug, auf die die Verleger der etablierten, eher nüchtern gehaltenen Medien reagieren mussten. So wagten nur wenige Zeitungen das Regime direkt zu kritisieren. »Nein zum Terrorismus« kommentierte die vielgelesene Zeitung *Correio da Manha* im April 1964 die ausufernde Willkür der Polizeipräfektur von Rio de Janeiro. Doch solche offenen Einsprüche blieben die Ausnahme. Andere Zeitungen drückten ihren Missmut auf indirekte – und zugleich spektakuläre – Weise aus. Als die beiden Zeitungen *O Estado de São Paulo* und *Jornal da Tarde* sich Anfang der 70er Jahre immer schärferer Zensur ausgesetzt sahen, reagierten sie subtil: Der *Estado* füllte diejenigen Zeilen, die er nicht hatte veröffentlichen dürfen, mit Zeilen aus Camões' *Os Lusiades*, dem portugiesischen Nationalepos. Und das *Jornal* ersetzte die inkriminierten Stellen durch Kochrezepte – vorzugsweise solche, die keinen Sinn ergaben, sich in der Küche nicht umsetzen ließen. Über mehrere Jahre erstreckte sich dieses Spiel, bis die Zensoren die Redaktion des *Jornal* im Januar 1975 endgültig verließen, pünktlich zum bevorstehenden 11. Geburtstag des Blattes. Und das *Jornal do Brasil* kleidete seine Kritik der politischen Verhältnisse im Dezember 1968, in einer Zeit, in der sich der AI-5 bereits abzeichnete, in Form einer Wettervorhersage: »Tempo negro«, war in der ersten Zeile zu lesen, »schwarzes Wetter« oder auch – wie die anderen romanischen Sprachen gebraucht auch das Portugiesische für die beiden Begriffe ein Synonym – »schwarze Zeit«. Und weiter: »Eine erstickende Temperatur. Die Luft ist nicht zum Atmen. Das Land wird von starken Winden geschüttelt. Maximaltemperatur: 38 Grad in Brasília. Minimaltemperatur: 5 Grad in Laranjeiras.« Die Temperaturangaben bezogen sich auf konkrete politische Gegebenheiten der Zeit: 38 war die Nummer eines damals erlassenen Aktes, der die Auflösung des Kongresses verfügte. Und Laranjeiras war der Ort, an dem Marschal Costa e Silva sein Kabinett versammelte und den bevorstehenden AI-5 ankündigte.

Noch weniger Sorgen als mit den Zeitungen hatte das Militär mit den Fernsehanstalten. In ihre Programme brauchte es nicht einzugreifen – das besorgten die Programmdirektoren in aller Regel selbst. Sie wussten nur zu genau, wie abhängig sie vom Regime waren. Zudem war der Fernsehmarkt seit den 50er Jahren enorm gewachsen: Gab es damals rund zwei Millionen Fernsehgeräte, so waren es 25 Jahre später bereits über zehn Millionen. Mit ihnen verfügte das Regime über ein wunderbares Propagandainstrument – so dass sich Präsident Médici 1973 durch und durch angetan zeigte von dem, was er und seine Landsleute Tag für Tag im brasilianischen Fernsehen schauen konnten. »Jeden Abend, wenn ich das Fernsehen anschalte, fühle ich mich glücklich. Während die Nachrichten Tag für Tag von Streiks, Unruhen, Attentaten und Konflikten in den unterschiedlichsten Teilen der Welt berichten, geht Brasilien seinen Weg in Frieden, in Richtung weiterer Entwicklung. Es ist, als griffe ich nach einem langen Arbeitstag zu einem Beruhigungsmittel.«[261]

Der Journalist und die Folterkammer

Lange Zeit kamen sich die großen Medienhäuser und das Militär nicht oder nur unwesentlich in die Quere – bis zum Oktober 1975. In jenem Monat zitierten Mitarbeiter des berühmt-berüchtigten DOI – CODI (»Abteilung für Informationsbeschaffung – Zentrum der inneren Verteidigung«) den TV-Journalisten Vladimir Herzog in ihre Abteilung. Herzog, 1937 als Sohn jüdischer Eltern in Osijek im heutigen Kroatien geboren, kam 1940 auf der Flucht vor den Nazis mit seinen Eltern nach Brasilien. »Vlad« Herzog studierte an der

Universität von São Paulo Philosophie, um anschließend bei verschiedenen Zeitungen und schließlich bei dem Fernsehsender TV Cultura zu arbeiten. Politisch knüpfte er Kontakte zum *PCB*, der Kommunistischen Partei Brasiliens, die während der Diktatur in die Illegalität gedrängt wurde. Am 24. Oktober 1975 wurde er von der Staatssicherheit vorgeladen, um über seine Beziehungen zum PCB Auskunft zu geben. Mittels Folter zwang man ihn, seine Kontakte preiszugeben. Am nächsten Morgen wurde er tot in seiner Zelle gefunden, erhängt mit dem eigenen Gürtel.

Der Tod des Journalisten mit der charakteristischen Halbglatze und den dicht wuchernden Koteletten löste in der Öffentlichkeit Entsetzen aus. Das Bild, das den in einen Gefangenenanzug gekleideten Journalisten am Strang in seiner Zelle hängend zeigte, ging um die Welt. Er habe sich selbst umgebracht, ließen die Militärs verlauten – glauben mochte es ihnen niemand. Schon das Foto ließ an dieser Behauptung ernste Zweifel aufkommen: Üblicherweise verfügten die Häftlinge des DOI – CODI über keine Gürtel: die Gefahr, dass sie sich damit etwas antun könnten, war auch den Militärs bewusst. Ein weiteres Foto, auf dem der entblößte Leichnam zu sehen ist, wies zudem an beiden Seiten des Halses Würgemale auf. Das deutete darauf hin, dass Herzog sich nicht erhängt, sondern mit dem Gürtel erstickt worden war.

Leandro Koner, ein mit Herzog befreundeter Journalist, der sich an jenem Tag ebenfalls im Gebäude des DOI – CODI befand und mit Herzog in einer Zelle zusammengesperrt war, schilderte Jahre später die letzten Stunden seines Kollegen. Demnach wurde Herzog über Stunden gefoltert, vorzugsweise durch Elektroschocks. Später zwang man Koner, ein Geständnis zu verfassen, demzufolge er Herzog dazu bewogen habe, der Kommunistischen Partei beizutreten. Anschließend wurde Koner in einen anderen Teil des Gebäudes gebracht. Dort hörte er, wie Herzog abermals zu schreien begann: die Folterer hatten ihr Werk erneut aufgenommen. »Am Nachmittag wurde es dann ruhig in der Zelle«, berichtet ein anderer, ebenfalls in unmittelbarer Nähe festgehaltener Häftling. Das waren die letzten Lebenszeichen, die seine Freunde von ihm vernommen hatten.

Herzogs Beerdigung wurde zu einer der größten Protestbewegungen während der gesamten Militärdiktatur. Paulo Evaristo Arns (*1921), der damalige Kardinal von São Paulo, zögerte nicht, für die Begräbniszeremonie die Catedral da Sé, die Kathedrale von São Paulo, zur Verfügung zu stellen. Obwohl die Polizei die Zugangswege zu dem Gotteshaus im Herzen der Stadt für Fahrzeuge weiträumig abgesperrt hatte, machten sich Tausende Menschen zu Fuß auf den Weg zum Gotteshaus. Während die Messe, an der auch ein weiterer Geistlicher und bekennender Gegner der Diktatur, Dom Hélder Câmara, teilnahm, selbst in feierlicher Stille gefeiert wurde, verwandelten die vor der Kathedrale versammelten Trauergäste die Veranstaltung in eine politische Protestkundgebung. Zu Tausenden schleuderten sie den Polizisten Forderungen nach Wiederherstellung der Demokratie entgegen. Diese wussten sich nicht anders zu helfen, als die gewaltige Versammlung mit Hilfe von Tränengas aufzulösen. Doch die Symbolik dieses Tages vermochten die Ordnungskräfte nicht zu unterdrücken. Denn zuletzt wurde auch das Begräbnis selbst zu einer vielsagenden politischen Botschaft: Nach jüdischem Brauch werden Selbstmörder nicht auf, sondern neben dem Friedhof ihrer Gemeinde beerdigt. Indem sie Herzog aber innerhalb der Friedhofsmauern zu Grabe legte, zeigte die Gemeinde, was sie von der These des angeblichen Selbstmords hielt.

Underground

Der neue Kurs, den das Regime ab 1968/69 einschlug, ließ auch die Studenten nicht unbeeindruckt. Erschrocken von der ungewohnten Härte, zogen sie sich zurück, gaben die revolutionäre Begeisterung auf und besannen sich auf ihren Abschluss und das, was er verhieß: eine geordnete Karriere und ein Leben in Ruhe und Frieden. Andere aber wandten sich gegen den Staat und gingen in den Untergrund. Der Schritt war mit erheblichen Konsequenzen verbunden: Man konnte sich nicht mehr an der Universität zeigen, musste also das Studium aufgeben. Auch arbeiten konnte man nicht mehr, war also ökonomisch auf Unterstützung angewiesen. Hatte man in den Augen des Militärs eine gewisse Prominenz erreicht, galt es, Abschied von der Familie zu nehmen, Eltern, Geschwistern, dem Ehepartner auf unbestimmte Zeit Lebewohl zu sagen.

Wer aber einmal untergetaucht war, musste eine neue Identität annehmen. Pässe wurden gefälscht, Wohnungen unter falschem Namen angemietet. Wer sie nutzte, musste nach außen hin den Anschein der Normalität wahren, den Nachbarn gegenüber so tun, als pflege er ein geregeltes Leben. Er oder sie verließ morgens das Haus, um erst abends wiederzukommen: Nichts war wichtiger als den Eindruck zu erwecken, man gehe einer ordentlichen Beschäftigung nach, habe also gar keine Zeit, sich groß um Politik zu kümmern. Zugleich galt es, zu den Nachbarn ein möglichst »normales« Verhältnis zu haben, freundliche, aber nicht allzu freundliche Beziehungen zu pflegen. Auf keinen Fall durfte man so warm mit ihnen werden, dass sie beginnen würden, persönliche Fragen zu stellen. Nichts war wichtiger und zugleich schwieriger als die Anonymität zu wahren. Und gab es auch nur die geringsten Anzeichen dafür, dass Nachbarn oder andere Menschen aus der Umgebung misstrauisch würden, hieß es, die Zelte abzubrechen und anderswo Unterschlupf zu suchen. Es galt eine neue Wohnung zu finden, sich an das neue Umfeld zu gewöhnen, neue Beziehungen zu knüpfen, sich vielleicht sogar eine neue Identität zuzulegen. »Zunächst nutze ich die Zeit, um spazieren zu gehen«, beschreibt ein ehemaliger Widerstandskämpfer seine Strategie, mit der er sich an das neue Umfeld zu gewöhnen versuchte. »Jeden Morgen wähle ich ein anderes Viertel. Ich nehme den Bus, fahre dort hin und wandere dann durch die Straßen. Ich studiere die Verbindungen, die Übergänge in die Nachbarviertel. Ich wähle die Bars aus, in denen ich einen Kaffee trinken kann, um von dort aus die Dinge weiter auszuspähen. Ich achte auf ruhige Straßen und suche Banken aus, die wir später überfallen können. Die wichtigste Sicherheitsregel für einen Guerillero ist die genaue Kenntnis der Umgebung.«[262] Der Selbstschutz ist aufwendig, fordert erhebliche Energie. Über allem aber steht die Angst, aufzufliegen, verhaftet zu werden.

Wer sein Gesicht trotzdem auf einem der vielen Fahndungsplakate wiederfand, der hatte keine andere Wahl, als in den absoluten Untergrund zu gehen, sich also für Wochen, Monate oder, konnte er das Land nicht verlassen, gar Jahre in einem Appartement zu verstecken. Ein solches Dasein forderte Verzicht – mehr als den meisten, die im Untergrund lebten, ertragen konnten. Immer wieder mal vergaßen sie alle Vorsicht, setzten eine Perücke, eine Hut oder eine Sonnenbrille auf und verließen ihr Versteck und genossen, unter Lebensgefahr, für ein paar Stunden ihre Freiheit.

Ist eine solche Sehnsucht akzeptabel? Nein, fanden manche der Untergetauchten. Sie zeigten kein Verständnis für das Bedürfnis mancher ihrer Freunde, einmal wieder den blauen Himmel zu sehen, den Wind zu spüren, unter anderen Menschen zu sein. Jedenfalls behaupteten sie das in den zahllosen Diskussionen, die sie führten, in langen Lagebesprechungen, in denen es um politische Fragen ebenso ging wie um persönliche – falls sich beide überhaupt trennen ließen in einer Zeit, in der Politisches und Persönliches auf das Engste miteinander verquickt waren. Gesellschaftskritik stand in diesen Diskussionsrunden auf dem Programm, und ebenso Selbstkritik. Was war revolutionäres Handeln, und was war kleinbürgerlicher Egoismus? Und wie trieb man den revolutionären Subjekten ihre – angebliche – Selbstsucht aus? Fragen wie diese standen auf dem Programm, und man kann sich vorstellen, wie engagiert, erregt und pathetisch sie diskutiert wurden. Die meisten dieser Treffen, erinnert sich der Journalist und Politiker Alfredo Sirkis (*1950), ähnelten mit ihren endlosen Schuldbekenntnissen und Bitten um Vergebung religiösen Praktiken in Klostergemeinschaften: »In diesen Psychodramen verbanden sich ganz legitime Befreiungssehnsüchte, der Wunsch nach äußerer ebenso wie innerer Revolution, die Suche nach dem Neuen Menschen mit halb-religiösen Riten, die einen starken Hang zum Sadomasochismus hatten.«[263]

Auf der Flucht

Im Untergrund entwickelten die Regimegegner sehr intensive Beziehungen zueinander. Daraus mochten Liebensverhältnisse entstehen, wie etwa das zwischen Iara Iavelberg und Carlos Lamarca. Lamarca, geboren 1937, war ursprünglich ein Kommandant des brasilianischen Heeres, entschloss sich aber 1969, angesichts der Verhärtungen in den Reihen der Militärs, zu desertieren. Kaum abgetaucht in den Untergrund, wurde er zu einem der Führer der *Vanguarda Popular Revolucionaria*, der »Revolutionären Volksgarden«. Als Erstes organisierte er zwei zeitgleich stattfindende Banküberfälle in São Paulo. An einem nahm er selber teil und tötete dabei einen Polizisten. Das Verbrechen entfachte den Ehrgeiz des Militärs, das nun alles daran setzte, seiner habhaft zu werden. Als 1970 bekannt wird, dass Lamarca sich mit einigen Getreuen in einem klandestinen Trainingslager im Vale do Ribeira, einem Waldgebiet im Süden von São Paulo, aufhält, zögern die Generäle nicht: Sie setzen 2500 Soldaten in Bewegung, um Lamarca zu verhaften. Großräumig wird das Gebiet abgesperrt. Hubschrauber kreisen über dem Waldgebiet, selbst ein Kampfjet kommt zum Einsatz. Über Gebieten, deren Bewohner der Unterstützung von Lamarcas Männern verdächtigt werden, wirft der Pilot Bomben ab.

Doch der Aufwand ist vergeblich: Mit einigen Begleitern kann Lamarca entkommen. Wochenlang hält er sich in dem riesigen Waldgebiet auf, kann es aufgrund der anhaltenden Militärpräsenz nicht riskieren, das schützende Grün zu verlassen. Schließlich gelingt es den Flüchtigen, einen Lastwagen zu mieten, in dem sie, sich als Zivilisten ausgebend, die Straßensperren zu passieren versuchen. Doch die Soldaten erkennen die Gruppe. Es kommt zum Schusswechsel, die Soldaten werden geschlagen, Lamarcas Männer setzen ihren Weg fort. Sie erreichen einen zweiten Militärposten. Auch hier kommt es zum Kampf. Und auch hier werden mehrere Militärs getötet. Andere werden verletzt, einige werden von Lamarcas Leuten als Geiseln genommen. Mit ihnen pressen sie sich den Weg frei, müssen vor der Übermacht der Soldaten aber wieder in den Wald fliehen. Nach einigen Tagen wagen sie sich erneut auf die Straße. Mit Waffengewalt zwingen sie das erste sich nähernde Fahrzeug zum Anhalten. Der Zufall will es, dass es wieder ein Militärwagen ist. Lamarca und seine Begleiter überwältigen die fünf Soldaten, nehmen ihnen die Kleidung ab und ziehen sie selbst an. Verkleidet als Angehörige des Militärs, gelingt es ihnen, die nächste Straßensperre unbehelligt zu passieren.

Das Katz-und-Maus-Spiel und die erfolgreiche Flucht vor mehreren tausend Soldaten machten Lamarca zu einer Ikone des brasilianischen Widerstands. Er war *der* Star des Untergrunds. Überall schlugen ihm Sympathien und Verehrung entgegen – auch und vor allem vonseiten der Frauen. Doch Lamarcas Herz war schon vergeben: Kurz nach seiner Desertation hatte er Iara Iavelberg (*1944) kennengelernt, eine schöne Frau aus reichem Hause. Iavelberg hatte bereits im Alter von 16 Jahren geheiratet, es aber nur drei Jahre in der Ehe ausgehalten. Mit Anfang 20 schrieb sich die Frau mit den großen Mandelaugen zum Studium der Psychologie an der Universität von São Paulo ein, wo sie sich alsbald zu einer glühenden Marxistin und Aktivistin des Widerstands entwickelte. Im Milieu der revoltierenden Studenten begegnet sie Lamarca – ein *coup de foudre*, Liebe auf den ersten Blick. Zusammen verbringen sie leidenschaftliche zehn Monate in verschiedenen unter falschem Namen angemieteten Wohnungen. Zeugin ihrer Liebesbeziehung ist eine gewisse »Wanda« – alias Dilma Rousseff, die 2010 zur Präsidentin Brasiliens gewählt wird.

Anfang der 70er Jahre ist der bewaffnete Widerstand schon sehr geschwächt. Das Militär hat die meisten Gruppen zerrieben. Viele Mitglieder sind verhaftet oder getötet worden. Lamarca und Iavelberg aber leben weiter im Untergrund. Am 11. Juni 1970, während der Fußballweltmeisterschaft in Mexiko, entführt ein Untergrund-Kommando den deutschen Botschafter in Brasilien, Eduard von Holleben. Sechs Tage bleibt er in Gewalt der Geiselnehmer, dann kommt er im Austausch gegen 41 verhaftete Widerstandskämpfer frei. Viele halten Lamarca für den Kopf der Aktion. Tatsächlich geht sie aber auf einen seiner Mitstreiter, Eduardo Collen Leite, »Bacuri«, zurück. Doch am 7. Dezember jenes Jahres schlägt auch Lamarca zu: Als der schweizerische Botschafter Giovanni Bucher sich an jenem Morgen auf den

Weg von seiner Wohnung zur Botschaft machte, wird er von einem Kommando unter Lamarcas Leitung überfallen und entführt. Ein brasilianischer Polizist, abgestellt für Buchers Sicherheit, wird bei dem Schusswechsel getötet. Für Buchers Leben fordern seine Entführer die Freilassung von 70 politischen Gefangenen. Außerdem sollten für 90 Tage die Preise eingefroren werden. Doch dieses Mal mag sich das Militär nicht fügen: 13 der Gefangenen will es partout nicht aus der Haft entlassen. Schließlich, nach gut vierwöchigen Verhandlungen, einigt man sich: Die 13 strittigen Gefangenen werden durch andere Mitstreiter ersetzt. Am 16. Januar 1971 kommt Bucher frei. Während der Haft hatte er zu Lamarca offenbar ein herzliches Verhältnis entwickelt: Sein Entführer hatte ihm erlaubt, in dem Hof des Hauses, in dem er gefangen gehalten wurde, spazieren zu gehen. Außerdem hatte er einem Interview des entführten Botschafters mit der deutschen Zeitschrift *Stern* zugestimmt. Und nicht zuletzt hatten die beide zahllose Stunden miteinander beim Kartenspiel verbracht. So angetan war der Botschafter von seinen Entführern, dass er diese beim anschließenden Polizeiverhör auf den ihm vorgelegten Porträtfotos partout nicht erkennen wollte.

Tod im Hinterland

Doch Triumphe wie diese konnten die sich abzeichnende endgültige Niederlage des bewaffneten Widerstands nicht aufhalten. Im Frühjahr 1971 begibt sich Lamarca, nachdem er mit Iara mehrere Monate in versteckten Wohnungen gelebt hat, in den Bundesstaat Bahia. Dort versteckt er sich in dem kleinen Örtchen Buriti Cristalino, knapp 600 Kilometer westlich von Salvador. In kleinstem Kreis hält er sich dort auf, verbringt die Zeit mit Lektüre – und damit, Briefe an

Iara zu schreiben, die sich ebenfalls in Bahia, in der Stadt Feira de Santana, aufhält, von wo aus sie in Kürze nach Buriti Cristalino kommen soll. In seinen Briefen an Iara gibt Lamarca nicht nur über seine Gefühle Auskunft, sondern auch über die Landschaft und die Pflanzenwelt. Das Unglück will es, dass der Bote, der Iara die Briefe überbringt, im August des Jahres verhaftet wird. Aus den Beschreibungen, auf die sie in Lamarcas Briefen stoßen, schließen die Militärs auf den Ort, an dem er sich aufhalten muss.

Eine Woche später ist eine Truppe aus 215 Soldaten zusammengestellt, hinzukommen mehrere Dutzend Polizisten. In der Nähe von Lamarcas Lager liefern sie sich einen ersten Schusswechsel mit dessen Begleitern. Lamarca und einer seiner Leute, José Campos Barreto, genannt Zequinha, können fliehen. Knapp drei Wochen verstecken sie sich im Sertão, dem unwegsamen Hinterland von Bahia. Ausgezehrt und ermüdet, schleppen sie sich am 17. September in ein kleines Dorf, Pintada, dessen Bewohner umgehend die Polizei informieren. Die Truppen rücken an, und anstatt die beiden Flüchtlinge festzunehmen machen sie kurzen Prozess: Lamarca und Zequinha werden auf der Stelle erschossen. Brasiliens bekanntester Untergrundkämpfer ist tot.

Iara Iavelberg sollte die Nachricht vom Tod des Geliebten nicht mehr erreichen. Nach zwei Wochen Folter hatte der verhaftete Briefbote Informationen über die Reiseroute des Pärchens abgegeben. So wusste die Polizei auch, wo sich Iara befand. Am 20. August stürmt das Militär das Haus, in dem sie Iara vermutete. Dort nehmen die Soldaten zwar drei Personen fest – nicht aber Iara, die sich hat verstecken können. Doch als das Militär abgezogen ist, entdeckt ein Nachbarsjunge die junge Frau in ihrem Unterschlupf. Umgehend informiert er das Militär, das sofort zu dem Haus zurückkehrt. Eingekesselt von Soldaten, setzt sie sich die Pistole auf die Brust und drückt ab. Der Schuss ist tödlich – so jedenfalls wollte es die Version, die das Militär verbreitete. Iara Familie allerdings mochte dieser Darstellung nicht glauben. Jahrelang bemühte sie sich um eine Genehmigung, die sterblichen Überreste der jungen Frau obduzieren zu lassen – vergeblich. Erst 2003 wurde ihrem Antrag stattgegeben. Die Untersuchung bestätigte die Zweifel der Familie: Auf Iara war nicht nur ein-, sondern mehrere Male geschossen worden. Das Regime hatte gelogen.

Die Guerilleros sind müde

Die Nachricht vom Tod Iara Iavelbergs und Carlos Lamarcas schockierte nicht nur die Mitglieder des Widerstands. Zumindest die politisch halbwegs interessierte Bevölkerung verstand die Botschaft, die die Militärs aussandten. Sie lautete: die Geduld gegenüber politischen Gegnern ist erschöpft. Wer sich fortan gegen das Regime erhebt oder es auch nur einen Hauch zu laut kritisiert, der kann sich ausrechnen, was mit ihm passiert. »Die Brasilianer«, schreibt rückblickend Augusto Boal, »wussten, dass es ausnahmslos jeden treffen konnte. Jeder konnte auf der Straße verhaftet, in eine Polizeistation oder eine Kaserne gebracht werden, um dort zu warten – zu warten und zu warten, ohne dass der Betroffene wüsste, warum; und ohne dass die Familie informiert würde, man einen Anwalt rufen könnte.«[264]

Was es aber hieß, in die Hände der Militärs zu gelangen, davon machten sich ihre Gegner keine angemessene Vorstellung. Sicher, erklärt der Journalist Fernando Gabeira, seinerzeit ebenfalls im Untergrund lebend und 1969 an der Entführung des amerikanischen Botschafters James Elbrick beteiligt: Man informierte sich, tauschte sich aus, las alles, was man an Texten über Haft und Folter finden konnte. »Aber letztlich waren wir sprachlos, jeder auf seine Art. Wir waren perplex in Anbetracht dessen, was wir im Inneren der Kasernen sahen.«[265] Denn dort, im Angesicht der Folterer, schrumpfte der Mensch auf das Wesentliche zusammen. Und das war in den Worten des Journalisten Renato Tapajós: »Schreie, Schmerz, Blut, der Geruch von Blut, Urin, Fäkalien.«[266] In seinen Erinnerungen beschreibt Tapajós, wie die Häftlinge zu leiden hatten. Zu den physischen kommen die seelischen Qualen: Einsamkeit, Hoffnungslosigkeit, Verzweiflung. Über Stunden und Tage sich hinziehende Verhöre bringen das Zeitgefühl ins Wanken, so dass der Gefangene bald schon nicht mehr weiß, ob es Tag ist oder Nacht. Es gibt keine Rhythmen mehr, an denen er sich orientieren könnte. Die einzigen Menschen, die er sieht, sind entweder die Folterer oder jene, die von ihnen gefoltert werden. Man schaut in müde, ausdruckslose, traurige, teils auch verwundete Gesichter. Die einzigen menschlichen Laute sind die der brüllenden Aufseher und ihrer schreienden oder wimmernden Opfer.

Der Druck der Militärs war zu groß. Schon Anfang der 1970er Jahre hatten sich die meisten Untergrundgruppen aufgelöst. Gegen das System der Spitzel, gegen eine teils konservative oder schlicht gleichgültige Bevölkerung hatten die Untergrundkämpfer auf Dauer ebenso wenig eine Chance wie gegen den eigenen Zweifel: Was ließe sich durch den Terror schon erreichen? Was brächte das Ganze? Dass sich gegen die absolute und durch keinerlei Gesetze kontrollierte Gewalt des Staates aus dem Untergrund nichts ausrichten ließ, trat immer deutlicher zutage. Die Militanz einiger hundert Kämpfer war nichts im Vergleich zu den zahllosen Polizisten und Militärs in Diensten des Regimes. Und auch der Druck von der Straße ließ im Laufe der Zeit nach. Sicher, immer wieder kam es zu großen Demonstrationen, an denen sich Tausende beteiligten. Aber sie waren und blieben die Minderheit – auch darum, weil sich weite Teile der Bevölkerung den teils überzogenen, wenn nicht hilflos utopischen Zielen der Revolutionäre nicht anschließen mochten. Die meisten Menschen wollten keine »neue«, keine »andere« Gesellschaft. Ihnen reichte es, wenn die Diktatur ganz einfach vorüber wäre. Mehr verlangten sie nicht. Der Sozialismus war ihre Sache nicht, und noch weniger der Kommunismus. Es reichte schon, wenn man ein halbwegs anständiges Leben führen könnte.

Herbst der Patriarchen

Und so sorgten schließlich ganz andere Kräfte für das Ende der Militärherrschaft. Nicht zuletzt die demographischen. Von 1950 bis 1980 wuchs die brasilianische Bevölkerung von 52 auf über 120 Millionen. Gleichzeitig stieg die Zahl der städtischen Bevölkerung von elf auf 62 Millionen. Parallel dazu vertiefte sich die soziale Spaltung des Landes: Hielten die ärmsten 50 Prozent des Landes bereits 1960 nur knapp 18 Prozent des Volkseinkommens in den Händen, waren es 1980 nur noch knapp 13,5 Prozent. Im gleichen Zeitraum konnte das reichste Prozent der brasilianischen Bevölkerung seinen Besitz von knapp zwölf auf knapp 17 Prozent steigern. Auch angesichts solcher Zahlen konnte das Militär seine Herrschaft immer weniger legitimieren. 1978 wagten die Gewerkschaften unter Führung Luiz Inácio Lula da Silvas, des späteren brasilianischen Präsidenten, erste große Streiks. In den Saab-Scania-Werken verweigerten 80 000 Beschäftigte die Arbeit – der Auftakt zu einer Reihe weiterer Arbeitsniederlegungen, an denen sich Millionen von Arbeitern beteiligten. Immer stärker erkannte die Zivilgesellschaft ihre Macht – und das Militär, dass diese ihr zunehmend aus den Händen glitt. Zugleich wurde es der galopierenden Inflation nicht Herr, was auch seine bisherigen Unterstützer und

Nutznießer gegen es aufbrachte. Steigende Staatsschulden raubten ihm den letzten Rest seines Ansehens. In der späten Regierungszeit des 1974 angetretenen Präsidenten Ernesto Geisel traten immer mehr zivile Politiker auf die Bühne, ein Prozess, der sich unter seinem Nachfolger, dem 1979 angetretenen João Baptist de Oliveira Figueiredo (1918-1999), noch weiter verstärkte. *Diretas já*, »Direktwahlen jetzt«, forderten die Bürger 1983 – ein Wunsch, der zwar nicht direkt in Erfüllung ging, aber zwei Jahre später doch in diese Richtung ging, als der Kongress mit Tancredo Neves den ersten zivilen Präsidenten nach 21 Jahren wählte. Noch vor der Wahl schwer erkrankt, starb Naves, ohne sein Amt je angetreten zu sein. So blieb es seinem Nachfolger José Sarney (*1930) vorbehalten, das Land endgültig zurück in die Demokratie zu führen.

Vom Untergrund ins Präsidentenamt

Für den bewaffneten Kampf gegen die Militärs bedeutete dies vor allem eines: Er wurde überflüssig. Mehr und mehr konnten die Studenten und Oppositionellen sich aus dem Widerstand zurückziehen, ihre politischen Projekte in kulturelle münden lassen. Es stellten sich jetzt andere, gewissermaßen weichere Fragen. Etwa die nach dem Verhältnis der Geschlechter. Wie stand es um die Beziehung zwischen Männern und Frauen? Welche Rolle spielte darin die Liebe, welche die Macht? Was konnte man voneinander erwarten? Und von welcher Moral sollte man sich leiten lassen? Sollte man monogam leben? Oder die Partner häufig wechseln, vielleicht sogar mehrere gleichzeitig haben? Wie stand es um die Jungfräulichkeit? Und was, wenn jemand homosexuelle Neigungen verspürte? Der Geist der Zeit ließ Raum für neue Freiheiten, auch wenn sie, wie etwa im Fall der Homosexualität, nach wie vor auf Schamgrenzen stieß. Er habe seine Neigung niemals offenbart, berichtet der Journalist Herbert Daniel. »Diejenigen meiner Freunde, die sie bemerkten, erwähnten sie nicht. Dergleichen Dinge wurden nicht kommentiert. Bemerkte jemand eine verdächtige Geste, einen unruhigen Blick, einen unpassenden Satz, der auf meine Homosexualität deutete, sprach er nicht mit mir darüber.«[267]

Gleichwohl, die grobschlächtigen Verhaltensweisen früherer Zeiten passten immer weniger in die neue Zeit. Allzu maskuline Muster wurden fragwürdig, statt ihrer kam der »neue« Mann auf, zeigte Verletzlichkeit und Empfindsamkeit. Auch die Frauen mochten sich den alten Rollenbildern nicht mehr fügen. Sie suchten ihren eigenen Weg, stellten andere, größere Ansprüche an das Leben als ihre Vorgängerinnen.

So fanden die mit der Chiffre »1968« verbundenen neuen Lebensstile und Verhaltensweisen ihren Weg in immer größere Bevölkerungskreise. Lässige Kleidung, lange Haare, ein permissives Weltbild: All das passte in die anbrechende Zeit des *anything goes*, der postmodernen Freiheit, die sich auch in Brasilien durchzusetzen begann. Politisch festigte sich der zivilgesellschaftliche Geist durch die Generationen jener, die die Militärdiktatur als jüngere Menschen miterlebt hatten und nun vor allem eines wussten: *nunca mais*, nie mehr. Jahre wie diese sollten sich niemals wiederholen – das war das Credo, von der sich eine neue Generation von Politikern, Journalisten und anderen Personen des öffentlichen Lebens leiten ließen. Fernand Gabeira und Carlos Heitor Cony zählten und zählen zu den renommiertesten Journalisten des Landes. Alfredo Hélio Syrkis (*1950), einer der Mitstreiter Lamarcas und heute Kongressabgeordneter, war 1986 einer der Mitbegründer des *Partido Verde*, der brasilianischen Grünen. Herbert Daniel, ebenfalls einst Kämpfer an Lamarcas Seite, zählt zu den Mitgründern der brasilianischen Grü-

nen. Außerdem setzte er sich für die Rechte der Homosexuellen ein. César de Queiroz Benjamin (*1954), jener unglück-
liche Briefbote, der 1971 nach zweiwöchiger Folter den
Aufenthaltsort Lamarcas bekanntgab, organisierte 1989 den
ersten Wahlkampf von Lula, den dieser allerdings verlor.
2004 war er für den soeben gegründeten *Partido Socialismo
e Liberdade* (»Partei für Sozialismus und Freiheit«) Vizekan-
didat für die Präsidentschaftswahlen, hatte allerdings nur
Außenseiterchancen. Parallel dazu ist er politischer Kom-
mentator der Tageszeitung *Folha de São Paulo*.

Die bekanntesten Figuren des öffentlichen Lebens dürften aber Fernando Henrique Cardoso, Luiz Inácio Lula da
Silva und Dilma Roussef sein. Die drei letzten Präsidenten
Brasiliens waren alle auf ihre Weise im Widerstand gegen die
Militärherrschaft engagiert, sei es im Untergrund (Roussef),
in den Reihen der Gewerkschaften (Lula) oder an den Universitäten (Cardoso). Die Regierung Lula hatte zudem noch
einen anderen höchst prominenten ehemaligen Regimegegner in ihren Reihen: den Sänger Gilberto Gil, der von 2003
bis 2008 Kulturminister war.

Es sind solche Figuren, die Brasilien modernisiert haben
und jene Werte verkörpern, die das Land nach der Diktatur
nicht nur in die Demokratie zu überführen halfen, sondern
auch zum Entstehen einer modernen Gesellschaft beitrugen.
Der Marsch durch die Institutionen mag die Marschierenden
verändert haben. Aber sie haben auch die Gesellschaft verändert. Sicher: Die Utopie einer neuen Gesellschaft, von der
manche Aktivisten des Widerstands träumten, ist auch in
Brasilien keine Wirklichkeit geworden. Dafür aber ist das
Land etwas anderes, unendlich Verheißungsvolleres geworden: eine offene Gesellschaft, die vielleicht noch nicht allen
Bürgern einen Platz bieten kann, dies in den nächsten Jahren aber unbedingt erreichen will.

15 »Die Erbschaft unseres Elends«
Die Literatur der Moderne

Ein Wort ergibt das andere, eine Idee die andere,
und so entsteht ein Buch, eine Regierung, eine Revolution.
Einige sagen, auf diese Weise habe die Natur auch die
unterschiedlichen Spezies erschaffen.

Machado de Assis, Histórias sem Data

Der Schriftsteller war irritiert. Wie, ob er noch lebe?! Selbstverständlich lebe er noch, dass sehe man doch. Der Schüler aber, der ihn das gefragt hatte, gab sich weniger sicher. Immer, wenn seine Mutter ihm etwas über brasilianische Romane oder Gedichte erzähle und er sie frage, wer denn der Autor sei, gebe sie immer dieselbe Antwort: »Der ist schon gestorben.«

Die hübsche Anekdote, die der Schriftsteller Rui do Carmo über einen seiner Auftritte in den Schulen seines Landes zum Besten gibt, zeigt auf charmante Weise, wie viele junge Brasilianer die Literatur und Literaturgeschichte ihres Landes wahrnehmen: nämlich in erster Linie als durch und durch kanonisch, will sagen: als Erbe einer vergangenen Epoche, das zwar ehrwürdig sein mag, letztlich aber doch einer anderen Zeit angehört. Das kann man als durchaus ermutigendes Signal nehmen, zeigt es doch, dass die Schüler und Schülerinnen in Brasilien sich diesbezüglich in nichts von ihren Altersgenossen anderswo unterscheiden. Literatur hat es immer und überall schwer. Sie erschließt sich ihnen nicht leicht, erscheint immer ein bisschen als kulturelle Pflichtübung, die man auf sich nehmen muss, von der man aber nicht sicher sein kann, ob ihre Lektüre etwas bringt. Und falls ja, was?

Der Eindruck der Schüler dürfte vor allem auf einer zentralen Eigenschaft der brasilianischen Literatur beruhen: ihrer großen Ernsthaftigkeit. Die Werke, die die Schriftsteller der letzten anderthalb Jahrhunderte hervorgebracht haben, sind keine leichte Kost. Sie sind auch nicht amüsant, jedenfalls nicht vordergründig. Sie sind nicht ausgelassen wie der Samba (in dessen anrührendsten Stücken ja allerdings auch immer eine gehörige Portion Melancholie mitschwingt), sondern gedämpft und verhalten wie die Bossa Nova. Ein wenn nicht düsteres, so doch sehr ernstes Lebensgefühl zieht sich in der Regel durch die Romane der brasilianischen Moderne. Und wenn die Autoren dann doch einmal Lust auf Humor haben, so ist es ein ironischer und augenzwinkernder, fein und zurückhaltend, selten offen und fast nie laut. Die brasilianischen Schriftsteller sind, jedenfalls ihren Lesern gegenüber, durchweg höfliche Menschen.

Umso bedauerlicher, dass der Zugang zu ihnen zwar durchaus möglich, aber keineswegs einfach ist. Rund 5000 öffentliche Bibliotheken gibt es derzeit in Brasilien.[268] Legt man sie um auf die rund 194 Millionen Bürger des Landes (im Jahr 2011), kommt man auf knapp 39 000 Benutzer pro Bibliothek. Zum Vergleich: Die rund 10 400 Bibliotheken in Deutschland stehen 82 Millionen Bürgern offen. Im Schnitt steht jede Bibliothek also knapp 8000 Nutzern zur Verfügung.

Hinzu kommt: Zumindest in manchen Regionen des Landes befinden sich die Bibliotheken in einem ausgesprochen unwirtlichen Zustand. Der vom Amazonas stammende Rui do Carmo hält die dortigen Büchereien für wenig attraktiv. »Es gibt dort sehr wenige Bibliotheken, die die Schüler würdig empfangen und ihnen ein angenehmes Gefühl bereiten. Man findet dort veraltete und zerfledderte Bücher in schmutziger Umgebung, hinzu kommt eine erdrückende Hitze. All das muss sich verändern. In der Schule, in der Regierung, zu Hause – überall muss man sich anstrengen, die Schüler zum

Lesen zu bringen und sie mit Literatur zu versorgen. Nur so bringt man es ihnen bei.«[269] Es muss etwas geschehen, das sieht auch Mileide Flores so, Buchhändlerin und Begründerin der *Bienal Internacional do Livro* im Bundesstaat Ceará. Das Buch hat in ihrem Land einen schweren Stand, erklärt sie. Darum macht sie sich dafür stark, die Lesekultur auf allen nur denkbaren Wegen zu stärken. »Es braucht Anreize, denn das Buch ist in Brasilien kein Bestandteil des täglichen Lebens. In den meisten Haushalten gibt es keine Bücher. Und wo es sie gibt, dienen sie oft nur der Dekoration. Das Buch symbolisiert die Zugehörigkeit zu einer Elite: Ich besitze ein Buch, ich bin ein Intellektueller. Und der andere, der keines besitzt, der sich keines leisten kann und auch keine Bücherei in seiner Nähe hat, fühlt sich in dieser Hinsicht um seine Möglichkeiten gebracht.«[270]

Eigentlich könnte Flores zufrieden sein, denn der brasilianische Buchmarkt ist in den letzten Jahren erheblich gewachsen. Knapp 470 Millionen Bücher wurden im Jahr 2011 verkauft. Das macht Brasilien zum neuntgrößten Buchmarkt der Welt – allerdings relativ und absolut mit erheblichem Abstand zu den Märkten auf den vorderen Plätzen. So brachte es der deutsche Buchhandel im Jahr 2011 auf einen Umsatz von 9,7 Milliarden Euro – in Brasilien waren es nur gut 2,5 Milliarden.[271]

Der brasilianische Markt ist also ausbaufähig. Doch um den Markt, meint Mileide Flores, geht es nicht ausschließlich. Ihr liegt noch etwas ganz anderes am Herzen: die intellektuelle Beweglichkeit ihrer Landsleute. Für Flores, die in einer Familie von Buchhändlern aufgewachsen ist, ist Literatur ein zentrales Instrument, um sich in der Welt zurechtzufinden – und Bibliotheken wie Buchhandlungen kleine Inseln zur Bewältigung der Gegenwart und Eroberung der Zukunft. »Wenn die Welt so wäre, wie sie sich aus dem Blickwinkel einer Bücherei präsentiert, dann wäre sie eine andere. Denn dort liegen die Schätze, mit deren Hilfe man sie auf andere Weise sehen kann. Für mich ist eine Buchhandlung nicht nur ein Ort, an dem man Bücher verkauft. Sie ist ein Ort, an dem Sie Ihre Zukunft ordnen können, vielleicht sogar Ihr Leben.«

Was wäre, wenn?

Wenn einer sein Leben ordnet in der brasilianischen Literatur, dann ist es Bento Santiago, der Anti-Held aus *Dom Casmurro*, dem großen Roman von Maria Machado de Assis (1839–1908). 1899 ist das Werk erschienen, und es handelt von einer großen, vielleicht der größten Frage der Menschheit: Was wäre, wenn? Was wäre, wenn Capitu, Bentos verstorbene Ehefrau, ihren Mann, Bento also, tatsächlich betrogen hat? Hatte er dann nicht das Recht, so zu handeln, wie er handelte? War es dann nicht richtig, sie zu verlassen, die Familie aufzulösen, auch wenn Capitu darüber zugrunde ging? Ja, vielleicht war das richtig – aber nur dann, wenn Capitu ihn wirklich betrogen hätte. Das Problem ist nur: Sicher ist das nicht. Es bestehen sogar erhebliche Zweifel daran, dass es so war.

Und eben weil das so ist – darum ist Dom Casmurro eines der großen – und frühesten – Werke der brasilianischen Moderne. Es ist die Zeit, in der die Brasilianer entdecken, dass die Dinge komplizierter sind, als es den Anschein hat. Und nichts ist schwieriger, als sich mit ihnen zu arrangieren. Und weil das so ist, gibt sich Bento allergrößte Mühe, gut wegzukommen in der Geschichte, die er erzählt. Denn diese Geschichte ist seine Beichte – seine Lebensbeichte. Jedenfalls soll es so scheinen. Der Leser soll Bento glauben, was er von ihm liest, soll ihm seine Rolle als gehörnten Ehemann abnehmen. Doch wurde er wirklich betrogen? Das ist die große Frage, die dem Leser wieder und wieder durch den Kopf geht. Und je länger er dem Erzähler folgt, je mehr er nachdenkt über das, was er da liest, desto stärker drängt der Verdacht sich auf: Das, was ihm da aufgetischt wird, muss längst nicht wahr sein. Es kann wahr sein – aber ebenso gut auch falsch. Der Erzähler, dämmert dem Leser, könnte ein ausgemachter Lügner sein, besser noch: ein Propagandist in eigener Sache. Der Eindruck drängt sich immer stärker auf. »Nein, nein, mein Gedächtnis ist nicht gut«, entfährt es Bento einmal. Und ein anderes Mal äußert er sich über Texte, in denen man unschwer auch seinen eigenen erkennen kann. »An wirren Büchern kann man nichts verbessern«, notiert er. »Aber in lückenhafte Bücher kann man alles legen.« Man kann alles in sie legen, weil man der Sprache folgt. Was aber, wenn diese nur dazu dient, ihre Adressaten zu betrügen? Es sind diese Gedanke, die sich dem Leser aufdrängen, viel mehr als die Frage, ob Capitu ihren Mann betrogen hat oder nicht. Das ist wichtig, natürlich. Aber im Kern geht es um die Frage, wie weit ein gewiefter Erzähler dem Leser sein Weltbild aufdrängen kann. Was aber, wenn der Erzähler ein Politiker wäre? Anders gesagt: 1899 erscheint Brasiliens erste Ideologiekritik in Romanform.

Stimme aus dem Grab

Machado präsentiert dem Leser ein Brasilien, das mit sich selbst nicht im Reinen ist. Ein Land, das zu sich selbst in kein rechtes Verhältnis tritt, sich weder seiner Vergangenheit noch seiner Gegenwart angemessen stellt. Stattdessen: Ausflüchte, wohin man schaut. Die Wirklichkeit hat viele unangenehme Seiten, und so ist es durchaus verlockend, ihr aus dem Weg zu gehen. Genau diese Strategie pflegt ein weiterer von Assis' Protagonisten: der Erzähler der 1880 veröf-

fentlichten *Memorias póstumas de Bras Cubas* (»Nachträgliche Erinnerungen des Brás Cubas«).[272] Auch dieser Cubas
ist ein Meister der Abschweifungen, Kommentare, in die Irre
führender Sätze. Kaum etwas, zu dem nicht auch er seinen
Teil zu sagen hätte. Kapriziös und unbeständig, nimmt er
mal diesen, mal jenen Erzählfaden auf, nur um ihn alsbald
wieder fallen zu lassen und ganz woanders fortzuspinnen.
Viele, viele Seiten braucht er für seine Lebensbeichte, doch
würde er sich nur etwas konzentrieren, käme er mit einem
Bruchteil davon aus, könnte er sich den Großteil der 160
Kapitel schenken, auf die er seinen Stoff verteilt.

Auch Brás Cubas hat etwas zu verbergen, den Umstand
nämlich, dass er sein Leben nie wirklich in den Griff bekommen, ihm keine Form gegeben hat. Er hat hinreichend Geld,
um einfach in den Tag zu leben. Zu mehr reicht seine Kraft
nicht. Welchen Beruf soll er ergreifen, überlegt sich der junge Mann, und manches fällt ihm ein: »Vielleicht Naturfor-
scher, Schriftsteller, Archäologe, Bankier, Politiker oder sogar Bischof … Wenn es nur ein Amt war, ein hervorragen-
des, angesehenes, ganz gehobenes Amt.« Brás Cubas ist ein
typisches Mitglied der brasilianischen High Society im aus-
gehenden 19. Jahrhundert. Die beste Zeit liegt hinter ihr,
aber noch reicht es, um ohne große Mühe ein einigermaßen
angenehmes Leben zu führen. Es ist beschämend. Auch darum hat Bras Cubas seine Aufzeichnungen erst im Jenseits in
Angriff genommen: »Eine Totenarbeit eben«, kommentiert
der Erzähler – man könnte auch sagen: das trostlose Resü-
mee eines Jahrhunderts, das voller Hoffnung startete und im
Nichts endete. Aller Humor kann dieses bittere Ende zuletzt
nicht kaschieren, und fast ist man froh, dass es mit Bras Cubas schon vorüber ist, bevor das Buch überhaupt begonnen
hat. Seine Aufzeichnungen sind schließlich darum entsprechend trostlos. »Ich hatte keine Kinder«, heißt es. »Ich hinterließ keinem lebenden Wesen die Erbschaft unseres Elends.«

Das Elend der Vorstädte

Machado de Assis ist ein verhaltener, ein vornehmer Schriftsteller. Er scheut das allzu deutliche Wort. Er zeigt nicht mit dem Finger auf die Missstände seiner Zeit, sondern deutet sie an. Mit seiner feinen, indirekten Erzählkunst war er seiner Zeit künstlerisch weit voraus. Die meisten Autoren des späten 19. und frühen 20. Jahrhunderts erzählten auf direkte, weniger anspruchsvolle Weise. Schlechter erzählten sie darum nicht. Auch in ihren Werken blitzt der Geist ihrer Zeit auf, spiegeln sich die gesellschaftlichen Realitäten der Jahrhundertwende wider – Realitäten, an denen die Autoren manches auszusetzen hatten. In ihren Werken artikulierten sich erstmals in der brasilianischen Literatur sozialkritische Anliegen.

Aluísio Azevedo (1857-1913) greift in seinen Romanen vor allem den teils offenen, teils verborgenen Rassismus seiner Landsleute auf. Was es heißt, von der Gesellschaft geächtet zu sein, wusste Azevedo aus eigener Erfahrung: Sein Vater, ein portugiesischer Vize-Konsul, lebte mit einer Frau zusammmen, ohne mit ihr verheiratet zu sein – eine mehr als anstößige Lebensform für die feine Gesellschaft jener Zeit, die die Familie deutlich spüren ließ, was sie davon hielt. Früh sensibilisiert für die Sadismen und Sanktionen, die die Welt der feinen Leute bereithielt, stellte sich Azevedo resolut auf die Seite der Außenseiter, allen voran die der Schwarzen und Mestizen. In seinem 1890 veröffentlichten Roman *O Cortiço* beschreibt er die Verhältnisse in jenen Massenunterkünften, in denen die ärmeren Brasilianer der damaligen Zeit lebten.[273] Aus den *cortiços* entwickelten sich später die großen *favelas*, die elenden Viertel am Rande der großen Städte. In seinem Roman über die beengten Lebensbedingungen in diesen frühen Mietskasernen nimmt Azevedo einen der großen soziologischen Gedanken seiner Zeit auf: dass nämlich nicht der Charakter eine Situation, sondern umgekehrt die Situation den Charakter prägt. Wo ein Mensch aufwächst, wie er ernährt, erzogen, ausgebildet wird, mit wem er Umgang hat und mit wem nicht: All dies prägt seine Entwicklung auf kaum abänderliche Weise. »In dieser feuchten, dampfenden Erde, dieser heißen und schlammigen Welt«, beschreibt Azevedo die Situation seiner Protagonisten, »wimmelte, wuselte und wuchs eine Welt heran, ein lebendes Ding, eine Generation, die wie ganz von selbst spross, sich aus diesem Morast entwickelte und sich vermehrte wie Larven auf dem Mist.« Eine harte, aber auch eine kühne Sprache, die nüchtern die Verhältnisse beschreibt, in denen so viele Brasilianer leben mussten und bis heute leben müssen. Ihre Anlagen verkümmern, ihre Talente bleiben unentdeckt. Azevedo erzählt in seinem Roman von Menschen, die niemals eine Chance haben – und von denen die meisten nicht einmal ahnen, dass ein anderes Leben überhaupt möglich wäre.

Aufzeichnungen aus einem Irrenhaus

Verborgenes sichtbar machen, die Gesellschaft und die Menschen verstehen – das ist der große Anspruch der modernen brasilianischen Literatur. Auch Lima Barreto (1881-1922) löst ihn ein. Sohn zweier Mestizen, aus bescheidenen Verhältnissen stammend, sieht er gute Gründe, die Gesellschaft, in die es ihn verschlagen hat, mit ätzender Kritik zu überziehen. Er begeistert sich für Sozialismus und Anarchismus, verfolgt 1917 gebannt die Ereignisse der russischen Oktoberrevolution. Doch die Hoffnungen auf eine neue Gesellschaft geben ihm keinen Halt. Barreto hat mit Depressionen zu kämpfen, sucht Trost im Alkohol. Nicht durchweg bekommt er sein Leben in den Griff. Zweimal sucht er Hilfe bei den Psychiatern des Hospício Nacional, vermag seine Probleme aber auch dort nicht zu lösen.

Entstanden aus den dortigen Erfahrungen ist sein stark biographisch grundierter Roman *Cemitério dos vivos* (»Friedhof der Lebenden«), geschrieben nach seinem letzten Aufenthalt in der Klinik kurz vorm Ende seines Lebens.[274] Es ist eine quälende Zeit. Der Schriftsteller spürt, dass es mit ihm zu Ende geht. Auf Großes kann er nicht mehr hoffen. Seine Pläne haben sich zerschlagen, trotz aller Begabung ist der Erfolg ausgeblieben. »Ich hatte alles, um nicht zu leiden«, notiert der Erzähler. »Ich bin gebildet, erzogen, ehrenhaft. Ich habe alles versucht, um ein anständiges Leben zu führen. In jungem Alter ging ich auf eine weiterführende Schule, auf der alle meine Intelligenz lobten. Auch jetzt stellt sie niemand in Frage. Alles schien in Ordnung. Aber das Schicksal wollte es, dass ich der Trance verfiel, in der ich mich nun befinde.«[275] Barretos früher Tod ist auch Ausdruck seines persönlichen Scheiterns – eines Scheiterns, das sich als Grundmotiv durch alle seine Werke zieht.

Brasilien ist ein Land, das seine Versprechen nicht einlöst: So sieht es Barreto auch in seinem bekanntesten Roman, *Triste Fim do Policarpo Quaresma* (»Das traurige Ende des Policarpo Quaresma«) von 1911.[276] Der titelgebende Held des Romans stammt aus bescheidenen Verhältnissen. Dass er sich trotzdem bildet, nimmt ihm die wohlhabende Nachbarschaft übel – Bildung ist für sie ein Privileg der oberen Klassen, zu der sich die meisten Menschen in seiner Umgebung rechnen. Policarpo liest, studiert die Geschichte seines Landes, interessiert sich für dessen Ursprünge. Dabei stößt er auf die Tupí-Indianer. Also schlägt er vor, das Tupí als Nationalsprache einzuführen. Natürlich: Die Idee ist völlig abwegig. Aber sie zeigt das Engagement des Helden – auch wenn es ein absurdes, ein quichoteskes Engagement ist. Sein

Anliegen ist ebenso sinnlos wie die literarischen Bestrebungen vorhergehender Nationen, die, wie José de Alencar und Gonçalves de Magalhães, den Indianer als Symbol der nationalen Identität empfehlen. Doch es ist genauso idealistisch wie sein Dienst in der brasilianischen Armee während der sogenannten *Revolta da Armada*, eines Aufstands von Marineoffizieren in den Jahren 1891/92. Nach Ende des Aufstands werden die meuternden Offiziere verhaftet. Einige werden von Policarpo betreut, der so direkte Eindrücke von den Beweggründen der Aufständischen erhält. Also macht er sich an die Arbeit, erstellt eine Liste von Reformverschlägen, die er an Florian Peixoto, den damaligen Präsidenten Brasiliens, schickt. Der aber will von Reformen nichts wissen, stattdessen lässt er Policarpo erschießen.

Schrecken der Peripherie

Das Land kennenlernen und dazu die Menschen, die in ihm leben: Das ist das große Projekt auch der folgenden Generationen. Wie alle Brasilianer blicken die Schriftsteller dieser Generation auf erhebliche Veränderungen zurück. Der New Yorker Börsencrash von 1929 hat Brasilien hart getroffen. Die Kaffeepreise sind ins Bodenlose gestürzt, die Wirtschaft erleidet einen schweren Schlag. Zwar versucht Getúlio Vargas in seinem *Estado Novo*, dem »Neuen Staat«, den er in der zweiten Hälfte der 1930er Jahre ausruft, nichts zu ändern. Aber er versucht das Mögliche – um den Preis allerdings einer autoritären Politik. Resolut setzt er die Zwangsmittel und das Machtmonopol des Staates ein, um das Land wirtschaftlich nach vorne zu bringen. Tatsächlich macht unter seiner Regie das wirtschaftliche Zentrum des Landes, die Region um São Paulo und Rio de Janeiro, zwar erhebliche Entwicklungssprünge, wird vor allem die Industrialisierung forciert. Aber an der Peripherie, an den Rändern des Staates, ändert sich wenig.

Das regt die Schriftsteller an, sich mit diesen Rändern auseinanderzusetzen. Insbesondere interessieren sie sich für den Nordosten. Wie leben die Menschen dort, wie gehen sie um mit den Schwierigkeiten, wie versuchen sie, das Leben zu meistern? Schaffen sie es, ihr Umfeld nach ihrer Vorstellung zu formen, oder gehen sie vor ihr in die Knie, knicken ein angesichts einer übermächtigen Wirklichkeit?

Wie gewaltig, herb und verstörend diese Wirklichkeit sein kann, wissen nicht wenige dieser Schriftsteller aus eigener Erfahrung. Raquel de Queiroz (1910-2003) ist sieben Jahre alt, als sie mit ihren Eltern aus dem Nordosten nach Rio de Janeiro auswandert, auf der Flucht vor der Dürre, die die Region im Jahr 1915 heimsucht. Diese Erfahrung hat Queiroz in ihrem ersten Roman, O Quinze (»Das Jahr 15«) aufgegriffen – und darin neben dem Schrecken der Natur den der modernen Gesellschaft beschrieben.[277] Dieser Schrecken zeigt sich vor allem den armen Brasilianern, insbesondere den Landarbeitern, die entlassen werden, ihre Familien nicht mehr ernähren können, darum in die Großstädte des Landes fliehen, deren Kultur ihnen fremd ist. Zerbrechende Familien, Frauen, die sich nur durch die Prostitution weiterzuhelfen wissen – das ist die Welt, die Queiroz vor dem Leser entfaltet, und die sie auch in dem folgenden Roman, João Miguel (1932), fortsetzt.

Einen Tick weicher, jedenfalls was das Wetter angeht, zeigt sich Brasilien ein paar hundert Kilometer weiter südöstlich: in Bahia, der »alten« Provinz des Landes, über die in früheren Zeiten der Kontakt zum ehemaligen Mutterland, zu Portugal, lief. Bahia war das kulturelle und ökonomische Zentrum Brasiliens. Von dort aus wurde das Land kolonisiert. Dort wurden auch die ersten Plantagen angelegt. Auf den Zucker folgte der Kakao, angebaut und geerntet von zehntausenden junger Männer – Sklaven zunächst, dann deren freigelassenen Nachfahren. Ihnen hat Jorge Amado einen seiner bekanntesten Romane gewidmet: *Cacau* (1933) beschreibt die Misere der Plantagenarbeiter, den Dreck, in dem sie arbeiten und leben, die Schmerzen, die die harte Arbeit ihnen abverlangt, die Müdigkeit, die sie abends überfällt.[278] Aber auch die Heiterkeit, die Lust am Dasein, die sie – jedenfalls gelegentlich – empfinden. Doch am Ende überwiegt die Not. »Uns geht es nicht darum, reich zu werden, nein, mein Herr. Wir wollen nur gesund bleiben und unseren Bohnentopf essen. Wir arbeiten viel, das ja.« Diese Sprache verstanden Amados Leser, sie war ihnen vertraut. Zweitausend Exemplare zählte die erste Auflage, die in einem Monat vergriffen war – Amado war vom Start weg ein Erfolgsautor. *Suor* (»Schweiß«) heißt sein nächstes, 1934 erschienenes Buch, das das Thema von Aluísio Azevedos Roman *O Cortiço* aufgreift: das Leben in einer Massenunterkunft.[279] Nur dass diese nicht in Rio de Janeiro, sondern in Salvador da Bahia steht. Doch die Schicksale der Bewohner – über 600 sind es bei Amado, verteilt auf etwas über 100 Zimmer – gleichen sich. Hier wie da eine namenlose Masse, Menschen, die innerhalb ihres Quartiers bekannt sein mögen, aus Sicht der Unternehmer aber nur eines sind: billige Arbeitskräfte. Auf ihre körperliche Leistung kommt es an, und sonst auf gar nichts. Umso mehr dankten es die Brasilianer Amado, dass er es vermochte, wenigstens einigen dieser Namenlosen ein Gesicht zu geben, sie vor dem Vergessen zu retten, ihre Geschichte zu erzählen.

Amado war das, was man einen »engagierten« Erzähler nennt. Entschlossen ergriff er Partei für die Menschen am untersten Ende der Hierarchie. In zahlreichen Werken setzte er ihnen Denkmale, porträtierte seine kleinen Helden liebevoll, setzte in *Capitães de Areia* den Straßenkindern seiner Heimatstadt[280], in *Mar Morto* deren Fischern ein literarisches

Denkmal. Die Sympathie für die kleinen Leute seiner Heimat verlor er nie, wohl aber seinen engagierten Duktus. In späteren Jahren präsentierte er sich mehr und mehr als verspielter Autor, als Schriftsteller mit überbordender Lust am Fabulieren. *Gabriela, Cravo e Canela* (»Gabriela, Zimt und Nelken«, 1958), *Dona Flor e seus dois Maridos* (Dona Flor und ihre zwei Ehemänner«, 1966), *Tieta do Agreste* (»Tieta aus Agreste«, 1977) – sie zeigen einen beschwingten, dahinparlierenden Amado, der sich mit leichten, sonnendurchfluteten Texten ein Millionenpublikum erschreibt und zum bislang meist übersetzten Autor seines Landes avanciert.

Existentialismus avant la lettre

Der Großmeister des Regionalismus ist aber ein anderer: Graciliano Ramos (1892-1953). Er inszeniert die Peripherie in bislang unerreichter Intensität – einer Intensität, die vor allem durch ihre raffinierte Schlichtheit besticht. *Vidas Secas* (»Karges Leben«) heißt sein 1938 erschienener Roman, der von den Irrfahrten einer Tagelöhnerfamilie erzählt – immer der Arbeit, immer dem Lebensunterhalt nach.[281] Anders als seine Schriftstellerkollegen verzichtet Ramos darauf, die Geschichte seiner Hungerleider wortreich in Szene zu setzen: Er lässt seine Figuren für sich selber sprechen. Ramos' Roman hat die Form der erlebten Rede: Die Welt präsentiert sich durch das Bewusstsein der durch den Sertão ziehenden Familie. Wie denkt einer, der sich und seine Familie vor dem Verhungern zu retten versucht, der mit kaum etwas anderem beschäftigt ist als damit, in der Gluthitze des Nordosten nicht zu vergehen, nicht sterben zu müssen? Indem er die Perspektive radikal verengt, stets nur das Nächstliegende sieht, das Direkte und Unmittelbare beschwört, das für abstraktere Überlegungen keinen Raum lässt, gibt Ramos zumindest eine Ahnung davon, was es heißen mag, in einer Umgebung aufzuwachsen, in der die Zukunft alles andere als gesichert ist.

Doch Ramos geht es um mehr als sozialkritische Sittenbilder. Seine Figuren kämpfen nicht nur gegen die Welt, sondern auch und vor allem gegen sich selbst. Die umherziehenden Figuren aus *Vidas secas* mögen hinreichend mit den Tücken ihrer Umgebung beschäftigt sein. Andere Figuren aber, etwa Luís da Silva aus *Angústia* (1936), liegen in erster Linie mit sich selbst im Clinch. Da Silva hat sein Leben durch einen gewaltigen Störfall aus dem Gleichgewicht gebracht: Er hat den Geliebten seiner ehemaligen Freundin ermordet – und versucht nun, sich mit dem Verbrechen auseinanderzusetzen. Doch schutzlos ist er seiner Erinnerung ausgeliefert, wird der Bilder und Assoziationen, die ihm durch Kopf und Herz ziehen, nicht Herr. Da Silva ist eine Erzählfigur, die ihren Schreibfluss nicht im Griff hat. Julião Tavares, der Geliebte seiner Ex-Freundin, wird zur alles beherrschenden Figur, zum Symbol seines, da Silvas, Scheitern – eines Scheiterns, das für immer eine Kluft zwischen ihn und die Welt reißt. Dieser Held, man spürt es, wird seines Lebens nicht wieder froh.

Mit Graciliano Ramos hält ein neuer Stil Einzug in die brasilianische Literatur: beißend, drängend, unbarmherzig. Hier betreibt einer Innenschau, der mit sich und der Welt kein Nachsehen, kein Erbarmen kennt. Hier kann einer sich selbst nicht entkommen, und ebenso wenig kann er sich etwas vormachen.

Doch genauso schonungslos wie seinen Figuren begegnet Ramos sich selbst. In *Infância* (»Kindheit«) beschreibt er seine wenig glückliche Kindheit, und in *Memorias do Cárcere* seine Zeit als politischer Gefangener Mitte der 30er Jahre. Vom Regime Getúlio Vargas der Teilnahme an einem kommunistischen Aufstand verdächtigt, wurde Ramos verhaftet und für mehrere Monate ins Gefängnis gesteckt. Aufmerksam schaute er sich während dieser Zeit in die Seele, beschäftigte sich mit der Freiheit und ihrem Entzug. Sensibel registriert er noch die feinsten Seelenregungen und versucht zu verstehen, was sie ihm sagen wollen. Der Mensch ist allein, gibt Ramos zu verstehen – in einer ungeschönten Deutlichkeit, die ihn zum brasilianischen Existentialisten *avant la lettre* werden lässt.

Beim Teufel zu Gast

Ist die Seele eine reine Innenwelt? Oder nicht eher ein Spiegel, der in eigentümlicher Brechung zurückwirft, was auf ihn trifft? Zahllos sind die Eindrücke, Impulse, Anregungen, die er aufnimmt. Erst recht, wenn die Welt so gewaltig ist wie im Sertão. *Grande Sertão: Veredas* (»Großer Sertão: Wege«) hat der Schriftsteller João Guimarães Rosa (1908-1967) seinen 1956 erschienenen Roman über die Weiten des Binnenlandes genannt.[282] Er nähert sich dem Thema auf ganz eigene Weise: Weit weg von aller Sozialkritik – auch sie findet sich in dem Text, aber eher am Rande –, deutet er den Sertão als Lebensform, als Herrschaftsgebiet der *Jagunços*, der umherziehenden Banden, die diesem staatenlosen Raum ihren Willen aufzwingen. Dies tun sie mit Hilfe der Gewalt. Das Leben wird zum Kampf – aber zum Kampf um was? Guimarães Rosa stellt große, nein letzte Fragen in diesem Buch – und weiß, dass er Antworten schuldig bleibt, schuldig bleiben muss. Stattdessen zeigt er Figuren, die im großen Rad des ewig Gleichen strampeln. Seine Figuren kämpfen, ohne zu wissen, wofür genau. Da ist Medeiro Vaz, der sich im Streit von seiner Familie trennte; Sô Candelario, der fürchtet, wie andere Mitglieder seiner Familie an Lepra zu erkranken; Joca Ramiro, der Chef der Bande und Vater von

Maria Deodorina da Fé Bettancourt Marins, alias Diadorim: der jungen Frau, die als Mann verkleidet, teilnimmt am Nomaden- und Kämpferleben der Bande, aus dem Kreis der Kämpfer nicht wegzudenken – jedenfalls so lange nicht, wie sie ihre weibliche Identität verbergen und sich als waschechter Jagunço ausgeben kann. Das gelingt ihr auch, fast vollständig. Nur Riobaldo, der Ich-Erzähler des Romans, weiß um das wahre Geschlecht seines angeblichen Mitkämpfers. Er weiß und spürt es, weil er Diadorim/Deadorina von frühester Jugend an liebt. Es ist eine verborgene, eine verbotene Liebe, die allerdings nur einen Aspekt des Romans ausmacht. Der andere, größere, ist das Ringen mit dem Leben, der Kampf um die Existenz. »Sertão ist da, wo befiehlt, wer stark ist«, heißt es in dem Roman, und darum muss man auf der Hut sein – wie man überhaupt immer auf der Hut sein muss. Denn der Sertão, das ist auch da, wo der Teufel zu Hause sein könnte. Existiert er wirklich? Viele nehmen es an. Nur Riobaldo kommt irgendwann ins Zweifeln. »O diabo não há!« – »den Teufel gibt es nicht«, erklärt er am Ende des Buches. Aber sicher, zweifelsfrei sicher ist es nicht. Wenn es den Teufel aber gibt, dann müsste er im Sertão, dem Land des Faustrechts, zu Hause sein. Ist Rettung denkbar? Ja, doch kommt sie ausgerechnet durch die Menschen, die mit ihrer Gesetzlosigkeit dem Teufel überhaupt erst die Bühne bereiten. Paradoxerweise lässt sich erst durch ihre Existenz auch Hoffnung schöpfen. »Den Teufel gibt es nicht«, erklärt Riobaldo. »Was es gibt, ist der Mensch.« Nur dass er aus seiner Existenz etwas machen muss. Aber was? »Travessia« heißt das letzte Wort des Romans, »Überfahrt«. Da Leben fließt, es ist ein endlos sich dahinwälzender Strom. Eine endgültige Station, ein letztes Ziel gibt es nicht. Es geht weiter, immer weiter.

Guimarães Rosa hat das große Epos der Steppe geschrieben, eine Hymne auf die brasilianische *wilderness*, das gewaltige Terrain im Herzen des Landes, im Niemandsland zwischen Mato Grosso, Bahia, Minas Gerais, Maranhão und Pará. Zur Hymne wird dieser Roman, weil sein Autor ihn unendlich reich orchestriert. Der Dialekt von Minas Gerais, wo Guimarães Rosa geboren wurde, dient ihm als Ausgangspunkt, er ist der Rohstoff seiner Sprache. Wie kein anderer brasilianischer Autor vor ihm bedient er sich der einfachen, ungeschliffenen Sprache jener, die in einer Welt aufwuchsen, in die die Schulen damals noch kaum vorgedrungen waren. Ein ganz eigener Ton durchzieht diesen Roman, eine betörend schlichte, in ihrer Unbeholfenheit schon wieder anmutige Sprache. Und um sie, die Sprache, geht es dem Autor vor allem. »Ich will alles: das Minensische, das Brasilianische, das Portugiesische, das Lateinische – vielleicht sogar das Idiom der Eskimos oder Tartaren«,[283] erklärte Guimarães Rosa. Und wenn es die Eskimos dann doch nicht in den Roman geschafft haben, so immerhin zahllose andere Protagonisten, die alle das ihre dazu beigetragen haben, *dass die brasilianische Literatur nach Guimarães Rosa eine andere ist als vor ihm.*

Passion der Großstadt

Doch wie weit reicht die Sprache der Nordestinos, der Menschen des nordöstlichen Brasiliens? Kann sie auch die Erfahrungen der Großstadt artikulieren? Vielleicht schon, aber nicht jeder wird diese Sprache verstehen. Darum kommt es darauf an, auch die urbane Sprache weiterzuentwickeln, sie neuen Erfahrungen zu öffnen oder besser: sie aufzubereiten für die Kunst, diese Erfahrungen auszudrücken. Die Frage ist nur: Was sind das für Erfahrungen, die eine ganz eigene Sprache erfordern? Im Grund kann es alles sein, erklärt Clarice Lispector (1920-1977). Die Tochter ukrainischer Juden, die wenige Monate nach der Geburt mit den Eltern auf der Flucht vor antisemitischen Auswüchsen im Gefolge der Oktoberrevolution nach Brasilien kam, hat die Auseinandersetzung mit der Sprache in der brasilianischen Literatur auf neue, bislang unbekannte Höhen getrieben. Alles kann ihr zum Stoff des Schreibens werden, man könnte auch sagen, zum Vorwand des Schreibens. »Ich weiß, was ich hier tue«, notierte die Schriftstellerin einmal: »Ich improvisiere. Aber was ist schon Schlimmes daran? Ich improvisiere so, wie im Jazz Musik improvisiert wird, Jazz in der Ekstase. Ich improvisiere vor dem Publikum.«[284]

Und wie im Jazz verlieren sich auch in Lispectors Improvisationen die Themen.[285] Worüber schreibt sie? Über eine Küchenschabe in *A Paixão segundo G.H.* (»Die Passion nach G. H.«, 1964); über eine verlassene Migrantin aus dem Nordosten in *A hora da estrela* (»Die Stunde des Sterns«, 1976); und in *Uma aprendizagem ou o livro dos prazeres* (»Eine Lehre oder das Buch der Lüste«, 1969) über die Liebe. Doch gleichgültig fast, was das »Thema« des Romans auch ist: Es wird übersteigert durch das Ringen mit der Sprache, dem Bemühen der Autorin, eine Verbindung zwischen den Worten und den Dingen, den Phänomenen und dem Ausdruck zu finden. Nur durch die Arbeit an den Worten kann der Mensch ein Verhältnis zur Welt aufbauen, so unstet und zerbrechlich es auch sein mag. Freilich bietet auch die Sprache kein Gerüst, an dem der Mensch sich aufrecht halten könnte: Unter Lispectors Händen zerbricht die Syntax, nimmt ungewöhnliche, falsch anmutende Formen an und kann nur noch andeuten, was die Erzählerin sagen will: »Das Leben ist sich mir, und ich verstehe nicht, was ich sage«, heißt es in *A Paixão segundo G. H.* »Darum bete ich an.«

Und doch, das Leben muss gelebt werden, und das heißt auch: Es muss organisiert werden. Und die Ordnung, die dazu nötig ist, kommt durch die Sprache. »Ich schreibe, weil ich nicht zulassen will, dass mein schmerzender und massakrierter Körper allein existiert, dass er anschwillt, mich dirigiert und mich schließlich überzeugt, wie wichtig und bedeutend er für mich ist.« Der Satz findet sich nicht bei Clarice Lispector, sondern im Roman eines Literaturwissenschaftlers, der auch mit mehreren Romanen an die Öffentlichkeit getreten ist: Silviano Santiago (*1936), *Em Liberdade* (»In Freiheit«, 1981), ist eine fiktive Annäherung an die Haftzeit Graciliano Ramos'. Ebenso greift Santiago auch den Tod des Journalisten Vladimir Herzogs im Jahr 1975 und denjenigen des Dichters Claudio Manuel da Costa auf. Letzterer wurde 1789 als einer der Rädelsführer der *Inconfidência Mineira*, eines Aufstands gegen die Vorherrschaft der Portugiesen, hingerichtet. Santiago widmet sich also drei verschiedenen Epochen der Unterdrückung – und versucht herauszuarbeiten, was es für deren drei Opfer bedeutet haben mag, unter solch widrigen Umständen zu leben. Gemeinsam dürfte ihnen gewesen sein, unter dem auf ihnen lastenden Druck nicht zusammengebrochen zu sein. »Ich kann mich nicht als Ergebnis der Umstände akzeptieren«, schreibt der (fiktive) Ramos. »Das hieße, den höchsten Wert meiner Freiheit zu verneinen (nicht die vordergründige Freiheit dessen, der das Gefängnis verlässt, sondern die andere, grundlegendere Freiheit). Diese Freiheit besteht darin, mein Leben und das meiner Nächsten in die eigene Hand zu nehmen.«[286]

Melancholie und Dichtung

Zeilen wie diese umreißen ein großes Anliegen der brasilianischen Literatur seit den 80er Jahren: die Wirklichkeit auf neue Lebensformen hin zu untersuchen, die Freiheiten zu erkunden, die sich nach dem Ende der Militärherrschaft ergeben haben – in erster Linie kulturelle und intellektuelle Freiheiten. Die bergen ganz eigene Schwierigkeiten. Zwar hat sich die Ideologie der Generäle als nicht haltbar erwiesen. Aber auch das Programm der Revolutionäre war in vielerlei Hinsicht eine Selbsttäuschung. Mit ihren Utopien einer sozialistischen Gesellschaft wollten die meisten ihrer Landsleute nichts zu tun haben. Sie waren damit beschäftigt, ihren Alltag zu bewältigen. Und der war weiß Gott anstrengend genug.

»Es ist eine Zeit gekommen, in der es nichts mehr bringt, zu sterben«, schreibt der Dichter Carlos Drummond de Andrade (1908-1987) in seinem Gedicht *Os ombros suportam o mundo* (»Die Schultern stützen die Welt«). »Es ist eine Zeit gekommen, in der das Leben ein Befehl ist. Das reine Leben, ohne Mystifizierung.« Die Verse sind nicht mehr ganz jung, sie stammen aus dem Jahr 1940. Aber sie umreißen ein bis heute verbreitetes Lebensgefühl: in einer beschleunigten Zeit zu leben, in der es darauf ankommt, Schritt zu halten, die Dinge zu bewältigen. Das Leben fordert, es schubst und drängt, und das gilt es auszuhalten. Am Ende lauert schon die Erschöpfung. Ihr gilt es zu widerstehen. Es ist ein zermürbender Kampf, in dem man nicht nur die Kraft, sondern auch den Kontakt zu sich selbst zu verlieren droht. »Lange Zeit dachte ich, dass die Abwesenheit ein Mangel ist«, schreibt Drummond de Andrade in *Ausência* (»Abwesenheit«). »Ich bedauerte, ahnungslos, wie ich war, diesen Mangel. Heute bedauere ich ihn nicht. Es gibt keinen Mangel in der Abwesenheit. Die Abwesenheit ist ein Teil meiner selbst.« Diese Abwesenheit möchte man füllen, nur weiß man nicht, womit. Denn vieles, was sich anböte, ist verbraucht – allen voran die alten Ideologien. »An den Tischen der Bar lernte ich, dass der Nationalismus eine Tugend ist. Aber es kommt die Stunde, in der die Bars schließen und alle Tugenden sich verweigern.« Die Zeit der Ideologien ist vorüber, es gibt kaum mehr etwas, an das sich glauben lässt. Die maßgeblichen Programme haben ihre Unschuld verloren.

Die Leere nach dem Ende der großen Ideologien, die innere Haltlosigkeit, der Wunsch, zu wissen, wer man ist und wohin man gehört – dies ist ein in der zeitgenössischen Dichtung immer wieder aufgegriffenes Lebensgefühl. Der Dichter Ferreira Gullar (*1930) bringt es in seinem Gedicht *Traduzir-se* (»Sich übersetzen«) auf eine konzise Formel: »Ein Teil von mir ist die ganze Welt / ein anderer Teil von mir ist niemand: Grund ohne Grund. Ein Teil von mir gehört zur Menge / ein anderer ist Fremdheit und Einsamkeit.« Und so ist es nicht ausgeschlossen, ja sogar durchaus wahrscheinlich, dass Entscheidendes unter den Tisch fällt, sich keine Worte finden lassen für das, was eigentlich der Rede wert wäre. »Seit zwanzig Jahren sage ich das Wort nicht, das ich immer von mir erwarte«, heißt es in einer Strophe des Dichters João Cabral de Melo Neto (1920-1999).

Die herausgeschnittene Zunge

Aber was wäre dieses Wort? Was überhaupt kann man passenderweise sagen? Was macht Sinn und was nicht? Die Militärdiktatur war die letzte Epoche, in der die Machthaber noch zu beanspruchen wagten, sie wüssten, was gut sei für das Volk. Doch das Volk ließ ihnen diesen Anspruch nicht mehr durchgehen. Stattdessen setzte es den altbackenen

Vorstellungen der Generäle seine eigenen entgegen. Und wenn sich aus den Jahren des Schreckens eine Lehre ziehen ließ, dann diese: Niemand sollte sich anmaßen, zu wissen, was gut für die anderen ist. Und niemand sollte mehr die Definitionsmacht über Geschichte und Gegenwart Brasiliens haben. »Das Geheimnis der Wahrheit ist dieses: Es existieren keine Fakten, sondern nur Geschichten«, hat der Schriftsteller João Ubaldo Ribeiro seinem gewaltigen Epos *Viva o Povo Brasileiro* (»Brasilien, Brasilien«) vorangestellt.[287] Und wenn in dem Roman ein Großgrundbesitzer einem Sklaven die Zunge herausschneidet, um ihn als Zeugen eines Verbrechen nicht mehr fürchten zu müssen – dann zeigt das exemplarisch, wie »Wahrheiten« zustande kommen: indem nämlich allen anderen Versionen der Garaus gemacht wird. Im Umkehrschluss heißt das: Denkbar ist alles, jedenfalls fast alles. Anything goes. Man muss die Leute nur lassen.

Stadtneurotiker

Doch eine solche Welt der nahezu unbegrenzten Möglichkeiten verkraftet nicht jeder. Man kann verlorengehen an der Vielzahl der Optionen. Freiheit ist gefährlich, und so ist es nicht erstaunlich, dass durch die brasilianische Gegenwartsliteratur auch viele ziellose, desorientierte Gestalten irren. Luiz Ruffato (*1961) beschreibt in seinem Roman *Eles Eram Muitos Cavalos* (»Es waren viele Pferde«, 2001) in kleinen Miniaturen das Leben in der Megacity São Paulo.[288] Ruffato entfaltet einen Reigen unglücklicher Figuren, deren Leben kräftig aus dem Lot geraten ist – vorausgesetzt, es war jemals im Lot gewesen. Woran man aber zweifeln kann. Seine Figuren erfahren das Leben als drängende, formlose Gegenwart, als stumpfe, öde Wiederholung, in die sich keine Form bringen lässt. Das Leben schlittert dahin, ruppig, grob und vor allem unendlich dreckig. Das jener umherirrenden Frau auf der Suche nach ihrer Tochter etwa: »diese frau die als vogelscheuche durch die strassen von morumbi schlurft die haare vor dreck starrend die augen verstört stumpfe haut trippelnde beine die arme voll wunden schwarze fingernägel das kleid in fetzen diese frau die als vogelscheuche durch die strassen von morumbi schlurft spricht unzusammenhängendes zeug sabbert blasen aus mundwinkeln welker lippen ihr blick ausgemergelt unregelmässig pendeln die hände die füsse ziellos.«

Es sind prekäre, oft heillos kranke Gestalten, die die zeitgenössische Großstadtliteratur bevölkern. Rita etwa, die wahnsinnige Heldin aus Patrícia Melos (*1963) Roman *Aqua Tofana* (»Ich töte, du stirbst«).[289] In immer neuen Varianten schildert sie einem Kommissar ihren Verdacht, bei dem Unbekannten, der in den letzten Monaten mehrere Frauen auf bestialische Weise ermordet habe, handele es sich um ihren Mann. Wie in Trance breitet Rita ihre Eindrücke und Vermutungen aus und verfällt darüber in einen überbordenden, häufig kaum noch reflektierten Stil, der Erlebtes, Kombiniertes und offenbar auch schlicht Phantasiertes in einem drängenden Redefluss zusammenbindet, ihre Ängste und Obsessionen auf eine Stufe überwältigender Unmittelbarkeit erhebt, der sie ungeschützt preisgegeben ist. Psychopathen nach Art ihres Gatten, glaubt Rita zu wissen, haben keinen anderen Gedanken als den, ihre Mitmenschen »erwürgen, erstechen, verstümmeln, zerstückeln, ersticken, vergewaltigen und abmurksen« zu wollen. Es ist eine kranke Welt, die auch dadurch nicht besser wird, dass im zweiten Teil des Romans ein Kanzleiangestellter auf den Plan tritt. Denn der trägt nicht dazu bei, die Dinge zu ordnen, im Gegenteil: Auch er unterliegt schlimmsten Gewaltphantasien. São Paulo, so kann man Melo und andere Autoren verstehen, ist eine zutiefst kranke Stadt.

Doch auch in der Peripherie sieht es nicht viel besser aus. In seinem Roman *Cinzas do Norte* (»Asche am Amazonas«) beschreibt der 1952 in Manaus geborenen Milton Hatoum die Natur um seine Heimatstadt als nur mühsam beherrschbare Urkraft, die sich das schmale Terrain der Zivilisation Tag für Tag zurückerobert.[290] In jener Siedlung mit dem ironisch gemeinten Namen »El Dorado« etwa. Die Siedlung hat sich ausgebreitet in den letzten Jahren, das ja. Aber sonst: Sparsam asphaltierte Straßen, eine dünne Zementschicht voller Schlaglöcher, an deren Rändern schon wieder die Gräser sprießen. Lange wird die dünne Teerdecke nicht mehr halten. Wenn niemand etwas dagegen tut, hat die Natur die plattgewalzten Flächen bald zurückerobert. Schwüle Temperaturen, eine stechende Sonne, vor die sich immer mal wieder graue Wolken schieben, aus denen es wie aus Kübeln schüttet – das ist das ideale Klima, um Bäume, Sträucher, Pflanzen aller Art entschlossen in die Höhe wuchern zu lassen.

Als heroisches und zugleich wahnwitzigstes Projekt der Stadt beschreibt Hatoum das *Teatro Amazonas* in Manaus, das die damals als »Paris der Tropen« gepriesene Stadt international berühmt machen sollte. Erhalten ist es bis heute – als architektonisches Kuriosum, das den modrig gewordenen Duft einer Epoche atmet, deren kulturelles Selbstverständnis sich daran maß, inwieweit es ihr gelang, die europäischen Vorbilder in möglichst originalgetreuer Kopie in die tropische Flusslandschaft zu transponieren, ungeachtet aller skurrilen Effekte, die dieser Anspruch mit sich brachte.

Yes, you can

Zurück in die Großstadt. Es ist anstrengend dort. Der Kapitalismus gibt herbe Rhythmen vor, und so ist es schön, wenn man sich gelegentlich auch einmal ausruhen, Mut und Trost schöpfen darf. Groß ist das Bedürfnis nach Büchern, die Energie schenken und sich mit Sinnfragen auseinandersetzen. Wie groß, das zeigt sehr eindrücklich der Erfolg des meistverkauften Schriftstellers portugiesischer Sprache überhaupt: Paulo Coelho. Der 1947 in Rio de Janeiro geborene Autor hat ein bewegtes Leben hinter sich. Ingenieur sollte er werden, entschied der Vater, doch der Sohn hatte anderes im Sinn. Wieder und wieder gerieten die beiden aneinander, mit der Folge, dass Coelho junior dreimal in eine Nervenheilanstalt eingewiesen wurde, wo Psychologen sich dranmachten, ihn von seinem Eigensinn zu kurieren. Gelungen ist es ihnen nicht. Paulo Coelho wurde kein Ingenieur, sondern stattdessen Hippie. Irgendwann hielt er sich in einem Kloster auf, entdeckte den Katholizismus wie überhaupt die Religion – und hat seine Berufung seitdem darin gefunden, leicht verdauliche esoterische Binsenweisheiten in nicht allzu komplexe Romane zu gießen. Das Rezept ging auf: Coelhos Bücher wurden bislang rund 100 Millionen Mal verkauft, sein Werk wurde in mehr als 60 Sprachen übersetzt. Auch in Deutschland ist er ein Bestsellerautor. Das lässt darauf schließen, dass Brasilianer und Deutsche auch dieses teilen: den Hang zu leichter bis seichter Literatur, die ihnen das Gefühl gibt, im Lebenskampf auf mehr als nur auf sich selbst zählen zu können.

Denn ganz gleich, worüber Coelho schreibt: einen Hirten in Ägypten, eine Prostituierte in Rio, die Bewohner des multikulturellen Jerusalems zur Zeit der Kreuzzüge, den ins Exil aufbrechende Prophet Elia: Alles ist passender Anlass, um tröstliche Sprüche unter die Leute zu bringen. »Wenn du etwas ganz fest willst«, heißt es in seinem Roman *Der Alchimist*, »dann wird das Universum darauf hinwirken, dass du es erreichen kannst.« Und mit einem solchen Bundesgenossen im Rücken braucht man eben nicht zaudern und noch weniger Angst zu haben. »Wenn jemand seinen Weg gefunden hat, darf er keine Angst haben. Er muss auch den Mut aufbringen, Fehler zu machen«, heißt es in *Brida*. Und wenn es doch mal nicht klappt, dann kann man sich damit trösten, dass alles irgendwie im Wandel ist. Denn die Welt ist vor allem dies: ein ständiger Kreislauf. »Und in diesem Kreislauf gibt es weder Sieger noch Besiegte, nur Etappen, die durchlaufen werden müssen. Wenn des Menschen Herz dies begreift, wird es frei.« So nachzulesen in seinem Roman *Die Schriften von Accra*. Das Leben ist bisweilen ärgerlich eigenwillig, kann man den Zitaten entnehmen. Es läuft bisweilen anders, als man es gerne hätte. Dann haben die Sinnsprüche Konjunktur, feiert der Spiritismus Triumphe, siegt die Poesie des Herzens über die Prosa der Verhältnisse – jedenfalls für die Dauer der Lektüre, die vor allem dieses ist: eine gnädige Auszeit von der Unerbittlichkeit der Realitäten.

Last and least: die Bestseller

Allerdings kommt postmoderne Lebenshilfe nicht nur belletristisch daher. Auch zahlreiche Sachbücher versprechen den Brasilianern Rat bei der Frage, wie sie mehr aus sich machen können. Der Buchmarkt des Landes wird überschwemmt von Titeln, die Antworten auf die großen und kleinen Fragen des Lebens versprechen. Seit kurzem ist auch der Internetbuchhändler Amazon auf dem brasilianischen Markt vertreten. Das Angebot ist enorm, aber die meisten Leser interessieren sich, jedenfalls den Bestsellerlisten nach, für Bücher, von denen sie sich Lebenshilfe und Sinnangebote versprechen. Im Frühjahr 2013 führt Miguel Angel Perez Corrêas' *Mnemônica: Memorização e aprendizado acelerado* die Liste der meistverkauften Titel an – ein Buch über Gedächtnistraining und effizienteres Lernen. Dicht darauf folgt *A arte da guerra* (»Die Kunst des Krieges«), ein Buch des chinesischen Strategen Tsun Tsus aus dem 6. Jahrhundert vor Christus. Darin geht es eigentlich um Kriegstaktiken. Aber, versichert der Verlag, viele der beschriebenen Strategien ließen sich auch im täglichen Leben einsetzen, insbesondere in konkurrenzgeprägten Situationen, in Karrierefragen ebenso wie im Berufsalltag überhaupt. Sehr bald, hinter einem Werk zur Rechtschreibung, folgt Leonard Mlodinows Buch *Subliminar*, das dem Einfluss des Unterbewussten auf Entscheidungen des täglichen Lebens nachgeht. »Um livro que vai mudar a sua vida«, heißt es auf der Website des Händlers: »Ein Buch, das ihr Leben ändern wird.« Veränderung, verstanden als Erlösung. Und Erlösung, zumindest den Weg dorthin, versprechen auch die folgenden Bücher: *Realizando Tarefas com o GTD* heißt ein weiteres der Top 10, ein Buch über Zeitmanagement und Effizienz. *GTD*: »Getting things done«. Vielleicht gelingt dann, wozu ein Titel aufruft, den die Zeitschrift *Veja* auf ihrer regelmäßigen Bestsellerliste, Abteilung *Autoajuda o esoterismo*, »Selbsthilfe und Esoterik«, listet: *Desperte o milionário que há em você*: »Erwecken Sie den Millionär in sich«. Mit der Änderung der inneren Einstellung, verheißt der Untertitel, sollte das problemlos möglich sein. Wer aber vorsichtshalber auf höheren Beistand setzen möchte, der dürfte sich bei einem anderen Titel der Liste gut aufgehoben fühlen: *As 25 Leis Bíblicas do Sucesso* – »Die 25 Biblischen Gesetze des Erfolges«. In diesem wird die Bibel im Hinblick auf das, was die Brasilianer den Bestsellerlisten nach am meisten beschäftigt, neu gelesen. Die Bibel, heißt es in der Ankündigung, »handelt nicht nur von Religion, sondern auch von fundamentalen Werten zur Schaffung einer soliden Basis für das Berufsleben.«

In den 70er Jahren, erklärt Mileide Flores, durchlitten die brasilianischen Buchhandlungen eine schwere Krise. In jener Zeit hätten sich zwei neues Genres auf dem Buchmarkt verbreitet: die didaktische und die religiöse Literatur. Beide

seien auf die Vermittlung durch Buchhändler kaum angewiesen. Entsprechend ließen die Umsätze nach. Irgendwann
hielten die Buchhändler das nicht mehr durch und gaben
auf.[291] Und diejenigen, die sich halten konnten, sind nun
durch große Ketten wie auch den Internethandel bedroht.
So gerät eine der zentralen Institutionen des brasilianischen
Kulturlebens ins Wanken. Buchhandlungen, sagte Flores,
sind aber Orte der Orientierung. Solche Orte braucht man,
erst recht in einer Zeit, in der die Bestseller natürlich weiterhin Bücher sind – aber keine Vorstellung von dem vermitteln, was ein Buch außer Spannung und esoterisch verzerrten Weltsichten noch bieten kann. Wenig strahlen solche
Bücher von der Würde aus, die immer dann zu spüren ist,
wenn ein Autor mit der Welt im Kampf liegt, um Sichtweisen, Schlussfolgerungen, einen angemessenen Blick auf die
Wirklichkeit ringt. Bücher, die von solchen Kämpfen handeln, verströmen eine Aura, die sich im immer schnelleren
Geschäft des zeitgenössischen Bestsellermarkts kaum mehr
findet. An ihre Stelle sind andere, leichtere und bekömm-
lichere Werke getreten. Umso wichtiger ist die Rolle gestan-
dener Buchhändler. Sie werden gebraucht in einem Markt,
auf dem viele gute, aber noch mehr schlechte Titel um Leser
ringen. Das gilt für die Klassiker, mehr aber noch die jungen
Autoren. Sie sind nicht tot, wie manche Schüler glauben. Sie
sind quicklebendig. Man muss sie nur entdecken.

16 Raff dich auf
Die Gegenwart

Der Markt ist nicht alles. Er wird es nie sein.
Gilberto Gil, 2003,
Antrittsrede als Kulturminister

Der junge Mann will nicht reden. Er könne nichts sagen, er wisse nichts, erklärt er, wieder und wieder. Harte Ohrfeigen hat er schon einstecken müssen, aber er bleibt dabei: Er könne keine Auskunft geben, er sei völlig ahnungslos. Lasst mich, fleht er seine Peiniger an, aber die lassen nicht ab. Mit geübtem Handgriff ziehen sie ihm eine Plastiktüte über den Kopf. Im Nu ist die Luft verbraucht. Jeder Atemzug, den das Opfer tut, saugt die Tüte tiefer in den Mund. Eine kleine Ewigkeit bekommt er keinen Sauerstoff, schüttelt sich, verfällt in unkontrolliertes Zucken. Erst im letzten Moment reißt ihm einer der Umstehenden die Tüte vom Kopf. Doch reden will der Mann immer noch nicht. Erst als die Ermittler sich anschicken, ihn mit einer schweren Stange zu vergewaltigen, packt der junge Mann aus.

Eine schockierende Szene, eine von vielen. *Tropa de Elite*, »Elitetruppe«, heißt der 2007 im Kino angelaufene Film des brasilianischen Regisseurs José Padilha, der wie bislang kein anderer in Brasiliens Herz der Finsternis leuchtet. Schonungslos zeigt er die enthemmte Gewalt in den Favelas von Rio de Janeiro. Drogendealer im Kampf mit einer korrupten Polizei. Im Kampf aber auch mit konkurrierenden Banden: eine ewige Schleife der Gewalt, unter der die anderen Bewohner der Favelas Tag für Tag zu leiden haben.

Im Film hat der junge Mann gestanden, die Androhung der Vergewaltigung hat Wirkung gezeigt. In wenigen Worten erklärt er den Militärpolizisten, wo sich sein Boss aufhält. Der hat am Vortag einen der ihren, der Elitetruppe BOPE – *Batalhão de Operações Especias*, »Bataillon für besondere Aufgaben« – getötet. In den Augen der BOPE hat er damit sein Todesurteil unterschrieben. Wenige Minuten nach dem Geständnis ist er in seinem Versteck umstellt. Auch durch einen verzweifelten Schusswechsel kann er sich nicht retten. Bald liegt er angeschossen am Boden, über sich die Pistole eines seiner Verfolger. Der fackelt nicht lange und drückt ab, die Waffe auf den Kopf des Verfolgers gerichtet. Das BOPE hat Rache genommen – und erfolgreich seinen Ruf verteidigt.

Tropa de Elite war kaum angelaufen, da hatten ihn schon zweieinhalb Millionen Brasilianer im Kino gesehen. Fast aus dem Stand wurde er der kommerziell erfolgreichste brasilianische Film aller Zeiten. Und weil man bei der Synchronisation ins Englische das Original nicht hinreichend geschützt hatte, schauten ihn sich noch viel mehr Menschen im Internet an. Die dort kursierenden Raubkopien luden sich elf Millionen Brasilianer herunter.

Tropa de Elite hat eine spannende Story und spektakulären Bildern. Dass so viele ihn sahen, hatte aber noch einen anderen Grund: Nach Ansicht des Publikums bildete der Film die brasilianische Wirklichkeit auf ausgesprochen realistische Weise ab. Eine deprimierende, albtraumhafte Wirklichkeit, die Brasilien seit Jahrzehnten im Griff hält und die das Land nicht zu überwinden vermag. Was die Zuschauer sahen, ist Teil ihres Alltags. Wie bedrückend er ist, lehrt die Statistik: Zwischen 1980 und 2010 fielen in Brasilien über eine Million Menschen Mord und Totschlag zum Opfer – Tendenz steigend: Starben 1980 noch knapp 14000 Personen an Folge eines Gewaltverbrechens, so waren es 2010 knapp 50000.[292] In Rio de Janeiro kann die Polizei zwar mittlerweile Erfolge vermelden: Dort ging die Zahl von 7800 Gewaltopfern im Jahr 2002 auf 5000 im Jahr 2010 zurück –

ähnliche Tendenzen lassen sich auch in anderen Großstädten beobachten. Doch für das Land als Ganzes heißt das wenig: Denn anderswo stieg die Gewalt, vor allem in den ländlichen Gebieten, die bislang von ihr eher verschont blieben. Die Armut der Landbevölkerung war zugleich die Garantie ihrer Sicherheit. Seit sich in Folge einer ehrgeizigen Investitionspolitik dort aber internationale Unternehmen niederlassen und den Menschen Arbeit und Geld bringen, zieht es auch die Verbrecher dorthin. Mit der Idylle des Landlebens war es in den entsprechenden Regionen bald vorbei.[293]

So griff *Tropa de Elite* eine Erfahrung auf, mit der die Brasilianer Tag für Tag leben müssen. Wer jemals in dem Land gewesen ist, kennt das Gefühl der unbestimmten Furcht, die nie ganz weicht. Überall kann man Opfer eines Verbrechens werden: Im Bus, im eigenen Wagen, auf dem Bürgersteig. »Gehen Sie tagsüber vorsichtig, mit offenen Augen«, schreibt die Zeitung *Folha de São Paulo*. »Vermeiden Sie es, mit Fremden zu sprechen. »Nachts sollten Sie das Haus nicht zu Fuß verlassen, vor allem dann nicht, wenn Sie alleine sind und Ihr Stadtviertel menschenleer ist. Wenn Sie parken, achten Sie darauf, die Türen Ihres Wagens zu verschließen, und vergessen Sie nicht, die Musikanlage mitzunehmen. Morgens früh sollten Sie an keiner Ampel halten. Werden Sie überfallen, wehren Sie sich nicht – geben Sie alle Ihre Sachen heraus.«[294]

Ratschläge dieser Art kann man in Brasilien tagtäglich lesen oder hören. Doch sie helfen wenig, gegen die Gewalt nicht, und auch nicht gegen die Furcht. »Das Gefühl der Unsicherheit verwandelt und entstellt das Leben in unseren Städten. Orte der Begegnung, des Tauschs, der Geselligkeit, der Teilhabe und öffentliche Plätze verwandeln sich in Bühnen des Schreckens, der Panik und der Angst«, heißt es in dem Zeitungsartikel weiter. Und diese Angst prägt längst auch die Architektur ganzer Stadtteile: Wer immer es sich leisten kann, zieht in ein *condominio*, ein abgeschirmtes Wohngebiet. Dort, hinter hohen Mauern, von privaten Firmen bewacht, können sich die Bewohner endlich sicher fühlen – jedenfalls so lange, wie sie ihre Festungen nicht verlassen.

In *Tropa de Elite* nimmt Padilha einen Aspekt ganz besonders in den Blick: die grassierende Korruption unter den Polizisten. Schlecht bezahlt, sind sie auf Nebeneinkünfte angewiesen. Kaum einer, der nicht bestechlich ist, seine Macht nicht missbraucht, um sein Gehalt durch kleinere oder größere Geschäfte aufzubessern. Leidtragende sind die Bürger, insbesondere die aus den unteren Klassen. Die Polizisten lassen sich aber auch auf Geschäfte mit den Gangstern der Favelas, vor allem den Drogenbossen, ein. Und das untergräbt auf Dauer die Moral der gesamten Einheit. Keiner weiß, ob er sich auf seinen Kollegen verlassen kann, ein Umstand, der zumal bei bewaffneten Einsätzen zu einer Frage auf Leben und Tod werden kann. Die Polizisten misstrauen einander, verdächtigen sich gegenseitig, in Diensten der Mafia zu stehen. Und doch: Noch abstoßender zeichnet der Film die Drogenbosse. Derjenige, den die Polizisten des BOPE soeben erschossen haben, hatte zuvor eine Sozialaktivistin, die ihm unwissentlich in die Quere kam, erschießen lassen. Ihren Kollegen hat er in einen Stapel Autoreifen gezwängt und diesen dann angezündet. Ein furchtbarer Tod, den das BOPE ebenfalls rächt. Mit den Mitteln des Rechtsstaates war diese Aktion nicht vereinbar. Doch zur Empörung fehlt die Kraft. Und das heißt: Padilha hat es geschafft, den Zuschauern die Sicht der Polizisten aufzudrängen. Die der Drogenbosse bleibt ihm hingegen verschlossen. Dazu sind ihre Verbrechen zu brutal. Und das sei das eigentlich Neue an dem Film, schreibt eine Kritikerin: »Zum ersten Mal solidarisiert sich ein brasilianischer Film nicht mehr automatisch mit den Gangstern und verzichtet darauf, sie auf allzu romantische

Weise als verkappte Helden zu porträtieren. Dafür sind die Gangster, um die es geht, einfach zu hart. Ihrer Brutalität und Skrupellosigkeit verweigert sich jeder Sympathie.«[295]

Doch könnte es sein, dass Padilha in seinem Film etwas vergessen oder übersehen hat? Im Jahr 2010 erschien die Fortsetzung seines Films: *Tropa de Elite 2*. Auch dieser Film greift die Gewalt in den Favelas auf, präsentiert sie aber unter anderen Vorzeichen. Es geht wieder um Korruption, dieses Mal allerdings in ganz anderem Ausmaß. Sie reicht hinauf bis in die höchsten politischen Kreise. Wer die Favelas beherrscht, zeigt der Film, hat auch die Macht über die dort lebenden Wähler. Und die sind in ihrer schieren Zahl für jeden Politiker unverzichtbar. Vor allem darum, so zeigt es der Film, unterstützen sie den Kampf gegen die Drogendealer. Denn haben sie sie einmal aus ihren Vierteln vertrieben, haben sie selbst dort das Sagen – und können im Austausch gegen ein paar eigentlich selbstverständliche Gefälligkeiten – Strom- und Wasseranschlüsse, Straßenbeleuchtung, ein neues Bürgerzentrum – den Bewohnern gewisse Empfehlungen geben, bei welchem Kandidaten sie beim nächsten Urnengang denn ihr Kreuzchen machen sollten. Halten sie sich dran, kann der Kandidat seine Chancen massiv erhöhen. Die Favelas sind für das brasilianische Wahlsystem durchaus systemrelevant. Und darum, so deutet der Film es an, gibt es selbst in der Staatsspitze Personen, die kein Interesse daran haben, sie in reguläre Stadtviertel zu verwandeln.

Der andere Blick

In seinen Filmen leistet Padilha etwas, was die brasilianische Kultur, jedenfalls dann, wenn sie hinter der schwierigen Realität des Landes nicht zurückbleiben will, immer wieder neu und in den verschiedensten Varianten zustande bringt:

die Hinter- und Abgründe einer Wirklichkeit aufzuzeigen, die oft zu komplex ist, um sich mit zwei, drei Blicken erfassen, mit zwei, drei Gedanken begreifen zu lassen. Die Dinge sind kompliziert, und man muss schon genau hinschauen, um sich einen Reim auf sie machen zu können. Und wenn sie nicht zu kompliziert sind, dann sind sie oft zu unangenehm. Das Land hat viele düstere Seiten. Aber auch sie gehören auf den Tisch, und zwar aus ureigenstem Interesse. Denn bleiben die Dinge, wie sie sind, gefährden sie die Gesellschaft als Ganze. Das gilt vor allem für Korruption und Drogenhandel, aber nicht nur. Darum muss man sie zeigen – und sie darüber, hoffentlich, verändern. Und das heißt: Ernsthafte Kultur ist in Brasilien engagierte Kultur. Sie kann sich nicht nur den schönen Seiten des Lebens widmen. Dazu ist die Lage zu ernst. Und auch, wenn die meisten Künstler und Intellektuellen keine Ökonomen sind, sehen sie doch eines: Land und Leute kranken an zwei Missständen, die die brasilianische Gesellschaft über Jahrhunderte geprägt haben – die extreme Ungerechtigkeit. Und die noch extremere ungleiche Verteilung des Reichtums. »Die herrschenden Eliten – zunächst die portugiesischen, dann die portugiesisch-afrikanischen, schließlich die brasilianischen allein, lebten immer und leben noch heute mit der panischen Angst vor einer Revolte der unterdrückten Klassen«, schreibt der Ethnologe Darcy Ribeiro. »Ein zentraler Ausdruck dieser Angst ist die repressive Brutalität und der autoritäre Hang der Zentralmacht, die keinerlei Änderung der bestehenden Ordnung zulässt.«[296] Das hat sich in den letzten Jahren zwar zu Teilen geändert, denn dank umfassender Sozialprogramme haben in den letzten 20 Jahren rund 40 Millionen Brasilianer die Armut hinter sich gelassen und rechnen sich nun der Mittelklasse zu. Doch noch bestehen zwischen den einzelnen Milieus gewaltige Vermögensunterschiede. Nichts zeigt das deutlicher als der so genannte Gini-Index, mit dem die Verteilung des nationalen Vermögens in einem Land gemessen wird. Für Brasilien bringt dieser Index Jahr für Jahr alles andere als ermutigende Ergebnisse. Im Ranking des Jahres 2013, das 136 Staaten umfasst, steht Brasilien an 16. Stelle. Zum Vergleich: Deutschland nimmt auf der Liste Platz 126 ein.[297]

Hinzu kommt, dass diejenigen, bei denen sich Reichtum und Macht konzentrieren, ausgesprochen wenig Lust haben, daran etwas zu ändern. »Die Privilegierten«, schreibt der Ethnologe Darcy Ribeiro, »ziehen sich im Hinblick auf das Schicksal der Armen hinter die Schranke der Gleichgültigkeit zurück. Deren abstoßendes Elend versuchen sie zu vergessen oder mit Hilfe einer Art sozialer Kurzsichtigkeit zu verbergen. Leidend und sprachlos, sieht die Masse des Volkes die soziale Ordnung als ein heiliges System, das eine gottgefällige Minderheit bevorzugt, der alles erlaubt und zugestanden wird.«[298] Zwar haben sich die Dinge unter den Regierungen Lula da Silva und Dilma Rousseff gebessert. Aber noch ist Brasilien weit davon entfernt, allen seinen Bürgern ein würdiges Leben garantieren zu können. In anderer, aber nicht weniger treffender Sprache als Darcy Ribeiro bringt es der Sänger Gabriel Moura auf den Punkt. »Miseria e fome derrotam nossa naçao / Pra completar, violência ao cidadao«: »Elend und Hunger besiegen unser Land / hinzu kommt die Gewalt gegen seine Bürger«. *Moro no Brasil* (»Ich lebe in Brasilien«) heißt sein melancholischer Samba, der allerdings nicht so melancholisch ist, dass er alle Hoffnung fahren ließe. »Raff dich auf, Bürger«, heißt es in dem Stück weiter. »Tu was, um dich nicht besiegt zu fühlen. Kämpfe, um zu überleben. Die Brasilianer werden weiter lachen. Sie widerstehen der Gewalt, die jemand plante. Sie leben in der Favela, sterben in der Gosse der Zahnlosen – doch ihre Stunde ist gekommen.« Moura tut, was alle tun, die in Brasilien ernsthafte kulturelle Arbeit leisten: Er gibt denen eine Stimme, die – noch – keine Stimme haben. Die Grenze zwischen unten und oben muss durchbrochen werden, die Ignoranz, an der sich auch Darcy Ribeiro rieb, kann das Land sich nicht länger leisten. Denn für sie zahlen die Brasilianer einen hohen Preis: die ausufernde Gewalt, die längst auch den Privilegierten das Leben schwermacht.

Im Labyrinth

Aber warum werden Menschen gewalttätig? In *Tropa de Elite* deutete José Padilha die Antwort nur an, denn dort konzentrierte er sich vor allem auf die Rolle der Polizei. Wie das Leben in den Favelas für deren Bewohner aussieht, hatte der Regisseur in seinem Film *Ônibus 174* aus dem Jahr 2002 gezeigt. Darin erzählt Padilha die (Vor-)Geschichte eines Verbrechens, das die Brasilianer zwei Jahre zuvor, am 12. Juni 2000, in Atem gehalten hatte.

An diesem Tag bringt Sandro Barbosa Nascimento, damals 20 Jahre alt, einen Bus der Linie 174 in seine Gewalt. Gut fünf Stunden lang hält er die Passagiere fest. Der junge Mann ist auf Drogen: Rastlos läuft er im Bus hin und her, redet und schreit ohne Unterlass, bedroht seine Geiseln, lässt einige aber auch frei. Am Abend steigt er aus dem Bus, schiebt eine junge Frau als Schutzschild vor sich her. Ein Polizist eröffnet das Feuer. Irrtümlich trifft die Kugel die junge Frau. Barbosa Nascimento spürt, dass es zu Ende ist: Ein, zwei Sekunden noch, und die Polizei wird ihn überwältigen. Doch bevor es soweit ist, feuert er einige Schüsse auf seine Geisel ab. Die junge Frau stirbt noch am Unfallort. Sekunden später ist Barbosa Nascimento überwältigt. Im Polizeiwagen stirbt er inmitten der ihn begleitenden Polizisten, die ihren Zorn auf den Entführer nicht mehr in den Griff kriegen.

Das Schauspiel der Entführung konnten die Brasilianer

damals live im Fernsehen beobachten. Blitzschnell hatten die Medien reagiert und ihre Reporter an den Ort des Verbrechens geschickt. Eine solche Geschichte, so viel war klar, brächte höchste Einschaltquoten. Was die Brasilianer damals nicht sahen, präsentierte ihnen später dann Padilha in seinem Film. Der Täter mochte im Augenblick der Entführung monströs erscheinen – aber Padilha zeigte, wie er zu dem wurde, der er schließlich war. Seine Geschichte geht unter die Haut: Als Säugling wurde Barbosa Nascimento seiner Mutter von einem Drogendealer entrissen. In bescheidensten Verhältnissen wächst er zunächst in einer Favela auf, gerät dann auf die Straße, wird drogenabhängig, finanziert seine Sucht durch kleine Überfälle. Schließlich dann, im Juli 1993, durchlebt er selbst den absoluten Schrecken: Zusammen mit mehreren anderen Straßenkindern hat sich Barbosa Nascimento nahe der Candelária-Kirche zum Übernachten hingelegt. In tiefster Nacht nähert sich eine Gruppe vermummter Gestalten den Schlafenden und eröffnet das Feuer. Acht Straßenkinder sterben, das jüngste elf, das älteste 19 Jahre alt. Ihr Vergehen: Sie hatten das Straßenbild verschandelt. Zwar werden die Täter gefasst und zu hohen Haftstrafen verurteilt. Doch das Leben von Barbosa Nascimento bringt das nicht mehr in Ordnung. Er lebt fortan im Kokainrausch, kann zwischen Realität und Wahn kaum mehr unterscheiden, wird zum Räuber und Mörder. Und im Juni 2000 steigt er in die Buslinie 174.

Reggae und Utopie

Vigário Geral, ein Viertel im Norden von Rio de Janeiro. Knapp 340 Hektar, bewohnt von gut 40 000 Menschen. Ausgewiesene Grünflächen: keine. Stattdessen schmucklose kleine Hütten, aus Backstein zumeist, teils bunt angestrichen, in der Regel aber aschgrau oder in stumpfem Rot. Mitten hindurch führt die Bahnstrecke nach Rio, befahren von einem rumpelnden Vorstadtzug. In den 40er Jahren zogen Arbeiter der Eisenbahngesellschaft hierhin. Die Hüttensiedlung wuchs zur Ortschaft heran, über die Jahre dann zu einer kleinen Stadt. Wer zum Nachbarn auf der anderen Seite der Gleise wollte, musste lange Zeit achtgeben: einen ordentlichen Bahnübergang gab es nicht, die Bewohner mussten sich auf ihre Augen und Ohren verlassen. Erst später kam die Stadtverwaltung auf den Gedanken, dass auch die Bewohner dieses Viertels über einen gesicherten Bahnübergang ganz glücklich sein könnten. Und doch: Der Gang über die Schienen war ein vergleichsweise geringes Risiko. Wirkliche Gefahr drohte den Bewohnern von ganz anderer Seite: von Parada de Lucas, der »verfeindeten« Nachbarsiedlung. Der Streit zwischen den beiden Gemeinden reicht zurück in die 80er Jahre. Irgendwann spielten die Fußballmannschaften beider Ortschaften gegeneinander. Fans gerieten in Streit, die Gewalt eskalierte, und am Ende gab es mehrere Tote. Seitdem sind die Bewohner der beiden Viertel nicht gut aufeinander zu sprechen. Letztlich sind es zwar nur ein paar Gangs, die »Probleme« miteinander haben. Aber das reicht, den übrigen Bewohnern das Leben zur Hölle zu machen. Regelmäßig raubten ihnen nächtliche Schießereien und Straßenkämpfe den Schlaf. Am nächsten Morgen dann registrierten sie die Resultate: Einer oder mehrere tote Männer, achtlos liegengelassen in irgendeiner Hütte oder am Straßenrand. Mal mit nur einem Schuss im Körper, mal von Kugeln zerfetzt.

Auch Vigário Geral erlebte sein Trauma: Im August 1993 stürmten 50 Maskierte das Viertel und eröffneten das Feuer. In schnellen Schritten zogen sie durch die Gassen, schossen wahllos um sich. Am Ende waren 21 Bewohner des Viertels tot. Ihre Mörder, stellte sich im Prozess heraus, waren Angehörige der Militärpolizei. Sie hatten Rache nehmen wollen für vier ihrer Kollegen, die einige Tage zuvor bei einer Patrouille in dem Ort ums Leben kamen. Alle der 52 an dem Verbrechen beteiligten Polizisten wurden aus dem Dienst entlassen. Verurteilt wurden aber nur sechs von ihnen – von denen vier nach kurzer Zeit begnadigt wurden.

Was kann man tun in einer solchen Situation? Was kann man tun gegen den Hass – den Hass auf die Bewohner des »feindlichen« Viertels ebenso wie den auf die Polizei? Eines hat sich gezeigt seitdem: Dauerhaft beschwichtigen lassen haben sich die Menschen nur durch eines, die Kultur. Und allein sie ist es auch, die Wege nach draußen bahnt, in die Welt jenseits der Favelas, im räumlichen ebenso wie ideellen Sinn.

Kultur in Vigário Real, das war zunächst vor allem Musik. Eine Musik allerdings, die nichts beschönigt, sondern die Dinge beschreibt, wie sie sind. »Mudo degradado. Caos crescente. O Planeta, uma grande favela. O homem continua desumano.« So setzt es ein, das Manifest des *Grupo Cultural Afro Reggae*, einer Band, die, seit 30 Jahren mittlerweile, auch Kulturarbeit macht.[299] »Verkommene Welt. Wachsendes Chaos. Der Planet eine riesige Favela. Und der Mensch ist weiterhin unmenschlich.« Eine Bestandsaufnahme, wie sie nüchterner, deprimierender nicht sein könnte. Aber dann, nur wenige Zeilen später, dieses: »Mas, há utopía. Loucos insistentes acreditam na transformação« – »Aber die Utopie existiert. Unverzagte Verrückte glauben an den Wandel.« Und dann noch dieses: »Wir sind Afro Reggae. Wir tauschen das Gewehr gegen das Berimbau.« Gewehre zu Instrumenten, hier zum Hauptinstrument des Capoeira-Tanzes: das ist die Utopie, der sich Afro Reggae verschrieben hat. Wie schwer es würde, sie auf die Erde zu holen, wusste niemand besser als die Bandmitglieder selbst. Fast alle waren sie in Vigário Geral aufgewachsen.

Der Gründungsakt der Gruppe fiel mit dem Massaker von 1993 zusammen. Und als wäre die Arbeit in Vigário Geral allein nicht schon schwierig genug, ist die Gruppe längst auch in anderen »sensiblen« Vierteln von Rio de Janeiro vertreten, in Parada de Lucas, Complexo do Alemão, Cantagalo, Vila Cruzeiro – den großen Favelas der Stadt. Wer hier etwas bewegen will, muss wissen, was er tut. Und er muss die Szene kennen – und zwar so gut wie José Pereira de Oliveira Junior, einer der Gründer von Afro Reggae. Der ist längst zum Star geworden, umworben von Politikern, Unternehmen, NGOs. Sehnig und durchtrainiert, das Haar kurzgeschoren, um Kinn und Wangen einen kurz gestutzten Vollbart, genießt Oliveira »Zé« Junior uneingeschränkte »street credibility«, wird akzeptiert von den Jüngeren. Sie spüren, dass sie es mit einem zu tun haben, der all das, was sie erleben, aus eigener Erfahrung kennt. Geboren wurde er in der Favela Complexo de Alemão. »Mit zehn Jahren kam ich ins Zentrum. Ich lebte auf der Straße, wuchs mit Huren, Zuhältern, Hütchenspielern und Transvestiten auf. Viele meiner Freunde starben, entweder durch eine Pistolenkugel oder durch Aids. Andere wurden verhaftet. Ich selbst hatte Glück.« Dann entdeckte er die Kultur: Hiphop und Graffiti. Die neue Musik begeisterte ihn, er organisierte Partys, die allesamt verboten wurden. Auf ihnen spürte er, welche Kraft von diesen Veranstaltungen ausging, dachte aber noch nicht weiter darüber nach. »Ich lebte mehr vor mich hin. Kritischen Verstand hatte ich noch nicht entwickelt.«[300] Dann aber hörte er Bob Marley – zum ersten Mal in seinem Leben. Die Musik gefiel ihm, mit Freunden veranstaltete er eine weitere Party, diesmal mit Reggae-Musik. Die kam gut an bei den Gästen. Tags darauf sammelten die Veranstalter einige Information zu Bob Marley und Jamaica, druckten den Text und brachten ihn unter die Leute – die erste Ausgabe der *Afro-Reggae Notícias*, die Zé Junior dann regelmäßig herausgab.

Es war die Zeit, in der sich soziale Bewegungen neu formierten. Soeben hatte der Umweltgipfel von Rio de Janeiro stattgefunden. Doch in den Favelas wussten die Menschen weder, was eine NGO ist, noch, was diese eigentlich wollten. Als die erste Ausgabe der *Notícias* verteilt war, wussten die Herausgeber nur eines: »Die Leute wollten mehr als Information. Sie wollten Bildung.« Und so kam Afro Reggae in Fahrt, eine kulturelle Insel inmitten einer feindlichen Umwelt. »Die ganze Entführungsindustrie wurde in den Favelas aufgezogen, mehrere Ikonen des Drogenhandels wurden dort geboren oder lernten dort ihr Handwerk. Es gab nichts als Verbrechen, Drogenhandel, Gewalt, Polizei und Waffen.«

Tanzen, um nicht zu tanzen

Wie erreicht man Menschen, die in solcher Umgebung aufwachsen? Wie es geht, hatte einige Jahre zuvor die Gruppe *Olodum* gut anderthalb Tausend Kilometer weiter nördlich in Salvador gezeigt. »Samba, Futebol, Alegría: Raízes do Brasil« hat sich die längst zu einer Kultur-NGO ausgewachsene Band als Motto gegeben: »Samba, Fußball, Freude: die Wurzeln Brasiliens«. Und aus der Freude, genauer, dem Geist des Karnevals, ist sie auch geboren. Olodum entstand 1979 als Sambagruppe, die mit ihren Trommeln den Tanzenden in Salvadors Altstadt einheizte. Schnell kamen andere Rhythmen hinzu: Rock, Reggae, Funk, Hiphop – alles vermischte sich zum typischen, unverkennbaren Klang von Olodum. Und wer sich von diesem Klang einmal hat mitreißen lassen, so das Kalkül, der ist vielleicht auch willens, sich auf die anderen Angebote der Band und Kulturfabrik Olodum einzulassen.

Das Prinzip ist einfach, aber wirksam. Darum hat es Schule gemacht. Viele Bands und Gruppen in Brasilien verbinden ihre Musik mit gesellschaftlichen Anliegen. *Dançando para Não Dançar*«, »Tanzen, um nicht zu tanzen«, heißt ein anderes, etwas jüngeres Projekt, das nach genau dem gleichen Prinzip arbeitet. Worum es geht, verrät schon der Name: Tanzen ist gut und schön. Aber Tanzen allein ist nicht genug. Man muss mehr und anderes tun im Leben. Aber der Weg dahin, zu neuen Ideen und Fähigkeiten – der kann durchaus über das Tanzen führen. Und so stehen sie denn da, die Kinder aus der Favela und von der Straße. Ein Rhythmusinstrument in der Hand, finden sie einen gemeinsamen Takt, lassen sich leiten vom Dirigenten, der, eine kräftige Trillerpfeife zwischen den Lippen, die Richtung vorgibt. Die Rhythmen verdichten sich, greifen ineinander, lösen sich wieder und finden von neuem zusammen. Und jedes Kind kennt seinen Part. Das schafft ganz spielerisch Disziplin – und lehrt, dass man sich aufeinander verlassen kann und muss. Und weil die Instrumente nicht verschenkt, sondern selbst gebaut werden, entwickeln die Kinder eine neue Beziehung zu ihnen. Und hat man einmal ein Instrument gebaut, mag man sich auch zutrauen, sich auf andere Dinge einzulassen – sogar auf Lesen und Schreiben. Plötzlich scheint nichts mehr unmöglich.

»Go, Brazil, go!«

Die Vorlage für kulturelle Arbeit dieser Art hat vor gut 30 Jahren Olodum geliefert. Auch Afro Reggae griff sie auf. Die Band wuchs, entwickelte sich zu einem Label, unter dem sich die verschiedensten Bands organisieren. Zahllose Projekte hat Afro Reggae gestartet – so viele, dass sich nur einige herausgreifen lassen. Ein Jahr nach ihrer Gründung riefen die Musiker ein Projekt zur Mülltrennung ins Leben. 1995 verteilten sie zusammen mit der Organisation »Ärzte ohne Grenzen« Kondome gegen Aids und begannen entsprechende Aufklärungskampagnen. Ein Jahr später schloss sich das Gesundheitsministerium dem Projekt an. Im Jahr 2000 starteten sie *Criança Legal*, ein Programm, in dem kleine Kinder Lesen und Schreiben lernen. Im gleichen Jahr gelang der Gruppe ein spektakulärer Coup: Sie schaffte es, den Krieg zwischen Vigário und Parada de Lucas zu beenden. Bald darauf startete sie ihr eigenes Radioprogramm. Zugleich forderte sie die Stadtverwaltung zum Dialog auf, bot der Polizei von Rio de Janeiro Kurse in Theater, Graffiti, Capoeira und anderen Disziplinen an: Die Beamten sollen ein Gefühl für die Kultur der Straße bekommen – und darüber ein besseres Verständnis für das Lebensgefühl der Menschen in den Favelas. 2008 startet Afro Reggae das Programm »Empregabilidade«, das Bewohnern der Favelas und insbesondere ehemaligen Strafgefangenen den Weg in das Berufsleben ebnet. Inzwischen startete Afro Reggae auch die Zusammenarbeit mit dem spanischen *Banco Santander*. Die Bank eröffnete 2010 ihre erste Filiale in der Favela *Complexo do Alemão*. Ein weiteres Jahr später verbrachte unter der Regie und dem Schutz von Afro Reggae ein Polizeibeamter eine ganze Woche in der Favela. Er hielt sich unter den Bewohnern auf, begleitete sie und lernte so ihren Alltag kennen. Und wenn seit 2008 in den Favelas neben Einheiten des BOPE auch die der UPP (*Unidade de Polícia Pacificadora* – »Friedensstiftende Polizeieinheit«) unterwegs ist – dann ist das ganz wesentlich auch der Arbeit von Afro Reggae und all den anderen Gruppen zu danken, die dort kulturelle Arbeit leisten. Und weil friedliche Beziehungen Verständigung voraussetzen, hob Afro Reggae 2012 eine Talkshow aus der Taufe, an der ehemalige Mitglieder und Führer von Drogenbanden ebenso teilnehmen wie Führungskräfte der Polizei und der Militärpolizei. Der Dialog soll auch hier Grenzen überwinden. Längst hat Afro Reggae prominente Unterstützer aus der brasilianischen Kulturszene gewonnen: Der Sänger Caetano Veloso war fast von Anfang an dabei. Rasch folgten ihm Gilberto Gil, Marisa Monte, Daniela Mercury, Xuxa, das Duo Zezé & Luciano und andere. Aus den USA schauten sich Madonna und der Regisseur Spike Lee die Arbeit von Afro Reggae an. Der bat für seinen Film »Go, Brazil, go!« auch die Aktivisten von Afro Reggae vor die Kamera.

Warten auf den Regen

»Go, Brazil, go!« – das hätte auch das Motto des brasilianischen Präsidenten Luiz Inácio Lula da Silva sein können, der das Land von 2003 bis 2011 regierte. Lula war beeindruckt von dem, was Afro Reggae auf die Beine stellte – und ehrte ihn, zusammen mit dem Sänger Gilberto Gil, damals brasilianischer Kulturminister, mit dem *Ordem do Mérito Cultural*, einer Auszeichnung für besondere kulturelle Verdienste. Lula selbst hatte die Kultur immer auch als eine politische Kraft betrachtet. Sie war Unterhaltung, das auch, ja. Aber sie war viel mehr: Sie war der Schlüssel zu einer besseren Gesellschaft. »Die Kultur«, erklärte er gegen Ende seiner Amtszeit, »ist ein mächtiges Instrument zur Integration, zum Wandel und zur sozialen Gerechtigkeit.« Und darum war eines klar: »Das Land kann nicht auf einen einzigen Quadratmeter kulturellen Raums verzichten. Denn es ist die Kultur, durch die wir eine gerechtere und menschlichere Gesellschaft erschaffen werden.«[301] Das klang wie eine Sonntagsrede, war aber keine. Lula hatte sich seine ganze Amtszeit hindurch mit großem Erfolg bemüht, die millionenfache Armut in seinem Land zu überwinden. Er wusste aber auch, dass wirtschaftlicher Wandel zwar viel, aber nicht alles ist. Was Afro Reggae und so viele andere kulturelle Aktivisten unternahmen, war für ihn nichts anderes als die Fortführung des politischen Kampfes mit anderen Mitteln. Und diesen führte der kleine, lispelnde Mann seit Jahren. Um was es dabei ging, wusste er nur zu gut: Die Schrecken der Armut hatte er, siebtes von acht Kindern einer von ihrem Mann verlassenen Mutter, im eigenen Leben hinreichend kennengelernt. Lula wurde 1945 in Caetés geboren, einer Kleinstadt in Pernambuco, im Nordosten Brasiliens – jenem Landesteil, der wie kein anderer unter lang anhaltenden Dürren zu leiden hat. Lange Zeit war der Nordosten das Synonym für wirtschaftliche Not schlechthin. 1938 veröffentlichte der Schriftsteller Graciliano Ramos seinen Roman *Karges Leben*, in dem er die Mühen und Entbehrungen der dort lebenden Tagelöhner beschrieb: den Kampf gegen die Dürre, das tägliche Ringen um die Existenz. Frauen, die über kilometerlange Strecken schwere Wasserkrüge auf dem Kopf schleppen, Männer, die auf der Suche nach Wasser riesige Gruben ausheben, Tagelöhner, die auf überfüllten Lastern von ihren Hütten zur Arbeit gekarrt werden. Etwas später, 1947, schuf der Sänger Luiz Gonzaga ein Lied, das seit seinem Erscheinen aus der brasilianischen Musikgeschichte nicht mehr wegzudenken ist: »Asa branca«, eine Hymne auf die Widerstandsfähigkeit der Menschen des Nordosten. »Wegen Wassermangels verlor ich mein Vieh / Aus Durst gingen meine Pflanzen zugrunde«, heißt es in dem Stück. Der kleine Bauer, um den es hier geht, ist darum gezwungen, wegzuziehen. Allerdings: »Espero a chuva cair de novo / pra mim voltar pro meu sertão« (Ich warte darauf, dass der Regen wieder fällt, um in meinen Sertão zurückzukehren«). Seine Heimat verlässt man nicht. Und wenn man sie verlässt, dann nur, weil es anders beim besten Willen nicht mehr geht. Auch Lula verließ als kleines Kind die Heimat. Mit der Mutter kam er nach São Paulo. Schuhputzer, Bote, Hilfskraft in einer Wäscherei: Das waren die Jobs, mit der er der Mutter half, die Familie über Wasser zu halten. Immerhin geriet er nicht auf die Straße, wie manche andere Menschen aus dem Nordosten, die in den Städten des Südens ihr Glück versuchten. Viele landeten in den Favelas, erlebten dort den Schrecken der Großstadt – und trugen bisweilen dazu bei, ihn zu vergrößern.

Auch darum legte Lula nach seiner Wahl ein umfangreiches Sozialprogramm auf. Dessen bekannteste Elemente waren *Brasil sem Miséria* und *Bolsa Família,* die bedürftigen Familien eine Unterstützung zwischen 15 und 100 Euro pro Monat gewähren – unter der Voraussetzung, dass die Eltern ihre Kinder in die Schule und zum Gesundheitsdienst schicken. Das Programm hatte gewaltigen Erfolg: Von den 195 Millionen Einwohnern des Landes zählen inzwischen gut 100 Millionen zur Mittelschicht. Und Präsidentin Dilma Roussef, 2011 ins Amt gewählt, will ebenfalls möglichst viele Menschen aus der Armut holen.

Wunderbare Warenwelt

Die Lebensverhältnisse der meisten Brasilianer mögen weiterhin bescheiden sein. Doch im Vergleich zu denen früherer Jahre sind sie geradezu fürstlich. Zahllose Bürger haben Geld in der Tasche – und darüber nicht nur den Markt, sondern auch und vor allem sich selbst verändert. Die Brasilianer haben die Lust am Konsum entdeckt – und holen nun jene Freuden nach, denen die Begüterteren unter ihnen sich schon seit über einem halben Jahrhundert hingeben. Denn schon in den 50er Jahren machten die Brasilianer Bekanntschaft mit den Reizen der modernen Warenwelt. In ihr fanden sich die für damalige Verhältnisse erstaunlichsten Dinge: der elektrische Haartrockner zum Beispiel, oder der Rasierapparat, der Duschkopf – faszinierende Artikel, die die Kunden der damaligen Zeit in Begeisterung versetzten und sie en masse in die Warenhäuser lockten. Es war ausgerechnet ein Dichter, Augusto Frederico Schmidt (1906-1965), der die Zeichen der Zeit erkannte und 1952 an der Copacobana den ersten brasilianischen Supermarkt eröffnete. Das Projekt hatte durchschlagenden Erfolg: Bald folgten dem ersten Haus weitere, aus denen dann die Handelskette *Distribuidora de Comestíveis*, kürzer und schöner: DISCO, entstand. Die Fotos aus jener Zeit könnten auch in Deutschland entstanden sein. Sie zeigen ein Wirtschaftswunderland: glückliche Menschen vor vollen Regalen, verblüfft von der Vielfalt. In der Süßwarenabteilung etwa: Dort lagen Kaugummis, Schokoladenzigaretten, Bonbons mit dem Geschmack der unterschiedlichsten Früchte. Ein paar Schritte weiter, bei den Hygieneartikeln, lockten ebenfalls spektakuläre Dinge: Zahnbürsten und Zahnpasten, Shampoo, Haarfestiger, Deosticks. Und die Frauen lernten zudem, dass sie zwar schön waren – aber längst noch nicht schön genug: Lippenstifte, Wimperntusche, Lidschatten und Gesichtspuder, dazu Feuchtigkeitscremes, Nagellack und Haarspray – nichts, was sie nicht in dem Ansinnen unterstützte, noch attraktiver zu werden, als sie es ohnehin schon waren. Bald standen den Brasilianerinnen entsprechende Zeitschriften zur Seite: Als eine der ersten erschien 1952 *Capricho*. Sie greift Themen auf, die nicht nur in Brasilien unsterblich sind: Mode, Schönheit, das Verhältniss zum anderen Geschlecht. 1959 erscheint dann *Manequim*, ein Magazin, das sich zunächst mit der Kunst des Nähens beschäftigt – bald aber auch Ratschläge gibt, wo sich, wenn die Lust zum Nähen fehlt, die Kleidung kaufen lässt. Zwei Jahre später erscheint *Claudia*, um die Schönheit ihrer Leserinnen ebenso bemüht wie um deren Selbständigkeit: Unter der Überschrift »Não, isto não tolero« (»Nein, das dulde ich nicht«) gibt sie Frauen Tipps und Tricks, wie sie sich allzu offensiver Herren erwehren können – »com firmeza, mas com doçura«, »bestimmt, aber freundlich.«

Und doch entdecken die Frauen sich zugleich immer mehr als erotische Wesen. Auf den Covern der Magazine erscheinen die Modelle in immer sinnlicheren Posen: unter der Dusche oder an sonst einem einsamen Ort, auf jeden Fall aber leicht bekleidet, die Augen geschlossen oder verträumt in die Leere starrend. Und in selbstverständlich »exklusiven« Interviews verraten die Schönsten der Schönen – Gina Lollobrigida, Sophia Loren, Marilyn Monroe und andere –, wie sich die Wirkung weiblicher Anmut noch weiter steigern lässt.[302] Zugleich wird die Kleidung lässiger, sportlicher, figurbetonter. Ein paar Jahre noch, und der Minirock feiert Triumphe. Die Männer ziehen mit Jeans und Tennisschuhen nach, die dem bis dahin üblichen Lederschuh den Rang ablaufen. Beides beginnt bald auch den Frauen zu gefallen, die sich nun ebenfalls in die blauen Baumwollhosen zwingen – ein Schock für all jene, die sich Frauen bislang ausschließlich in Röcken vorstellen konnten. Aber auch sie mussten es zur Kenntnis nehmen: Die sexuelle Revolution hatte begonnen – und die bisherigen Vorstellungen von dem, was sich für junge Damen ziemt, gründlich über den Haufen geworfen.

Allgemeine Mobilmachung

Freilich ist die schöne neue Warenwelt nicht umsonst zu haben. Sie ist nur die eine, die glitzernde Seite jener umwälzenden Veränderungen, die Brasilien im letzten halben Jahrhundert durchlaufen hat. »50 Jahre in fünf« hatte Präsident Juscelino Kubitschek zu Beginn seiner Präsidentschaft verkündet. Die Parole wurde gehört: Das Land nahm Anlauf, zwang sich einen immer schärferen Takt auf. Ende der 50er Jahre eröffneten in Brasilien elf Automobilunternehmen ihre Fabriken. Ford und General Motors waren dabei, Mercedes-

Benz, Toyota und natürlich Volkswagen. Das Unternehmen produzierte hier sein bis heute berühmtestes Modell, den *Käfer*. Produziert wurde am Fließband, in wechselnden Schichten. Arbeiten, Freizeit, Schlafen, dann wieder Arbeiten. Das Ganze fünf bis sechsmal die Woche, Monat für Monat, Jahr für Jahr. Das war der neue Rhythmus, der den Arbeitern das Leben diktierte, und dem sich auf ihre Weise dann auch alle anderen beugen, die in Industrie, Forschung, Verwaltung und Dienstleistung ihr Geld verdienen. Das blieb nicht ohne Folgen.

Brasilien hat eine allgemeine Mobilmachung durchlaufen. Wer mithalten will, muss sich sputen. Der Kapitalismus hat seine Segnungen gebracht, fordert für sie allerdings einen hohen Preis. Er hat, glauben manche Soziologen, einen Konkurrenzkampf entfesselt, der in Brasilien noch schärfer als in anderen westlichen Ländern ist. Die Gründe dafür gehen ihrer Ansicht nach auf die Geschichte des Landes, genauer, den spezifischen Charakter der portugiesischen Kolonisierung, zurück. Denn die Portugiesen kamen vor allem aus einem Grund in die Neue Welt: um sie zu plündern und ihre Bewohner für sich arbeiten zu lassen. Diese Mentalität hat sich nach Einschätzung mancher bis heute gehalten: »Der Abenteuergeist, ein archaischer Ausdruck der Gier, verwandelte sich in seiner rationalen Form in den typischsten Zug des Kapitalismus im 20. Jahrhundert.«[303] Auf jeden Fall spornt der brasilianische Kapitalismus zu Leistungen an, die denen anderer Länder in nichts nachstehen. »Für Berufsanfänger ist es nicht üblich, die ersten fünf Jahre Urlaub zu nehmen«, beschreibt ein Beobachter die Verhältnisse in einer großen brasilianischen Investment-Bank. »Wer nach einem 15-Stunden-Tag als Erster die Bank verlässt, erhält hämischen Beifall der Kollegen.«[304]

Gott und Geld

Gier und Geld verändern den Geist. Zumindest setzen sie ihn unter Druck, drängen ihn, nach neuen Sinnquellen zu suchen. Millionen von Brasilianern suchen diesen Sinn bei dessen traditionellen Verwaltern: den Kirchen. Allerdings nicht mehr ausschließlich bei dessen klassischer Lehre, dem Katholizismus, sondern in neuen religiösen Gemeinschaften. Es scheint, als sei ein Erdbeben durch die religiöse Landschaft gegangen. Und keine andere Religionsgemeinschaft hat darunter stärker gelitten als die katholische Kirche. Brasilianisch sein heißt katholisch sein – diese Formel ging lange Zeit auf. Noch 1950 unterstanden 95 Prozent aller Brasilianer der geistlichen Herrschaft des Papstes. Doch dann begann die Dominanz Roms zu bröckeln, langsam zunächst, doch seit den 1980er Jahren immer schneller. Heute rechnen sich gerade noch 61 Prozent der Gesamtbevölkerung der katholischen Kirche zu.[305] Damit ist Brasilien weiterhin zwar noch das größte katholische Land weltweit. Doch die Konkurrenz ist groß – und sie wird immer größer. Vor allem in den 90er Jahren schossen immer neue Glaubensgemeinschaften aus dem Boden. Schon ihre Namen belegen den eigentümlichen Geist ihrer Gründer: »Evangelische Kirche der Abscheu vor dem krummen Leben«; »Kirche Explosion des Glaubens«; »Automotive Kirche des Heiligen Feuers«; »Evangelische Vereinigung Treu sogar unter Wasser«; »Evangelischer Kreuzzug von Pastor Waldevino Coelho dem Allerhöchsten«; »Evangelische Pfingstliche Kirche Spucke Christi«. Die Aufzählung ließe sich fortsetzen.[306]

Die am schnellsten wachsende religiöse Gruppe ist die der Pfingstkirchen. Ihnen gehört derzeit ein Viertel der gesamten Bevölkerung an – Tendenz steigend.[307] Und wenn der Erfolg der Pfingstkirchen eines zeigt, dann, wie sehr die

Brasilianer versuchen, mit den Veränderungen der letzten Jahre und Jahrzehnte zurechtzukommen. Um sie zu bewältigen, setzen sie zentral auf göttlichen Beistand. Den stellt zwar auch die katholische Kirche in Aussicht. Doch ihre Versprechen sind vergleichsweise nüchtern und zurückhaltend. Wunder stellt sie nur in Ausnahmefällen in Aussicht. 2000 Jahre seelsorgerischer Erfahrung haben sie gelehrt, dass der Mensch sich zwar ändern kann, aber auch, dass er in der Regel Zeit dafür braucht. Dass er sich über Nacht verwandeln, zu einem neuen, ganz und gar besseren Leben finden könnte – diesen Optimismus verbreitet die katholische Kirche nur in vergleichsweise verhaltener Form.

Anders die Pfingstkirchen. Sie sind offensiver. Sie versprechen Großes, verheißen Veränderung von Grund auf. »Wir glauben«, heißt es auf der Webseite der *Igreja Universal do Reino de Deus*, der größten brasilianischen Pfingstkirche, »dass das Leben jedes Menschen, ganz gleich, wie missraten es sein mag, sich zum Besseren wenden kann. Tatsächlich kann es sich nicht nur zum Besseren wenden, sondern vollkommen verwandelt werden.«[308] Und Verwandlung heißt hier ganz wesentlich: größerer wirtschaftlicher Erfolg. Wer Gott wahrhaft gefällig ist, dem wird auch dessen Gnade zuteil. Und die misst sich vor allem an einem: an persönlichem Reichtum. Die Pfingstkirchen haben die Lehren Calvins wiederentdeckt und in eine moderne zeitgenössische Sprache gekleidet. »Wohlstandsevangelium« nennt sich die neue Doktrin, die Gott und Geld erfolgreich miteinander versöhnen will. Die Verbindung ist wie gemacht für ein Land, in dem unendlich viele Menschen den Eindruck haben, zu kurz gekommen zu sein, von dem Kuchen, der ihnen eigentlich zustände, kein hinreichend großes Stück abbekommen zu haben. Und keine Lehre, die zu diesen Aspirationen besser passt als das Wohlstandsevangelium, denn diese vollbringt ein kleines Wunder: Es versöhnt Materialismus

und Transzendenz, verleiht Selbstsucht und Egozentrik höhere theologische Weihen – eine unschlagbare Verheißung
in einem Land, dessen Bürger teils echte Not leiden, teils
aber auch schlicht daran, sich weniger leisten zu können als
ihnen lieb ist.

Und sollte es dann doch nicht klappen mit dem wirtschaftlichen Aufschwung, hat das mit ernsten Gründen zu
tun. Denn dann ist, klar, der Teufel im Spiel. Denn der Beel-
zebub führt nach wie vor seinen Feldzug gegen das Gute in
der Welt, und seine Waffen sind zahlreich. Zum Glück gibt
es Mittel, sie zu enttarnen. Die *Igreja Universal* jedenfalls
weiß, woran man erkennen kann, dass der Teufel seine Hände
im Spiel hat. Folgende Missstände, Irrungen und Wirrungen
lassen auf sein Wirken schließen: eine unheilbare Krankheit;
drogenabhängige Kinder; knappe Nahrung; ein altes Auto,
ein zusammenfallendes Haus; ein in Konkurs gegangenes Unternehmen. Auch wenn eine Frau zwar Mutter eines Kindes,
aber nicht verheiratet ist, führt der Weltenfeind Regie. Aber
das ist längst noch nicht alles: »Die Liste ist lang ...«[309]

Die Freikirchen wissen, worauf es im aufgeheizten Klima
von Kapitalismus und Konsumismus in erster Linie ankommt:
darauf, die Kundschaft zufriedenzustellen. Die will ein Ge-
samtpaket, in dem Lehre und spiritueller Halt zwar viel,
aber längst noch nicht alles sind. Auch Events müssen her.
So werden Gottesdienste zu kunstvoll inszenierten Happe-
nings. Die der Igreja Universal gehörende *Catedral Mundial
da Fé*, auch *Templo da Glória do Novo Israel* genannt, fasst
bis zu 14000 Menschen: Genau die richtige Bühne für die
opulente Messen mit hymnisch-mitreißender Musik, nicht
allzu komplizierten Predigten, einer Choreographie, deren
Dramaturgie derjenigen der katholischen Kirche in nichts
nachsteht. Der Euphorie nach innen entspricht moralische
Anmaßung nach außen: Homosexualität, außerehelicher
Geschlechtsverkehr und außereheliche Lebenspartnerschaf-

ten – das sind die Feindbilder, auf die die Pfingstkirchen sich vorzugsweise einschießen. Und längst mischen ihre Vertreter auch auf höchster politischer Ebene mit: Im brasilianischen Kongress haben 73 der insgesamt 513 Abgeordneten einen pfingstkirchlichen Hintergrund. Im Frühjahr 2013 sorgte der evangelikale Abgeordnete Marco Feliciano, Prediger der *Assembleia de Deus*, für einen handfesten Skandal: Kurz zuvor zum Vorsitzenden der Menschenrechtskommission im brasilianischen Parlament gewählt, attackierte Feliciano die Homosexuellen des Landes und warf ihnen vor, sie zerstörten »die heilige brasilianische Familie«. Und auf noch eine Gruppe hatte er es abgesehen: die schwarzen Brasilianer. Über Twitter hatte er verlauten lassen, Afrikaner lebten seit den Zeiten Noahs unter einem Fluch. In einem Interview führte er die Gründe seiner Deutung aus. Noah, so stehe in der Bibel zu lesen, habe seinen Sohn verflucht. Dessen Nachfahren wiederum hätten Äthiopien bevölkert – oder eben den afrikanischen Kontinent. »Darum schweben über Afrika immer Hunger, Traurigkeit und ethnische Kriege.«[310]

Der kleine, große Unterschied

Häme, Abgrenzung, Arbeit am Feindbild. Die Sekten sammeln ihre Truppen. Und stellen sich damit in Gegensatz zu allen Versuchen, Land und Leute zu einen, den 194 Millionen Brasilianern zwischen den Bundesstaaten Rio Grande do Sul im Süden und Roraima im Norden das Gefühl zu geben, Bürger einer zusammenhängenden Nation zu sein. Natürlich ist dieses Projekt längst noch nicht abgeschlossen – wahrscheinlich lässt es sich auch gar nicht abschließen, sondern muss Tag für Tag neu begonnen werden. Der komplexen Aufgabe entsprechend, fielen manche Sinnbilder der Einigung auch etwas drastisch aus. So ließ Präsident Getúlio

Vargas im Jahr 1930, er war gerade zum Präsidenten gewählt worden, die Fahnen sämtlicher Bundesstaaten verbrennen: Sie seien nichts im Verhältnis zum Ganzen, zum Land, sollte das heißen. Anderthalb Jahrzehnte griff sein Nachfolger Juscelino Kubitschek das Anliegen auf ganz andere Weise auf, als er den Startschuss zum Bau Brasílias gab. Er scheute keine Kosten und Mühen, um dem Land ein neues politisches und symbolisches Zentrum zu bescheren.

Gesellschaftlich zu einen vermochte er das Land aber nicht – ebenso wenig wie alle anderen Präsidenten vor und nach ihm. Denn nach wie vor zieht sich ein zumindest leichter Riss durch die Bevölkerung. Er scheidet die Bürger auf Grundlage ihrer Hautfarbe. An der Spitze der gesellschaftlichen Hierarchie stehen weiterhin diejenigen, die die Geschicke des Landes rund ein halbes Jahrtausend lenken und weitgehend noch immer lenken: die Portugiesen und deren Nachfahren. Anders gesagt: die Weißen. Der Umstand, dass sie über Jahrhunderte die Geschicke Brasiliens lenkten, hat ihnen derart viel Macht und Ansehen beschert, dass ihre Lebensform und ihr Aussehen bis heute den Maßstab für alle Bevölkerungsgruppen setzen. Entsprechend schwer haben es im Ringen um Anerkennung alle nicht-weißen Brasilianer. Die Kulturkämpfe toben nicht zuletzt auch entlang farblicher Fronten.

Gibt es Rassismus in Brasilien? Nein, versichern die Brasilianer – einerseits. Und andererseits räumen sie ein: doch – jedenfalls ein bisschen. Im Jahr 1988 starteten Forscher der Universität São Paulo eine Umfrage. Sie wollten wissen, welche Bedeutung die Brasilianer der Hautfarbe zusprachen. Das Ergebnis war schmeichelhaft, jedenfalls in seinem ersten Teil: 97 Prozent der Befragten erklärten, sie hätten keine Vorbehalte. Zugleich aber berichteten 98 Prozent, sie wüssten von anderen, die sehr wohl Vorbehalte hätten – und die meisten dieser Personen entstammten dem Familien-, Freundes- und Bekanntenkreis. »Die Konsequenz: Jeder Brasilianer fühlt sich wie eine Insel rassischer Demokratie, die von allen Seiten von Rassismus umgeben ist.«[311] Interviews, die die Forscher mit schwarzen Brasilianern führte, bestätigten den Eindruck aus umgekehrter Perspektive. Die meisten Befragten erklärten, sie persönlich hätten zwar keine Erfahrungen mit weißem Rassismus gemacht. Allerdings könnten sie andere Schwarze nennen, die von solchen Erfahrungen sehr wohl berichten könnten. Andere Umfragen bestätigen den Befund: Die meisten Brasilianer haben zwar keine offenen rassistischen Vorbehalte. Unterschwellig allerdings gelten die aus kolonialer Zeit stammenden Einschätzungen bis heute, wenn auch in deutlich verfeinerter Form – so etwa bei der Verteilung des Einkommens. »In Brasilien ist die schwarze Hautfarbe ein Zeichen für Armut«, schrieb der Ökonom Marecelo Miterhof im Januar 2013 in der Zeitung *Folha de São Paulo*.[312] Die Toleranz endet da, wo die Verteilungskämpfe beginnen. Gerade der Arbeitsmarkt verläuft weiterhin entlang feiner Grenzen. Musik, Sport, die Künste im Allgemeinen – das sind die Bereiche, zu denen die Schwarzen nach allgemeiner Ansicht uneingeschränkt Zutritt haben sollten. Gerade für die sozial anerkannten Berufe gelten hingegen andere Regeln: »Jeder weiß, wohin er gehört«, resümiert die Soziologin Lilia Moritz Schwarcz die Logik des feinen Unterschieds.[313] Die Vorbehalte sind diskret, aber wirksam. Nach wie vor schaffen sie gewaltige Unterschiede im Land. Die Volkszählung des Jahres 2010 hat ergeben, dass von den 16 Millionen Armen des Landes gut vier Millionen weißer und knapp 12 Millionen dunkler oder schwarzer Hautfarbe sind.[314] Und während die Analphabetenrate unter dunkelhäutigen Brasilianern bei gut 13 Prozent liegt, sind es unter der weißen Bevölkerung gerade einmal sechs Prozent, die nicht lesen und schreiben können.[315] Es erstaunt dann auch nicht mehr, dass die Zahl der weißen Brasilianer mit höherem Abschluss dreimal so hoch wie die der dunkelhäutigen ist.[316] Besonders drastisch sind die Unterschiede bei der Lebenserwartung: Konnten die weißen Brasilianer im Jahr 2008 mit einer Lebenserwartung von gut 73 Jahren rechnen, lag sie bei den Schwarzen bei gut 67 Jahren.[317]

Say it loud

Allerdings ergab der Zensus auch noch eine andere Zahl: Erstmals bezeichneten sich mehr Brasilianer als dunkelhäutig und schwarz denn als weiß. Erstere kamen auf 50,7 Prozent, während die »Weißen« auf knapp 48 Prozent kamen. Die Tendenz ist nicht neu: Die Zahl derer, die sich selbst als »schwarz« oder »dunkel« bezeichnen, steigt seit den 80er Jahren. Dafür gibt es zwar auch starke demographische Gründe. Aber sie allein erklären das Phänomen noch nicht. Es hat vor allem mit dem gestiegenen Selbstbewusstsein der dunkelhäutigen Brasilianer zurück. Immer mehr besinnen sich auf ihre Herkunft – und sind stolz darauf. Wichtige Anstöße dazu kamen aus der schwarzen Bürgerrechtsbewegung in den USA. »Say it loud, I am black and I am proud«, lautete der damalige Slogan.

Impulse setzten in derselben Zeit aber auch brasilianische Autoren. »Der erste Schritt, den ein schwarzer Mensch unternehmen muss, ist der, sein Schwarzsein anzunehmen«, schrieb der Politiker und Aktivist Abdias do Nascimento im Jahr 1968. Der landläufige Rassismus übe zwar einen gewaltigen Druck aus, schrieb Nascimento. Aber dem müsse man widerstehen, auch wenn das sehr schwierig sei. Denn nach wie vor gelte die schwarze Hautfarbe weniger als die weiße. »Und diese Perversion steckt so tief in uns, dass sie sogar den Schwarzen selbst wegen ihres Schwarzseins ein schlechtes Gewissen macht.«[318]

Auf diese Schwierigkeit reagierten die Afrobrasilianer zunächst, indem sie einen neuen Bezug zu jenem Kontinent herzustellen versuchten, aus dem ihre Vorfahren Jahrhunderte zuvor verschleppt worden waren. »Man muss von Afrika sprechen«, schrieb etwa die Pädagogin Jerusc Romão. »Wir müssen auf die zivilisatorischen Werte Afrikas hinweisen. Wir müssen versuchen, das mit der schwarzen Hautfarbe verbundene Schuldgefühl zu überwinden.«[319] Die Idee lag nahe in einer Zeit, in der die meisten Brasilianer nicht nur nichts über Afrika wussten, sondern es nicht einmal für nötig hielten, sich mit dem Kontinent zu befassen, dessen Abkömmlingen das Land doch so viel verdankte. Dieses Manko versuchte der Staat im Jahr 2003 zu beheben: Er machte die Geschichte Afrikas und der afrikanischen Kultur zum schulischen Pflichtfach. Nennenswerte Breitenwirkung hat der Unterricht offenbar aber noch nicht erzielen können. »Das Wenige, was wir über Afrika und die Afrikaner wissen, ist voller Stereotypen und Vorurteile «, schreibt der Historiker Valdemir Zamparoni. »Das vorherrschende Bild ist das eines exotischen, wilden Landes, dessen Menschen wild und kaum anders als seine Tiere sind: arm, erbärmlich, damit befasst, sich gegenseitig in Bruderkriegen zu dezimieren – irrationale Wesen, in deren Mitte zerstörerische Krankheiten wüten.«[320]

Diesem finsteren Afrika stellen afrobrasilianische Dichter ein anderes, leuchtendes gegenüber; eines, dem sie sich zumindest poetisch verbunden fühlen. »Ich bin Afrika«, schreibt etwa der 1911 geborene Dichter Benedito Lourenço da Silva, alias Belsilva: »eine schwarze Flagge, die im Raume zittert«. »Africa que somos nós« umreißt der 1946 geborene Dichter Jamu Minka, bürgerlich José Carlos de Andrade, den Stand der Dinge: »Afrika, das sind wir«. »Angola«, greift José Carlos Limeira (*1951) den Faden auf, »das ist das Land der freien Schwarzen / Dort ist alles Leben / sind alle Rassen / Afrika / das ist ein Wille«.[321]

So anmutig die Verse sein mögen, so unklar ist doch, wohin sie eigentlich führen sollen. Kann Afrika für schwarze Brasilianer wirklich noch eine ernsthafte ästhetische und politische Option sein? Hilft die Anrufung der vor Jahrhunderten verloren gegangenen Heimat ernsthaft dabei weiter, der schwarzen Hautfarbe zur Anerkennung zu verhelfen? Man kann daran zweifeln. Allzu unkritisch besehen, verwandelt sich »Afrika« in eine realitätsferne Utopie, die mit dem täglichen Leben in Brasilien kaum etwas zu tun hat. »Solche politisch inspirierten Bilder Afrikas und der Afrikaner wirken wie eingefroren. Die Kultur nimmt einen mythisch überhöhten Charakter an. Sie ist ohne jede Kreativität und Geschichtlichkeit.«[322]

Einige afrobrasilianische Künstler gehen darum einen anderen Weg. Margareth Menezes etwa, eine der auch international erfolgreichsten Sängerinnen ihres Land. Die Frau mit dem strahlenden Lächeln und dem charmanten Lockenkopf kommt 1962 in Boa Viagem, einem ärmeren, überwiegend von Schwarzen bewohnten Stadtviertel von Salvador da Bahia zur Welt. Fünf Geschwister hat sie, entsprechend schwer haben es die Eltern, die große Familie durchs Leben zu bringen. Bald singt das musikalisch hochbegabte Mädchen in den Kirchen der Stadt. 15 Jahre ist sie alt, als sie ihren ersten Gesangswettbewerb gewinnt, von dem Preisgeld kauft sie sich ihre erste eigene Gitarre. In den folgenden Jahren steht sie auch auf der Theaterbühne, tritt mit ihrer Musik in den *Centros Sociais Urbanos* auf, einem Verband von Gruppen, die sich um soziale Belange der ärmeren Bevölkerung kümmern. Hier lernt Menezes auch die Schwarzen-Bewegung der Stadt kennen. In ihrem ersten Hit, »Faraó (Divindade do Egito)«, wählt sie Afrika erstmals zum Thema ihrer Lieder. Ausgehend von den Göttern des alten Ägyptens, zieht sie einen raschen Bogen zu Olodum, dem Schöpfergott in der Religion der nigerianischen Yoruba, die in ihren Ablegern bis nach Brasilien reicht. In ihrem Song »Guerrilheiros da Jamaica« stimmt sie eine weitere Hymne auf Afrika an. »Mama, mama, África«, lautet der schwungvolle Refrain, der dem Kontinent der Väter ein hymnisches Denkmal setzt. Was Menezes aber vor allem am Herzen liegt, zeigte sie im Jahr 2005. Da gründet sie den *Movimento Afropop Brasileiro*, eine Bewegung, die nicht nur Musik, sondern sämtliche Formen schwarzer Kultur unterstützt. »Der Movimento Afro-Pop Brasileiro«, erklärt die Sängerin, »entsprang dem Traum, das afrikanisch inspirierte musikalische Universum Salvadors auszuweiten und bekanntzumachen. Es ist auf ewige Zeiten angelegt, denn es konzentriert das Verhalten einer Generation, die unabhängig von Hautfarbe, Ethnie oder Glauben eine bestimmte Art, Brasilien zu empfinden, zu denken oder zu leben, übersetzt.«[323]

Brasilien denken. Das heißt für Menezes und die Musiker und Aktivisten von Olodum und Afro Reggae vor allem eines: sich für eine offene Gesellschaft zu engagieren, für eine Nation, die Platz für alle ihre Bürger hat. Natürlich, die weiße Hautfarbe steht in der gesellschaftlichen, politischen und kulturellen Hierarchie weiterhin ganz oben. Aber das heißt nicht, dass an diese Stelle irgendwann die schwarze Hautfarbe treten sollte. Brasilien sei eine Liebesblume, zusammengesetzt aus »três raças tristes«, »drei traurigen Rassen«, schrieb der Dichter Olavo Bilac (1865-1918) in seinem Gedicht »Música brasileira«. Deren Gemüt versuchen die um das Land als Ganzes bemühten Künstler ein wenig aufzuheitern. Dies aber nicht, indem sie sie gegeneinander ausspielen, sondern sie im Gegenteil miteinander ins Gespräch bringen.

Nackt und wild

Was passiert, wenn dieses Gespräch ausbleibt, die Angehörigen der unterschiedlichen Gruppen nicht mit-, sondern
übereinander sprechen, das zeigt sich im Ruf, der der dritten großen brasilianischen »Rasse« anhängt: den Indianern.
So unterschiedlich ihre Gruppen vor der Ankunft der Portugiesen auch waren, eines ist ihnen gemeinsam: Alle hatten
unter der weißen Herrschaft zu leiden. Und sie litten nicht
nur, sondern starben auch. Vor der Kolonisierung des Landes lebten rund sieben Millionen Indianer in Brasilien. Heute sind es zwischen 350 000 und 500 000 – also nicht einmal
ein halbes Prozent der Gesamtbevölkerung.

Durch vielerlei Programme und Maßnahmen hat man im
20. Jahrhundert versucht, die Lebensweise der Indianer zu
schützen und ihre Traditionen zumindest in einigen ausge-
suchten Regionen zu erhalten. Doch so gut die Projekte auch
gemeint sind, sie lassen zwei grundlegende Elemente der Gegenwart außer Acht: Mobilität und Medien. Reisen und
Fernsehen haben dazu beigetragen, dass die allermeisten Indianer die Lebensweisen der Moderne längst übernommen
haben. Ihr Problem ist nur, dass sich das bei vielen Brasilianern noch nicht herumgesprochen hat. Dagegen gehen die
Indianer an. *Programa de índio* heißt eine Webseite, auf der
sie sich mit den gängigsten Vorstellungen ihrer nicht-india-
nischen Landsleute auseinandersetzen. Aus den auf der Seite abrufbaren Interviews kann man einen Eindruck davon
gewinnen, mit welchen Klischees sie sich nach wie vor auseinanderzusetzen haben. Lange habe sie angenommen, die
Indianer wären immer nackt und angemalt, erklärt eine der
befragten Personen. Eine andere spricht von der »Weisheit«
der Indianer, während eine weitere äußert, sie halte die Indianer für »primitiv, isoliert vom Rest der Gesellschaft und

ganz anders als die Stadtbevölkerung«.[324] Die Stereotypen sind so hartnäckig, dass oft nicht einmal die konkrete Erfahrung gegen sie ankommt. »In Belo Horizonte«, erzählt ein junger Mann indianischen Ursprungs, »kam einmal eine Frau auf mich zu und sagte mir, ich könne kein Indianer sein. Denn wäre ich einer, dann würde ich nackt herumlaufen. Ich sagte ihr, von mir könnten wir woanders hingehen, dann könnte sie mich nackt sehen. Die Frau war entrüstet. Ich fragte sie, ob sie wirklich glaube, dass ich mitten in der Stadt nackt herumlaufen würde? Wenn ich das täte, erklärte ich ihr, bekäme ich sofort Ärger mit der Polizei. Nackte Indianer kann man vielleicht am Amazonas sehen. Aber nicht mitten in der Stadt.«[325]

Gut, könnte man augenzwinkernd sagen, dass einige Indianer am Amazonas geblieben sind. Denn dort erfüllen sie eine wichtige Aufgabe: Sie versorgen die übrige Gesellschaft mit anmutigen Bildern, bedienen ihre romantischen Vorstellungen vom »Guten Wilden«. Denn am Amazonas, wo es ja sehr heiß ist, laufen sie zwar nicht mehr splitternackt umher, sind bisweilen aber ausgesprochen leicht bekleidet. Unbefangen oder gar »unschuldig« sind sie darum aber längst nicht. Wer regelmäßig bekleidete Menschen sieht, kommt sich durchaus komisch vor, wenn er selbst nackt umherliefe. Wenn die Indianer-Klischees sich trotzdem halten, erklärt der Indio-Aktivist Ailton Krenak (*1954), dann darum, weil das Bedürfnis nach ihnen so stark ist. Wie alle Bürger spätmoderner Gesellschaften sehnen sich die Brasilianer nach Authentizität, möchten sich weiter dem Traum paradiesischer Unschuld hingeben können. Und weil das nicht nur den Brasilianern so geht, sind die Indianer gefragte Darsteller im Programm internationaler Medienanstalten. Aus der ganzen Welt brechen internationale Fernsehteams ins Amazonasgebiet auf, um dort das Leben der Indianer zu »dokumentieren«. Allerdings macht das nur dann Sinn, wenn dieses Leben hinreichend exotisch und fremd ist. Wäre es so normal wie das des zu bedienenden Publikums, bekämen die Produzenten ernste Schwierigkeiten mit der Quote: Indianer, die in Jeans und Turnschuhen herumlaufen, will kein Mensch sehen. »Authentizität«, schreibt Krenak, »wird zu einem Produkt, das man dem Fernsehen oder sonst wem verkauft.«[326]

Wohin das romantische Indianerbild führen kann, hat Darcy Ribeiro in seinem Roman *Maíra* aus dem Jahr 1976 beschrieben. In ihm schildert er, wie Alma, eine junge Brasilianerin, um ihren Weg durchs Leben ringt. Seit langem lebt sie in São Paulo, doch glücklich wird sie dort nicht: Die Stadt erscheint ihr als seelenloses Ballungsgebiet, als Ort des falschen Lebens, in dem sich kein richtiges mehr führen lässt. Darum ist sie zum Reservat der Maírum aufgebrochen. Das weitläufig abgeriegelte Gebiet stellt sie sich als kleines Paradies vor. Hier, hofft sie, wird sie jene Ruhe finden, nach der sie sich so sehnt. Doch es soll daraus nichts werden: Ein paar Monate später ist die junge Frau tot.

Es ist eine deprimierende Konstellation, die Ribeiro umreißt: eine junge Zivilisationsflüchtige, die nirgends zu Hause ist, weder im zeitgenössischen Brasilien noch im Reservat der Maírum. Die Indianer bleiben ihr fremd, daran ändert auch die Liebe zu Jaguar, einem jungen Stammesmitglied, nichts. Die Geburt der gemeinsamen Kinder wird sie in dem entlegenen Revier nicht überleben. Auch Isaiás, alias Avá, der junge Mann vom Stamm der Maírum, findet sich in dem Reservat nicht mehr zurecht. In Rom hat er Theologie studiert. Zurück in Amazonien wird er den Anschluss an die Seinen nicht mehr finden. Zu unterschiedlich sind die Erfahrungen des Weltreisenden und seiner Verwandten, die ihre Region niemals verlassen haben.[327]

Seelensuche auf Brasilianisch

So ist Avá ein Heimatloser nach Art von Macunaíma, des »Helden ohne jeden Charakter«. Auf der Suche nach seiner brasilianischen Seele durchstreifte Macunaíma das gesamte Land. Gefunden hat er diese Seele nicht. Vielleicht konnte er sie auch nicht finden – und zwar einfach deshalb, weil es diese Seele nicht gibt. Zu unterschiedlich sind Land und Leute, als dass sie sich für immer auf einen Punkt bringen ließen. Macunaíma und Avá, das sind zwei ewig Suchende – und vielleicht gerade in dieser Eigenschaft die typischen Brasilianer. Samba, Fußball, Lebensfreude: So scheint Brasilien von außen betrachtet. Tatsächlich ist alles ein bisschen komplizierter. In dem Land kennt man auch andere Empfindungen und andere Geschichten. Und Kultur heißt nichts anderes, als das Andenken an die alten Geschichten zu bewahren und sich die neuen in zeitgemäßen Formen zu erzählen. Von den Reiseschilderungen der ersten Chronisten bis zu den schnellen Bildsequenzen des Kinos: Seit mehr als einem halben Jahrtausend deuten die Brasilianer sich und ihr Land, über das sie sich die unterschiedlichsten Geschichten erzählen. Das ist nicht viel – einerseits. Andererseits ist es mit das Wichtigste, was Menschen überhaupt tun können. Denn Erzählen heißt, Grenzen zu überwinden, zu versuchen, sich gegenseitig zu verstehen. Das ist aber eine Aufgabe, die niemals an ihr Ende kommen wird. Und darum wird die brasilianische Kultur aber auch in Zukunft blühen. Von der Kultur lässt man nicht ab in einem Land, das so groß ist, dass es sich selbst nicht fassen kann.

Bibliographie

Alencastro, Luiz Felipe de, *O trato dos viventes: Formação do Brasil no Atlântico Sul*, São Paulo, 2000.

Araripe Júnior/Tristão de Alencar, *Teoria, crítica e história literária*, São Paulo, 1978.

Araújo, Emanuel, *O teatro dos vícios. Transgressão e transingência na sociedade urbana colonial*, Rio de Janeiro, 1993.

Augras, Monique, *O Brasil do Samba-Enredo,* Rio de Janeiro, 1998.

Azevedo, Fernando, *A transmissão da Cultura (Parte Terceira da 5.a edição da obra »A Cultura Brasileira«)*, Brasília, 1976.

Barbosa Seixas/Maria Lucília, *A Natureza Brasileira nas Fontes Portuguesas do Século XVI. Para uma tipologia das grandezas do Brasil*, Viseu, 2003.

Bennassar, Bartolomé/Richard Martin, *História do Brasil. 1500-2000*, Lissabon, 2000.

Bernecker, Walther L./Horst Pietschmann/Rüdiger Zoller, *Eine kleine Geschichte Brasiliens*, Frankfurt/M., 2000.

Bernecker, Walther L. u. a. (Hg.), *Handbuch der Geschichte Lateinamerikas*, Stuttgart, 1994.

Birmingham, David, *Historia de Portugal*, New York, 1995.

Boal, Augusto, *Milagre no Brasil*, Rio de Janeiro, 1997.

Bosi, Alfredo, *História Concisa da Literatura Brasileira*, São Paulo, 2006.

Botelho, André/Lilia Moritz Schwarcz, *Agenda brasileira: temas de uma sociedade em mudança*, São Paulo, 2011.

Buarque de Holanda, Sérgio, *História Geral da Civilização Brasileira,* São Paulo, 1960.

Busch, Alexander, *Wirtschaftsmacht Brasilien,* München 2001, E-Book.

Candido, Antonio, *Formação da Literatura Brasileira (Momentos Decisivos)*, São Paulo, 1957.

Carvalho, Elizabeth, »Telejornalismo: a década do jornal da tranquilidade«, in: *Anos 70*, Bd. 5.

Castro, Ruy, *Chega de saudade. A história e as histórias da Bossa Nova*, São Paulo, 2008.

Castro, Sílvio (Hg.), *História da Literatura Brasileira*, Lissabon, 1999.

Costa, Sérgio/Gerd Kohlhepp/Horst Nitschack/Hartmut Sangmeister, *Brasilien heute. Geographischer Raum — Politik — Wirtschaft — Kultur*, Frankfurt/M., 2010.

Coutinho, Afrânio (Hg.), *A Literatura no Brasil*, São Paulo, 1999.

Cunha, Euclides da, *Krieg im Sertão*. Aus dem Brasilianischen von Berthold Zilly, Frankfurt/M., 1994.

Coutinho, José Joaquim da Cunha de Azeredo, »Análise sobre a justiça do comércio do resgate dos escravos da costa da África«, in: *Obras Econômicas*, São Paulo, 1966.

Dahdah, Farès El-, *Lucio Costa. Brasília's Superquadra*, München, 2005.

Daniel, Herbert, *Passagem para o próximo sonho: um possível romance autocrítico*, Rio de Janeiro, 1982.

Diniz, André, *Almanaque do Samba*, Rio de Janeiro, 2012, E-Book.

Ferreiro, Felipe, *O livro de ouro do Carnaval Brasileiro*, Rio de Janeiro, 2004.

Florentino, Manolo/José Roberto Góes, *A Paz das Senzalas. Famílias Escravas e Tráfico Atlântico, Rio de Janeiro, c. 1790-c. 1850*, Rio de Janeiro, 1997.

Freitas, Décio, *República de Palmares. Pesquisa e comentários em documentos históricos do século XVII*, Maceió, 2004.

Freyre, Gilberto, *Herrenhaus und Sklavenhütte. Ein Bild der brasilianischen Gesellschaft*. Aus dem Portugiesischen von Ludwig Graf von Schönfeldt, Köln/Berlin, 1965.

Gabeira, Fernando, *Die Guerilleros sind müde*. Aus dem Brasilianischen von Henry Thorau und Martina Spilu, Frankfurt/M., 1982.

Gomes, Flávio, *Palmares: Escravidão e liberdade no Atlântico Sul*, São Paulo, 2005.

Guimarães, Carlos Magno, »Mineração, quilombos e Palmares — Minas Gerais no século XVIII«, in: João José Reis/Flávio dos Santos Gomes, *Liberade por um fio: história dos quilombos no Brasil*, São Paulo, 1996, S. 139-163.

Hunold Lara, Silvia, »Do singular ao plural — Palmares, capitães-do-mato e o governo dos escravos«, in: João José Reis/Flávio dos

Santos Gomes, *Liberade por um fio: história dos quilombos no Brasil*, São Paulo, 1996, S. 81-109.

Ianni, Octavio, *As Metamorfoses do Escravo. Apogeu e crise da escravatura no Brasil Meridional*, São Paulo, 1962.

Philip Jodidio, *Oscar Niemeyer. Die ewige Morgenröte*, Köln, 2012.

Karasch, Mary C., *A vida dos escravos no Rio de Janeiro (1808-1850)*, São Paulo, 2000.

Kareh, Almir Chaiban El-, »O Rio de Janeiro e as primeiras linhas transatlânticas de paquetes a vapor: 1850-1860«, in: *História Econômica & História de Empresas*, 2003, S. 33-56.

Kubitscheck, Juscelino, *Por que construí Brasília*, Brasília, 2000, E-Book.

Lage de Resende, Maria Efegênia / Luiz Carlos Villalta, *História de Minas Gerais*, 2 Bde., Belo Horizonte, 2007.

Larkin Nascimento, Elisa, *The Sorcery of Color. Identity, Race, and Gender in Brazil*, Philadelphia, 2007.

Leite, Serafim, *Novas Cartas Jesuíticas (De Nóbrega a Vieira)*, São Paulo / Rio / Recife / Pôrto Alegre, 1940.

Malheiro, Perdigão, *A escravidão no Brasil. Ensaio histórico, jurídico, social*, Petrópolis, 1976.

Mattos, Hebe Maria, *Escravidão e cidadania no Brasil Monárquico*, Rio de Janeiro, 2000.

Mattos, Hebe Maria, *Das Cores do Silêncio. Os significados da Liberdade no Sudeste Escravista. Brasil Século XIX*, Rio de Janeiro, 1998.

Mello e Souza, Laura de (Hg.), *História da vida privada na América Portuguesa*, São Paulo, 1997.

Mendonça Teles, Gilberto (Hg.), *Vanguardia Européia e Modernismo Brasileiro. Apresentação crítica dos principais manifestos, prefácios e conferências vanguardistas, de 1857 até hoje*, Petrópolis, 1972.

Milhou, Alain, »Die Neue Welt als geistiges und moralisches Problem (1492-1609)«, in: Walther L. Bernecker u. a. (Hg.), *Handbuch der Geschichte Amerikas*, Bd. 1, Stuttgart, 1994, S. 274-296.

Needell, Jeffrey D., *A tropical Belle Époque. Elite Culture and Society in Turn-of-the-Century Rio de Janeiro*, Cambridge, 1987.

Novais, Fernando A. / Laura de Mello e Souza, *História da Vida Privada No Brasil, Tomo I: Cotidiano e vida privada na América Portuguesa*, São Paulo, 1998.

Novais, Fernando A. / Luiz Felipe de Alencastro (Hg.), *História da vida privada no Brasil*, São Paulo, 4 Bde., Rio de Janeiro, 1999.

Paz, Carlos Eugênio, *Viagem à luta armada*, Rio de Janeiro, 1996.

Pernambucano de Mello, Frederico, *Que foi a guerra total de Canudos*, Recife, Zürich, 1997.

Pierson, Donald, *Brancos e prêtos na Bahia: estudo de contacto racial*, São Paulo, 1971.

Pimentel, María do Rosário, *Viagem ao fundo das consciências. A Escravatura na época moderna*, Lissabon, 1995.

Prado, Paulo, *Província & Nação & Paulística & Retrato do Brasil*, Rio de Janeiro, 1972.

Prado, Paulo, *Retrato do Brasil. Ensaio sobre a tristeza brasileira*, eBooksbrasil, São Paulo, 2006.

Queirós Mattoso, Katia M. de, *Être esclave au Brésil. XVI-XIX*, Paris, 1979.

Ramos, Arthur, *O Negro Brasileiro*, »Introdução«:
http://www.scielo.br/scielo.php?pid=S1415-47142007000400001
5&script=sci_arttext

Ramos Tinhorão, José, *Música popular – do gramofone ao rádio e TV*, São Paulo, 1981.

Ridenti, Marcelo, *Em busca do povo brasileiro. Artistas da revolução, do CPC à era da TV*, Rio de Janeiro, 2000.

Rio, João do, *A alma encantadora das ruas*, Rio de Janeiro, 1995.

Rodríguez Monegal, Emir (Hg.), *Die Neue Welt. Chroniken Lateinamerikas von Kolumbus bis zu den Unabhängigkeitskriegen*, Frankfurt/M., 1982.

Sadlier, Darlene J., *Brazil Imagined. 1500 to the Present*, Austin, 2008.

Sayers, Raymond S., *O Negro na Literatura Brasileira*, Rio de Janeiro, 1958.

Sevcenko, Nicolau, *Orfeu Extático na metrópole. São Paulo, sociedade e cultura nos frementes anos 20*, São Paulo, 1992.

Sevcenko, Nicolau, *A corrida para o século XXI. No loop da montanha russa*, São Paulo, 2001.

Silva, Alberto Moby Ribeiro da, *Sinal fechado: A música popular brasileira sob censura (1937-45/1969-78)*, Rio de Janeiro, 1994, E-Book.

Simonsen, Roberto C., *História econômica do Brasil (1500-1820)*, São Paulo, 1978.

Sirkis, Alfredo, *Os carbonári: memórias da guerrilha perdida*, São Paulo, 1984.

Slenes, Robert W., *Na senzala, uma flor: esperanças e recorações na formação da família escrava. Brasil Sudeste, século XIX*, Rio de Janeiro, 1999.

Strausfeld, Mechthild (Hg.), *Brasilianische Literatur*, Frankfurt/M., 1984.

Thomas, Georg, »Die portugiesische Expansion«, in: Walther L. Bernecker u. a. (Hg.), *Handbuch der Geschichte Amerikas*, Bd. 1, Stuttgart, 1994, S. 298-310.

Thomas, Georg, »Das portugiesische Amerika (1549-1695)«, in: Walther L. Bernecker u. a. (Hg.), *Handbuch der Geschichte Amerikas*, Bd. 1, Stuttgart, 1994, S. 597-659.

Tufano, Douglas, *Modernismo. Literatura brasileira (1922-1945)*, São Paulo, 2003.

Ventura, Zuenir, *1968, o ano que não terminou*, Rio de Janeiro, 1989.

Veríssimo, José, *História da Literatura Brasileira*, Rio de Janeiro, 1954.

Weis-Bomfim, Patricia, *Afrobrasilianische Literatur. Geschichte, Konzepte, Autoren*, Mettingen, 2002.

Werneck Sodré, Nelson, *História da Literatura Brasileira*, Rio de Janeiro, 1988.

Primärliteratur:

Anchieta, José de, *Cartas, Informações, Fragmentos Históricos, e Sermões*, Rio de Janeiro, 1933.

Andreoni, João Antônio, *Cultura e Opulência do Brasil*:
http://www.dominiopublico.gov.br/download/texto/bv000026.pdf

Brandão, Ambrósio Fernandes, *Diálogos das Grandezas do Brasil*, São Paulo, 1977.

Brito, Paulo José Miguel de, *Memória sobre a Capitania de Santa Catarina, escrita no Rio de Janeiro em o ano de 1816*, Lissabon, 1829.

Debret, Jean-Baptiste, *Rio de Janeiro. La ville métisse. Illustrations & Commentaires de Jean-Baptiste Debret*, Paris, 2001, hg. von Patrick Straumann.

Durão, José de Santa Rita, *Caramuru. Poema Epico do Descobrimento da Bahia*, Lissabon, 1781.

Gândavo, Pero de Magalhães, *Tratado da Terra do Brasil. História da província Santa Cruz*, Belo Horizonte, 1980, S. 40.

Léry, Jean de, *Unter Menschenfressern am Amazonas. Brasilianisches Tagebuch 1556-1558*, Tübingen/Basel, 1967.

Matos, Gregório de, *Ausgewählte Gedichte*, hg. von Carlos Azevedo/Matthias Röhrig-Assunção, Berlin, 1992.

Matos Guerra, Gregório de, *Obra poética*, Rio de Janeiro, 1990.

Nabuco, Joaquim, *O Abolicionismo*, Petrópolis, 2000.

Nóbrega, Manoel, *Cartas do Brasil (1549-1560)*, Rio de Janeiro, 1931.

Santa Maria Jaboatão, Antônio de, *Discurso Histórico, Geográfico, Genealógico, Político, e Encomiástico*, Lissabon, 1751.

Staden, Hans, *Zwei Reisen nach Brasilien, 1548-1555*, Marburg an der Lahn, 1995.

Vaz de Caminha, Pero, »Die natürlichen Wilden«, in: Emir Rodríguez Monegal (Hg.), *Die Neue Welt. Chroniken Lateinamerikas von Kolumbus bis zu den Unabhängigkeitskriegen*, Frankfurt/M., 1982, S. 78-80.

Verspucci, Amerigo, »Die Neue Welt«, in: Emir Rodríguez Monegal (Hg.), a. a. O., S. 81-88.

Vieira, Antônio Vieira, *Sermões*, Porto, 1993.

Warren, Jonathan W., *Racial Revolutions. Antiracism & Indian Resurgence in Brasil*, Durham/London, 2001.

Anmerkungen

1 Begegnung am Strand. Die Alte trifft die Neue Welt

1 Pero Vaz de Caminha, *Carta do achamento do Brasil*, http://educacao.uol. com.br/historia-brasil/brasil-colonia-documentos-1-carta-de-achamento-do-brasil.jhtm

2 Zitiert nach: Pero Vaz de Caminha, »Die natürlichen Wilden«, in: Emir Rodríguez Monegal (Hg.), *Die Neue Welt. Chroniken Lateinamerikas von Kolumbus bis zu den Unabhängigkeitskriegen*, Frankfurt/M., 1982, S. 78.

3 Zitiert nach: Pero Vaz de Caminha, a. a. O., S. 79f.

4 Pero Vaz de Caminha, *Carta do achamento do Brasil*, http://educacao.uol. com.br/historia-brasil/brasil-colonia-documentos-1-carta-de-achamento-do-brasil.jhtm

5 Zur Diskussion um die Herkunft und den moralisch-theologischen Status der Indianer vgl. Alain Milhou, »Die Neue Welt als geistiges und moralisches Problem (1492-1609)«, in: Walther L. Bernecker u.a. (Hg.), *Handbuch der Geschichte Amerikas*, Band 1, Stuttgart, 1994, S. 274-296.

6 Zur frühen Kolonisierung Brasiliens vgl. Georg Thomas, »Die portugiesische Expansion«, in: Walther L. Bernecker u.a. (Hg.), *Handbuch der Geschichte Amerikas*, Bd. 1, Stuttgart, 1994, S. 298ff.

7 Georg Thomas, »Das portugiesische Amerika (1549-1695)«, in: Walther L. Bernecker u.a. (Hg.), *Handbuch der Geschichte Amerikas*, Bd. 1, Stuttgart, 1994, S. 597-659.

8 Amerigo Vespucci, »Die Neue Welt«, zitiert nach Emir Rodríguez Monegal (Hg.), a. a. O., S. 86.

9 Zitiert nach Bartolomé Bennassar/Richard Martin, *História do Brasil. 1500-2000*, Lissabon, 2000, S. 18.

10 Hans Staden, *Zwei Reisen nach Brasilien, 1548-1555*, Marburg an der Lahn, 1995, S. 136.

11 Jean de Léry, *Unter Menschenfressern am Amazonas. Brasilianisches Tagebuch 1556-1558*, Tübingen und Basel, 1967, S. 274f.

12 Zitiert nach Darlene J. Sadlier, *Brazil Imagined. 1500 to the Present*, Austin, 2008, S. 34.

13 Zitiert nach Alfredo Bosi, *História Concisa da Literatura Brasileira*, São Paulo, 2006, S. 17.

14 Zur Diskussion um die Herkunft und den moralisch-theologischen Status der Indianer vgl. Alain Milhou, »Die Neue Welt als geistiges und moralisches Problem (1492-1609)«, in: Walther L. Bernecker u. a. (Hg.), *Handbuch der Geschichte Amerikas*, Bd. 1, Stuttgart, 1994, S. 274-296.

15 Georg Thomas, »Die portugiesische Expansion«, a.a.O., S. 309.
16 Zitiert nach Darlene J. Sadlier, *Brazil Imagined. 1500 to the Present*, Austin, 2008, S. 19.

2 Jenseits von Portugal. Die Kolonie entdeckt sich selbst

17 Amerigo Vespucci, *Quatro Navegaçõs*; vgl. Hugh Thomas, »Rivers of Gold«.
18 Zitiert nach Walther L. Bernecker/Horst Pietschmann/Rüdiger Zoller, *Eine kleine Geschichte Brasiliens*, Frankfurt/M., 2000, S. 46.
19 Zitiert nach Sílvio Castro (Hg.), *História da Literatura Brasileira*, Vol. 1, Portugal, 1999, S. 157.
20 Roberto C. Simonsen, *História econômica do Brasil (1500-1820)*, São Paulo, 1978, S. 59.
21 Sérgio Buarque de Holanda, *História Geral da Civilização Brasileira, Tomo I: Do Descobrimento à Expansão Territorial*, São Paulo, 1960, S. 284.
22 Sérgio Buarque de Holanda, a.a.O., S. 282.
23 In: Serafim Leite, a.a.O., *Novas Cartas Jesuíticas (De Nóbrega a Vieira)*, São Paulo/Rio/Recife/Pôrto Alegre, 1940, S. 290f.
24 Zitiert nach Luiz Felipe de Alencastro, *O tratos dos viventes. Formação do Brasil no Atlântico Sul – Séculos XVI e XVII*, São Paulo, 2000, S. 59.
25 José Veríssimo, *História da Literatura Brasileira*, Rio de Janeiro, 1954, S. 33f.
26 In: Serafim Leite, a.a., S. 112.
27 Fernando Azevedo, *A transmissão da Cultura (Parte Terceira da 5.a edição da obra »A Cultura Brasileira«)*, Brasília, 1976, S. 20.
28 Wilson Martins, *História da Inteligência Brasileira*, 1977, S. 13.
29 In: Serafim Leite, a.a.O., S. 295.
30 Zitiert nach Nelson Werneck Sodré, *História da Literatura Brasileira*, Rio de Janeiro, 1988, S. 79.
31 José de Santa Rita Durão, *Caramuru. Poema Epico do Descobrimento da Bahia*, Lissabon, 1781, S. 45.
32 Zitiert nach José Ariel Castro, »Formação e Desenvolvimento da Língua Nacional Brasileira«, in: Afrânio Coutinho, *A Literatura no Brasil*, São Paulo, 1999, Bd. 1, S. 268.
33 Manoel Nóbrega, *Cartas do Brasil (1549-1560)*, Rio de Janeiro, 1931, S. 73.
34 In: Serafim Leite, a.a.O., S. 30.
35 In: Serafim Leite, a.a.O., S. 60.
36 Pero de Magalhães Gândavo, *Tratado da Terra do Brasil. História da província Santa Cruz*, Belo Horizonte, 1980.
37 Zitiert nach José Ariel Castro, »Formação e Desenvolvimento da Língua Nacional Brasileira«, in: Afrânio Coutinho, *A Literatura no Brasil*, São Paulo, 1999, S. 280f.

38 Zitiert nach Armando Carvalho, »A Literatura jesuítica«, in: Afrânio Coutinho, *A Literatura no Brasil,* Bd. 2, S. 64.

39 Zitiert nach Armando Carvalho, a. a. O., S. 67.

40 José Veríssimo, *História da Literatura Brasileira,* Bd. 2, Rio de Janeiro, 1954, S. 189.

41 Zitiert nach Eugênio Gomez, »Antônio Vieira«, in: Afrânio Coutinho, *A Literatura no Brasil,* Bd. 2, S. 108.

42 Zitiert nach Sílvio Castro, »A província do Brasil do padre Antônio Vieira«, in: ders., *História da Literatura Brasileira,* Vol. 1, S. 169.

43 In: Serafim Leite, a. a. O., S. 60.

44 In: Serafim Leite, a. a. O., S. 59.

45 Zitiert nach José Ariel Castro, »Formação e Desenvolvimento da Língua Nacional Brasileira«, in: Afrânio Coutinho, *A Literatura no Brasil,* São Paulo, 1999, Bd. 1, S. 286.

46 Zitiert nach José Ariel Castro, a. a. O., S. 278f.

47 In: Serafim Leite, a. a. O., S. 32.

48 In: Serafim Leite, a. a. O., S. 143ff.

49 In: Serafim Leite, a. a. O., S. 149.

50 Eduardo Scarlatti, *Um método crítico e os seus resultados,* zitiert nach Afrânio Coutinho, *A Literatura no Brasil,* Bd. 2, S. 67.

51 Zitiert nach Emanuel Araújo, *O teatro dos vícios. Transgressão e transingência na sociedade urbana colonial,* Rio de Janeiro, 1993, S. 136.

52 Zitiert nach Emanuel Araújo, a. a. O., S. 133.

53 Zitiert nach Maria Lucília Barbosa Seixas, *A Natureza Brasileira nas Fontes Portuguesas do Século XVI. Para uma tipologia das grandezas do Brasil,* Viseu, 2003, S. 144.

54 Ambrósio Fernandes Brandão, *Diálogos das Grandezas do Brasil,* São Paulo, 1977, S. 102.

55 Zitiert nach Emanuel Araújo, a. a. O., S. 112.

56 Tristão de Alencar Araripe Júnior, *Teoria, crítica e história literária,* São Paulo, 1978, S. 281f.

57 Zitiert nach Emanuel Araújo, a. a. O., S. 283ff.

58 Zitiert nach Emanuel Araújo, a. a. O., S. 284.

59 Dieses und die folgenden Zitate sind, soweit nicht anders angegeben, entnommen aus: Gregório de Matos, *Ausgewählte Gedichte,* hg. von Carlos Azevedo / Matthias Röhrig-Assunção, Berlin, 1992.

60 Zitiert nach Emanuel Araújo, a. a. O., S. 232f.

61 Dieses und die folgenden Zitate sind, soweit nicht anders angegeben, entnommen aus: Gregório de Matos, *Ausgewählte Gedichte,* Hg. von Carlos Azevedo / Matthias Röhrig-Assunção, Berlin, 1992.

62 Paulo Prado, *Província & Nação & Paulística & Retrato do Brasil,* Rio de Janeiro, 1972, S. 195.

63 Antônio Vieira, *Sermões*, Porto, 1993, S. 733ff.

64 Diese und die folgenden Zitate nach María do Rosário Pimentel, *Viagem ao fundo das consciências. A Escravatura na época moderna*, Lissabon, 1995, S. 167ff.

65 María do Rosário Pimentel, *Viagem ao fundo das consciências. A Escravatura na época moderna*, Lissabon, 1995, S. 172.

66 David Birmingham, *Historia de Portugal*, New York, 1995, S. 35.

67 Luiz Felipe de Alencastro, a. a. O., S. 85.

68 Luiz Felipe de Alencastro, a. a. O., S. 147.

69 Luiz Felipe de Alencastro, a. a. O., S. 85.

70 María do Rosário Pimentel, *Viagem ao fundo das consciências. A Escravatura na época moderna*, Lissabon, 1995, S. 166.

71 María do Rosário Pimentel, a. a. O., S. 166.

72 Luiz Felipe de Alencastro, a. a. O., S. 148.

73 Vgl. Perdigão Malheiro, *A escravidão no Brasil. Ensaio histórico, jurídico, social*, Petrópolis, 1976, S. 46.

74 Katia M. de Queirós Mattoso, *Être esclave au Brésil. XVI-XIX*, Paris, 1979. S. 135.

75 Zitiert nach Mary C. Karasch, *A vida dos escravos no Rio de Janeiro (1808-1850)*, 2000, S. 170.

76 Zitiert nach Octavio Ianni, *As Metamorfoses do Escravo. Apogeu e crise da escravatura no Brasil Meridional*, São Paulo, 1962, S. 138.

77 Patrick Straumann (Hg.), *Rio de Janeiro. La ville métisse. Illustrations & Commentaires de Jean-Baptiste Debret*, Paris, 2001, S. 99.

78 Zitiert nach José Martiniano Silva, *Quilombos do Brasil Central: Violência e resistência escrava*, Goiâna, 2003, S. 244.

79 Patrick Straumann (Hg.), a. a. O., S. 96.

80 José de Anchieta, *Cartas, Informações, Fragmentos Históricos, e Sermões*, Rio de Janeiro, 1933, S. 414.

81 Zitiert nach Raymond S. Sayers, *O Negro na Literatura Brasileira*, Rio de Janeiro, 1958, S. 73f.

82 Zitiert nach Donald Pierson, *Brancos e prêtos na Bahia: estudo de contacto racial*, São Paulo, 1971, S. 181.

83 Robert W. Slenes, *Na senzala, uma flor: esperanças e recorações na formação da família escrava. Brasil Sudeste, século XIX*, 1999, S. 52.

84 Zitiert nach Silvia Hunold Lara, »Do singular ao plural – Palmares, capitães-do-mato eo governo dos escravos«, in: João José Reis / Flávio dos Santos Gomes, *Liberade por um fio: história dos quilombos no Brasil*, São Paulo, 1996, S. 88.

85 Zitiert nach Manolo Florentino / José Roberto Góes, *A Paz das Senzalas. Famílias Escravas e Tráfico Atlântico, Rio de Janeiro, c. 1790-c. 1850*, Rio de Janeiro, 1997, S. 33.

86 Flávio Gomes, *Palmares: Escravidão e liberdade no Atlântico Sul*, São Paulo, 2005, S. 105.

87 Zitiert nach Carlos Magno Guimarães, »Mineração, quilombos e Palmares – Minas Gerais no século XVIII«, in: João José Reis / Flávio dos Santos Gomes, *Liberade por um fio: história dos quilombos no Brasil*, São Paulo, 1996, S. 147.

88 Zitiert nach Décio Freitas, *República de Palmares. Pesquisa e comentários em documentos históricos do século XVII*, Maceió, 2004, S. 49.

89 Flávio Gomes, a. a. O., S. 73f.

90 Zitiert nach Raymond S. Sayers, *O Negro na Literatura Brasileira*, Rio de Janeiro, 1958, S. 70.

4 Von Farbe und Freiheit. Die Abschaffung der Sklaverei

91 Ronaldo Vainfas, a. a. O., S. 235.

92 Zitiert nach Donald Pierson, *Brancos e Pretos na Bahia: estudo de contacto racial*, São Paulo, 1971, S. 201.

93 Ronaldo Vainfas, »Moralidades brasílicas: deleites sexuais e linguagem erótica na sociedade escravista«, in: Laura de Mello e Souza, *História da vida privada na América Portuguesa*, São Paulo, 1997, S. 233.

94 João Antônio Andreoni, *Cultura e Opulência do Brasil*, vgl. http://www.domi niopublico.gov.br/download/texto/bv000026.pdf

95 Gilberto Freyre, *Herrenhaus und Sklavenhütte. Ein Bild der brasilianischen Gesellschaft*, Köln/Berlin, 1965, S. 317.

96 Zitiert nach Ronaldo Vainfas, a. a. O., S. 240.

97 Vgl. Georg Thomas, »Das portugiesische Amerika (1549-1695)«, in: Bernecker, Walther L. u. a. (Hg.), *Handbuch der Geschichte Lateinamerikas*, Stuttgart, 1994, S. 597ff.

98 Patricia Weis-Bomfim, *Afrobrasilianische Literatur. Geschichte, Konzepte, Autoren*, Mettingen, 2002, S. 19.

99 João Antônio Andreoni, *Cultura e Opulência do Brasil*, Belo Horizonte, 1982, S. 78.

100 Antônio de Santa Maria Jaboatão, *Discurso Histórico, Geográfico, Genealógico, Político, e Encomiástico*, Lissabon, 1751, S. 168.

101 Gregório de Matos Guerra, *Obra poética*, Rio de Janeiro, 1990.

102 Zitiert nach Raymond S. Sayers, *O Negro na Literatura Brasileira*, Rio de Janeiro, 1958, S. 101.

103 Zitiert nach Raymond S. Sayers, a. a. O., S. 104.

104 Hebe Maria Mattos, *Escravidão e cidadania no Brasil Monárquico*, Rio de Janeiro, 2000, S. 8.

105 Zur Geschichte der Sklaverei im 19. Jahrhundert vgl. Walther L. Bernecker, Horst Pietschmann / Rüdiger Zoller, *Eine kleine Geschichte Brasiliens*, Frankfurt/M., 2000, S. 166ff.

106 Zitiert nach Raymond S. Sayers, a. a. O., S. 128.

107 Paulo José Miguel de Brito, *Memória sobre a Capitania de Santa Catarina, escrita no Rio de Janeiro em o ano de 1816*, Lissabon 1829, S. 24.

108 Zitiert nach Raymond S. Sayers, a. a. O., S. 192.

109 Antonio Gonçalves Teixeira e Sousa, *A Independência do Brasil*, Rio de Janeiro, 1847, Bd. I, S. 209.

110 Zitiert nach Raymond S. Sayers, a. a. O., S. 163.

111 Zitiert nach Raymond S. Sayers, a. a. O., S. 214.

112 Arthur Ramos, in: *O Negro Brasileiro*, »Introdução«:
   http://www.scielo.br/scielo.php?pid=S1415-47142007000400015&script
   =sci_arttext

113 Joaquim Nabuco, *O Abolicionismo*, Petrópolis, 2000, S. 28.

114 Joaquim Nabuco, a. a. O., S. 36.

115 Hebe Maria Mattos, *Das Cores do Silêncio. Os significados da Liberdade no Sudeste Escravista. Brasil Século XIX*, Rio de Janeiro, 1998, S. 287.

5 Der Ruf vom Iparanga. Brasilien wird unabhängig

116 André João Antonil, *Cultura e opulência do Brasil por suas drogas e minas*,
   http://www.dominiopublico.gov.br/download/texto/bv000026.pdf

117 André João Antonil, a. a. O.

118 Vgl. Bartolomé Bennassar/Richard Martin, *História do Brasil, 1500-2000*, Lissabon, 2000, S. 103.

119 Zitiert nach Sílvio Castro/Maria do Carmo Lanna Figueiredo, »Constantes literárias e sentimento nativista«, in: Sílvio Castro, (Hg.), *História da Literatura Brasileira*, Lissabon, 1999, Bd. 1, S. 252.

120 Zitiert nach Sílvio Castro/Maria do Carmo Lanna Figueiredo, »Constantes literárias e sentimento nativista«, in: Sílvio Castro (Hg.), a. a. O., S. 265.

121 Zitiert nach Luiz Carlos Villalta, »As origens intelctuais e políticas da Inconfidência Mineira«, in: Maria Efegênia Lage de Resende/Luiz Carlos Villalta, *História de Minas Gerais*, Belo Horizonte, 2007, Bd. 2, S. 53.

122 Thomas Raynal, *Histoire des deux Indes*, 1780, Bd. 31.
   http://opus.kobv.de/ubp/volltexte/2012/5549/html/bancarel.htm

123 Zitiert nach Luiz Carlos Villalta/André Pedroso Becho, »Lugares, espaços e identidades coletivas na Inconfidência Mineira«, in: Maria Efegênia Lage de Resende/Luiz Carlos Villalta, a. a. O., S. 73.

124 Zitiert nach István Jancsó, »A sedução da liberdade: Cotidiano e contestação política no final do século XVIII«, in: Fernando A. Novais/Laura de Mello e Souza, *História da Vida Privada No Brasil, Tomo I: Cotidiano e vida privada na América Portuguesa*, São Paulo, 1998, S. 403.

125 Zitiert nach István Jancsó, »A sedução da liberdade: Cotidiano e contestação política no final do século XVIII«, in: Fernando A. Novais/Laura de Mello e Souza, a. a. O., S. 407.

126 Zitiert nach Bartolomé Bennassar/Richard Martin, *História do Brasil*, 1500-2000, Lissabon, 2000, S. 103.

127 Zitiert nach Nelson Werneck Sodré, *História da Literatura Brasileira*, Rio de Janeiro, 1988, S. 143f.

128 Zitiert nach István Jancsó, »A sedução da liberdade: Cotidiano e contestação política no final do século XVIII«, in: Fernando A. Novais/Laura de Mello e Souza, a. a. O., S. 407.

129 *Autos de Devassa da Inconfidência Mineira*, Vol. 8., Câmara dos Deputados, Brasília, 1977, zitiert nach:
http://www.descubraminas.com.br/MinasGerais/Pagina.aspx?cod_pgi=2130

130 Tomás Antonio Gonzaga, *Cartas Chilenas*, NEAD – NÚCLEO DE EDUCAÇÃO A DISTÂNCIA, Belém, S. 68.
http://www.dominiopublico.gov.br/download/texto/ua000293.pdf

131 Zitiert nach István Jancsó, »A sedução da liberdade: Cotidiano e contestação política no final do século XVIII«, in: Fernando A. Novais/Laura de Mello e Souza, a. a. O., S. 399.

132 Zitiert nach Hebe Maria Mattos, *Escravidão e cidadania no Brasil Monárquico*, Rio de Janeiro, 2000, S. 27.

133 Zitiert nach István Jancsó, a. a. O., S. 435.

134 Zitiert nach Sérgio Buarque de Holanda, *História Geral da Civilização Brasileira, Tomo I: A Época Colonial*, São Paulo, 1960, S. 413.

135 Zitiert nach Sérgio Buarque de Holanda, a. a. O., S. 416.

6 Süßer als die Honigbiene. Die Romantik und die Indianer

136 José de Alencar, »A Confederação dos Tamoios«, in: ders., *Obra Completa*, 1959, S. 98.

137 Antonio Candido, *Formação da Literatura Brasileira (Momentos Decisivos)*, Tomo I, São Paulo, 1957, S. 231.

138 Jean-Baptiste Debret, *Rio de Janeiro. La ville métisse. Illustrations & Commentaires de Jean-Baptiste Debret*, Paris, 2001, hg. von Patrick Straumann.

139 http://www.anj.org.br/a-industria-jornalistica/historianobrasil/arquivo-sem-pdf/Imprensa_Brasileira_dois_seculos_de_historia.pdf

140 Domingos José Gonçalves de Magalhães, *Suspiros poéticos e saudades*, Rio, 1876, S. 65.

141 Domingos José Gonçalves de Magalhães, »Ensaio sobre a história da literatura do Brasil«, in: *Opúsculos Históricos e Literários*, 1932, S. 264.

142 Domingos José Gonçalves de Magalhães, »Discurso sobre a História da Literatura no Brasil«, in: J.A. Castelho (Hg.), *Gonçalves de Magalhães. Trechos Escolhidos*, S. 93f.

143 Zitiert nach Antonio Candido, *Formação da Literatura Brasileira (Momentos Decisivos)*, Tomo I, São Paulo, 1957, S. 10.

144 José de Alencar, *Sonhos d'Ouro*, zitiert nach Alfredo Bosi, *História concisa da Literatura Brasileira*, 2006, S. 143.

145 José de Alencar, »Carta ao Dr. Jaguaribe«, in: *Obra Completa*, Vol. III, Rio de Janeiro, 1959, S. 306.

146 José de Alencar, »Como e porque sou romancista«, in: *Obra Completa*, Vol. 1, Rio de Janeiro, 1959, S. 149.

147 Agrippino Grieco, *Evolução da Prosa Brasileira*, Rio de Janeiro, 1947[2], S. 40.

148 José de Alencar, »O Guarani«, in: *Obra Completa*, Vol. II, Rio de Janeiro, 1959, S. 99f.

149 Zitiert nach Antonio Candido, *Formação da Literatura Brasileira (Momentos Decisivos)*, São Paulo, 1957, S. 14.

7 Tropen und Tempo. Brasilien auf dem Sprung in die Moderne

150 Almir Chaiban El-Kareh, »O rio de janeiro e as primeiras linhas transatlânticas de paquetes a vapor: 1850-1860«, in: *História Econômica & História de Empresas*, 2003, 6, S. 43.

151 Walther L. Bernecker/Horst Pietschmann/Rüdiger Zoller, *Eine kleine Geschichte Brasiliens*, 2000, S. 178.

152 Walther L. Bernecker/Horst Pietschmann/Rüdiger Zoller, a. a. O., S. 181.

153 Bartolomé Bennassar/Richard Martin, *História do Brasil. 1500-2000*, Lissabon, 2000, S. 227.

154 Bartolomé Bennassar/Richard Martin, a. a. O., S. 228 ff.

155 Nicolau Sevcenko, »A Capital irradiante: técnica, ritmos e ritos do Rio«, in: Fernando A. Novais (Hg.), *História da vida privada no Brasil*, 1998. S. 522.

156 Nicolau Sevcenko, a. a. O., S. 535.

157 Nicolau Sevcenko, a. a. O., S. 532.

158 Charles J. Dunlop, *Apontamentos para a história dos bondes no Rio de Janeiro*, Rio de Janeiro, 1953, S. 194.

159 Nicolau Sevcenko, a. a. O., S. 549.

160 Nicolau Sevcenko, a. a. O., S. 570.

161 Nicolau Sevcenko, a. a. O., S. 570.

162 Zitiert nach Jeffrey N. Needell, *A tropical Belle Époque. Elite Culture and Society in Turn-of-the-Century Rio de Janeiro*, Cambridge, 1987, S. 48.

163 Jeffrey N. Needell, a. a. O., S. 48.

164 Zitiert nach Fábio Franzini, *Corações na ponta da chuteira: capítulos iniciais da história do futebol brasileiro (1919-1938)*, Rio de Janeiro, 2003, S. 19. Einsehbar unter: http://www.ludopedio.com.br/rc/upload/files/170959_Franzini%20(M)%20-%20As%20raizes%20do%20pais%20do%20futebol.pdf

165 Fábio Franzini, a. a. O.

166 Nicolau Sevcenko, *A Capital irradiante*, a. a. O., S. 574.

167 Zitiert nach Nicolau Sevcenko, »Introdução. O prelúdio republicano, astú-

cias da ordem e ilusões do progress«, in: *História da vida privada no Brasil,* Bd. 3, 1998, S. 25.

168 Jeffrey N. Needell, a. a. O., S. 48.

169 Jeffrey N. Needell, a. a. O., S. 48.

170 Jeffrey N. Needell, a. a. O., S. 170.

8 Krieg im Hinterland. Der Aufstand von Canudos

171 Vgl. Robert M. Levine, *O Sertão Prometido: O Massacre de Canudos no Nordeste Brasileiro,* São Paulo, 1995, S. 77f.

172 Euclides da Cunha, *Krieg im Sertão,* Frankfurt/M., 1994, S. 197.

173 Euclides da Cunha, a. a. O., S. 237f.

174 Zitiert nach Frederico Pernambucano de Mello, *Que foi a guerra total de Canudos,* Recife/Zürich, 1997, S. 32.

175 Zitiert nach Afrânio Coutinho, *A Literatur no Brasil,* Vol. 4, 1999, S. 214.

176 Aristides Milton, »A campanha de Canudos«, in: *Revista do Instituto Histórico, e Geográfico Brasileiro,* Rio de Janeiro, 1902, zitiert nach Frederico Pernambucano de Mello, *Que foi a guerra total de Canudos,* Recife/Zürich, 1997, S. 86ff.

177 Euclides da Cunha, a. a. O., S. 171.

178 Euclides da Cunha, a. a. O., S. 172.

179 Zitiert nach Frederico Pernambucano de Mello, a. a. O., S. 133.

180 Zitiert nach Frederico Pernambucano de Mello, a. a. O., S. 236.

181 Euclides da Cunha, a. a. O., S. 632.

182 Euclides da Cunha, a. a. O., S. 630.

183 Euclides da Cunha, a. a. O., S. 637.

184 Zitiert nach Robert M. Levine, a. a. O., S. 36.

9 Moderne Zeiten. São Paulo, 1922

185 Zitiert nach Nicolau Sevcenko, *Orfeu Extático na metrópole. São Paulo, sociedade e cultura nos frementes anos 20,* S. 224.

186 http://www.aspirina.com.br/espaco-aspirina/linha-do-tempo/linha-do-tempo.php

187 Zitiert nach Ernest Jones, *Sigmund Freud. Leben und Werk,* Frankfurt/M., 1969, S. 92.

188 Zitiert nach Nicolau Sevcenko, a. a. O., S. 85.

189 Zitiert nach Nicolau Sevcenko, a. a. O., S. 148.

190 Zitiert nach Nicolau Sevcenko, a. a. O., S. 93.

191 Zitiert nach Douglas Tufano, *Modernismo. Literatura brasileira (1922-1945),* S. 11.

192 Zitiert nach Douglas Tufano, a. a. O., S. 13.

193 Paulo Prado, *Retrato do Brasil. Ensaio sobre a tristeza brasileira*, eBooksbrasil, São Paulo, 2006, S. 116.

194 José Pereira da Graça Aranha, »A Emoção estética na arte moderna«, zitiert nach Gilberto Mendonça Teles (Hg.), *Vanguardia Européia e Modernismo Brasileiro. Apresentação crítica dos principais manifestos, prefácios e conferências vanguardistas, de 1857 até hoje*, Petrópolis, 1972, S. 167.

195 Zitiert nach der italienischen Ausgabe: http://it.wikisource.org/wiki/Manifesto_del_futurismo

196 José Pereira da Graça Aranha, »A Emoção estética na arte moderna«, zitiert nach Gilberto Mendonça Teles (Hg.), a. a. O., S. 167.

197 Oswald de Andrade, »Manifesto Pau-Brasil«, in: G. Mendonça Teles, a. a. O., S. 204.

198 Oswald de Andrade, »Manifesto Pau-Brasil«, in: G. Mendonça Teles, a. a. O., S. 204.

199 Oswald de Andrade, »Manifesto Pau-Brasil«, in: G. Mendonça Teles, a. a. O., S. 203.

10 Lob der Menschenfresser. Brasilien auf der Suche nach sich selbst

200 Im zweiten Vorwort zu dem Roman.

201 Zitiert nach Haroldo do Campos, »*Macunaíma*: Die strukturale Imagination«, in: Mechthild Strausfeld (Hg.), *Brasilianische Literatur*, Frankfurt/M., 1984, S. 159.

202 Sergio Milliet, in: *Estado de Minas*, Belo Horizonte, 22.2. 1960, zitiert nach Nelson Werneck Sodré, *História da Literatura Brasileira*, 1988[8], S. 526.

203 M. Cavalcanti Proença, *Roteiro de Macunaíma*, São Paulo, 1959, S. 11.

204 M. Cavalcanti Proença, a. a. O., S. 67.

205 Nhengaçu Verde Amarelo (Manifesto do Verde-Amarelismo, ou da Escola da Anta), in: G. Mendonça Teles, a. a. O., S. 233.

206 Raimundo Nina Rodrigues, *Os Africanos no Brasil*, S. 12. Universidade Federal da Grande Dourados, 2010: http://www.ufgd.edu.br/reitoria/neab/downloads/os-africanos-no-brasil/view?searchterm=Nina%20rodrigues

207 Raimundo Nina Rodrigues, *Os Africanos no Brasil*, S. 12f.

208 Sérgio Buarque de Holanda, *Raízes do Brasil*, São Paulo, 1995, S. 31.

209 Sérgio Buarque de Holanda, a. a. O., S. 31.

210 Sérgio Buarque de Holanda, a. a. O., S. 33.

211 Ebd., S. 24.

212 Mário de Andrade, *Cartas a Manuel Bandeira*, Rio de Janeiro, 1958, S. 183, zitiert nach *Afrânio Coutinho, A Literatura no Brasil*, São Paulo, 1999[5], S. 79f.

213 Oswald de Andrade, »Manifesto Pau-Brasil«, in: G. Mendonça Teles, a. a. O., S. 226.

214 Zitiert nach Afrânio Coutinho, a. a. O., S. 292.
215 Zitiert nach Afrânio Coutinho, a. a. O., S. 291.
216 Zitiert nach Afrânio Coutinho, a. a. O., S. 291.

11 Rhythm iş it! Eine kleine Geschichte des Samba

217 Zitiert nach Mary C. Karasch, *A vida dos escravos no Rio de Janeiro (1808-1850)*, São Paulo, 2000, S. 326f.
218 Octavio Ianni, *As Metamorfoses do Escravo. Apogeu e crise da escravatura no Brasil Meridional*, 1962, S. 147.
219 Sérgio Buarque de Holanda, *História Geral da Civilização Brasileira, Tomo I: Do Descobrimento à Expansão Territorial*, São Paulo, 1960, S. 129.
220 Sérgio Buarque de Holanda, a. a. O., S. 131.
221 Sérgio Buarque de Holanda, a. a. O., S. 136.
222 Zitiert nach Mary C. Karasch, *A vida dos escravos no Rio de Janeiro (1808-1850)*, São Paulo, 2000, S. 331.
223 Zitiert nach Mary C. Karasch, a. a. O., S. 330.
224 Mary C. Karasch, a. a. O., S. 331.
225 Vgl. Felipe Ferreiro, *O livro de ouro do Carnaval Brasileiro*, Rio de Janeiro, 2004, S. 79.
226 João do Rio, *A alma encantadora das ruas*, Rio de Janeiro, 1995, S. 92.
227 Zitiert nach Monique Augras, *O Brasil do Samba-Enredo*, Rio de Janeiro, 1998, S. 19.
228 Zitiert nach André Diniz, *Almanaque do Samba*, Rio de Janeiro, 2012. E-Book.

12 Utopie im Niemandsland. Brasília und der Traum der Avantgarde

229 Frei Vicente do Salvador, *História do Brasil*, São Paulo, 2008, S. 19.
230 Juscelino Kubitschek, *Por que construí Brasília*, Brasília, 2000, E-Book, S. 7.
231 Zitiert nach *Veja*, »Brasília 50 anos«: http://veja.abril.com.br/especiais/brasilia/por-que-jk-construiu-brasilia-p-42.html
232 Juscelino Kubitschek, *Por que construí Brasília*, Brasília, 2000, S. 33.
233 *Relatório do Júri do Concurso Nacional do Plano Piloto da Nova Capital*: http://concursosdeprojeto.org/2010/04/21/concurso-brasilia-relatorio-do-juri/
234 http://doc.brasilia.jor.br/plano-piloto-Brasilia-relatorio-Lucio-Costa.shtml?q=ppb/RelatorioLucioCosta.htm
235 Ronaldo Costa Couto, »Engenharia A saga da construção«: http://veja.abril.com.br/especiais/brasilia/saga-construcao-p-102.html
236 Zitiert nach Luís Carlos Lopes, *Brasília – O Enigma da Esfinge*, zitiert nach

Fábio Altman, »A redescoberta do Brasil«, http://veja.abril.com.br/especi-ais/brasilia/redescoberta-brasil-p36.html

237 Zitiert nach Philip Jodidio, *Oscar Niemeyer. Die ewige Morgenröte*, Köln, 2012, S. 8.

238 Zitiert nach Philip Jodidio, a. a. O., S. 8.

239 Zitiert nach Philip Jodidio, a. a. O., *Umschlagband*.

240 Zitiert nach Philip Jodidio, a. a. O., S. 10.

241 http://www.contracampo.com.br/21/profetadafome.htm

242 Zitiert nach Philip Jodidio, a. a. O., S. 21.

243 Farès El-Dahdah, *Lucio Costa. Brasília's Superquadra*, München 2005, S. 13.

244 Sandra Bernardes Ribeiro / Marta Litwinczik Sinoti, »A Post-Occupancy Assessment of the Neighborhood Unit«, in: Farès El-Dahdah, a. a. O., S. 94.

245 Zitiert nach Farès El-Dahdah, a. a. O., S. 13.

13 Die Schöne am Strand. Die Bossa Nova

246 Antonio Carlos Jobim / Vinicius de Morães, *Garota de Ipanema*, Rio de Janeiro, 1962.

247 http://oglobo.globo.com/cultura/garota-de-ipanema-a-segunda-cancao-mais-tocada-da-historia-4340449

248 Ruy Castro, *Chega de saudade. A história e as histórias da Bossa Nova*, São Paulo, 2008, S. 314.

249 Ruy Castro, a. a. O., S. 193.

14 Generäle und Guerilleros. Die Militärs an der Macht

250 Zitiert nach Maria Hermínia Tavares de Almeida / Luiz Weis, »Carro-Zero e pau-de-arara: O cotidiano da oposição de classe média ao regime militar«, in: Laura de Mello e Souza / Fernando A. Novais, *Historia da Vida Privada no Brasil*, 1997, Bd. 3, S. 365.

251 Maria Hermínia Tavares de Almeida / Luiz Weis, a. a. O., S. 367.

252 Fernando Gabeira, *Die Guerilleros sind müde*, 1982, S. 57.

253 Maria Hermínia Tavares de Almeida / Luiz Weis, a. a. O., S. 364f.

254 Ruy Castro, »Fim de tarde no Jangadeiro enquanto Edson morria«, in: *O Estado de São Paulo*, 18. 4. 1998.

255 Maria Hermínia Tavares de Almeida / Luiz Weis, a. a. O., S. 371.

256 Augusto Boal, *Milagre no Brasil*, São Paulo, 1979, S. 7.

257 Torquato Neto, »Tropicalismo para principiantes«, http://tropicalia.com.br/vi/site/internas/verbo_principiantes.php

258 Vgl. Jairo Severiano / Zuza Homem de Mello, »Nota sobre Cálice«, http://www.chicobuarque.com.br/letras/notas/n_zuza_calice.htm

259 Nicolau Sevcenko, »A Capital irradiante: técnica, ritmos e ritos do Rio«, in: Fernando A. Novais (Hg.), *História da vida privada no Brasil*, 1998, S. 347.

260 Alberto Moby Ribeiro da Silva, Sinal fechado: A música popular brasileira sob censura (1937-45/1969-78), Rio de Janeiro, 1994, E-Book

261 Elizabeth Carvalho, »Telejornalismo: a década do jornal da tranqüilidade«, in: *Anos 70*, Bd. 5, S. 31.

262 VP, Carlos Eugenio Paz, *Viagem à luta armada*, Rio de Janeiro, 1997, S. 149.

263 Alfredo Sirkis, *Os carbonários : memórias da guerrilha perdida*, 1984, S. 112f.

264 Augusto Boal, *Milagre no Brasil*, Rio de Janeiro, 1979, S. 8.

265 Fernando Gabeira, *Die Guerilleros sind müde*, Frankfurt/M., 1982, S. 59.

266 Maria Hermínia Tavares de Almeida / Luiz Weis, a. a. O., S. 391f.

267 H. Daniel, a. a. O., S. 96.

15 Die Erbschaft unseres Elends. Die Literatur der Moderne

268 http://www.marketingcultural.com.br/115/pdf/cultura-em-numeros-2010.pdf

269 http://www.producaocultural.org.br/wp-content/uploads/livroremix/rui-campos.pdf

270 http://www.producaocultural.org.br/wp-content/uploads/livroremix/mi-leideflores.pdf

271 http://www.internationalpublishers.org/images/stories/PR/2012/global_statistics.pdf

272 Machado de Assis, *Nachträgliche Erinnerungen des Brás Cubas*, München, 2003.

273 Aluísio Azevedo, O *Cortiço*, São Paulo, 1997.

274 Lima Barreto, *Cemitério dos vivos*, http://www.dominiopublico.gov.br/download/texto/ua000162.pdf

275 Lima Barreto, *Cemitério dos vivos*, http://www.dominiopublico.gov.br/download/texto/ua000162.pdf

276 Lima Barreto, *Das traurige Ende des Policarpo Quaresma*, Zürich, 2001.

277 Raquel de Queiroz, *Das Jahr 15*, Frankfurt/M., 1978.

278 Jorge Amadao, *Kakao*, Berlin, 1962.

279 Jorge Amadao, *Suor*, Rio de Janeiro, 2011.

280 Jorge Amado, *Herren des Strandes*, Reinbeck, 2002.

281 Graciliano Ramos, *Karges Leben*, Frankfurt/M., 1992.

282 João Guimarães Rosa, *Grande Sertão*, Köln, 1987.

283 Curt Meyer-Clason, »Der Sertão des João Guimaraes Rosa«, in: Mechthild Strausfeld (Hg.), *Brasilianische Literatur*, Frankfurt/M., 1984, S. 249-272.

284 Zitiert nach Benedito Nunes, »Clarice Lispectors Passion«, in: Mechthild Strausfeld, a. a. O., S. 280.

285 Clarice Lispector, *Die Passion nach G. H.*, Frankfurt/M., 1998; *Nahe dem wil-*

den Herzen, Frankfurt/M., 1981; *Eine Lehre oder das Buch der Lüste*, Berlin, 1982.

286 Silviano Santiago, *Em Liberdade. Uma ficção de Silviano Santiago*, Rio de Janeiro, 1994, S. 28.

287 João Ubaldo Ribeiro, *Brasilien, Brasilien*, Berlin, 2013.

288 Luiz Ruffato, *Es waren viele Pferde*, Berlin, 2012.

289 Patrícia Melo, *Ich töte, du stirbst*, Stuttgart, 2002.

290 Milton Hatoum, *Asche am Amazonas*, Berlin, 2008.

291 http://www.producaocultural.org.br/wp-content/uploads/livroremix/mileideflores.pdf

16 Raff dich auf. Die Gegenwart

292 http://mapadaviolencia.org.br/pdf2012/mapa2012_web.pdf

293 http://mapadaviolencia.org.br/pdf2012/mapa2012_cor.pdf

294 http://www1.folha.uol.com.br/folha/publifolha/ult10037u351829.shtml

295 http://veja.abril.com.br/171007/p_084.shtml

296 Darcy Ribeiro, *O povo brasileiro. A formação e o sentido do Brasil*, São Paulo, 2006, S. 21.

297 https://www.cia.gov/library/publications/the-world-factbook/rankorder/2172rank.html

298 Darcy Ribeiro, *O povo brasileiro. A formação e o sentido do Brasil*, São Paulo, 2006, S. 22.

299 http://www.afroreggae.org

300 http://www.afroreggae.org/clipping/jose-junior-e-entrevistado-pela-revista-caros-amigos

301 http://www.biblioteca.presidencia.gov.br/ex-presidentes/luiz-inacio-lula-da-silva/discursos/2o-mandato/2010/1o-semestre/27-05-2010-discurso-do-presidente-da-republica-luiz-inacio-lula-da-silva-durante-cerimonia-de-reinauguracao-do-theatro-municipal-do-rio-de-janeiro/view

302 Vgl. http://www.revistas.univerciencia.org/index.php/comunicacaomidiae-consumo/article/view/5032/4656

303 João Manuel Cardoso de Mello/Fernando A. Novais, »Capitalismo tardio e sociabilidade moderna«, in: *História da vida privada no Brasil*, 1997, S. 606.

304 Alexander Busch, *Wirtschaftsmacht Brasilien*, 2001 (E-Book), S. 128.

305 //www1.folha.uol.com.br/folha/brasil/ult96u725952.shtml

306 Vgl. Rudolf von Sinner, »Religion im Plural«, in: Gerd Kohlhepp u. a. (Hg.), *Brasilien heute*, 2010, S. 570.

307 http://www1.folha..com.br/folha/brasil/ult96u725952.shtml

308 http://pt.universal.org/quem-onde-como/sobre-nos.html

309 http://pt.universal.org/component/content/article/15-noticias-principais/1630-a-marca-do-diabo.html

310 http://veja.abril.com.br/noticia/brasil/deputado-maldicao-africana-tam-bem-chegou-ao-brasil

311 Lilia Moritz Schwarcz, »Racismo no Brasil: quando inclusão combina com exclusão«, in: André Botelho/Lilia Moritz Schwarcz, *Agenda brasileira: temas de uma sociedade em mudança*, São Paulo, 2011, S. 84.

312 http://www1.folha.uol.com.br/colunas/marcelomiterhof/1223332-precon-ceito-da-prejuizo.shtml

313 Lilia Moritz Schwarcz, »Racismo no Brasil: quando inclusão combina com exclusão«, in: André Botelho/Lilia Moritz Schwarcz, a. a. O., S. 84.

314 http://www1.folha.uol.com.br/poder/913919-numero-de-pobres-pardos-ou-pretos-e-quase-o-triplo-do-de-brancos.shtml

315 http://www.estadao.com.br/noticias/vida,analfabetismo-entre-negros-e-mais-do-dobro-que-entre-brancos,611316,0.htm

316 http://www.vermelho.org.br/noticia.php?id_secao=10&id_noticia=141963

317 http://www1.folha.uol.com.br/cotidiano/904683-expectativa-de-vida-de-negros-e-6-anos-menor-que-de-brancos.shtml

318 Zitiert nach Elisa Larkin Nascimento, *The Sorcery of Color. Identity, Race, and Gender in Brazil*, Philadelphia, 2007, S. 189f.

319 Zitiert nach Elisa Larkin Nascimento, a. a. O., S. 237.

320 Valdemir Zamparoni, »Imagens da África no Brasil«, in: André Botelho/Lilia Moritz Schwarcz, *Agenda brasileira: temas de uma sociedade em mudança*, São Paulo, 2011, S. 16.

321 Zitiert nach Moema Parente Augel, »A imagem da África na Poesia Afro Brasileira Contemporânea«, in: *Literafro*, ohne Jahresangabe, http://www.letras.ufmg.br/literafro/data1/artigos/artigomoema.pdf

322 Valdemir Zamparoni, »Imagens da África no Brasil«, in: André Botelho/Lilia Moritz Schwarcz, a. a. O., S. 22.

323 http://www.palmares.gov.br/2010/01/movimento-afropop-brasileiro-come-ça-hoje-a-esquentar-os-tambores-do-carnaval-baiano/?lang=es

324 http://www.programadeindio.org

325 Zitiert nach Jonathan W. Warren, *Racial Revolutions. Antiracism & Indian Resurgence in Brasil*, 2001, S. 187.

326 http://www.producaocultural.org.br/wp-content/uploads/livroremix/ailtonkrenak.pdf

327 Darcy Ribeiro, *Maíra*, Frankfurt/M., 1990.